台灣的未來

卜睿哲 Richard C. Bush 著 林添貴 譯

Untying the Knot:

Making Peace in the Taiwan Strait

目錄

推薦序一

一位台灣通所寫的重要著作

陶伯特（Strobe Talbott，布魯金斯研究院院長）

放眼全球，今日所有潛在的引爆點之中，對國際和平的威脅以及對美國的挑戰最大者，莫過於台灣海峽。美國關於這個議題的專家，能說明其起源、分析其意涵，並提供務實又具想像力的解決之道的，莫過於卜睿哲先生。

一言以蔽之，卜睿哲先生是美國頂尖的台灣通。他是哥倫比亞大學政治學博士，在美國政府的行政、立法兩部門擔任公職二十年，專注東亞事務、尤其著重台灣事務。他擔任過東亞事務國家情報官、美國在台協會理事主席等重要職位。後者是個敏感、重要，而又反常的職位，因為他要負責執行華府對一個與美國並無正式外交關係的國家的政策。

卜睿哲先生於二〇〇二年加入布魯金斯研究院（Brookings Institute），以外交政策研究計劃資深研究員身分，兼任東北亞政策研究中心主任。他在本院的角色有如「球員兼教練」，不僅督導東北亞政策研究中心訪問學人計劃和兩場年度會議，還要抽空寫論文、專著。二〇〇四年，他出版了《美台關係史》（*At Cross Purposes:U. S.-Taiwan Relations since 1942*），二〇〇五年又推出《台灣的未來》（*Untying the Knot*），說明中國和台灣儘管種族相同、經濟互補，在體育、文化、教育和宗教上交流，為何卻仍爭執不斷、頑抗和解。

一九九〇年代初，中國和台灣曾短暫試圖把經濟和社會的匯流轉化為政治上的修睦。到了二十一世紀初，雙方的互不相信卻更加具腐蝕性。卜睿哲追溯爭議核心，認為關鍵不在台灣領導人的分裂主義意圖，而是海峽兩岸國內政治的互動、彼此在國際上的競爭、對主權和安全議題有嚴重的實質差異，才造成中國和台灣之間的雙輸動態。

雖然中國和台灣把兩岸關係打成一個死結，但是雙方如何在美國略做點撥下解開死結，卜睿哲對此卻是有些想法的。他過去的公職經驗多半就在處理此一議題，現在他強調美國扮演配角、而非主角的重要性。他也提醒，華府若能便捷北京與台北間的重新接觸，將能比退到旁邊更有效用。最後，對於雙方若是不能有永久解決方案，他也提出若干建議來管理爭議。

總而言之，這是一本布魯金斯出版物的典範：它結合了學者對歷史和時事的了解，實務工作者對外交是一種「可能的藝術」的認識，以及天生作家對於說理文體的掌握。

寫於華府

推薦序二

直指問題核心，盼台海享和平

林碧炤（政治大學副校長）

兩岸關係對於台灣的重要性不言可喻。它同時也是當前國際關係中受到重視的主要議題之一，不但兩岸關心，鄰近的亞太國家及主要大國也注意或留意兩岸關係的發展。大國考慮的是他們自己的利益，小國也是如此。對於台灣來說，這個問題恐怕是每個百姓、每天都會聽到或碰到的事，沒有一項公共政策的影響層面可以和大陸政策相比。隨著兩岸關係的發展，它的影響層面會愈來愈廣、愈深。

卜睿哲先生（Richard C. Bush）的《台灣的未來》在二〇〇五年出版，所以沒有討論到二〇〇八年五月之後的兩岸關係。雖然如此，這本書被認為是從美國及國際角度來分析兩岸關係最為完整及深入的著作。卜君本人研究中國問題多年，在哥倫比亞大學得到博士學位，以後分別在不同的部門工作，其中以擔任美國在台協會理事主席及目前在布魯金斯研究院從事研究的期間，對於兩岸關係的觀察及了解最為深刻。這本著作是長期研究，也是實際參與決策過程或提供建言之後得到的整體心得。條理分明、客觀分析、有憑有據，是一本研究兩岸關係的必讀著作。

兩岸關係的研究是很難的。一是外國人不說，單就兩岸及其他華文社會來說，幾乎是只要有興趣的人都可以談兩岸關係，也自稱是兩岸關係的專家，所以，資料、報導、文件和各項論文及專書實在太多、太雜，要做出整理及選擇可信及可用的資料本身就是一大挑戰。以前的資料選擇相對比較單純，大概每天讀《人民日報》就夠了，今天的大陸已非往日的封閉，更不用說那麼多的報章及其他分析和報導，要作好研究真是難。

二是兩岸關係應該附屬在整個人文及社會科學的研究領域，在這方面有不少學者在努力推動，也使得它的社會科學要求愈來愈得到知識社群的認同，其中又以經濟學及社會學的表現令人刮目相看。有關大陸的中央與地方關係、地方治理、環境保護、財政及稅收、農村及城市各方面的研究在以前幾乎是無法想像，今天已經有不錯的成果。社會科學本身的主觀和客觀性在這方面就成為爭議的問題，要找出一個知識社群普遍都接受的答案恐怕不容易。

三是兩岸關係相當程度是進行政策分析，它可能也是在區域研究或其他社會科學研究中，倚重政策分析程度最高的學門之一。政策分析必須考慮到問題本質、政策目標、方案選擇、利弊得失、法令規定及預算編列，困難度可以想見，挑戰性更大的是兩岸關係的政策分析如果無法從專業的角度去進行，維持「客觀正確、具體可行」，做到「忠言不逆耳」，提出的分析和出版的專書自然得不到重視。

卜睿哲先生的著作幾乎都克服了前述的困難。一是完全從嚴格的社會科學要求去撰寫，引經據典不說，還有實際訪談。二是他不是完全從美國的立場去看問題，整本書以「為台海塑造和平」為宗旨，在這個大主軸上，不斷去分析和整理不同的意見及看法。他盡量避免主觀，力求客觀。三是在社會科學的學術分析和公共政策的研究報告兩者之間，他作了一個平衡，在塑造台海和平這一部分，他的討論是相當的具體和深入。就此而言，他的分析及建議超越過其他專家。即使在二〇〇五年出版，在今天或以後的還是有很高的參考價值。他有如此表現是他對於台灣的認識及了解。這絕非是一朝一夕可以做到的，確是下了苦功夫。

對於台灣的讀者來說，大家可能對卜君的著作中有關台灣及美國這兩大部分的分析最注意。他對於中華民國政府的決策過程、體制及相關法令都有分析，也提出了改革的建議。這些改革如果不進行，將來的兩岸關係還是會遭遇到困難。

美國的角色幾乎是關鍵性的，任何台灣的主政者需要維持密切、友好的台美關係。在兩岸關係上，他坦言台灣在地理上太靠近大陸，在經濟上太依賴大陸，在作策略選擇時就很不容易，而台灣往往在「統獨」或「依附或抗拒」之間作選擇，把兩岸關係過於簡化。他的最直接建言是台灣一定要面對中國崛起的現實，作好改革及自強。

在書中，卜睿哲先生寫出他和台灣走向民主化的長期關係，讀來充滿感性。他說台灣要自強的最主要部分是民主體制的改革，另外他也提到對於主權觀念、制度及作法，台灣民眾及菁英的認識不足，他在這方面的分析確有相當大的貢獻。到目前為止，討論兩岸關係的著作，很少針對這個最根本問題作出學理及制度面的分析，卜睿哲先生不但做到，而且把問題的核心指出來，也提出了解決的方向，這是他的書最具特色的地方。我們如果對台灣的主權都弄不清楚或爭論不休，如何去研究和處理兩岸關係？更不說國防、外交及整個政府的合法性。

和其他社會科學或政策研究的著作一樣，讀者不需要、也不必要完全接受作者的看法。歷史的事實是不能更改，可是歷史的解釋會有不同，而歷史經驗的採用更是因人而異。卜睿哲先生的書像一面鏡子，讓我們看到這些年來，台灣內部的討論似乎可以有更寬廣的視角。他說兩岸習慣用太多的口號及術語，對於問題的討論及分析並沒有幫助，反而是限制。這本書至少告訴我們，不管問題多複雜，都可以客觀的分析、理性的討論，逐步的找出解決的方法。誠如卜睿哲先生所言，經過完整的分析之後，如果無法作出選擇，不選擇也是一種選擇。謹向關心兩岸關係的朋友推薦這一本值得細讀的書，更盼望兩岸關係能持續穩定與發展，為雙方創造最大的福祉，自然的找出妥善的解決方法，而不是去作一項選擇。

二〇一〇年三月二十四日

推薦序三

審慎中帶悲觀，理性中有期待

蘇起（前國安會秘書長）

卜睿哲的中文新書問世，比他的英文原著晚了整整五年。五年前兩岸關係剛剛走出風雲詭譎、爭議不斷甚至高潮迭起的二〇〇四年（修憲、公投、改名、大選、槍擊案等）。卜睿哲原著的基調因此是審慎中透著悲觀，理性中帶著一絲絲期待。

在陳述兩岸關係「經熱政冷」的矛盾架構後，他全書反覆分析的是兩大「結」與三小「結」的意義及困難。這兩大結是「主權」與「安全」，而三小結是「雙方的內政」「雙方的決策體系」以及「槓桿遊戲」。這大小「結」扭在一起造成的幾乎就是一個死結。對於這個死結，他建議美國不必積極介入，以免吃力不討好，只需「理性循循善誘」（intellectual facilitation）讓兩岸自行管理即可。

兩年前馬政府上台後，經由各方的努力，兩岸的時空環境已有大幅度的轉變。他所擔心的幾個結雖然還沒有完全解開，但已經鬆了很多。

首先，兩岸戰爭的烏雲已經遠離，美國不必再擔心因北京或台北的蓄意挑釁、誤判、或意外而被拖下水。兩岸溝通管道不僅恢復，而且經過多次面對面談判，舉行了四次江陳會，簽署了十二項經濟類協議，強化了台灣經濟的競爭力。雙方的相互瞭解已經增進到即使在最困難的「主權」問題上都能「求同存異」的程度。透過台美關係的改善及兩次重大軍購，台灣的「安全」也有更大的保障。此外，因為邦交關係的穩固、無邦交國交往的強化，以及國際組織的參與提升（如亞太經合組織、世界衛生組織）等，台灣的國際空間也有了明顯的擴大。

雖然如此，這本書在五年後的今天仍然有很大的參考價值。首先，卜睿哲提供一個非常簡單明瞭的分析架構，有助我們透視當前依然複雜難解的兩岸關係。兩岸的結雖已鬆開，彼此也都展現解決問題的誠意及善意，但許多深層的問題仍然存在，有待各方持續的努力。他的書因此能協助我們，繼續理解兩岸關係的各個面向。其次，由於他長期在美國政府工作，橫跨不同行政部門以及國會，所以他的研究具有超越一般著作的廣度以及深度視野，有利於我們瞭解美國菁英看待此一議題的基本態度。

不過最難能可貴的是，他長期關注涉台事務，朋友遍及台灣不同政黨、階層與職業，因此他的著作對台灣內部的解析超過許多西方相關著作。記得去年美國政黨輪替前後，曾有一位熟悉台海兩岸的美國官員私下說，「如果要我給美國新總統做個有關中國大陸的簡報，我大概需要兩小時就可以讓他從不懂變懂。但如果要做關於台灣的簡報，大概需要五小時。」有了卜睿哲的著作做參考工具，相信美國總統或一般讀者對兩岸關係必定更容易就會有既完整又深入的理解。在此也要對譯者林添貴先生表示崇高的敬意。翻譯本來就是沒有名、沒有利、非常寂寞的志業。但在大眾傳播媒體日益向內看的台灣，如果沒有像添貴兄這樣的譯者努力不懈，維持一扇小窗的開啟，不斷引進國際社會的重要研究結晶，台灣這個海島必然愈來愈封閉，從而徹底的邊緣化。添貴兄這些年不僅譯作等身，適時媒介國外擲地有聲的作品，而且他的譯筆力求信雅達，工作態度嚴謹，不放過任何枝微末節。相信讀者必可在最短的時間內，以最小的精力，掌握到卜睿哲大作的精髓。

爰特樂於為之推薦。

推薦序四

作者與譯者的不凡交會

林中斌（淡江大學國際事務與戰略研究所教授、曾任副國防部長）

兩線相交成一點。

這本書是兩條不凡人生路線交會所成。

作者卜睿哲博士既是地位崇高的學者，也是經驗豐富的美國官員。

譯者林添貴先生至目前為止已翻譯出版了六十一本重要英文著作！不管是蔣介石、蔣經國父子，還是季辛吉的外交論述或李潔明的回憶錄，都透過林添貴先生的流暢文筆呈現給中文世界的讀者。但是，翻譯只是他晚間飯後的消遣而已。「每天翻譯兩小時，不小心就完成一本書。」閒聊輕鬆談笑間，他這麼告訴我。

兩位都是我多年的朋友。

卜睿哲博士在華府被公認為「台灣之友」，可是他必須在遵守美國國家政策之下，儘量照顧台灣。在過去十多年來，兩岸波濤洶湧，台北奮鬥的方向，似乎衝擊到美國利益，卜睿哲博士要兼顧對台之關切和維護華府的立場，談何容易！

此書應是他多年苦心最有建設性的表白。

我印象裡的他永遠面帶絲微的憂戚。扛起台灣這個十字架來是否對他太沈重？我不得而知。

一九九九年七月初，台灣總統李登輝對德國之聲記者提到「兩岸是特殊國與國的關係」（俗稱「兩國論」）轟然引爆海峽危機。大陸東南沿海共軍戰機頻頻升空，壓迫海峽中線，甚至入侵我領空。兩岸如果開戰，馳援台灣的美國青年是否將血灑台海？華府神經緊繃，可以想見。

九月中，我以陸委會第一副主委和發言人身份前赴華府，是「兩國論」後我國第一位涉入國家安全的訪美部會官員。

美方官員群聚會晤。當時任「美國在台協會」理事主席的卜睿哲首先問：「『一個中國』仍然管用嗎？」（Is "one China" still operating?）

他用字精簡，一針見血，眉頭深鎖，但語氣平和，同時透露出尊重和關切。此情此景令我難忘。

公元二〇〇一年年初，共和黨入主白宮，但屬民主黨的卜睿哲留任「美國在台協會」理事主席一年半之久，直至次年七月才轉赴民間智庫布魯金斯研究院。流傳的說法是真能取代他的後繼人選難找。

此書在二〇〇五年一出版，我便納入教材。我給研究所學生的作業是比較此書與另外兩本類似著作，也是美國學者對兩岸問題的回顧與探討。多年來，學生一致認為卜睿哲比其他兩位更客觀、更瞭解台灣。

如果讀者知道卜睿哲多年前收養一位台灣女兒，視同己出，就不會意外。他瞭解台灣如此深入，是因為出自真心的關懷。

林添貴，奇人也，獨一無二，別無分號。

他一生多姿多彩，涉獵過多項專業。一、媒體、文化事業。曾任《自由時報》財經版副總編輯、籌辦英文Taipei Times。在美國主持過《明日報》，台灣其他主要平面媒體如《中國時報》、《聯合報》，他都服務過。這種跨越政治色彩的媒體專業經驗，在台灣可說是異數。早年亦擔任允晨文化實業股份有限公司總經理。二、企業經營。曾任新光產物保險公司副總經理和菁英投資開發公司執行副總經理。三、政治外交。他先後修業於政治大學外交系、台灣大學政治系及研究所，曾被美國加州阿罕布拉市聘為亞美社區關係委員會主席，促成阿罕布拉市與台灣台北縣新莊市結為姊妹市，並出任姊妹市委員會主席。四、非政府組織。曾任中華民國工商協進會副秘書長、台灣亞洲基金會執行長。五、教學。目前在逢甲大學財務金融系講授企業管理概論。

林添貴先生在本書的翻譯中注入多元的背景和廣闊的眼光。這是本有價值的著作搭配洗鍊的翻譯。希望讀者能從中多所獲益。

二〇一〇年三月二十二日

中文版作者自序

以穩定為前提，解開兩岸死結

卜睿哲

台灣可說是我一生事業最重要的中心。身為美國國會眾議院幕僚人員，我在一向致力推動中華民國的民主與人權的索拉茲議員麾下，服務九年半（一九八三至一九九三年）。一九九三至一九九五年間，我仍在國會服務，親眼目睹李登輝總統回到母校康乃爾大學之前的點點滴滴。一九九五年，我出任東亞事務國家情報官，經歷李總統訪美所產生的緊張之餘波盪漾。一九九七年中，我成為美國在台協會理事主席，在李總統執政的末三年，以及陳水扁政府的頭兩年，對美、台外交關係曾經略盡棉薄。

大約自一九九〇年起，我逐漸形成一個印象：雖然美國與中華人民共和國愈來愈關心台灣的行動方向，甚且他們在其中所涉及的利害極大，他們卻未必真正瞭解台灣領導人所關切的重點。我仔細研究李登輝所說的話、所寫的文章；我和他的官員以及我在民進黨中的友人有過長談。雖然我未必完全認同他們的見解，從美國利益的角度，卻看得更清晰：北京必定、華府偶爾從台灣的決策得出不完整的結論。

這個觀察導致我在二〇〇二年夏天離開政府公職、加入布魯金斯研究院工作後，開始撰寫《台灣的未來》這本書。我在本書試圖就台海議題如此難以管理或解決，提出我的解釋。它整理了一些不同的因素，如國內政治、決策制度、國際體系的競爭、美國的角色等等，但最核心的仍是北京和台北對台灣的主權和安全有不同的看法。兩岸最根本的爭議迄今仍不脫這兩個核心議題。我也發覺，提出具體構想以解決僵局還不夠，仍然必須找出一個程序，在兩岸相互不信任的氣候下，要有可能性讓雙方同時採納有創意的構想。

本書英文版二〇〇五年春天出版時，我提出的解決兩岸根本爭議的初步構想，其時機仍不成熟。台灣二〇〇四年總統大選的緊張猶未消褪。每一方都不信任對方，也看不到以新創意「解開死結」的價值。但是，台灣的政治已經出現變化。我自己明白，要解決兩岸根本歧異，不可能太快成功，因此我提出所謂「中程」——穩定——的討論。穩定不是讓一九九〇年代初期以來即存在的現狀持續下去，而是在更可預測、更加合作之下改善現狀，降低雙方之間存在的相互畏懼。

我要說，二〇〇八年五月馬英九總統就職以來的作法，正是創造台海穩定秩序的努力。它並未企圖解決兩岸的根本歧異，因為馬英九總統已宣示在他任期之內不討論統一。我們也看到，單是追求穩定，在民主的台灣已經夠難，但如果能做到，穩定不僅符合台北和北京雙方的利益，也符合美國的利益。這項努力必須實質和程序並重。

不論是好、是壞，主權和安全這兩個核心議題勢必要在穩定的過程中浮現，也必須妥善予以處理。它們不會消失。兩岸如果決定開始討論解決根本爭議的方法，他們會走上談判桌。

因此，我很欣喜本書中文版即將出版。我希望我的分析和建議會對台灣人民有所貢獻，畢竟兩岸死結是否解得開、如何去解開，他們才是最重要的利害關係人。

二〇一〇年四月，謹識於華府

中國與台灣

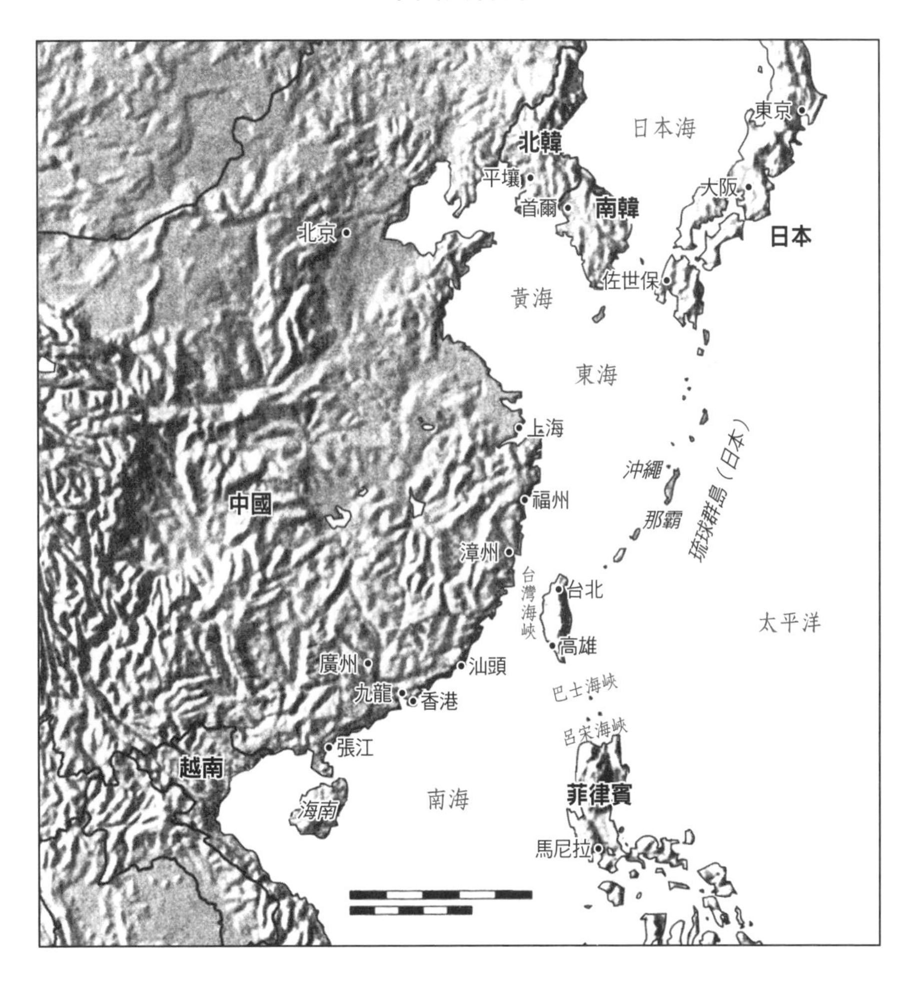
東京
日本海
北韓
平壤
大阪
首爾
南韓
北京
日本
佐世保
黃海
東海
上海
沖繩
琉球群島（日本）
福州
中國
那霸
漳州
台灣海峽
台北
太平洋
高雄
廣州
汕頭
巴士海峽
九龍
香港
呂宋海峽
張江
越南
南海
菲律賓
海南
馬尼拉

1 導論 Introduction

一九九五年六月，台灣總統李登輝訪問美國，前往母校康乃爾大學演講，暢談台灣經過數十年威權統治之後的民主轉型。北京為了表示不悅，中止與台灣政府之間的半官方接觸，並以各種形式展現軍事力量。由於華府允許李登輝訪美，北京也降低與美國的關係。

一九九六年三月，台灣舉行總統大選，中國發動更具侵略性的軍事演習。最具挑釁意味者就是朝基隆港和高雄港外海發射不載武器的彈道飛彈。美國關切戰爭可能因意外或錯估情勢而爆發，也擔心中國可能誤判美國保護台灣的決心，派遣兩組航空母艦戰鬥群前往台灣海峽。

一九九九年七月，李登輝接受媒體訪問時表示，台海兩岸之間的關係是「兩國關係」。中國遂發動宣傳攻勢、砲打李登輝；中國戰鬥機巡邏時比往常更貼近海峽中線。為了防止局勢更加緊張，美國派外交官分訪北京和台北，力促雙方節制。

二〇〇〇年三月，情勢顯示民主進步黨候選人陳水扁可能贏得台灣總統大選。民進黨長期以來即主張建立一個與中國完全分離的台灣共和國。在選民投票前幾天，中國國務院總理朱鎔基在記者會上以威脅的口吻宣布，「台獨就是戰爭」。由於北京實際上已宣布陳水扁是主張台獨的候選人，朱鎔基這一恫嚇代表陳水扁若獲勝，就是開戰的理由。陳水扁果真贏了選戰，華府又派使節力勸雙方節制。

二〇〇二年和二〇〇三年，陳水扁為了競選連任又發表一系列聲明，北京再次解讀為他準備擾亂現狀。北京認為陳水扁提議「公民投票、制訂新憲」是打著民主化的旗號搞台灣獨立。中國遂發出愈來愈尖銳的警告。美國設法以各種方式勸阻陳水扁，二〇〇三年十二月九日，小布希總統當著中國總理溫家寶的面宣布：「我們反對中國或台灣任何片面改變現狀的決定。台灣領導人的言論和行動顯示他可能會片面決定改變現狀，我們是反對的。」

可是，台海地區並不是一向都如一九九五年夏天、一九九六年三月、一九九九年七月、二〇〇〇年三月或二〇〇三年底那樣劍拔弩張。然而，這些事件卻非常清晰地顯示，中國和台灣的爭端十分危險，隨時可爆發戰爭。這也同樣清楚顯示，戰爭一旦爆發，美國若是決定為了維護其國家利益而必須防衛台灣、對抗中國，可能就會捲入戰火——而中國又擁有核子武器。這也透露出這種爭端很不尋常：中國之所以會出現敵意反應，不是因為有軍事威脅，而是台灣領導人發表言論、出國訪問，及其選舉結果被中國認為構成政治威脅。

的確，從更寬廣的視角來看，似乎不應該有這麼嚴重的衝突才對。新聞上其他的區域衝突，如北愛爾蘭、巴爾幹、塞浦魯斯（Cyprus）和中東都有共同特徵，都牽涉到社會差異極大、但又居住在近鄰地區的民族。通常這些民族差異甚多、不只一端，宗教、語文、種族和社會風俗迥然不同。相互有利的經濟分工付之闕如，某一族群往往凌駕另一族群。對於過去的衝突漫長而痛苦的回憶，又替當今的敵意貫注進誓不兩立的情緒。此外，在這些悲劇大戲中時常可見準軍事組織（如哈瑪斯、愛爾蘭共和軍等）的身影，他們發現利用暴力手段來破壞、摧毀試圖和平解決衝突的行動是符合其政治利益的。由於彼此緊鄰而居，暴力至少導致了低度內戰。甚且，這些衝突都是國際間及美國積極參與斡旋以求和平的對象。在北愛爾蘭和中東，出現了似乎可替長久和平奠定基礎的計劃，不料卻在執行過程出現某種程度的挫敗。以波士尼亞（Bosnia）而言，和解還沒有譜。

中國和台灣之間的衝突必然也以類似的方式開始。自一九二〇年代末起，國共之間就不時衝突，多年內戰後，毛澤東的人民解放軍終於從蔣介石的國民黨搶到了中國大陸，逼得蔣介石退守台灣。從一九四九年到一九八〇年代，雙方持續套牢在慘烈的軍事和意識型態鬥爭當中，排除了任何經濟、社會合作的機會。毛澤東要「解放」台灣，蔣介石要「反攻」大陸。蔣介石統治的中華民國奮戰不已，要讓國際承認它是代表全中國的政府，並維持這樣的立場；毛澤東領導的中華人民共和國同樣賣力爭取此一地位。美國夾在中間，進退兩難。很顯然，台灣海峽的政治衝突並不始於李登輝時期或陳水扁時期。

可是今天台灣海峽的衝突，從其基本輪廓以及解決之道而言，都和其他的區域衝突大不相同。首先，中國和台灣隔海相望，最近的距離約一百五十公里，因此輕易滲透的機會不大（不像北越容易潛入南越），直到一九九〇年代末之前也不太容易有類似中東和北愛爾蘭的族群衝突。雙方都有十分強大的軍事力量，而且還在繼續擴充實力。但是，以台海問題而言，兩岸間的高牆——台灣海峽——使得雙方有可能成為好鄰居。

其次，兩岸人民的社會、文化背景相同。台灣居民大致分為兩大族群，全都來自中國。第一類是十六世紀開始自華南向台灣移民者的後裔（所謂的本省人、台灣人）；第二類是一九五〇年之前跟著蔣介石的國民黨政府、軍隊撤退來台的難民（所謂的外省人、大陸人）。[1]台灣與中國有共同的文字；語言的不同只是方言差異，仍有共同的基礎。宗教根本不是衝突的緣由。撇開政治不談，兩岸人民共同點極多。更重要的是，雙方發現有強大的理由擱置意識型態上的若干差異而務實合作。為了維持全球競爭力，台灣企業從一九八〇年代末起開始把生產線移到大陸。中國歡迎這類投資，因為它能創造就業機會、有助於大陸本身經濟發展，在這個過程中，中國工廠也跟全球供應鏈連上線。

兩岸之結

這裡頭就出現了矛盾。台灣和中國之間的經濟、社會互動既廣又深，可是隨時會暴力相向的政治衝突也繼續存在。兩個社會共同點不少，經濟也相輔相成。台灣企業利用大陸生產設施維持獲利能力，中國的工人、工程師和官員也因之受惠。這種互動在兩個社會的某些層面培養了一些相互了解，可是北京和台北的政治領導人仍不相信對方的動機和意圖。雙方都武裝起來防範對方對現狀做出任何無可逆轉的改變。透過潛水艇、巡弋飛彈和彈道飛彈，以及長程轟炸機等武器系統，中國取得將其兵力部署到國境之外的能力，嚇阻台灣走向法理獨立。台灣也取得先進防禦系統以嚇阻大陸進攻，若是嚇阻失敗也可防衛本島。雙方缺乏直接對話的情形加深了彼此的猜疑。雖然雙方都明白，一旦發生軍事衝突，弊大於

❶ 實際情形更為複雜。台灣有一小支原住民人口，分成好幾個部族，在島上居住上千年之久。來自中國大陸的外人移入之後，原住民因同化、疫疾和戰爭，人數大減。二十世紀之前從中國大陸前來的移民分別來自三大族群，其中兩個族群來自閩南的漳州、泉州，第三個族群客家人則來自閩西和粵東的山區，他們直到今天仍保有自己的族群認同。在台灣，「本省人」通常指的是閩南人。出了台灣，提到台灣人或本省人，往往指的是三大族群。

利，戰事即使不因蓄意動作而爆發，也很可能因意外或錯估情勢而發生。有人希望經濟的相互依存會是政治修好的前奏。也有人主張台灣抵抗不了日益強大的中國，應盡早和對岸協商。可是，雙方修睦和台灣向中國屈服的可能性看來都挺遙遠的。

台海衝突另一個有趣的特點是美國的角色。數十年來，華府強調它在台海爭端的和平解決中有「恆久的利益」。美國出售先進武器給台灣，以維持某種程度的軍事均衡，同時也表達出在某些情況下若是中國攻打台灣，美國會出兵保衛台灣。可是，不像對巴爾幹、中東或北愛爾蘭，美國已經很不情願扮演中心角色，開始試圖促成和解來降低戰爭風險。華府設法抑制住台海局勢、並創造或許會發生進展的積極環境，但又避免有特使、穿梭外交和調停。儘管實質上美國有可能會被牽扯進中國和台灣之間的戰事，但美國還是保持審慎的距離。

我們要怎麼解釋台灣和中國經濟合作、政治及軍事卻陷入僵持，以及美國戰略利益和外交羞澀之間的不對稱狀況？如果在各個不同領域的人際交流沒發生，兩岸之間的衝突就較可理解。但是，兩岸的經濟和社會互動相當頻繁，為什麼政治爭議卻難以解決，甚至大動干戈的可能性日益增加？經濟和社會的互動能否降低政治歧見，促成更穩定且較不易起衝突的關係？是否有一個北京和台北都能接受的基礎，使得雙方得以據以解決彼此的歧見？美國已經無從擺脫這個爭議，那麼它能做些什麼去紓解兩岸的歧見？或者是，由於各方相持不下，這個問題很可能繼續存在？

這些問題正是本書想探討的，而且其重要性也讓我們必須加以深究。不論美國的政策目標是解決台海爭端，還是僅只設法加以管理，美國決策人士必須了解它為什麼如此交纏難解。如果華府不去妥適了解問題，就決定捨棄過去的政策，試圖加速促成解決，很可能弄巧成拙，使情勢更加惡化。即使目標只是避免衝突，維持某種程度的穩定，欲知何處可以使力，就得先看清楚這兩股抗衡力量是怎麼啟動的。

第二章是背景介紹，對台灣的歷史及其在一九八〇年代末之前和中國、美國的關係做了一番回顧。第三章則更詳盡探討兩岸間的矛盾。一方面描述兩岸經濟和社會互動日益頻繁，另一方面也說明自一九九〇年代初以來即已存在的政治僵局之發展。北京對僵局的解釋是，台灣的領導人想方設法要讓台灣和中國永久分裂。過去二十多年，中華人民共和國提出「一國兩制」的統一方案，准許台灣自治，但它要保有排他性的主權地位，包括在國際社會代表中國的權利。北京把李登輝和陳水扁的言行解讀為推行分裂主義議程的證據。我認為這個觀點誤解了他們的基本立場，我要說，雖然李、陳二人都反對中國的統一方式，但他們原則上並不反對統一。他們著重的是任何重新結合方式之條件。講白了，他們追求的是一種能接受台灣政府是個主權實體、它有權利參與國際體系的統一方式。事實上，李登輝和陳水扁關切台灣「如何」成為中國的一部分，不下於台灣「是否」是中國的一部分。或者更精確地說，他們的焦點是台北政府的法律身分及其與中國政府的關係。

第四章和第五章探討構成台灣和中國爭議之本體的兩個議題：主權和安全。第四章就先前的討論再做闡釋，更深入探討主權的概念及對「國家」的認知，以及兩者與爭議的關聯。台灣的確符合主權國家的若干正式評準。它最為不足的一點就是透過與其他國家的外交關係、並以國際組織成員身分參與國際體系；而這也是中國運用自身力量排除台灣的部分。台灣還因為其政府所主張的主權領土範圍含混不明，使得情況更加複雜。對於主權的這項分析鎖定兩個問題，要解決爭端就非得有答案不可。第一，除了它選擇放棄其權利的地方之外，台灣政府是否有權利統治它轄下的領土？第二，台灣是否有權利以完整會員身分參與國際社會？北京在香港如何實施一國兩制——操弄香港的政治制度以杜絕它所不樂見的結果冒出來——在我們試圖回答第一個問題時，特別有關係。另外，從反面來講也很重要的是，台灣的情況如何和西歐不同？西歐各國願意基於緊密的經濟整合之利益，讓渡部分主權、集合為一體。這些國家一開始就被承認為主權國家。台灣則不同，得先力爭北京接受它的主權地位、並抗拒中國破壞此一主張的種種作為。

安全這個核心議題則放在第五章討論。我認為雙方已被鎖死在安全的兩難困局中，彼此都怕對方威脅自身的基本利益，因此努力反制威脅。甚且，彼此都怕如果自己主動提出讓步的意願以打破僵局，則對方會利用這個善意，使自己變得更弱。當然，滿重要的一點是，中國和台灣所陷入的兩難困局，並不是國際關係史上的經典案例。一般而言，威脅多來自軍事層面，但在兩岸的情況下，是台灣潛在的政治行動給北京製造了不安全。為了預防台灣的動作，北京從俄羅斯取得先進武器，增強解放軍的作戰能力。台灣軍方也設法盡可能向美國購買防衛武器。這個問題的政治性質很大，因為台灣依賴華府的不只是武器的供應，還有若是受到攻擊時，美軍將馳援保台的承諾；北京對此當然憤懣、覺得不安全。但是，這個承諾對台北也不是絕對有利。就像任何同盟關係裡的小夥伴，台北擔心美國會拋棄它；華府這一方也擔心台灣會把它牽累進入它並不想要的衝突中。台灣的不安全、對美國的依賴，以及對中國意圖的不信任，導致北京必須十分努力去說服台北放棄它和美國的同盟。

主權和安全是兩岸之結的兩股繩子。它們交纏在一起——台灣對其主權地位的主張增強了它爭取美國安全援助的合理性。有三個惡化因素使兩岸之結愈纏愈緊，也使得這兩大議題益發難以解決。

第六章要討論第一個因素：兩國的國內政治。在台灣，歷史、朝野對抗，以及民主制度當前的運作，都局限了其領導人和北京交涉的自由。國民黨在一九四九年之後的嚴厲統治在台灣人心中製造出一股強烈的意識，他們覺得自己和大陸人不同。他們也開始設想台灣是另一個國家，並發展出對外來人的深層恐懼。他們有了專屬的台灣人認同意識，加上在國民黨數十年高壓統治之下的委屈，加劇了台灣人反對其統治的心態，有些人甚至興起脫離中國而獨立的願望。陳水扁所屬的民進黨帶頭反對國民黨，迄今民進黨黨綱裡仍有台獨條款。

可是，建立台灣認同意識的政治活動大多仍聚焦在爭取民主制度、爭取國際尊重之上，大過於創造完全獨立於中國之外的台灣共和國。此外，一九九〇年代開始實施的民主制度也迫使在野的民進黨把有關台灣獨立的目標修訂得更溫和，以爭取民眾的支持。政治強化了全島反對一國兩制方案的共識。但是，就算中國願意針對主權和安全議題提出什麼台灣較樂意接受的方案，島內的政治恐怕也讓它很難得到廣泛的支持。台灣的選舉制度助長激進觀點以及政黨裂解，憲法的缺陷也使政府體制內不同部門的關係相當複雜。立法院的議事規則使小黨可否決有爭議的議案，而且中華民國憲法規定須由四分之一的立法委員提議，四分之三出席，並在出席人數中的四分之三通過決議，提出憲法修正案，方得交付國民大會複決，過半數方可修憲。

大陸方面，民族主義和菁英內部的政治也出現同樣的效應。政策透過個人化的領導制度反映出來，在這套制度下，主要的當權者必須為他們的倡議建立共識，而他們的行動自由又因議題、時間的不同而不同。台灣是個特別棘手的問題，由於兩岸僵局遲遲未解決，長久以來阻滯了中國的統一。任何一個高階領導人處理此一議題稍有不當，極易招致競爭者及重要的體制團體（如軍方）的攻擊。中國負責對台政策的人士不願太離開二十多前訂定的一國兩制路線，也小心提防台北有任何走向永久分裂的跡象。

共產黨的重要人事傳承，通常是逐漸發展的，一旦在進行世代交替時，領導圈內的政治會特別微妙。將退休的世代總是想要抓住重大決策議題，而台灣問題正是最重要的議題。新生世代成員不願表露他們對關鍵政治議題的偏好，尤其是台灣問題，因為他們怕這會壞了他們爭取大位的好事。因此，從一九九〇年代中期即主導對台政策的江澤民，很緩慢地把決策權轉移給繼承人胡錦濤。

民意也會影響到中國的對台政策。「民眾」有不同的層次，知識分子與黨國有所接觸，通常比一般百姓對政策更有影響力。可是，中國的大眾媒體愈來愈競爭，民眾的民族主義情緒有時會變得比政府宣傳機構所煽動的更走極端，因此對領導人造成了限制。如果領導階層對台灣議題意見分歧，如果美中關係變差，如果民意被特定事件動員，民意起的限制作用就更大。兩岸關係不時冒出的危機，激發中國的評論浪潮，而其主題一向都是：北京在和台灣（及美國）打交道時必須更果決。對於最高領導人的危險，當然是反對派會利用民眾對其政策的批評，發動對其領導地位的挑戰。

讓兩岸關係惡化的第二個因素——北京和台北的決策過程，我們將在第七章討論。台北和北京的決策過程都比二十年前更多元化、更體制化，特別是雙方政府都不在危機中之時。但是，每個政府都還是慣性地把對方及美國的意向做最壞的解讀。甚且，由於兩岸關係攸關台灣和中國領導人的生存，高階領導人依然傾向於一把抓，緊張時期尤其如此，這種一把抓的情形增加了解讀錯誤的可能性。中國因而在不同時點，錯誤解讀了台灣行動背後的動機，誇大它們對中國核心利益的威脅。以最低程度來講，這會局限了北京做出建設性讓步的意願；以最壞的情況來講，它會促成過度反應的傾向，從而加深台灣的不安全感。台北政府也有同樣的問題。

第八章要探討第三個因素：雙方都企圖從對方佔到好處。台灣費了相當努力，要以某種名分重新加入二、三十年前它被迫退出的國際組織。中國當年煞費心思策動台灣退出，現在更是小心謹慎阻止台灣重新加入。此外，中國利用台灣政治制度的開放，推動它的利益。和對香港一樣，中國對台灣也採取統戰策略，利用企業界以及反對陳水扁的政黨來牽制他，從長期著眼，營造以北京條件統一的氣氛。這場遊戲的零和性質使得想要和緩爭端的努力益發困難。

美國的政策也是這場槓桿遊戲施力的對象，我們將在第九章討論美國的角色。台灣投注相當大的心力維護它從美國得到的支持，並且要取得美國更有力、更可靠的承諾——譬如在國會結交朋友以制衡行政部門對台不利的動作。北京則努力稀釋美國政府對台的支持，讓台灣處於較不利的談判地位。然而，華府「一個中國政策」的核心是強調過程，尤其著重在以和平方法解決兩岸問題，而不是使中國和台灣分裂的實質問題。因此它設法要節制中國不動武，台灣不以政治行動招惹、授與中國動武的口實。另一方面，美國也避開擔任正式調解人的角色。

解決台海爭端、打開兩岸死結的前景究竟如何？當然中國的「以商圍政」策略及統戰戰術有可能慢慢磨掉台灣的抵抗，產生大體上依循中國條件的協議。在第十章中我假定，由於台灣的國家認同的力量，在可預見的將來，不太可能照這條路發展；它要檢討是否有方法可以調和實質的議題，改善惡化的因素。關於主權議題，某種形式的邦聯可在抽象上滿足每一方的最低目標：北京可以得到形式上的統一，台灣可以維持其主張——其政府在一個國家聯盟中保有主權。台灣有些政治力量曾經如此建議，不過北京迄今仍拒不接受。關於安全議題，似乎還沒有簡單的「實質」（substantive）方式可以和緩台灣的不安全感，因此當然不足以使它切斷與美國的關係；而且看來中國迄今也寧可加重台灣的不安全感，而不是和緩它。比較可行的辦法是開始一個採取有條件、互惠措施的過程（譬如，信心建立和武器管制措施），過了一段時候，台灣會有充分信心，曉得北京不會違背其承諾。至於惡化的因素，如果槓桿遊戲的禍害效應要有任何舒緩的話，北京和台北必須同意在國際社會休兵，北京必須保證不插手台灣政治。就中國的國內政治而言，國家領導人可能很難推銷一國兩制要改變的觀念，畢竟北京已經歌頌一國兩制這麼多年了。但是，更大的政治問題恐怕落在台北這一邊。台灣的制度已經創造出激進的少數派，給予他們否決權，即使北京提出客觀上對台灣有利的實質提案，恐怕也無法通過。即便只是試圖展開談判過程，北京也必須放棄預設的條件，而且有鑒於台灣的不安全感，它必須接受漸進式的過程，先有一系列相互連結的協議，而不是一次到位的大規模協議。總而言之，如果雙方基於當前立場要達成協議，中國必須多做一些讓步才能使程序啟動，並拉近實質的差異。台灣因為有「反選擇」、「唱反調」（choice-averse）的政治制度，勢必更難通過任何的協議。

這樣的談判過程顯然使得美國的角色有其局限，而其實兩岸信任華府的程度也未必足以允許它扮演更重要的角色。北京尤其反對將兩岸爭議國際化，除非它決定需要美國協助阻止台灣的行動。台灣可以動員它在美國政治體系內的影響力，去阻止它不喜歡的談判趨勢，即使最初是它設法要美國參與的。甚且，美國也是這樁爭端中的當事人之一，因為它是台灣安全的唯一來源，也是台灣心理信心的靠山。美國的支持將是台灣和中國之間談判的關鍵議題，如何處理它，將會決定安全的兩難困局能否解開。單以這個層面來講，我們很難理解美國該如何扮演公正的中間人，取得台北和北京雙方的信任。

我們也不清楚美國可能對解開兩岸之結貢獻什麼實質價值。就雙方的立場來講，協議內容的輪廓已經相當清楚。現在缺乏的是彼此有沒有政治意志去做必要的讓步、有沒有信心大家會信守協議，以及是否具備內部的政治能量（尤其是台灣）去通過任何協議。這些鴻溝，華府不能、也不應去填補；雙方直接對話更有可能會成功。可是，華府或許可以針對雙方決策過程的缺失扮演有用的角色——換句話說，華府或許能扮演「知識的便捷者」（intellectual facilitator），向一方解釋另一方的觀點，俾能降低認知錯誤的可能性。此外，當安全議題進入談判時，華府和台北之間不可避免也會有所討論。最後，美國或許可充當雙方達成的協議的保證人，以增加雙方信守承諾的機率。

如果死結打不開，美、中、台三方應該怎麼辦，放在第十一章來討論。當然有可能在一段時間過後，中國的基本策略奏效，台灣接受中國力量的現實。經濟將勝過政治原則和軍事不安全。但鑒於台灣國家認同意識的強勁及其政治制度的缺陷，這似乎不太可能。那麼，就剩下穩定局勢、防止未來危機一途。譬如，陳水扁在競選連任時提議台灣制訂新憲、交付公投表決通過。北京斷定這個提議形同建立新國家，誓言如果制止不了陳水扁，不惜動用武力。陳水扁一當選連任、又得到美國的鼓勵，就從這個提議撤退，並保證只會依據既有程序來進行國內政治改革。中國則依舊相信陳水扁的節制是表相勝過實質，他的目標還是要讓台灣和中國永久分裂。北京向小布希政府提出警告：華府必須對陳水扁嚴加限制，俾便保證中國不會訴諸軍事行動。

陳水扁第二任期內發生軍事衝突的可能性或許沒有中國最先所相信的那麼嚴峻。要防止衝突，陳水扁必須要管好國內政治，讓體制改革留在時間表上，而北京也要了解這個時間表並不威脅其根本利益。美國必須繼續著重雙元嚇阻，一方面鼓勵台灣在修憲內容上節制，另一方面也要中國在反應上節制。

雙方都節制，會降低衝突的機會，但不能保證不因意外或誤判而爆發戰爭。任何戰爭對中國和台灣都會產生可怕的後果，對美國和國際社會的其他國家也會構成極大的挑戰。台灣在修憲上休兵也不會促進兩岸穩定。要穩定，中國必須採取新方法保護其資產，台灣則要改變它認為什麼最重要。北京的策略——不理會陳水扁政府、不讓它的政策成功、圍堵台灣參加國際社會活動，布建兵力增加台灣的不安全感、插手台灣的政治——效果日益降低。北京若主動發起和陳水扁政府有限度的交往，便可以降低對雙方意向的誤解，此外若加速開放交通往來（目前因主權爭議而受阻）、允許台灣有更大的國際空間，必會有更大收穫。這樣的措施將對台灣的民意帶來正面衝擊，尤其是大約一半傾向與中國交往的人更會向北京靠攏。

台灣除了節制之外，需要重視實質大過象徵。台灣島內太普遍傾向注重地位和名分，忽視了國力的根本基礎。由於中國國力蒸蒸日上，台灣必須在經濟、外交、心理、軍事和政治上力圖振作。如果和北京的爭議還會繼續下去，它當然需要力爭上游；即使兩岸和解有望，自強自立更彌足珍貴。如果兩岸持續僵持不下，美國應該維持它雙元嚇阻的政策。換句話說，華府必須設法使北京不動武，也約束台北不要採取激惱北京動武的政治動作。

不論兩岸之結能否解開，所有相關當事人都必須了解這個結是怎麼愈纏愈緊的。了解爭端是降低危險的第一步——也能避免因對問題性質分析不當、誤判雙方意向而使危險的情勢加劇。本書的研究希望有助於此一了解。

2 來到現在
Getting to the Present

台灣島位於亞洲大陸棚的外緣，面積約等於康乃狄克州和新罕布夏州的總和。兩千三百萬人民大部分住在平坦的西部，絕大多數是漢人。政府的國號是中華民國，也控制了西邊的澎湖群島，以及貼近中國海岸的若干外島。

台灣和中國大陸最近的距離約莫一百五十公里，在歷史上它以緩慢的步調成為中國文化世界的一部分。原始住民是原住民部落成員，漢人（海盜、商人、漁民）在十四、十五世紀才現身台灣。中國東南省分農民在十七世紀才大量移入台灣，帶來原鄉的民間文化，並在過程中取代了原住民。荷蘭和西班牙同時也在島上建立據點，但不久就離去。十七世紀中葉，台灣是漢人反清的基地，因此在中國政治分合史上佔有特殊地位。可是，清廷在一六八三年拿下台灣，台灣成為大清帝國體系的邊陲。它是一個相當動亂的地方，漢人彼此有族群械鬥，和原住民也不時交戰，然而一個比較安定、類似大陸東南省分的漢人社會還是慢慢地建立起來，上層地主、商賈出現，於是台灣也像中國各地一樣，對於帝國體系提供的在社會和政治上向上流動的機會，地方菁英也開始有所響應。

若不是因為台灣地處東亞海路要衝，其人民會比較不受干擾地繼續調適、接受帝國體系。台灣北端的商業中心淡水在一八五〇年代末、英法聯軍擊敗中國之後開放為通商口岸，台灣遂向國際貿易開放。外國船隻經常在台灣西海岸觸礁，本地居民往往視受困船員為入侵者而予以虐待，造成外交糾紛。此外，列強尋求在本地區取得堅實地位，台灣更成為各方覬覦的對象。日本人在一八七四年佔領台灣部分地區，法國也在一八八三年短暫佔領澎湖群島。一八八五年，清廷覺得需要更重視台灣，遂把台灣提升為省。首任巡撫劉銘傳發起興建基礎建設的計劃，改革稅制，但是任期太短，未能留下持久的影響。一八九五年，日本與中國因朝鮮兵戎相見、取得勝利後，要求以台灣和澎湖為和平的代價。日本希望躋身為殖民大國，垂涎台灣的經濟資源，也盼望在南側建立防衛之盾。日本透過馬關條約，完成兼併台灣的目的，但是中國民族主義者直到今天都還拒絕承認馬關條約的效力。

日本的殖民統治一開始就不順。島上紳民宣布台灣獨立為「台灣民主國」，實則希望還能奉中國為正朔。日本軍隊敉平早期的亂事並不難，但接下來二十多年一直苦於如何鞏固控制。第一次世界大戰之後，東京決定加強本島的經濟開發，指派文職技術官僚取代海陸軍將領出任總督。殖民政府興建交通與通訊的基礎建設、建立教育和公共衛生體系，並發動早期的「綠色革命」，利用科學育種展開農業現代化。農產加工業因此興盛。透過比中國任何政府機構更深入台灣社會的警察力量，日本人維持嚴格的社會控制，打消或鎮壓了台灣人要求擴大政治參與的籲求。中日戰爭在一九三七年爆發後，日本人更是收緊控制。台灣成為日本作戰的經濟及兵員基地，後來更成為進攻東南亞（包括當時仍是美國殖民地的菲律賓）的平台。台灣人被迫在文化上更像日本人。儘管戰時殖民統治嚴酷，由於日據時期發生的進步、以及日後國民黨的鎮壓，到了二十世紀末，一些上了年歲的台灣人依然懷念日本人的統治。

即使在日本侵略中國之後，台灣仍未在中國人意識中居於重要地位。一九三〇年代末，蔣介石領導大陸的中華民國政府和執政的國民黨，毛澤東則是中國共產黨主席，兩人都把台灣視為分別的實體。它就跟朝鮮一樣，理應脫離日本的統治，但又不像滿洲必須歸還給中國。住在大陸國民黨統治地區的台灣流亡人士主張收回台灣應是中國抗戰的目標之一，但是直到日本攻打珍珠港之前，它都沒有實現的可能。珍珠港事變之後，美國參戰，成為中國的盟國，蔣介石變得更有野心。到了一九四二年底，蔣介石公開要求他稱為中國「外部堡壘」的台灣，在戰爭結束時應歸還給中國；私底下，他則邀請美國和他聯手在台灣建立軍事基地。雖然美中同盟因為雙方對軍事戰略、資源分配、美國人員是否應獨立和共產黨合作抗日等問題迭有爭執，但蔣介石和羅斯福對台灣的議題意見一致。羅斯福對台灣有他自己的盤算，而允許國際託管台灣以及透過公民投票彰顯台灣民意，則根本不在他的計劃之內。他對戰後和平與安全的構想，是以美、英、蘇、中為「四大警察」，堅持要其他國家解除武裝，並透過一套軍事基地來實施它。因此，中國和美國要使東南亞和太平洋任何國家都不再武裝，他們將利用台灣為基地，以海上封鎖、空中轟炸的手段對付不遵守的國家。羅斯福似乎認為，既然台灣要扮演如此重要的角色，把它交還中國非常允當。他在一九四三年二月之前做出此一決定，並於一九四三年十二月的開羅會議使它獲得通過。前一個月，美國空軍已開始空襲台灣，美國海軍一度把台灣當做在太平洋擊退日本的主要跳板，規劃必會拖延中華民國政府接管台灣的計劃。但是後來羅斯福基於種種理由，選擇在菲律賓登陸。台灣被跳過去，海軍的計劃束諸高閣。最後是由中華民國將領在台灣接受日本人的投降。當時，台灣居民十分歡喜回歸中國。

內部鎮壓、冷戰死結

可是，回歸的喜悅為時甚短。台灣的新統治者講好聽點就是無能，並傾向於虐待和疏離台灣人民。一九四七年二月，某個菸販和稅吏口角之後，民眾的不滿爆發為全面作亂。地方菁英呈請省政府官員進行改革，讓「政府」的行動更能被島民接受。可是蔣介石派兵增援，部隊迅速鎮壓亂事，不分青紅皂白殺害本地居民。二二八事變死者數以千計。（編按：官方機構聲明二二八死者約八百人，也有歷史學者認為死者人數在兩萬八千至三萬八千之間。）這次鎮壓使台灣人對國民黨政府憤懣數十年之久。

蔣介石的國民政府在大陸政治、軍事皆告失利時，台灣對其的疏離也加深。一九四八年底，國民黨敗象已很清楚。台灣很快就成為蔣介石唯一的退路，不久就有兩百萬軍民湧入其中。政府本身於一九四九年十二月播遷來台，也帶來深怕「禍起蕭牆」的恐慌。蔣經國奉命改造國民黨，從黨及社會肅清大批共產黨人及其他叛亂分子，主張台灣獨立的人士也不得倖免。這就是「白色恐怖」。

日本投降之後不久，美國對華政策的重點就擺到風雨欲來的國共內戰上。馬歇爾（George Marshell）銜杜魯門總統之命來華調處國共之爭，但是雙方缺乏互信，加上又想在戰術上佔便宜，使得馬歇爾的調處任務很快就終止。國共兵戎再起，這大約就是二二八事件之時。美國提供各種援助給蔣介石的部隊，但很快就認為國民黨政權太腐敗，不論給它多少援助都擋不住共產黨的軍事勝利。即令如此，由於國民政府在美國國會和新聞界、尤其是反杜魯門政府的反共人士圈子中，累積了許多支持，杜魯門要和蔣介石保持距離的決定飽受國內批評。國民黨在國會的盟友替它爭取到美國繼續軍援，後來也繼續在美國對中華民國的政策上發揮重大影響。可是在一九四〇年代末，美國政策的一般傾向很清晰：

那就是擺脫蔣介石及其政府。

國民黨敗象已明，向台灣撤退，華府於是開始注意到台灣的脆弱。從一九四三年十二月開羅宣言以來，毛澤東及其革命夥伴就把注意力轉到搶奪台灣和大陸，台灣成為「收復國土、統一全國」任務的一環。他們稱為「蔣介石反動派」的內戰敵人預備退守台灣、圖謀反攻，只會令他們更要佔領台灣。

一九四九年杜魯門政府內部的共識是，由於國民黨的政治、軍事無能，共產黨可能佔領台灣，如此則勢必危及美國的安全利益。另一方面，美國又缺乏軍事「資產」可防衛台灣。美國研擬了各種方案，但又放棄。華府希望，不去防衛台灣會鼓勵新建政的中華人民共和國對莫斯科維持若干程度的獨立。杜魯門總統在一九五〇年一月宣布美國不會多加干預，而且他認為台灣是中國的一部分。

一九五〇年六月北朝鮮入侵南韓，卻救了台灣和中華民國。華府擔心南韓受到侵略是共產陣營企圖擴張勢力版圖的大計謀之一環，也認為共產黨方面希望終止中華民國對大陸持續性的小型攻擊，因此派遣第七艦隊巡弋台灣海峽，阻止國共相互攻擊。它的淨效果就是保障了蔣介石的生存空間。中華民國得以維持它在聯合國的席次，也與世界上多數國家維持外交關係。杜魯門政府為它的政策大逆轉提出的辯詞是：因為與日本尚未簽訂和約來處理台灣的「所有權」，台灣的法律地位（它是否為中國的一部分）尚未決定；因此，台灣的安全是國際議題，不純粹是國內問題。[1]

久而久之，台灣成為美國圍堵共產主義鏈條的重要環節。美國提供相當大量的軍事援助給中華民國武裝部隊，兩國情報機關合作密切。一九五四年底，兩個政府簽訂共同防禦條約，保證了美國與中共將在相當長的時間內持續敵對的關係。中國並沒放棄把台灣納入控制的民族主義野心。在北京眼裡，它和國民黨的內戰還沒結束，都是美國在背後撐腰，蔣介石才能苟延殘喘。雖然中國缺乏攻佔台灣的能力，它卻努力伺探國民黨以及美國和中華民國同盟的弱點。

國民黨政權利用此一喘息空檔鞏固它在台灣嚴厲的高壓統治。外省人佔人口的一成五左右，卻統治居於多數的本省人。國民黨合理化少數統治，根據的是它代表全中國。國民黨堅稱，由於在全國各地區無法舉行選舉，因此立法院、國民大會的成員必須凍結，台灣人在這些機關的代表性限於依台灣佔全國人口之比例去計算。國民黨也強調，由於實施動員戡亂的緊急狀況，政治自由必須嚴加限制。台灣人參加政治異議活動不是丟了性命、就是失去自由。其他人則對統治者保持沉默的敵意。美國提供經濟援助，促成出口導向成長策略的成功，但是後來美國歷任政府決定，推動政治自由化不適當（因為中華民國在美國的反共作戰居於重要戰略地位，如果國民黨政權受到挑戰，恐將傷害到美國利益）或不可能。另一個原因當然是中華民國在美國政界極力爭取朋友，仍得到許多人士的支持。

除了台灣的威權體制之外，雙邊同盟仍屬於「同床異夢」。蔣介石追求「反攻大陸」的政策，並希望美國援助，而美國歷任總統卻設法要節制這種冒險行為。一九五四年和一九五八年，中國砲轟中華民國控制的外島金門、馬祖，主要是為了測試中華民國堅守這些島嶼的決心。艾森豪政府明知道這些外島沒有戰略價值，但也曉得若是失去了它們，將對國民黨士氣和美國的信譽造成重大的心理打擊。如果中國鐵了心要強佔它們，美國可能需要動用核子武器來拯救它們。不管怎麼說，華府當然不願意美國因為蔣介石部隊的挑釁行為而被捲入，和中國發生戰事，因此對中華民國針對大陸的攻勢行動加以設限，卻

❶ 一九五二年簽訂和約時，日本在美國壓力下，依據台灣地位未定論的概念，放棄對台灣主權，但未把主權移交給另一方。

反而惹來與蔣介石在「行動規模多大才算攻勢行動」上的爭辯。（此外，華府也認知到美國與中共之間有限度的外交接觸有助於管理衝突。）蔣介石痛恨美方的控制，認為這會使他的政府之正當性受到質疑。接下來，愈來愈多第三世界國家走出殖民統治，開始承認北京，中華民國在聯合國的地位愈來愈受到攻擊。甘迺迪和詹森政府勸蔣介石要採取務實作法——允許中華人民共和國進入聯合國，但條件是中華民國也留在聯合國裡。意識型態僵固的蔣介石，拒不接受「兩個中國」的建議。

一九七〇年代情勢不變

尼克森和季辛吉改造了美國對台政策的基礎。他們認為可以利用中國反制蘇聯，而中國對美中合作喊出的價碼是摧毀美台關係的支柱。雙方交涉的第一階段，北京要求美國確認：世界上只有一個中國、沒有兩個中國；台灣是中國的一部分，不是地位未定的實體；美國不會支持台獨運動；美國承認中華人民共和國是代表中國的政府。尼、季在一九七二年發表〈上海公報〉，大體上即朝此一方向走；它象徵美中關係修睦的開始。私底下談話，他們講得更露骨。做為回報，他們爭取中國接受台海問題應該和平解決的原則，卻不太成功。儘管支持中華民國的美方人士反對，尼克森能夠和「共產中國」修睦成功有幾個原因：他祕密展開接觸；戰略理論有道理；他有無可挑剔的反共資歷。這一切都安慰不了台北當局，何況尼克森甚至還曾向台北保證：「我不會出賣你們。」雪上加霜的是，北京在聯合國的支持者更在一九七一年十一月犧牲中華民國、接納中華人民共和國。接下來十年內，大多數國家捨棄中華民國，轉而承認中華人民共和國。

這些挫折在台灣島內促成政治熱潮，批評政府的人士開始挑戰它的正當性和政治壟斷。蔣介石已指定蔣經國為接班人，慢慢把國事大權交付給他，包括安全、軍事、黨務、政府，大小一把抓。小蔣（後來於一九七八年當選總統）的國內政治策略和老蔣（於一九七五年過世）的硬性威權主義不同，比較符合中華民國低落的國際地位。他擴大本省人在國民黨中的代表性，開始培養若干本省菁英出任高階職位。他放鬆了原本對政治自由和競爭的緊密控制，俾能利用輿論有限度的表達以及選舉做為探針，量測國民黨的表現。台灣地區產生的立法委員席次，也以島內人口成長為基礎增加名額。選舉並不完全自由和公平，而且因為立法機關的老民代依然在職，國民黨的多數地位根本不受威脅。不過，執政黨已必須向選民訴求，它把選舉結果視為衡量其表現的指標。

在反對政府的人士眼中，自由化的腳步太慢，他們開始要求要有民主制度。大陸來台的知識分子於一九七二、七三年發起相當有禮貌的挑戰，但在踩到政府最大的寬容限度後，他們退卻了。（編按：雷震於一九七二年撰寫〈救亡圖存獻議〉，提出「從速宣布成立『中華臺灣民主國』」等十點政治改革建議，不為執政當局採納。）本省籍異議人士後來動作更激烈，違反國民黨的限制，試圖組織反對黨。整個一九七〇、八〇年代，台灣政治陷入一個循環模式：政府放鬆控制，黨外人士過度發揮，情治機關就來取締；然後周而復始，再來一遍。

一九七八年卡特政府又恢復了與中國建立地緣政治結盟的努力。北京明白表示：如果美國要建交，就必須切斷和台灣的關係。明白地講，它要求華府與台北斷絕外交關係；廢止共同防禦條約；撤離美國軍事人員及設施。（譯按：斷交、廢約、撤軍。）華府同意了。它也認知「中國的立場——台灣是中國的一部分」，保證和台灣在非官方基礎上來往。雖然卡特政府覺得，堅持要求中華人民共和國保證以和平方式解決台海問題不會有結果，它倒是堅持片面發表一段中國不予爭議的聲明，宣示美國在和平解決之上有「永久的」利益。華府認為它已取得北京的諒解，可以繼續銷售武器給台灣；不料，中國的最高領導人鄧小平卻預期軍售將會停止。鄧小平主張停止軍售，否則台北會抗拒和平修睦，中國動武的可能性就會增高。後來，鄧小平同意中美關係正常化先照樣走，但他保有權利以後再來討論這個議題。

卡特政府希望「正常化」此一大突破足可降低國會中支持中華民國人士的反對，可是政治風暴照樣爆發。國會在起草「台灣關係法」（*the Taiwan Relations Act, TRA*）以打造後正常化時期對台關係的架構時，決定匡正卡特未能確保台灣安全的缺失。「台灣關係法」表明：美國的政策是「以和平手段之外的任何方式——包括杯葛和禁運——來決定台灣未來的任何作為，將被視為對西太平洋地區和平與安全的威脅，並會受到美國嚴重關切。」它批准對台軍售以確保台灣有「足夠的自衛能力」；它也要求行政部門「對台灣人民的安全或社會、經濟制度有任何威脅，及因之而對美國利益有任何危害之事宜，都應迅速通報國會。」雖然中國認為「台灣關係法」與美國行政部門的行為不一致，這項法律並沒有強制規定對台軍售，也沒有提供安全保證以充分補償共同防禦條約的廢止。「台灣關係法」的政治承諾宣示意味大過法律拘束的意義。不過，它仍然反映出中華民國在美國有強大的支持力量。

政治鬥劍

中國現在佔了上風。北京和美國為台灣及其他種種問題吵了二十年之後，終於讓華府至少放棄它和台灣關係的正式表徵，換取中國和美國的地緣政治結盟。中華人民共和國也在國際領域擊敗中華民國。

除了三十個左右的國家之外，它和各國都有外交關係，現在也在聯合國體系內搶走中華民國在各個國際組織中的席次。鄧小平把台北狠狠逼到守勢之後，想要一次徹底解決台灣問題。中國缺乏能力以軍事解決，而且這麼做也會疏離它的新夥伴美國，因此他要走政治解決之途。一九七九年元旦，中國宣布「和平統一」的新政策（不再是「解放台灣」），提議以談判終止兩岸對抗局面、與台灣打開直接經濟交流，也保證把台灣的「現實」列入考量，尊重現狀。蔣經國針對中國此一號召，立刻宣布和中國「不接觸、不談判、不妥協」的三不政策。他說，如果兩岸要統一，必須以國民黨意識型態的反共原則為基礎。

除了鄧小平的和平號召之外，蔣經國還必須處理國內對他權力的挑戰。反對黨政治人物想要利用美國不承認中華民國，來攻擊國民黨做為代表全中國政府的正當性，從而質疑它不讓本省人具有政治權力的基礎。他們把合法的雜誌社在全島的辦事處當做反對黨組織來運作（組黨依然不合法），舉辦各種批評政府的公開活動。蔣經國寬容了一陣子，但不久保守派勢力就說服他，情勢已失控。情治單位利用一九七九年十二月在港都高雄的一場衝突為藉口，逮捕了大多數反對運動領導人，是為「美麗島事件」。新階段的開放導致新回合的鎮壓。

雷根當選總統之後，中國深怕美國政策會逆轉，使北京失去對台優勢。鄧小平的反應分兩路進行。一九八一年九月，中國再次向台北展開和平攻勢。除了重申經濟直接交流的提議、歡迎台灣到中國投資之外，中國提出更詳細的統一方案。如果台灣接受統一，將成為中國一個特別行政區，享有高度自治。它可以保持原有的經濟和社會制度，以及和其他國家的非政府關係，甚至也可保有自己的武裝部隊。台灣的領導人可在中國政府擔任職務。這構成中國替香港、澳門所規劃且直到今天仍向台灣推銷的一國兩制的概念核心。台北當下就拒絕，直到今天仍然拒絕。

一個月之後，鄧小平亮出第二張牌。北京要求美國停止對台軍售，理由是台灣若能繼續向美國購買武器，蔣經國就不會有誘因回應北京的新提議。除非華府順從，中國預備終止和美國的合作。雷根政府內部意見嚴重分歧，一派強調中國的戰略價值，一派則不願犧牲台灣的利益。最後，政府接受中國的和平新方案理由充分，同意在一九八二年八月發布一項公報（譯按：八一七公報），對售台武器性質及總金額設立上限，這下子使得台灣政府大為震撼。華府後來設法緩和公報的衝擊，但是在一九八二年，台灣賴以生存的另一支柱顯然又被挫弱了。

同一時間，美國又對台北的地位提出另一項重大挑戰，這一次目標是國民黨對台灣政治的壟斷。挑戰來自於美國國會的自由派，他們受到流亡美國的台灣人所推動。說起來有點諷刺，國會一向是台北用來約束行政部門對台不利措施的主要工具，而且它往往對國會山莊的友人提供實質鼓勵來強化這個工具。不料，現在「台美人」（在美台灣人）卻對索拉茲（Steve Solarz）、斐爾（Claiborne Pell）、甘迺迪（Ted Kennedy）等國會議員提供同樣的支持。這些議員公開批評國民黨的統治、給予反對運動道德支持，並建議民主的台灣才值得美國支持。國民黨政權運用其影響力來抗拒他們，但最後卻是自己搞砸了。台灣情治單位長期以來監視台美人的政治活動被揭發，尤其是兩件非常過分的政治命案——一是一九八一年發生在台灣（譯按：陳文成命案）、一是一九八四年發生在美國（譯按：江南命案），嚴重傷害台北政府在美國的形象。雷根政府和中華民國的國會友人，都不敢出來替國民黨政府辯護。

蔣經國在國內也面臨非常不同的壓力。台灣的企業希望能與大陸貿易往來、到大陸投資。兩個經濟體之間有天然的互補關係，台灣的工資日漸上升，降低了它勞力密集產業的競爭力。美國在一九八七年施壓要求新台幣對美元升值，更增加了台商把生產線外移的誘因。因此，儘管政府禁止任何形式的經濟交流，台灣企業界仍然悄悄測試限度。政府曉得要試圖全面禁止，但力有未逮，因此展開逐步放寬限制的策略。

蔣經國對於如何回應這股壓力，同時聽取改革派和保守派的意見。保守派主張他應該堅守立場；改革派則主張開放對大陸的經濟、並且政治制度應自由化。蔣經國本身做出反直覺的結論：國民黨若開放政治體系，將會比繼續彈壓反對運動更能維繫住政權——在這個過程中也更能贏得美國的支持。早在一九八二年，蔣經國就透露他未來有四大目標：民主化，本土化，改造經濟以保繁榮，以及對中國開放。蔣經國的問題不在是否要自由化，而是要多快自由化。他推動此一議程，其實是替台灣爭取時間以應付中國提出的挑戰。幾年之內，他開始朝目標前進。一九八五年，政府表示和中國「間接」貿易——貨品必須經由第三地（如香港）中轉——可以接受。接下來，一九八六年十月反對人士宣布成立民主進步黨，他並沒下令取締。蔣經國也透露他計劃解除戒嚴。一九八七年，他正式准許台灣居民前往大陸探親旅行。如此，國民黨逐步拆除它和大陸冷戰的壁壘，也拆除國內政治自由的壁壘。

一九八八年一月蔣經國過世時，他的改革方案仍在嬰兒期。繼位的李登輝是本省籍的學者、技術官僚，受國民黨的栽培，但他對政府如何對待本省人仍有深刻憤懣。初期的評估高估了李登輝周圍保守派的勢力，也低估了他的政治手腕。李登輝在六年之內拆解了威權主義剩下的支柱，打造出民主制度的體制。民主化擴大了台灣內部對兩岸關係討論的光譜。民進黨很快就自由地公開倡導台灣獨立，並向選民測試這個主張。這種種變化令北京十分焦急。

另外，還有兩個重要的發展。第一是中國的天安門事件，粉碎了美國人認為與中國維持正面關係符合美國利益的共識，導致國會一些議員主張對中國實施經濟制裁。天安門事件也使限制美國對台關係的政策失去理由。第二是東歐國家開始擺脫莫斯科的桎梏，不久蘇聯本身也告瓦解。這使得華府和北京修睦的原始用意不再有意義，不過在一九八〇年代中期之後它的意義本來就已逐漸式微。它也有很深刻的實際效應。冷戰的結束打造出全球軍火的買方市場。蘇聯急著替它的國防工業複合體開發客戶，中國軍方則迅速掌握機會購買先進的海、空軍武器。這些軍購預示著台灣海峽軍事均勢要起變化，因此台北也爭著向原本就積極尋覓新客戶的美、歐軍火商採買。美國公司回過頭來向老布希政府施壓，要求放鬆十年來限制對台銷售武器的政策。

舊體制即將結束。台商積極開發與大陸貿易、到大陸投資的商機，台灣的政客則為台灣的前途是否繫於大陸吵得不可開交。美國政客開始質疑華府過去在北京和台北之間維持平衡，是否還符合美國的利益。北京也擔心台灣政治以及美國政策的改變，會使中國長久以來追求的國家統一付諸流水。這些力量合併起來使得一九九〇年代成為經濟匯流但政治卻陷入死結的年代，也是共存與衝突並立的時代。

3 經濟合作，政治死結

Economic Cooperation, Politic Deadlock

從一九四九年至一九八〇年代中期，台灣海峽是無人之境。中國大陸和台灣之間根本沒有社會或經濟接觸，雙方之間意識型態鴻溝相當深。雖然一般而言，爆發戰爭的危險不大，但是國民黨政權對大陸保持軍事警戒，並持續彈壓島內居多數的本省人。可是，從一九八〇年代末期起，故事開始向兩條不同的路線發展：在經濟和社會上，原本是無人之境的台灣海峽現在變成兩岸貿易和旅行的超級公路，可是在政治和軍事上，雙方卻陷入互不信任和充滿敵意的僵局。彼此都擔心對方會威脅到自己的根本利益，爆發戰爭的危險遠比二、三十年以前還高。但是，這是一種新式的僵局，因為海峽兩岸各自意識型態的終結以及台灣民主化使得民眾對政治議題有了空前的言論自由，並培養出獨特的台灣認同意識。

第一個故事是因兩岸經濟、政治的必要所產生，很容易理解。其階段受台灣製造業非得移往大陸不可所界定，也受台商在大陸生產或裝配的產品技術日益精細所界定。

第二個故事複雜多了。它是一段中國誘惑台灣接受統一，而儘管經濟關係已萌芽，台灣卻日益不肯的故事。這個故事以北京提出一國兩制的統一方案為開端（對香港也是相同的提案），接下來則是台灣的一系列反應——它們隨著時間推移，愈來愈有所保留。故事的中心主角是台灣的兩位總統——李登輝

（一九八八年至二〇〇〇年）和陳水扁（二〇〇〇年至二〇〇八年）——兩人在台灣民主制度的脈絡內主導台灣的兩岸政策。這個故事的悲劇性在於北京認為李登輝、陳水扁希望讓台灣從中國永遠分裂出去，破壞它追求國家統一的目標。因此，北京覺得兩岸衝突不得解決是因為他們的緣故。可是，我的結論是北京其實誤解了李登輝及陳水扁的意向。如果我的觀點正確，我們必須另外找出爭端未能解決的答案。

本章討論一九九〇年代這兩個故事的演進。經濟和社會面的篇幅較短，政治上則說明得較多，以提供在後頭幾章分析當前兩岸死結的脈絡。

經濟與人員的互動

經過四十年的政策失敗，中國共產黨到了一九七〇年代末面臨民眾離心離德的態勢。在鄧小平領導下，中共認定扶植經濟成長是恢復其正當性的唯一辦法，但是要創造快速到足以吞納中國爆炸性增加的勞動力的經濟成長，需要龐大的外資投入才可能達成。台灣企業主是明顯的來源，因為他們有資金、也因為他們和中國同文同種。同時，在台灣製造產品供銷國際市場的企業也因為土地及勞工成本增加、環保要求提升、新台幣大幅升值等因素，逐漸喪失競爭力。將生產線外移以免在全球市場上遭價格淘汰，是一條明顯的出路，而大陸正是可資替代的生產平台：他們也是華人文化社會、地方政府提供特別的投資獎勵、土地及勞工成本低廉。甚且，有朝一日，大陸也可能成為銷售台灣成品的市場。當然，這裡頭也有政治因素。北京希望台商投資可改善統一的氣候，而台北深怕這會增加它被中國接管的政治弱點。

表三之一　台灣對中國大陸的投資，1989-2003

單位：百萬美元

年份	件數	名目投資	實現投資	名目投資累計件數
1991	1,735	1,389	466	…
1992	6,430	5,543	1,051	6,932
1993	10,948	9,965	3,139	16,897
1994	6,247	5,395	3,391	22,292
1995	4,847	5,849	3,162	28,141
1996	3,184	5,141	3,475	33,282
1997	3,014	2,814	3,289	36,096
1998	2,970	2,982	2,915	39,078
1999	2,499	3,374	2,599	42,452
2000	3,108	4,042	2,296	46,494
2001	4,196	6,904	3,158	53,398
2002	4,853	6,741	3,971	60,139
2003	4,495	8,560	3,380	68,699
2004	4,002	9,310	3,120	78,009

資料來源：1991—2003 年資料來自中國國際投資促進網（www.chinafdi.org.cn）(2005/4/15)；2004 年資料來自中華人民共和國商務部台港澳司（2005/4/15）。

生產線跨海西進分為好幾波。第一波發生在一九八〇年代末，主要是勞力密集的中小企業，生產成衣、鞋類、消費型電子產品的業者。第二波發生在一九九〇年代中，石化、食品加工等比較大型的台商也加入中小企業西進的行列。原因之一，走到中國關稅壁壘後面，才能繼續提供廉價的原料給他們的台灣中小企業顧客；且在食品加工業方面，便可在大陸市場行銷其商品。第三波出現在一九九〇年代末，已經成為台灣經濟最重要部門的資訊科技廠商，遷往大陸以保持他們低階產品的競爭力。二〇〇〇年開始的不景氣對全球資訊科技產業的衝擊最為厲害，更加快了此一趨勢。到了二〇〇三年，台灣前一千大企業有一半在大陸有投資。台灣政府核准的投資項目金額超過三百億美元，如表三之一所示，而實際簽約總金額是核准總金額的兩、三倍。有一項估計指出，

表三之二 兩岸貿易，1990-2004

單位：百萬美元

年份	總金額	台灣出口中國大陸	中國大陸出口台灣
1990	2,574	2,254	320
1991	3,964	3,369	595
1992	6,588	5,890	698
1993	14,395	12,934	1,461
1994	16,326	14,084	2,242
1995	17,880	14,785	3,095
1996	18,990	16,186	2,804
1997	19,834	16,435	3,399
1998	20,560	16,694	3,866
1999	23,478	19,528	3,950
2000	30,534	25,494	5,040
2001	32,350	27,344	5,006
2002	44,672	38,082	6,590
2003	58,367	49,362	9,005
2004	78,320	64,780	13,540

資料來源：1990~2003 年資料來自 International Monetary Fund, Direction of Trade Statistics (Washington: 1996, 2003, and 2004)；2004 年資料來自《2004 年兩岸貿易統計情況》，由中華人民共和國商務部台港澳司提供（2005/1/25）。

從一九九一年至二〇〇二年，台灣到外國的直接投資金額有七四％是投到大陸。

投資帶動貿易。台灣運往大陸的產品大部分是有待組裝的零組件；從大陸運到台灣的則大部分是成品或將近完成的商品。兩岸雙向貿易在二〇〇四年總額達到七八三億美元——從台灣出口為六四八億美元，從大陸出口為一三五億美元。二〇〇四年台灣出口有二五．八％輸往大陸，使大陸超越美國，成為台灣最大的貿易夥伴。表三之二展現出兩岸雙向貿易的走勢。

台灣企業聯結為網絡的特性，使得廠商外移的實況遠比表象所見來得更加複雜。邢幼田（You-tien Hsing）研究第一波台灣鞋業外移，讓我們清楚看到其複雜的程度。製鞋業是一種高度競爭的產業，製造商不只必須盡可能降低成本，還要不斷針對時尚流行有所反應，同時還要因應緊密的交貨期限。台灣的製鞋業又分成水平網絡和垂直網絡：前者是專精各種不同產品的生產商；後者聯結產品開發和生產、製造者和供應商（上游和下游）、製造者和下包，以及製造者和貿易公司，而貿易商負責把亞洲產品連上國際市場。

一九八〇年代中期之後，這些網絡的某部分（不是全部）移往大陸。取決於每項工作在何地可以最有效地表現，產業內衍生出複雜的地域分工。到了一九九〇年代中期，八、九成有關資訊蒐集、產品開發、產品設計與測試、研究與開發，以及行銷及銷售的活動，集中在台灣。三分之二的生產在大陸進行，其餘則在台灣。若干資訊蒐集、行銷和銷售活動，則在海外進行。若非相關廠商具有特別的管理技能，加上大陸地方官員的合作（通常他們都很樂意配合），這種安排不會運作順暢。

第二波和第三波的投資潮把台灣和中國企業更緊密地與全球供應鏈（包括日本、歐洲，尤其美國）連結起來。他們的合作代表著每一方都因全球化的必要而努力進行調整。譬如，台灣廠商在資訊科技鏈居於中間的位置。一般而言，美國公司提供品牌、精密技術和零組件以及行銷服務，他們的台灣夥伴則提供若干技術、先進的零組件以及管理服務，台灣在大陸的公司則負責大部分原來在台灣進行的製造、組裝工作。這是對大家都有利的安排。台灣廠商因成本降低，依然是知名品牌公司如戴爾（Dell）、康柏（Campaq）的上選供應商，而這些品牌公司也受惠於台商的管理及其他技能，得以進入中國市場。在中國的合夥人同樣也透過這些公司的服務得以進入國際市場。

台灣的個人電腦產業建立在過去電子製造業的經驗、工程師的才智以及政府協助的基礎之上。它是複雜而又不斷演化的全球供應鏈運作的另一個很好的實例。個人電腦是用比鞋子更多的零組件組裝起來的科技產品，某些零組件，如邏輯積體電路、記憶積體電路、晶片組、小型液晶顯示器、陰極射線管以及主機板等等，都非常精密。個人電腦也需要位於生產鏈中游的周邊項目，如鍵盤、螢幕、掃描器、滑鼠、電源供應器等。台灣的個人電腦廠商不會統統包辦所有這些零組件的生產，反而「在產業內創造一個垂直連結的廣大網絡……從上游電子零組件……到桌上型及筆記型電腦的最後組裝」。由於個人電腦主要生產來供外銷，也因為持續有降低成本的壓力，過了一段時間，台灣的個人電腦大廠就把網絡內的若干部分移往大陸及其他地方，以維持競爭力，保住他們在供應鏈的中間位置。小規模、生產少數項目的小型供應商先外移，然後更多元化的中型廠商也移出部分營運單位，並提升尚留在島內的作業層級。生產各種不同產品的大型製造商最後才走，而且是有選擇性的外移——這些公司在台灣之外的地區的生產是整體策略不可或缺、但也是補強性的一部分。

資訊科技產業及其他產業的生產線從台灣外移的現象，在二十世紀結束之際變得更快。有若干因素起作用。資訊科技產業的不景氣對產品價格產生下拉的壓力，如果台灣廠商要維持競爭力，必須壓擠如筆記型電腦等產品的成本。同時，台灣和中國加入世界貿易組織預示兩者之間的貿易壁壘將要降低。台灣從國民黨到民進黨的政權轉移，也促成島內投資氣候的不確定感，民進黨對中國的政治立場影響到把未來繫於大陸的台商之利益。

在高度競爭的全球環境中，降低成本不是台灣資訊科技產業唯一的挑戰；他們還得確保品質控制和及時交貨。如果負責提供零組件的台灣下包商留在台灣，他們就不能保證及時交貨；可是他們又不能依賴大陸新的下包商提供高品質的零組件。唯一的辦法就是整個供應商網絡移到大陸去支援核心公司。庫克（Terry Cooke）因此下了結論：「這遠比其他任何因素更能說明近年來台灣資訊科技產業為何跨海西進的速度如此之快、規模如此之大。做出遷移決定的，不是個別公司，反而是整個供應鏈或次級生態系統集體外移。」[1]台灣廠商也得到一些連帶好處：他們不僅保持住在國際市場的市佔率，而且因為移往大陸，有更多機會進入中國國內市場。

投資也帶動人的互動。現在有好幾十萬台灣人民住在上海及其附近的崑山、廣東的東莞以及中國其他的都會區。由於台灣的就業機會不佳，年輕人也跨海找工作。二〇〇四年一項調查發現，三〇%的受訪者表示有「高度興趣」到大陸工作，同時一五%考慮搬到大陸長住。根據台灣政府的估計，兩岸人民通婚逾二十萬件（其中一半維繫住）。東莞、崑山都設立台商子弟學校，供當地台灣子弟就學。更重要的是加州矽谷、台灣新竹和中國崑山之間不同國籍的華人高階人才的流動。留學美國的台灣工程師曾經促成美國和台灣之間的科技、資金和專才的流動，並開發出有生產性的企業夥伴關係。當台灣企業生產線更加移向大陸之際，他們讓在台灣培養的較年輕之主管負責大陸業務，並吸收優秀的中國工程師投效。年輕的台灣資訊產業創業家和中國的年輕創業家、高幹子弟建立關係，有些人還進中國的商學院唸書。於是乎，矽谷成了吸引台灣和中國優秀工程師的磁鐵。

人際互動也擴散到經濟領域之外，幾乎社會每一層面都出現往來交流。譬如，二〇〇一年六月新聞上報導的交流就有：

——台灣的國立歷史博物館和河南省博物館合作製作一份西周時期鄭王墓出土青銅器的目錄。這些青銅器於二十世紀初期出土，有些由國民黨在一九四九年撤退到台灣之前先搬運到台灣。

——雲林縣一家道觀的香客到福建省泉州的發源道觀進香。自從一九八〇年代末期起，台灣各地廟宇寺觀經常安排進香團到大陸，恢復自一九四九年即中斷的宗教來往。

——台灣與大陸的大專院校有廣泛的交流計劃。國立台灣大學和北京、南京、清華、復旦、中國科技等大學有往來。元智大學和清華、北京、交通及合肥的科技大學有交流。二〇〇一年六月兩岸教育界人士在台北舉行了一項有關成人教育的會議。

——三千名台灣學生已在大陸各大學唸書，修習的科系包括法律、財金、會計、中國文史及宗教、中醫等。

——透過慈濟功德會，台灣的捐贈人提供骨髓給大陸的白血病患者。截至二〇〇一年六月，已有六十八個捐贈案例。

——最近的體育交流，例如兩岸運動員參加長程比賽推動中國爭取二〇〇八年奧運主辦權，台灣自行車選手在大陸完成一星期的行程，其他還有棒球、籃球和游泳項目。

——台北和上海市政府舉行九天的城市文化交流。

——在海上救難方面，台灣海巡署救了船隻擱淺的中國漁民。

——透過兩岸紅十字會的互動，台灣遣返許多非法入境的大陸偷渡客，以及八名劫持飛機到台灣的大陸人。中國則遣返四名台灣通緝犯。

但是，我們很容易誇大兩岸人際互動的程度。牛銘實（Emerson Niou）發現相當多的台灣人民很少或甚至從未和中國直接接觸過。根據他在二〇〇二年十二月的一項調查，自從一九八七年以來有六七．八％的人根本沒去過大陸旅行，另外一二．七％只去過一次。只有一三．一％的台灣受訪者或其家屬曾到過大陸唸書、工作、經商或定居。

甚且，台灣也不是人人都認為和大陸交流日益頻繁是件好事。台灣經濟愈來愈依賴大陸，特別令人擔心中國潛在的影響力。鄭敦仁和羅伊（Denny Roy）的研究提出中國有三種最重要的影響方式：第一種是「人質效應」，北京有可能對台灣實施經濟制裁以達成政治目的，或是不穩定的中國出現經濟重大下滑，自然傷害到台灣。第二種是「掏空效應」，由於製造業移往大陸，台灣經濟愈來愈弱，同時由於台灣的協助，中國變得技術純熟、經濟上更有競爭力。第三種是「第五縱隊效應」，大陸台商可能以傾向北京立場的方法推動其利益，或者中國特務和破壞者可能利用兩岸經濟、社會的交流滲透台灣。

鄭敦仁認為中國這三種影響方式不像眾人以為的那麼可怕。經濟制裁可能引起反效果，因為中國依賴台商的投資、就業機會和出口市場。[2]中國崛起為東亞重要的製造業中心，台灣生產線移到大陸，的確對台灣經濟構成挑戰，台灣必須找到新的競爭利基來確保島內的高工資及全面就業。雖然這是嚴重的挑戰，中國因之得到的政治影響力最多也只是間接的力量。台商一直很小心不去積極推動北京的議題（但這樣的舉動已有增加的跡象）。羅伊則主張，應該對中國經濟做風險評估的是台灣創業家，而不是政府。

有兩個事實使得台灣對於和大陸經濟相互依存感到焦慮。一方面，即使台北希望阻止資金流向大陸，以及生產業跨海西進，也很難著力。李登輝於一九九〇年代末提出「戒急用忍」政策，限制對大陸重大項目（如發電廠）投資。結果，許多製造業照樣移到大陸，台商必要時就利用第三者來調動資金。另外，即使對兩岸經濟整合是否過於緊密的擔憂是不必要的，有些台灣人還是心存顧慮，光是這一點就使它牽扯到政治顧慮——台北和北京陷入僵局，這只是許多因素當中的一個。

政治死結

為什麼一般而言都很正面、且相互有利的互動不會導致政治修好？為了解答這個問題——也為了說明為什麼台海問題難以解決——我們必須詳細檢視雙方如何交涉使統一有可能實現的條件。交涉分好幾個階段進行。第一階段是在一九九〇年代初，展現出最有前景可期的情勢。彼此對對方的意向都有某些信心，台灣預備提出自己的構想，雙方就非政治議題也有高層晤談。第二階段是一九九〇年代中期，這則是劍拔弩張的時期。李登輝對於北京不能接納他對統一的基本觀點愈來愈有挫折感。局勢的緊張在一九九五年和一九九六年達到最高點，那是李登輝訪問美國之後。第三階段則在一九九〇年代末，兩岸恢復對話，政治談判成為現實。就在談判之前，李登輝想要好好界定台灣的立場，不料卻失手，談判戛然而止。而第四階段是在陳水扁贏得二〇〇〇年三月總統大選之後；往後兩年他發出希望和中國接觸的訊號，卻毫無結果。第五階段就是二〇〇四年三月陳水扁競選連任那段時期。

本章的目的不在完整記述過去十年左右兩岸關係的歷史，而是要探討中國對兩岸何以未能修好的解釋：它認為李登輝、陳水扁不折不扣就是分裂主義分子，對統一毫無興趣。這個說法已經成為解釋兩岸關係的傳統智慧，也確實是政治何以陷入僵局的一種可能的解釋。可是，它也必須接受客觀評價，不能一下子就照單全收。仔細分析李登輝與陳水扁的權威聲明，導致我得出以下結論：中國的指控並沒有道理。這不是說李、陳二人對這個政治死結沒有責任，但是僵局難解的原因不在他們的基本目標。僵局是以下三個因素交互運作所造成：對於中國對「統一」的主張，他們有嚴正、具體的關切；對他們的關切，北京的反應相對欠缺彈性；台灣的政治環境變得愈來愈競爭。由於上述三個因素交互運作而造成觀念上的死結，敵對的態勢和猜忌遂上升。

一國兩制

一國兩制的概念可以追溯到中國一九五〇年代向台北祕密傳遞的統一方案。這沈寂了將近二十年，一九七〇年代末才又出現；到了一九八〇年代中期，具體成為一套方案，並持續至今天。

具體化程序的第一步發生在一九七九年元月一日，也就是美國和中華人民共和國宣布關係正常化的兩個星期之後。台北還在消化這波震撼時，中國人大常委會發表〈告台灣同胞書〉。這份聲明宣稱，「世界上普遍承認只有一個中國，承認中華人民共和國政府是中國唯一合法的政府」，因此排斥了中華民國聲稱它是中國政府的主張。它又宣稱「中國的統一」是「大勢所趨」，「實非任何人所得而阻止」。除了界定局勢之外，文告還包含若干重點。第一，用詞以「統一」取代了較具侵略意味的「解放」。第二，它宣布停止對金門、馬祖儀式性的「單打雙不打」砲擊，呼籲以談判結束雙方「軍事對峙狀態」。第三，它稱呼談判雙方是「中華人民共和國政府」和「台灣當局」；也就是說，雙方地位不同：北京是合法政府，台北則不是。第四，它說中國領導人「一定要考慮現實情況……尊重台灣現狀和台灣各界人士的意見，採取合情合理的政策和辦法」，解決統一的問題。第五，它呼籲兩岸「儘快實現通航通郵，以利雙方同胞直接接觸」，並宣稱「我們相互之間完全應當發展貿易、互通有無」。雖然文告沒有超越這些基本議題，一國兩制方案的種子已經播下。

對這項聲明第一次詳加闡釋是一九八一年九月三十日，中共元老葉劍英以全國人大委員長身分發表的「葉九條」，重點如下：

——「中國共產黨和中國國民黨兩黨對等談判」，合力促成國家統一。

——「雙方共同為通郵、通商、通航、探親、旅遊以及發展學術、文化、體育交流提供方便，達成有效協議。」

——「國家實現統一後，台灣可做為特別行政區，享有高度自治權……中央政府不干預台灣地方事務。」

——台灣可以保留其軍隊。

——「台灣現行社會、經濟制度不變，生活方式不變，同外國的經濟、文化關係不變。」財產權不會受到侵犯。

——「台灣當局和各界代表人士」可擔任全國性的領導職務。

——「台灣各族人民、各界人士願回祖國大陸定居者，保證妥善安排、不受歧視、來去自由。」

——「歡迎台灣工商界人士回祖國大陸投資，興辦各種經濟事業，保證其合法權益和利潤。」

葉九條替一九七九年的〈告台灣同胞書〉骨架上添了血肉。一國兩制概念大部分的元素都已包含在內：維持台灣現行社會、經濟制度，台灣有權可以保留其軍隊，揭明了享有高度自治權的特別行政區概念，中央政府不干預「地方事務」，建立各種經濟和人員交流，以及呼籲台商到中國投資。雙方政治關係界定為中央政府（北京）和下屬特區之間的關係。一九七九年元旦文告說的是由中華人民共和國政府和「台灣當局」談判如何結束敵對，但是葉九條則說統一議題將以黨對黨的基礎進行討論，這是把中華民國政府的合法性降等的另一個手法。

據說，鄧小平在一九八二年元月首次用到「一國兩制」這個詞語，並解釋他所說的是經濟制度：大陸是社會主義，台灣是資本主義。❶鄧後來在一九八三年一月又和美國西東大學（Seton Hall University）教授楊力宇談到統一的議題。他重申了葉劍英的幾點主張，也添加幾點新元素。全新的一點是關於司法事務的：台灣可以有獨立的裁判權，終審權「不一定要在北京」。他明白地說，台灣當局可以有自己的「黨政軍體系」，但也警告說，台灣軍隊不能威脅中國。他也清楚表示，統一之後，台灣政府是地方政府，完全自治是不可能的。「『完全自治』就是兩個中國，而不是一個中國。制度可以不同，但在國際上代表中國的只能是中華人民共和國。」[3]

一國兩制模式在一九八四年十二月中英針對香港簽署「中英聯合聲明」時，就更清晰了。它包含了舊元素，也有新的闡釋：

——建立香港特別行政區，「直轄於中央人民政府」。

——除了外交、國防事務由中央政府負責之外，高度自治。

——特區政府享有行政、立法及「獨立的司法權」，也保證現行法律不變，除非是由特區政府修訂。

——維持現有的社會、經濟制度。

——特區政府由「當地人」組成之（根據聯合聲明附件之辦法選任）。

——明訂特區政府與其他國家維持經濟、文化關係的準則，以及香港在中國之下參與國際組織與協定的準則。

——保障私人財產、企業所有權、合法繼承權及外來投資。

「中英聯合聲明」包含兩個全新的元素。第一，它規定國際公認的人權和自由會受到法律保障。這一點並不令人意外，因為民權乃是香港制度的一部分，也可能是維繫長久的元素之一；不過可能也是因為倫敦在這一點上有所堅持，以堵住香港、英國和世界各地的抨擊聲浪。第二，中國人大將制訂「香港特別行政區基本法」含納所有這些政策。

一國兩制的核心就是自治。中央政府是北京，所有的特別行政區都隸屬中央政府。在本地居民領導下，特區政府有權管理本地政治、經濟和其他事務。二〇〇四年中國一位法律學者對香港有這樣的看法：「國家主權是地方治權的前提和基礎。地方自治……都只是主權國家內部的一種權力分配方式……香港地方的政治、經濟和法律制度不是獨立於國家制度體系之外的，而是整個國家制度的一部分。」❷中央政府是唯一的最高機關，在國際體系裡代表中國。特區可以和其他國家有經濟、文化關係，但是它的對外活動要在主權的衡酌下進行，不得破壞其權利和特權。

❶ 不知道為什麼，這句話沒收進《鄧小平選集》。

❷〈「一國」是「兩制」的前提和基礎〉，新華社，二〇〇四年二月二十二日。鄧小平在幾個月前清楚表示，所謂「港人治港」的「當地人」必須是「愛國者」。見〈一個國家，兩種制度〉，《鄧小平文選》卷三。

第一階段：台灣正面回應

李登輝於一九八八年一月蔣經國過世後繼任為中華民國總統。不久之後，他對中國的一國兩制方案提出看法，其內涵與台北長久以來的立場一致，並不令人意外——統一必須依據國民黨創黨人孫中山的「民族、民權、民生」三民主義原則。共產大陸和反共台灣之間意識型態的鴻溝大得台灣不能在這個議題上讓步。從台北的觀點看，它不能接受的還有：北京利用統戰戰術施壓以及拒絕放棄使用武力。

李登輝早期的聲明必須謹守中華民國的傳統立場，這是可以理解的。身為本省人，處於仍由外省人主導的領導圈，他的政治地位仍弱。是否能在一九九〇年三月連任，他並不篤定。國民黨內的反對力量推出林洋港和他競選總統，學生也在示威要求改革。即使贏得連任，他也必須同意讓郝柏村將軍出任行政院長。李登輝最初的直覺是，先在台灣推動民主化，再處理兩岸議題。可是他最初的聲明界定了其任期之內台海問題的兩個關鍵議題：一國兩制不能接受，因為在他看來它的終極目標是要「讓中華民國政府地方化」，而且北京也沒放棄使用武力。❸不過，他的觀點很一般，沒提到這些問題要如何談判。

然而，當選總統的李登輝有更大的自由可改變台灣的政治制度，以比他早先的聲明更有系統、更前瞻的方式重新建構他的大陸政策。李登輝承受到希望和大陸擴大貿易、投資的台灣企業界之壓力，他們利用台灣愈來愈民主的制度推動其利益。但是李登輝仍不能自由發揮，他必須接納其他領導人的意見。最重要的是，他必須改變自己的觀點——究竟國內和兩岸關係何者為重？他的結論是，他必須在國內政治、兩岸關係和台灣的國際角色之間維持平衡。一九八〇年代末，他主張先推動國內政治改革，到了一九九〇年代初，李登輝想要和北京達成突破，以加速憲政改革和民主化。他的邏輯是，降低台灣覺得大陸會造成威脅的意識，可以使他更有理由去解除過去對國內政治表達及競爭的限制。

李登輝在一九九〇年五月的就職演說中提出新對策。他說，台灣和大陸是「中國不可分割的領土」，所有的中國人都是「血脈相連的同胞」，應該一起來尋找和平、民主的方法以達成「國家統一的共同目標」。李登輝注意到全球民主浪潮，向中華人民共和國提出以下的建議：

如果中共當局能體認世界大勢之所趨及全體中國人的普遍期盼，推行民主政治及自由經濟制度，放棄在台灣海峽使用武力，不阻撓我們在一個中國的前提下開展對外關係，則我們願以對等地位，建立雙方溝通管道，全面開放學術、文化、經貿與科技的交流，以奠定彼此間相互尊重、和平共榮的基礎，期於客觀條件成熟時，依據海峽兩岸中國人的公意，研討國家統一事宜。

台灣首次對雙方都說要的目標，表達出它認為怎樣才能達成。李登輝明白提出中國在打開溝通和交流管道前必須做到以下三點：民主化、放棄武力、在外交上有節制。他也堅持雙方接觸必須以平等為基礎——這個概念日後會有更精確的界定。他也保證，條件對了就可以討論國家統一。❸

北京認識到李登輝的新主張中進展的可能性，於是雙方展開一段複雜的求愛。大部分都公開進行，攤開在國內觀眾和美國面前，但是北京和台北高層密使也有祕密接洽。雖然兩邊都沒有放棄競爭在國際上的影響力，若干棘手的程序和實質問題也一一浮現，但彼此都有信心或許可以達成政治上的解決。雙

❸ 李登輝後來又加了一個條件：中國不得封殺台灣的國際空間。

方都成立體制性的架構來處理兩岸關係。一九九〇年底、九一年初，台灣成立一個三層的架構：「國家統一委員會」（以下簡稱國統會）由李登輝親任主任委員，負責制訂政策；「大陸事務委員會」（以下簡稱陸委會）設在行政院底下，制訂政策方針、監督執行；半官方的「海峽交流基金會」（以下簡稱海基會）接受陸委會指導，與中國互動，解決實際問題。中國相當於陸委會的部門是「台灣辦公室」，是國務院和黨中央聯合組成的單位。（譯註1）相當於海基會的單位是一九九一年十二月成立的「海峽兩岸關係協會」（以下簡稱海協會）。北京最後也成立了相當於國統會的「中共中央對台工作領導小組」。海基會、海協會的成立特別重要，因為它使雙方可以在不抵觸彼此政治原則的情況下坐下來談，甚至象徵性的高層會晤也有可能。

一九九一年二月國統會正式將李登輝的構想落實為「國家統一綱領」，行政院院會於同年三月予以通過。國統綱領揭櫫一個單一目標——「建立民主、自由、均富的中國」，並訂定四大原則：

——大陸與台灣均是中國的領土，促成國家的統一，應是中國人共同的責任。

——中國的統一，應以全民的福祉為依歸，而不是黨派之爭。

——中國的統一，應以發揚中華文化、維護人性尊嚴、保障基本人權、實踐民主法治為宗旨。

——中國的統一，其時機與方式，首應尊重台灣地區人民的權益並維護其安全與福祉，在理性、和平、對等、互惠的原則下，分階段逐步達成。

國統綱領並對李登輝於一九九〇年五月提出的程序細節略做更動。第一，近程是交流互惠階段。台北和北京應摒除敵對狀態，並在一個中國的原則下，以和平方式解決一切爭端，不否定對方為政治實體，並在國際間相互尊重。雙方可建立進行兩岸交流的中介機構和法律架構，逐步放寬各項限制。同時，台灣應加速憲政改革；大陸則應積極推動經濟改革，逐步開放輿論，實行民主法治。

國統綱領也更動了李登輝展開第一階段的三個條件。中國的民主化不再是前提，改成雙方只需尊重對方為政治實體。其他條件也軟化。雙方都有平行的、互惠的責任（如兩岸應以和平方式解決爭端；每一方均應推動民主），所有的責任應在第一階段中承擔，不是先行承擔。特別是，台北後來聲稱它訂出「政治實體」的概念來促進兩岸交流。政府宣稱：這個詞語「相當廣義」，「它可以適用於國家、政府或政治組織。」這是一種創造性的模糊。

李登輝一九九〇年的就職演說只為統一訂下兩個階段的進程，但是國統綱領有三個進程。國統綱領第二階段的精髓是「互信合作」，在這個階段將建立官方溝通管道，開放直接通郵、通航、通商（中國稱之為「三通」）。兩岸高層人士可以互訪，並應協力互助，參加國際組織與活動。國統綱領第三階段與李登輝原本的第二階段相似，雙方應成立協商機構，共商統一大業，研訂適用於統一後的中國之憲政體制。

一九九一年春天，台灣的國民大會通過若干憲法修訂條文，並終止國民黨政府頒布的「動員戡亂時期」。一九九一年四月，李登輝宣布台灣「不會動用武力達成國家統一」。他宣稱，「我們今後將視中

譯註1 國務院台灣事務辦公室簡稱國台辦，和中共中央台灣工作辦公室簡稱中台辦，是兩塊招牌、同一班人馬。

共為控制大陸地區的政治實體」，不再是「叛變政權」。台北實質上放棄了對北京的敵對態度。李登輝也支持國統會的工作及其綱領，重申中華民國是主權國家的觀點。他也提醒北京，如果它不希望台北「認定它為具有敵意的政治實體」，北京應放棄使用武力，並停止阻撓台灣參與國際社會。如果北京當下的反應不夠正面，他還是預備耐心等候。最後，他形容兩岸爭端是「分裂國家」的爭端。[4]

總之，台灣政府重新肯定國家統一的目標，甚至還訂出達成目標的進程，這個進程比北京的提議更詳細。它實事求是地講明，動武對台灣不是切實的辦法，並也清楚點出若要有所進展，必須面對以下的關鍵議題：台灣政府的法律身分；它參加國際體系的權利；以及中國必須放棄使用武力。

中國立刻拒絕了李登輝的辦法。一九九一年六月，它重申反對台灣獨立（「兩個中國」）；拒絕放棄使用武力；聲明兩岸談判必須由國、共兩黨進行（台北反對黨對黨談判，認為它不符其雙方是個別政治實體的看法）。中國同時也設法利用非政治議題來達成政治目的。兩岸之間剛冒芽的經濟往來和人員互動創造出至少得有半官方性質的接觸和協議的需求。當台北透過海基會試圖達成這類協議時，北京要求在走私和海盜、文件公證及追查遺失郵件等實務議題的草約上，必須表示恪守「一個中國」的原則。台灣不肯接受，因為深怕這一來等於是接受了北京視台北為地方政府的聲明。全世界大部分國家以及聯合國均認為中華人民共和國是中國唯一的合法政府，這更增添了台北的戒心。台北擔心這是政治陷阱，拒絕了北京的要求。

積極的動力在一九九二年七月又告恢復。海協會會長汪道涵和李登輝的親信蘇志誠在祕密會晤時決定，擺脫僵局的方法是讓汪道涵和海基會董事長辜振甫在新加坡會談。為了準備辜汪會談，當年夏、秋兩季兩岸密切接觸，希望就兩會協議文當中如何處理一中原則達成協議，以便在實務議題上能取得進展。在這個過程中，李登輝及其政府決定要更精準地界定「中國」。一九九二年八月一日，李登輝主持國統會，通過一項重要決議。它重申遵守一中原則，以及大陸和台灣這兩個地理實體都是中國一部分的立場。它明白表示，雙方政府對「一中」的意涵有相互衝突的定義。這項決議指出，北京的立場是中國即是中華人民共和國，而在統一之後，台灣的地位和香港一樣都在中國之下。台北就此提出三點主張：

——中國即是中華民國，創立於一九一二年，是繼清朝之後成立的國家。

——中華民國的主權依然涵蓋所有的中國，但是其政府的「政治力量」（轄區）只及於台澎金馬。（若是說台灣的主權只限於台澎金馬，恐怕更會受到反對，因為北京或許會認為這就是主張台灣是個獨立的國家。）這一點在二〇〇三年的爭執中又再浮現。

——中國因此是個分裂的國家，有兩個政治實體分別統治兩岸。

夏末其他陣線的事件可能也使辜汪會談的安排變得更複雜。北京繼續它在國際上邊緣化台灣的動作，並於一九九二年八月取得重大勝利，和中華民國的長期外交夥伴南韓建立外交關係。另一方面，台灣也在購買先進武器的全球買方市場上得分，於一九九二年九月取得美方同意供應一百五十架 F 十六戰鬥機，也於同年十一月取得法國同意出售六十架幻象戰鬥機。十月，江澤民總書記在中國共產黨第十四次全國人民代表大會上表達對兩岸關係的看法，否定了台灣於八月份所提出的一中解釋。江澤民向十四大提出的政治報告宣稱，「我們堅決反對『兩個中國』、『一中一台』或任何形式的『一國兩府』。我們堅決反對任何旨在製造台灣獨立的企圖和行動。」這等於悍然排斥台北「分裂的國家」之概念。江澤民重申呼籲兩岸談判以「正式結束敵對狀態、逐步實現和平統一」。但是，兩岸的談判將是共產黨和國民黨的黨對黨談判（不是一九七九年所提的中華人民共和國政府和台灣當局的談判），因此否認了中華民國是主權政府的地位。

雙方終究還是決定存異求同，不理會外界令人分心的事件，照常推動一九九三年四月的辜汪會談。北京擱置它的要求，不再堅持於即將簽署的技術協定的本文提及一中原則。一九九二年秋天，透過溝通，雙方取得共識，讓會談照常舉行。在最後一次的洽談中，海協會的「共識」是：「海峽兩岸都堅持一個中國的原則，努力謀求國家的統一。但在海峽兩岸事務性商談中，不涉及『一個中國』的政治涵義。」海基會則聲明，「在海峽兩岸共同努力謀求國家統一的過程中，雙方雖均堅持一個中國的原則，但對於一個中國的涵義，認知各有不同。」因此，海協會和海基會都表示雙方支持一中原則（當時也的確是事實），可是他們對於彼此的歧見究竟是程序歧見或是實質歧見，各有不同解讀。海協會說在事務性協商中，不需要討論一中的政治意義；台灣則說雙方對一中原則各有不同見解。這個協議在當時沒受到太多的關注，但是後來變成著名的「九二共識」。（詳見本書第九章）

兩岸相互調整，使得辜振甫和汪道涵終於得以在一九九三年四月於新加坡會面。兩人達成四項協議，其中一項是海基、海協兩會定期舉行會談。辜汪會談可能是兩岸交流的高點，而海基、海協兩會也持續就例行議題進行會商。但是，雙方對一中原則的認知歧異預示了未來的政治死結。

第二階段：台灣路線變強硬及康乃爾危機

李登輝的大陸政策在一九九三年變了。他原來方法的關鍵成分不變：中華人民共和國必須承認中華民國是對等的政治實體；它必須接受台北在國際體系內有一定的角色；它必須放棄使用武力。[4]但是他調整了重點、口氣和風格，從模糊走向更清晰。

國內政治是造成這項改變的原因之一。得到國民黨進步人士及民進黨溫和派的支持，李登輝策劃完成立法院和國民大會成員的徹底改選。一九四〇年代在大陸當選的資深中央民意代表全部退職。今後的選舉將從以台灣各縣市劃分而成的選區選出大部分成員，其餘席次則由各政黨依區域選舉之得票率比例產生。一九九一年十二月國民大會代表選舉，民進黨高估民眾的支持度，宣布將推動成立台灣共和國，因而成績不佳。但是它在次年十二月的立法委員選舉中把訴求溫和化，因而得以把政治力量擴大到新水平。民進黨贏得三六％選票，在立法院一百六十二席中佔有五十席，使得它更有機會批評政府。

為了牽制在野黨新興的力道，李登輝設法吸收其議題主張。台灣在全球的地位和角色——或許該說是它的「缺乏」國際地位和角色——可能是最需要回應的議題。台灣人民對於被排拒在國際組織之外十分沮喪，從一九九〇年起，民眾對於民進黨主張台灣再加入聯合國，回應頗為正面。民間如此反應，給了民進黨挑戰國民黨的武器，因此一九九三年政府接納這個議題，正式展開返聯的努力。此舉符合李登輝長期主張台灣要有更多國際角色的立場，也符合他認為國際影響力擴大可以刺激兩岸正面關係的想法，同時亦符合他對於台灣應如何被稱呼可以有彈性的意願。另一方面，中國主張台灣不應有任何國際角色，它若力爭國際地位會妨礙兩岸關係的改善——這個立場只會使李登輝對北京的立場轉趨強硬。

同時，民進黨針對兩岸關係的方向提出質疑。譬如，它在一九九三年春天指控政府對於即將在四月

---

[4] 李登輝的統一方案裡本來提到大陸必須民主化，但它的重要性似乎已消退。

底於新加坡舉行的辜汪會談，沒有充分諮詢民意，可能會出賣民眾利益。為了抵銷此一指控，政府把辜汪會談的議程局限於功能性、技術性的議題。❺

李登輝當然也繼續推動民主化，釋放出在野黨的力量。他認為他應該對菁英和民眾的意見都有所回應，但是他也相信更開放的政治制度會產生工具利益。它給台灣的政治論述帶來新理念，也保障選民對兩岸政府簽訂的任何協定都可以表達意見。李登輝也愈來愈認為他可以藉由釋放台灣的民意力量（它會要求台灣有更大的國際角色）來增強他對北京的影響力道。他在一九九四年初就說：「外交也可說是大陸政策的一個籌碼，外交做得好，大陸政策也做得好，兩者可以配合的。」[5]甚且，民主化只是李登輝為了防範正在興起的危險趨勢所樹立的若干防線之一。他擔心兩岸通商擴大，在台灣不成熟的民主之下可能對北京降低心防。為了防止此一結果，他藉由修訂教科書、重啟國民黨壓迫台灣人民的案例，以及堅決主張台灣人是命運共同體，來培養清楚的台灣認同意識。他也力圖擴大國際空間，堅定談判立場。他說：「我覺得在我們做任何事之前，台灣必須整理好自己內部。如果台灣人民不完全清楚自己的身分認同，我們怎麼去和共產中國打交道？」[6]

民進黨對李登輝施壓，來自國民黨內保守派的壓力則消褪。一九九三年二月，郝柏村交卸行政院長職務。李登輝立刻掌握了比以前更大的大陸政策決策權，把能配合他意志的人派去負責相關組織。八月份，國民黨內懷疑李登輝是否堅持統一立場的保守派脫黨，另組「新黨」。

但是，政治動態並不是李登輝收緊兩岸政策的唯一原因，還有一些實質議題也起了作用。他認為，北京領導圈新掌權的江澤民並沒有他以前想像的那麼有彈性。李登輝在一九九一、九二年設計一套有彈性的大陸政策，包括象徵性地承認一中概念，希望能換得北京接納他的政治需要。可是，江澤民沒有回報他的善意。如前文所述，江澤民在一九九二年十月的政治報告裡峻拒了可以更吸引台北的各種不同選項：「兩個中國」、「一中一台」、「一國兩府」、「中國是個分裂國家」等等，統統不接受。

中國一再稱呼台灣是個附屬單位，使李登輝愈來愈不痛快，因此對國統綱領裡原本隱晦的字眼：「對等」、「政治實體」等字詞愈說愈白。一九九三年一月他提到兩岸是「實質、平等的政治實體」。他在一九九三年五月解釋，由於兩岸交流擴大，使得「國家認同的問題」更嚴重，所以必須更清晰。他說，台海兩岸關係的定位已經成為「大問題」。問題的一個元素是「『一國兩制』的陷阱」。他在一九九四年又重申這一點。北京拒絕承認台灣和中國是「由兩個不同的政府所統治的個別實體」的事實，不肯「以平等對待中華民國」（作者強調），已妨礙兩岸交流。同樣在一九九四年，他又說「中華民國可以說是中國分裂中的一個國家」。私底下，李登輝談到一個中國時開始有了更多疑慮。❻

---

❺ 李登輝為了減輕台灣人對他的兩岸倡議之疑慮，派本省人擔任行政院陸委會主任委員，負起監督海基會的責任；而海基會幕僚大多為外省人。

❻ 見《李總統登輝先生八十三年言論選集》（台北市：行政院新聞局，民八十四），頁三二六。關於「對一個中國有更多疑慮」，來自作者於二〇〇三年二月二十六日與焦仁和（編按：曾任海基會副董事長兼秘書長，及僑務委員會委員長）的訪談紀錄。李登輝和其政府用兩個不同的概念來描述中華民國和中華人民共和國，以及它們和中國的關係。一方面，他提到中國已分裂；另一方面，他堅稱中華民國是個主權國家，實質上繼承了清朝，中華人民共和國也是。但是，要麼是一個分裂的國家——中國，要麼就是兩個後繼的國家。台灣官員解決矛盾的方法，顯然是含糊其詞，一則說中華民國和中華人民共和國是「政治實體」，一則又說「一個中國」指的不是國家，而是「歷史、地理、文化和種族的實體」。

北京以一篇長文〈台灣問題與中國統一〉正式駁斥李登輝的提議。[7] 這篇文章可能是中國針對台北決定正式發動「返聯」的回應。它重申一國兩制的標準元素，再次呼籲兩岸三通。對北京來說，世界上只有一個中國，台灣是中國的一部分，中國的中央政府在北京。統一必須以此為基礎。這篇文章重提江澤民建議「雙方」談判以結束敵對狀態，又對談判模式提出若干彈性方案。「什麼問題都可以談」，前提就是承認一中原則。北京對台北的立場——對等、放棄使用武力、台灣的國際角色——則毫無彈性可言。

李登輝於一九八九年初展開「出訪外交」，訪問當時和台北、北京都無邦交的新加坡。他願意不理會國民黨保守派對名詞的關切——譬如說，他不介意被稱為「台灣總統」——因為出訪中華民國有限的邦交圈之外的國家，頗受民眾支持。透過他的出訪，台灣終於得到某種程度的承認。甚且，他認為台灣在國際上的活躍度擴大，兩岸關係也會改善；而且他希望增進他對北京的談判力量。

此後的五年，李登輝節制不到海外高調訪問，但是一九九四年二月他又出訪菲律賓、印尼和泰國。經歷了過去一年北京對於兩岸統一的僵硬作風及照樣封殺台灣國際空間的作法，李登輝這一次出訪並非意外。但是和五年前的新加坡之行不一樣，菲、印、泰三國和中國都有外交關係。李登輝在結束東南亞之行後，表示他對外交其實還有更高的目標：「我最想去的就是美國啦，美國也好，英國也好，法國、德國、日本我統統想要去吧！美國總統啦，日本的首相啦，英國的首相，法國的總統，有機會的話，大家來談談嘛！」[8]

接下來又發生三件事使兩岸關係烏雲罩頂。第一件發生在一九九四年三月，二十五名台灣遊客到浙江省千島湖遊玩遇劫，並全數喪生。地方當局的調查絲毫不能讓台灣人民有信心，或滿足他們釐清事發過程的心願。三名「嫌犯」迅速被逮、立刻槍斃，這樣的作法並無法平息台灣方面的憤慨，只造成對大陸更嚴重的負面印象。

第二件事是李登輝在一九九四年四月接受日本作家司馬遼太郎的訪問；中國的評論人員經常引用它作為李登輝具有分裂主義意向的證明。北京特別惱怒的是李登輝形容國民黨是「外來政權」，談論「身為台灣人的悲哀」，以及自比為摩西（他們指控，李登輝的意思是他將領導台灣人民走出中國）。可是，北京誇大了李登輝的意思。這項訪談反映出他語氣已變，但並不代表他的實質想法出現了新方向。譬如，提到摩西和出埃及，李登輝引用二二八事件──也就是說，他自認為領導台灣人民走出過去的鎮壓，不是走出中國。他對司馬遼太郎其他許多提問的回答，也與他在同一時期的一些談話內容一致。可是許多中國人意欲曲解他的意向，根本不想仔細分析他的意思，於是這些言詞反而是授人口實。

第三件則是李登輝計劃一九九四年四月前往拉丁美洲台灣邦交國訪問時，過境夏威夷。他想停留一夜，打打高爾夫，可是柯林頓政府受到中國壓力，只准專機加油。李登輝對此一待遇非常生氣，更加強了訪問美國的決心。由於中華民國外交部反對他訪美，他就聘請專搞遊說工作的卡西迪公司替他爭取。北京認為這是又一項挑釁。

總而言之，一九九三年和一九九四年是李登輝擺脫國民黨保守派的羈束、但受到民進黨施壓的時期；也是他替台灣爭取更大的國際空間，卻使中國關切其意圖的一段時期。這段期間他也正在準備競選台灣有史以來第一次的直接民選總統（預定一九九六年三月投票）。對台灣所有的政治人物來講，這是前所未有的大事。他覺得，訪問美國一舉符合希望擴大台灣國際角色的民意訴求，可以使民進黨在大選時無法拿這個議題做文章。

撇開政治不談，上述分析的重大意義在於李登輝的大陸政策的內涵基本上並無變化。他的正式聲明傳達出他繼續強烈反對北京所提議的特定的統一方案。台灣只能當中國的附屬單位，在國際社會上活動空間很小或根本沒有，這絕不是李登輝希望台灣和中華民國接受的中國。江澤民不理睬台灣的方案，因此李登輝藉由界定台灣是什麼、以及追求更積極的國際角色，要強調台北政府從根本就與北京對等。他在二〇〇三年七月接受訪問時，回顧這幾年，他說：「我改變戰術，但沒改變原則。」[9]

江八點、李六條和康乃爾　一九九五年一月三十日，江澤民首次就中國對台政策發表談話，提出著名的「江八點」。大體來講，江澤民的談話重申一國兩制的許多重點，包括反對台灣擴大國際角色、拒絕放棄使用武力。他說，因為台灣可能因北京有此宣示就宣布獨立。此外，江澤民也排除「在某一段期間有兩個中國」的方案，因而摒斥了台北主張其政府是主權實體的說法。他也呼籲兩岸談判以結束敵對狀態。

但是，江澤民的談話並非新瓶裝舊酒、重彈老調。他的口氣已經不一樣，就進程而言出現新的彈性。準備結束敵對狀態的談判之協商，將站在「平等的立足點」上。他宣稱：「中國人不打中國人。」他說：「歡迎台灣當局領導人以適當身分前來訪問」，中國領導人也預備接受邀請訪問台灣。這些話意味在言詞上順著台北。

可是，這一切還是全擺在「一中原則」之下，想要就結束敵對狀態、解決台北國際角色取得協議，都必須以一中原則為基礎。遵守一中原則是「和平統一的基礎和前提」，構成北京決定「什麼問題都可以討論」的條件。因此，一中原則的定義就非常重要，台北深怕這個定義會否定它的主權。最後，所謂台灣領導人可以「適當身分」到大陸訪問，也衍生出台北政府地位如何的問題。

李登輝針對「江八點」於一九九五年四月八日在國統會提出「李六條」予以回答。他先重申過去的政策，把「和平統一」進展緩慢的責任推到北京身上，因為大陸拒絕接受「中華民國政府存在八十四年」的事實，堅持反對台灣具有主權和統治權，阻止台灣發展在國際社會的地位。李登輝呼籲北京放棄使用武力，要接受「兩岸分裂分治」的事實。只有如此兩岸統一才會有所進展，才能對「一中」有更寬廣的共識。❼

因此，一九九五年初的隔空喊話，兩岸領導人都重新包裝過去的立場，沒有真正的新意。江澤民受限於和鄧小平的聲望結合在一起的正統方案「一國兩制」，無從使力。李登輝也有自己的理由堅持立場：一方面，江澤民在實質問題上沒有新意；另一方面，李登輝覺得在國際上取得成績，比起立刻接納北京，得大於失——所謂國際成績就是訪問美國。他認為既可加強民眾支持他連任的意願，又可增加對北京的牽制力。他已經展開發動美國國會對柯林頓政府施壓的行動，以獲准回母校康乃爾大學訪問。對李登輝來講，江八點給的太少、來得太遲。

北京對李登輝訪美的計劃立刻做出回應，它取消預定七月要舉行的第二次辜汪會談，停止兩岸對話；停止和美國就人權及軍事議題的對話；召回駐美大使；最凶險的是，進行兩次軍事演習——一次在一九九五年夏天及秋天，即台灣立法委員選舉之前，另一次在一九九六年三月總統大選之前。北京並不是頭一次挑在台灣選舉之前藉軍事演習恫嚇一番。但是這兩輪演習卻比以前規模更大、地理位置更貼近

❼ 李登輝提到中華民國已經存在八十四年，顯然是他首次說中華民國自一九一二年起即存在迄今。陸委會在一九九二年八月也這麼說過。

台灣（尤其是三月的那一場）。柯林頓政府警告中國，不要過分展示武力；對第二次演習更派出兩個航空母艦戰鬥群前往台灣地區以降低擦槍走火的危險。它也勸告台北避免可能會引起中國負面回應的動作，並力促雙方恢復對話。

西方學者研究康乃爾事件大部分的結論是，中國自一九九五年七月至一九九六年三月的動作，特別是軍事演習，乃是針對李登輝的倡議動作做出「回應」。根據這個觀點，北京從李登輝的動作認定他意圖讓台灣和中國永久分裂，而他的分裂主義目標（得到美國的串謀）構成對中國統一的重大利益之威脅。北京領導人因此選擇進行恫嚇外交、展現中國反制此一逆流的嚴正決心。它的目的在於迫使台灣和美國翻轉路線；使台灣人心生恐慌；遏阻其他國家向美國有樣學樣允許李登輝到訪。尤其是北京堅決表態，如果要恢復原先狀況，李登輝必須「回到一個中國的原則」。康乃爾之行終結了江八點所提議的進程之彈性和和緩的口吻。

李登輝之所以要到康乃爾訪問，是因為他對北京一直不回應他的統一方案感到相當挫折，也想增強他的談判力量和國內政治地位。當然，台北政府給華府（或許也給了北京）一個印象：李登輝的演講重點將會是他在康乃爾的歲月以及台灣的經濟改革，而這也搞壞了情勢。事實上，這場演講有明顯的政治性質，美國和中國都覺得被耍了。

但是，康乃爾之行是否足資證明李登輝果真如中國及部分美國人所相信的，希望創造一個獨立的台灣？他的戰術當然不討華府或北京的歡心，但是中國給了他理由來硬的。可是，從演講稿本身的內容並不能驟下定論指他從事分裂活動。他在談論台灣法律地位時，固然提到「主權在民」的概念。台灣人民從一九九一年首次選舉全體國大代表、從一九九二年起首次選舉全體立法委員。新的國民大會也修訂憲法，因此將在一九九六年首次由全民直接投票選舉總統。這些改革統統加起來，中華民國是個主權國家的主張就更有全新的根據了。原來的說法——中華民國繼清朝之後，存在已有八十四年——比較吻合傳統的國際法。新的說法主張台灣人民透過自由選舉組成自己的政府，則比較吻合法國大革命的「國家建立」理論。李登輝也主張像台灣這樣一個主權國家和成功的民主國家，應該在國際社會上得到更好的對待。這一切，和他接任總統以來每一次談論中華民國政府法律地位的觀點，都沒有牴觸。

李登輝在康乃爾提出的另一個創見是，他聲稱台灣的歷史具有全球性的政治意義——台灣的民主化經驗可做為全世界、尤其是中國的榜樣。他這個主張意在替台灣取得道德制高點，駁斥中國站在歷史正確的一邊之說法。在他心裡，台灣不只是中國的一部分，還是中國「最好的」一部分。以這種方法談兩岸關係固然間接迂迴，但絕非不深刻，它反映出李登輝對以某一種形式達成統一的信念。

北京決定嚴打康乃爾事件，不只是因為李登輝講話的內容，更因為他是在美國講的。他的訪美之行引起關切，不只是因為或許還會出現更多的高層訪問，更重要的是北京決定在它的「分裂主義」的定義中納入：台灣若企圖爭取國際支持中華民國做為平等的中國政府而存在，就構成分裂主義。

就職修好　一九九六年五月二十日李登輝發表第二次就職演說，重申康乃爾演講的主旨：主權在民，以及台灣在中國現代化過程中可起的領導作用。他以「五十年來的福禍相共，已經讓我們成為密不可分的生命共同體」為根據，推動明確的台灣認同意識。他進一步重申，台灣要「繼續推動務實外交」，因為它需要「擁有必要的生存與發展空間」，做為一個民主國家，應「在國際社會中獲得應有的尊敬與待遇」。他對兩岸關係也提出修好的立場。

李登輝暗指「江八點」，歎息百年來「中國人打中國人的悲劇」，宣稱「海峽雙方都應……開創中國人幫中國人的新局」。他強調「六年來，在確保台澎金馬安全與維護全民福祉的前提下，我們無時不以積極主動的作為、務實雙贏的思考，發展兩岸關係，推進國家統一大業。」（作者強調）可惜，「由於中共始終無視於中華民國在台澎金馬地區存在的事實」，發動宣傳攻擊和軍事演習恫嚇中華民國。

李登輝重述台灣對兩岸對話和政治修好的基本原則。中華民國本來就是一個主權國家；隔海分治乃是事實，但是雙方都以追求國家統一為目標也是事實；北京必須接受這些「事實」，結束敵對狀態的協定是最高優先。他也提出若干新說法。他說，台灣不需要宣布獨立，因為它已經具有獨立地位。北京焦慮台灣可能宣布獨立，李登輝試圖對此提出解套；他拿「獨立」這個字詞的不同意思來發揮。獨立可以被用來指建立一個新國家（當時並不在時間表上），也可以單純用以形容台灣並不附屬於中國之下這個事實。他表示，他願意「訪問中國大陸，從事和平之旅」，「與中共最高領導當局見面，直接交換意見」。最重要的是，他沒有再提中國放棄使用武力這個原先的前提，不過，他倒是提到不動武、民主、人權、和平是國際新秩序的價值。只是它不再是當下兩岸進展的障礙。

第三階段：談談停停的對話

北京因為李登輝訪美而取消兩岸對話，並聲明除非他回歸到一中原則，不會恢復對話。接下來兩年，雙方為如何恢復對話的條件多次交鋒。李登輝在這段期間沒有改變他的基本立場，他談到兩岸關係全是舊調重彈。他特別強調北京必須承認中華民國存在的政治事實。只有一次（一九九七年七月），他提到要求北京放棄使用武力。[8]

一九九八年初，在美中關係有所改善、美台關係穩定的脈絡下，兩岸採取日趨正面的措施。北京不再那麼強調一中原則，台灣也首次發出訊號，願意討論政治議題。（一九九三年四月辜汪會談只討論實務性的議題。）之所以會如此，是因為兩岸經濟相互依存度愈來愈高：每年雙向貿易此時已到達兩百五十億美元的水平，台商在大陸已實現的投資額破兩百億美元。李登輝一九九八年七月的國統會講話，提到「一個分裂的中國」，宣稱「中國必須統一」。結果是，辜振甫於十月訪問上海、北京，分別見到汪道涵和國務院副總理錢其琛等人。雙方在實質問題上並沒有新的突破，辜振甫奉命強調台灣民主化的重要性。此行的主要成績是雙方同意重啟兩會接觸，汪道涵將在一九九九年訪問台灣。

一九九九年七月九日，也就是汪道涵預定到訪的三個月之前，李登輝接受德國的國際新聞廣播網「德國之聲」（Deutsche Welle）記者的訪問。當記者問起北京視台灣為中國叛離的一省，不知他有何反應時，李登輝的回答如下：

> 歷史事實是，一九四九年中共成立以後，從未統治過中華民國所轄的台、澎、金、馬。我國（country）並在一九九一年修憲……所建構出來的國家（state）機關只代表台灣人民，國家（state）權力統治的正當性也只來自台灣人民的授權，與中國大陸人民完全無關。一九九一年修憲以來，已將兩岸關係定位在國家與國家（nation-to-nation），至少是特殊的國與國（state-to-state）的關係，而非一合法政府，一叛亂團體，或一中央政府，一地方政府的「一個中國」的

---

❽ 江澤民本人在向中共十五大做政治報告時重彈舊調。他重申北京反對島內「分裂主義的傾向」，拒絕放棄使用武力，也不與「極少數頑固堅持『台獨』立場的人」對話。

內部關係。❾

李登輝的談話立刻使台灣和中國陷入緊張。雙方在台海上空的空軍活動都增加。柯林頓政府擔心兩岸會因意外或誤判爆發衝突，也氣李登輝事先沒有照會華府他將有個新說法——至少它對雙邊關係有更清晰的說法。讓問題更複雜的是中文的國家、國，在英文裡是country、nation和state，意義各不相同。為什麼李登輝覺得需要發表這段談話呢？

各方提出了許多理由。李登輝希望影響二〇〇〇年三月的總統大選。二〇〇三年夏天，李登輝親口告訴我，他的部屬前幾年經常諮詢的一位國際律師得到結論，台灣或中華民國並不是一個國家，他的談話是針對此一評估做回應。[10]換句話說，他認為必須精確地以國際法界定清楚台灣及其治理當局的身分，以準備好和北京進行政治談判。他為了非政治性談判所採取的模糊策略已經不合適。的確，李登輝把心力放在釐清台灣地位上，這並不是新鮮事。如前文所述，早在一九九三年五月李登輝就說過：「臺海兩岸的定義成為一個大問題。」一九九七年七月，他曾說：「中國是個分裂的國家，由兩個個別的政治實體統治……中華民國唯有*確立*國際地位，才能夠和中國大陸在平等的地位上展開談判，討論海峽兩岸如何統一的問題。」（作者強調）一九九八年六月，他又說：「雙方應該談談國際法。在談的時候，我們也要談談主權。」[11]

可是，不論李登輝的動機如何，他盤算錯誤。他未與他外交團隊的重要成員或美國事先諮商，就衝動地決定公開此一方案。（詳見本書第七章）更好的作法應該是在政治談判真的要進行了，才悄悄亮招。這下子他反而使北京逮到機會在宣傳上佔了上風。

戰術之外，李登輝一九九九年七月的論述是如何與舊方案矛盾？這是全新的改弦易轍——誠如北京所說：「企圖從根本上改變台灣是中國一部分的地位」嗎？

我們可以合理地認定，李登輝是把台北近十年來隱隱晦晦的立場說清楚、講明白：台灣政府擁有主權，和北京政府沒有兩樣。特別值得注意的是，李登輝以這個新論述去反對什麼？——他在挑戰北京對台關係的思維。用他的話說：兩岸關係不是「一合法政府，一叛亂團體，或一中央政府，一地方政府」的關係。這和台灣長期以來反對一國兩制的立場一致，因為在台灣看來，一國兩制下的特區只有附屬地位。

甚且，李登輝並未排斥台灣是中國的一部分，也沒說統一不再是目標。他只是專注在國際法上的台灣地位，以及該使用什麼詞彙來界定台灣和那個中國的關係——以及北京和那個中國的關係。他的論述談的是台灣「如何」成為中國的一部分——或者更精準地說：台灣政府與統一之後的中國之關係是什麼。

當然也可以把李登輝的國與國論解讀為是在主張某種全新的立場。這無關乎他使用「國家」和「國」這兩個在中國看來多少有點挑釁意味的字詞，而是在這番論述中可以明確地看見，李登輝和他的顧問們很可能是在主張：依據國際法，台灣是個完全分離在中國之外的國家。台灣在一九九一年以前的

❾ 李登輝利用這次受訪的機會提出他的觀點，因為一九七二年至一九九一年的「一個民族、兩個國家」的「德國模式」接近於他認為適合台灣和中華人民共和國的模式。見《李總統登輝先生八十七年言論選集》（台北市：行政院新聞局，民八十八），頁七八——一〇一。

觀點是，中華民國是中國唯一的合法政府。此後，在李登輝的倡議下，台北主張中國已分裂，有中華民國和中華人民共和國兩個主權政府。

新論述的意涵可以從李登輝聚焦在「修憲後，中華民國政府的地域限於台、澎、金、馬」就看得出來。為什麼呢？蒙特維多公約（Montevideo Convention）界定一個國家有五大標準：固定的人口，有效的政府，有能力與其他國家建立關係，獨立，有確定的領土。台灣毫無疑問符合前四個條件，但它的「確定的領土」卻含糊不清。國統會一九九二年八月的聲明宣稱，中華民國的主權及於整個中國，但是它的治權只及於台、澎、金、馬。李登輝的顧問群可能想藉由去除對其主權領土涵蓋範圍的模糊性，補強台灣在國家五條件中唯一不符合的條件，來替中華民國的主權地位創造更堅實的根據。他們從中華民國憲法增修條文去尋找根據，以支持台北政府有明確的領土。甚且，李登輝可能也試圖符合另一個沒講明的國家標準：地位未明的政治實體之領導人必須主張它是個國家，才會使它被納入國際法。他七月份的說法因此也就滿足了此一條件。

第四階段：陳水扁當選總統

認為李登輝一個人在破壞兩岸關係進展、製造緊張的人士，猶希望國民黨另一位總統或許能打破兩岸僵局。北京也有同樣的想法。可是，二〇〇〇年三月總統大選結果揭曉，不啻是個震撼炸彈：國民黨提名副總統連戰參選，而黨內強人宋楚瑜脫黨參選，國民黨的傳統選票因而分裂。民進黨候選人陳水扁漁翁得利，僅以三十萬票之差擊敗宋楚瑜而當選。北京到了選戰後期才意識到陳水扁可能勝選，擔心他可能將民進黨長久以來的獨立建國主張付諸行動。因此發動一系列口頭威脅，甚至國務院總理朱鎔基跳出來警告：「台獨就是戰爭！」

陳水扁能夠當選的最大關鍵是宋楚瑜脫黨競選、國民黨分裂。他手上的王牌還有：一九九四年至一九九八年他擔任四年台北市長的政績、民眾對統治台灣五十五年之久的國民黨以及政治貪腐的不滿意。陳水扁勝選的另一個原因是，他效仿美國總統柯林頓、英國首相布萊爾，把意識型態色彩濃厚的民進黨往政治光譜的中央移動，表現出比較務實的態度，以便贏得政權。在兩岸政策上，這最為明顯、也有必要，因為民眾對民進黨是否有能力處理中國議題十分懷疑。陳水扁設法向民眾擔保，他絕不會莽撞行動。他重申李登輝的說法，台灣已經獨立了，不需要再宣布獨立。與民進黨內若干人士不同，他贊成直接來往，擴大兩岸經濟關係以便爭取企業界的信心。他也曉得美國關切他的政策方向，因此採取行動緩和美方的疑慮。從民進黨和陳水扁的對台獨議題的公開立場的演變，可以清楚看出這個轉變。

陳水扁在一九九〇年訪問北京後，首次碰觸到兩岸關係的錯綜複雜。他起草了一份中國和台灣之間的「和平協定」，就意涵來講，是兩個國家之間的協定。一年之後，他和民進黨為了在國民大會代表選舉中應該強調台獨到什麼地步有所爭辯。比較激進的新潮流派主張讓推動建立台灣共和國的黨綱通過。陳水扁雖然設法沖淡其立場，但它還是民進黨具有最深遠意義的立場。它說：

> 依照台灣主權現實**獨立建國**（作者強調），制定新憲，使法政體系符合台灣社會現實，並依據國際法之原則重返國際社會……基於國民主權原理，建立主權獨立自主的台灣共和國及制定憲法的主張，應交由台灣全體住民以公民投票方式選擇決定。

民進黨因而揭櫫它的目標就是建立一個獨立國家。不久，選民就做出裁判。民進黨候選人在國代選舉中得票率只有二四％，創下近年來新低紀錄。要強調獨立建國到什麼地步的辯論又持續了八年，但是一九九六年出現一個轉折──黨內激進派脫黨，另組「台灣建國黨」。這跟國民黨內不滿李登輝的人士脫黨組織新黨並無不同；這批人士的出走使得仍留在民進黨內的同志可以探索比較中間的路線。

這個由陳水扁主導的過程進行了約三年，在一九九九年五月民進黨終於又通過一項有關兩岸關係的〈台灣前途決議文〉。它說：

> 台灣是一主權獨立國家……台灣，固然依目前憲法稱為中華民國，但與中華人民共和國互不隸屬，任何有關獨立現狀的更動，都必須經由台灣全體住民以公民投票的方式決定……中國國力更為顯著的上揚及持續僵化的霸權思想，則是台灣前途的重大障礙。民主進步黨認為，在波譎雲詭的國際政治及諸般利害因素的交錯下，台灣必須審時度勢，妥善規劃安全、謹慎、漸進的中國政策。

雖然形式上黨綱仍高於決議文，這已經代表自一九九一年黨綱文字的重大撤退。民進黨現在更強調過程，而不是最終的結果（和一九八〇年代一樣），並把情勢不穩定的責任推到北京身上。在未來建立一個獨立的台灣共和國，此一隱晦的目標不見了。取代它的是對台灣當前地位的論述，它和國民黨的說法相當類似（台灣已經是一個「主權獨立國家」）。可是，這裡頭有個重大差別：這個形容適用在台灣、而不是中華民國。民進黨首次間接接受「中華民國」（「固然依目前憲法稱為中華民國」）。它也強調謹慎和漸進。

我們從字裡行間看得到民進黨努力在傳統目標和更務實的觀點之間找出平衡。國民黨的論述被借過來，做了更動，可被民進黨內基本教義派忍受。這個新立場在二〇〇〇年陳水扁競選總統期間所發表的大部分言談中都被一再重申，其目的在去除掉過去將近十年一直困擾民進黨的一個弱點──外界一直說，不能把權力託付給民進黨。任雪麗（Shelley Rigger）總結民進黨的演進，她說：「仔細研讀民進黨對『獨立』議題的聲明，那透露出該黨長久以來掙扎追尋一個立場，既要持續追求台灣自主和身分認同，又要承認超乎黨所能控制的政治現實。許多民進黨員依然懷抱台灣獨立的夢想，但他們現在個別地或集體地承認，這不是他們單方面、也不是近期內就能實現的一個夢想。」[12]

民進黨內有些人則超越只是調整黨的言詞論調的境界。他們思索是否要把台獨條款從黨綱刪除。他們對於完全獨立的前景以及中國對台灣經濟福祉的重要性有務實的認識，開始探索除了一國兩制之外，還有哪些中國的概念是身為台灣人的他們可以接受的。由於黨內支持台灣獨立建國的勢力仍大，他們必須悄悄進行，但他們覺得非得有彈性不可。陳水扁本身不反對把一個中國當做議題來討論，但拒絕如北京所堅持的，一下子就接受一中為原則。

可是陳水扁並沒有辦法完全自己作主。他為了勝選，把民進黨從原來的台獨黨向中間立場移動，有些觀察家還臆測他可以做到國民黨籍總統所不能，能夠說服民進黨接受兩岸和解──有如反共的尼克森取得保守派人士的支持，和中國開放往來。但是，民進黨內許多人並沒有放棄建立台灣共和國的基本目標。對於這些「基本教義派」而言，取得政權只是向長久追求的目標更邁進一步的象徵，它本身並不是目標。這些人也曉得有人拿陳水扁和尼克森比擬，對他有所期許，但他們不願接受。因此陳水扁在他的倡議上面必須相當審慎，測試基本教義派的容忍限度。

陳水扁還有其他的障礙。首先，他並沒料想到他會在二〇〇〇年三月勝選；他的目標只是在大選操兵，等候二〇〇四年的機會。因此，他對政權轉移並沒有訂出計劃。其次，就人數及行政才具而言，民進黨沒有足夠人手去經營像台灣這樣複雜的政府。陳水扁只好延攬國民黨及黨外人士組織「全民政府」。第三，多年來民進黨為了爭取政權，練就爐火純青的批評政府、阻撓施政的本事，但是它的領導人對於自己坐上這滾燙的位子——承擔起開發政策議程、贏得民眾和國會支持政策、執行相關計劃的責任——並沒有準備好。使得情勢更險惡的是，國民黨以及親民黨（宋楚瑜在二〇〇〇年大選後組織的政黨）不肯讓民進黨有蜜月期，對它猛烈抨擊。國、親兩黨合起來在立法院內仍掌握多數席位，他們立刻運用此一優勢阻撓陳水扁的施政、讓他寸步難行。有一個說法相當傳神：民進黨學不會當執政黨，國民黨和親民黨學不會當反對黨。最後，陳水扁上任不久後的二〇〇〇年夏天，全球陷入不景氣，產生一系列的新問題。民進黨即將經驗一個在野黨首度在新興民主政府當家作主所會碰上的一切問題。

就中國而言，過去的經驗界定了它看待陳水扁政府的方式。民進黨過去和台獨目標連結在一起，在北京看來，這遠比陳水扁調整黨的路線要來得重要。他不肯以中國提議的一國兩制來解決兩岸衝突，加上北京推斷他之所以拒絕就是因為他具有分裂主義意向，這一切可比他有可能成為「台灣的尼克森」來得重要。因此，中國在二〇〇〇年大選期間把陳水扁和民進黨界定為「台獨黨」，宣稱只有陳水扁接受一中原則，它才會和台灣恢復對話。甚且，北京可能覺得陳水扁因多人出馬角逐、僅以四〇%得票率當選總統，可以不必跟他打交道；他們可以運用統戰戰術在二〇〇四年阻止他連任。陳水扁釋出的訊息中是否含有值得雙方進一步推展的前景？自從他就任總統後，北京完全不認為有這樣的可能性。

頭兩年　陳水扁在二〇〇〇年五月二十日的就職演說重新展現他的溫和、修好立場。他說：

> 兩岸人民源自於相同的血緣、文化和歷史背景，我們相信雙方的領導人一定有足夠的智慧與創意，秉持民主對等的原則，在既有的基礎之上，以善意營造合作的條件，共同來處理未來「一個中國」的問題。
>
> 本人深切瞭解，身為民選的中華民國第十任總統，自當恪遵憲法，維護國家的主權、尊嚴與安全，確保全體國民的福祉。因此，只要中共無意對台動武，本人保證在任期之內，不會宣布獨立、不會更改國號、不會推動兩國論入憲、不會推動改變現狀的統獨公投，也沒有廢除國統綱領與國統會的問題。

陳水扁想向中國擔保他的意向，當然設定若干條件。他強調兩岸人民共同的傳統（對民進黨內認為台灣人是完全不同民族的人來說，這是異端邪說）。他自稱是中華民國總統。他誓言恪遵憲法（北京可以視為他是在暗示接受了一中原則）。在中國無意對台動武的條件下，他承諾不做北京擔心的若干事（這又可當做他不是分裂主義者的證據）。在「民主對等」的前提下，加上承認過去已有交流的紀錄（「在既有的基礎之上」），他表示兩岸領導人可以處理一個中國的問題，他對這一點有信心。陳水扁引述主權、對等和放棄使用武力等原則，與先前的李登輝一樣，但也表示他相信「未來『一個中國』」是可以達成的目標。

中國很快就謝絕他的示好。陳水扁發表就職演說後的幾個小時之內，國台辦就發表經核定的聲明，指責陳水扁對一中原則閃爍其詞、含混唬弄、沒有誠意。它說，一中原則是「試金石」，可以看出他是否「維護國家主權和領土完整，還是繼續頑固推行『台獨』分裂政策」。——還真是涇渭分明！[13]

北京警告說，「台灣當局還有人頑固堅持所謂『台灣是主權獨立國家』的分裂立場，企圖把台灣從中國分割出去。這是分裂國家、危害人民的嚴重罪行，將不可避免地破壞台灣的社會安定、經濟發展，在兩岸同胞之間和台灣同胞內部挑起衝突，將危及台灣海峽及亞太地區的和平。」（作者強調）[14]由於陳水扁接受台灣已經是主權獨立的國家，這個警告明顯就是衝著他而來。國台辦的聲明重申中國對恢復對話的先決條件是：台北必須明白承諾不再追求「兩國論」，並遵守海基、海協兩會在簽訂若干技術協議之前於一九九二年十一月達成的「九二共識」。

中國聲明中的其他部分也使陳水扁很自然不願接受「九二共識」和「一中原則」。國台辦的聲明一方面聲稱，在統一之前有關兩岸關係之談判，「堅持一中原則，就是堅持世界上只有一個中國，台灣是中國的一部分，中國的主權和領土完整不容分割。」[15]。這個論述在三個方面有瑕疵。第一，任何不得分裂中國主權的主張，就是否認台灣政府有主權。第二，台北十分清楚，北京聲稱它是代表中國參加國際社會唯一的政府，這個主張否定了台灣的任何國際角色。第三，台北「嫌棄」接受中共的任何「原則」，因為它擔心在未來的談判中，北京會操弄此一原則以爭取好處。在陳水扁看來，最好是就一中原則的內涵先達成相互可接受的共識，遠比還沒完全釐清具體內涵就先接受中國的版本，要來得好。

這個議題的理論性質、民進黨內政治的角力，以及在公開場合進行微妙外交的困難度，在六月底全都浮現出來。陳水扁在接見美國亞洲基金會（Asia Foundation）代表團時表示，他的政府願意接受台灣所理解的「九二共識」，那就是「一個中國，各自表述」。他也批評中國的解釋，「把中華民國矮化為中華人民共和國底下的地方層級政府，這樣的一中原則，是台灣人民所無法接受的。」由於北京堅持自己那套無法讓人接受的解釋，北京應該對談判陷入僵局負責。陳水扁說，台灣希望恢復談判以便建立共同基礎，找出雙方都能接受的「一個中國」定義。

民進黨內的基本教義派覺得陳水扁已經對中國讓步太多，不理會他聲明裡附加的條件，專挑他大體上願意接受九二共識這一點大作文章，引爆了反對的燎原大火。譬如，一向支持民進黨的英文報紙《台北時報》（*Taipei Times*）有一篇社論批評這篇聲明「令人生氣……不是大錯，就是軟弱的跡象」。這篇社論認為，陳水扁的聲明承認中華人民共和國就是那個「一中」。它又指控，陳水扁再次向北京讓步，卻沒有拿回任何東西。「陳水扁不戰即降……大部分人擔心他莽撞挑釁，其實輕率讓步同樣危險。陳水扁已表示他了解前者，現在他應該學習了解後者了。」[16] 幾個小時之內，陸委會主任委員蔡英文發表聲明，澄清陳水扁的說法並無新意，九二共識就是一中各表，彼此可以對一中有各自的解讀，但雙方對一中原則從來沒有共識，而且北京版本的一中原則是兩岸進一步談判的障礙。這段插曲使得陳水扁講話益發謹慎，北京則對他的意向更加猜疑。

陳水扁就職後想要促成另一種共識——台灣內部對大陸政策的共識。他成立一個跨黨派小組，請來中央研究院院長李遠哲擔任召集人。國民黨和宋楚瑜領導的親民黨選擇杯葛這個小組，因而削弱了它成立的宗旨，但可能也使民進黨內的基本教義派聲浪更高。跨黨派小組在二〇〇〇年十一月底（譯按：另一說是十二月十六日）發表它的聲明文件。兩個關鍵前提是：中華民國和中華人民共和國「互不隸屬，也互不代表」，以及「改變現狀必須經由民主程序取得（台灣）人民的同意」。它向陳水扁提出幾點建議。第一，兩岸關係，尤其是如何回應中共的「一中」，應「依據中華民國憲法處理」。第二，中國應該「尊重中華民國國際尊嚴與生存空間」，放棄對台武力威脅。第三，「持續整合國內各政黨及社會各方對國家發展與兩岸關係之意見」。我們要注意，不論是明示或暗示，前面兩點都回到李登輝曾對北京提出的要求：主權、國際空間和放棄動武。可是，國內政治——國、親兩黨拒絕參與建立共識——再次阻礙了陳水扁要在兩岸關係得到進展的努力。

陳水扁在某些場合表露出他對中國持開放態度。二〇〇〇年六月某次記者會上被問到與中國合組邦聯的問題，陳水扁給予正面答覆。他說：「我覺得我們沒有預設立場、也沒有預設前提、也沒有預設結論。我們是希望在這樣的一個挖空自己、留待很多可以填補的空間，願意跟中共的領導人坐下來談。……所謂的『邦聯』，這只是對未來海峽兩岸的關係可能的發展方案中的其中一個基本思惟，到底可行不可行，我相信人民最大，要尊重人民的自由意志的選擇。」[17]同年九月接受《紐約時報》（*New York Times*）專訪，他批評國民黨讓統一成為台灣未來唯一的選項，這樣武斷的過程不只違反民主的原則，也不符合台灣人民的意見，台灣人民普遍反對一國兩制。他等於是暗示：適當方式的統一是一種選項。❿

儘管發出訊號，但彼此實在太缺乏互信，而且陳水扁必須花費許多時間抵抗來自各方的壓力。談判僵局很快就形成，雙方接觸並探索修好的機會也流失了。在愈來愈軍事化的環境下，北京和台北之間的政治爭端可能會惡化到爆發武裝衝突的地步，這樣的危險性一直沒有消失。

二〇〇〇年底，北京採取比較溫和的新政策。這不是因為它改變了根本立場，而是因為它認定陳水扁太弱，連任無望，因此採取不理他的策略，不讓他有任何政治上的成績，並且還和他的對手聯手，以便從內部傷害他。北京利用台灣經濟不景氣的困境，引誘更多台商到大陸。這些台商回過頭來針對妨礙兩岸經濟更加整合的政策——如控制投資、沒有直航——向陳水扁政府施壓。北京也設法拉攏國民黨、親民黨這些在野黨，至少國民黨也想引中國之助使陳水扁居於弱勢地位。加上台灣主要媒體又傾向兩岸統一的立場，也有助台灣內部的公共辯論傾向於中國的方向。北京的策略顯然就是：只要陳水扁沒有太挑釁的言行，就不要理他，等他下台再說。它要建立反民進黨的統戰陣線，期待它的後繼者會更好相處。運用政治、經濟影響力會比從事恫嚇（會招惹美國）或是與陳水扁交涉他會接受的條件，更能保護中國的利益。

同時，北京持續加強它的軍事力量。它以每年五十多枚的速率自製短程和中程彈道飛彈，也發展空中攻擊及地面攻擊的巡弋飛彈，更向俄羅斯購買它仍無能力自製的武力投射系統。這些系統包括先進的戰鬥機、潛水艇、驅逐艦和長程防空系統。其目的有二：第一，嚇阻台灣領導人往獨立的方向做出無可逆轉的任何動作。第二，增加迫使台灣按大陸的條件談判的能力。美國國防部在二〇〇三年中期的推斷是，中國軍事採購可能反映出它不只是要嚇阻它所擔心的事（台獨），更要迫使台灣照北京意向行事（依北京的條件談判）。有些學者認為，無疑地中國正在積極厚植兵力，但即使美國不干預，不論是外科手術性質的空中攻擊、海上封鎖或兩棲作戰登陸，人民解放軍都沒那麼大的力量可逼台北俯首帖耳。

陳水扁仍繼續有令人費疑猜的聲明，暗示他對某種形式的統一抱持著開放的態度。最有意思的是他的二〇〇一年元旦文告：

---

❿ 北京解讀陳水扁這段話為「本質上，擁護『台獨』的分裂主義立場」。

個人一直以為，兩岸原是一家人，也有共存共榮的相同目標。既然希望生活在同一個屋簷下，就更應該要相互體諒、相互提攜，彼此不應該想要損害或者消滅對方。我們要呼籲對岸的政府與領導人，尊重中華民國生存的空間與國際的尊嚴，公開放棄武力的威脅，以最大的氣度和前瞻的智慧，超越目前的爭執和僵局，從兩岸經貿與文化的統合開始著手，逐步建立兩岸之間的信任，進而共同尋求兩岸永久和平、政治統合的新架構，為二十一世紀兩岸人民最大的福祉，攜手開拓無限可能的空間。

這段聲明的重要性可分成幾個方面來說。最重要的是陳水扁點出「政治統合」是一個可能的選項。他援引歐洲經驗做借鏡：各個主權實體以漸進的方式愈來愈緊密地結合在一起。當然它和一國兩制不同，但它還是一種統一的形式。陳水扁創造一個中文新詞「統合」來表述他的概念。他也指出政治統合可以發生的過程，也就是先從經貿和文化領域開始，再漸次進入安全和政治領域。他呼籲雙方要相互體諒，不要損害或消滅對方（他認為北京正對台灣這麼做），也呼籲北京放棄使用武力，允許台灣有些國際空間，要展現氣度。陳水扁這個主張暗指的內涵是，參與統合過程的兩個實體將是獨立且具有主權的，有如歐盟成員。

二〇〇一年初接受日本《世界》雜誌訪問，陳水扁又重提「九二共識」，認為預設條件沒有幫助，雙方對共識的理解不同。

對岸的觀點，九二共識就是一中原則的另一種表述，他們對此特別強調。可是，就台灣來講，台灣正式的解讀是，九二共識就是一中各表，彼此可有不同的解讀。大陸對此是否定的。[18]

他說，兩岸有空間交涉出「一中」的含意，透過相互讓步和妥協得到最後的共識。

彷彿要證實陳水扁對北京變得較為溫和似的，更堅持其意識型態的民進黨相關人士立刻批評他的統合論。台美人李天福（Li Thian-Hok）指責陳水扁的政治統合論洩漏了他對台灣獨特的歷史缺乏了解的底細，他的世界觀「太狹窄，著重在中國」。李天福指責，很顯然「陳水扁的目標是放棄台灣實質獨立的地位，換取和平及高度自治，也就是改進版的『一國兩制』……陳水扁的民進黨政府和北京對於繁榮的未來『一個中國』有共同的看法。」他也批評陳水扁在五二〇就職演說上的節制，因為它們限制了台灣的主權地位。李天福說：「放棄了這些權力，陳水扁已使台灣做為完全獨立的主權國家之地位縮小和邊緣化，而且沒有諮詢台灣人民的意願。」⓫

北京一面運用經濟政治影響力、一面加強建軍的策略在二〇〇一年遭遇兩大挫折。第一是小布希政府上台訂定新路線，它覺得前朝柯林頓政府應該對中國更強硬些、對台灣更細膩些。甚且，新政府許多高層官員認為中國的崛起對美國在東亞區域的霸業構成更普遍的挑戰，台灣可以做為美國決心的試金石。小布希總統上台才十週就發生美國ＥＰ—三偵察機與中國戰鬥機相撞的事件，使狀況更加惡化。

⓫ 從李天福的觀點來看，台灣人民希望完全和中國分離，排除未來統合的任何可能性。台灣有許多人競相要界定民眾所要是什麼；因此，李天福的立論恐怕錯了。Li Thian-Hok, "Chen Sent Beijing the Wrong Message", Taiwan Communique, April 2001.

美國新政府因此改善台灣官員的待遇，譬如高層官員過境美國的待遇提升不少。[12]二〇〇一年四月，小布希總統針對中國軍力提升，大手筆批准對台軍售的方案，並更清晰表示，如果中國武力犯台，美國將派兵協防台灣。

北京的第二個挫折是二〇〇一年十二月台灣的立委選舉結果。它本來希望經濟不景氣以及民進黨治國無方，會使民進黨屈居少數席次，但民進黨當選人數多出預期，而國民黨慘敗的程度則超出預期甚多。同時，李登輝創立的小黨「台灣團結聯盟」一鳴驚人，表現不錯。結果是國民黨和親民黨的泛藍陣營席次略微勝過民進黨和台聯黨的泛綠勢力。北京的統戰策略沒有立刻奏效。顯然僵局仍要持續下去。

從溫和立場撤退　二〇〇四年總統大選靠近，陳水扁逐漸放棄他認為意在修好的立場。他推斷國親兩黨會聯手推出一組人馬競選正副總統，不會再重蹈覆轍，像二〇〇〇年一樣各提自己的人選，讓他漁翁得利。要對付此一挑戰，最根本的第一步就是動員他的政治基礎（深綠已經對他的表現不以為然）。北京拒絕和他打交道，令他不爽，更降低了他向溫和立場演變的傾向。

二〇〇二年五月，陳水扁重申他在二〇〇一年新年文告中先行經貿文化統合、再談政治統合的論述，誓言「我們不會偏離這個目標，這個政策也不會變。」但是，七月間，就在陳水扁「黨政同步」接任民進黨黨主席之前，北京宣布和太平洋小國諾魯建立邦交，諾魯則與台北斷交。陳水扁的回應是宣布台灣將「走自己的路」。八月三日，陳水扁在東京舉行的一項海外台灣人集會上透過視訊發表談話，給自己的意向製造出新問題。他表達對中國的挫折感，宣稱：「台灣是我們的國家。我們的國家不能被欺負、被矮化、被邊緣化及地方化。台灣不是別人的一部分；不是別人的地方政府、別人的一省，台灣也不能成為第二個香港、澳門，因為台灣是一個主權獨立的國家。簡言之，台灣跟對岸中國『一邊一

國』，要分清楚。」⓭（作者強調）

陳水扁的談話使人又想到李登輝的「特殊的國與國關係」論，但他們談話的相似之處從中文看、比從英文譯文看更為顯著。李登輝的「兩國論」，「國」指的是state，有國際法的意義。陳水扁的「一邊一國論」，「國」要譯成country。由於中文字相同，就沒有區別。總之，若不進一步演繹陳水扁的意思，就很難講清楚state和country之間的差異。如果深入到這兩個觀念的核心——兩者都指涉主權實體——則任何差異都沒有太大的意義。陳水扁說「台灣不是別人的一部分」，當然和北京的立場牴觸。可是他拒絕附屬在任何當局之下，又特別拿香港、澳門做負面表列的例子，則跟台灣過去的立場並無不同。說中國和台灣都是國家，當然讓北京不爽，但這句話雖然排除一國兩制，裡頭並不具有排斥某種國家的結合的意思。

可是，傷害已經造成。陳水扁的談話對中國那些猶抱些許希望，盼望他不會測試北京容忍度的人來

⓬ 除了李登輝一九九五年康乃爾之行是個特例之外，美國政府一向的作法，只准許台灣的總統、副總統、行政院院長和副院長在前往其他國家訪問時可以「過境」美國。「過境」期間，活動必須低調且是私人性質，以符美國和台灣只有非官方關係的原則。二〇〇一年五月起，小布希政府給予台灣高階領導人的過境待遇，比歷屆政府的限制要少。

⓭ 二〇〇二年八月三日陳水扁向「世界台灣人大會」第二十九屆年會發表的視訊演說，見〈陳總統：兩岸是一邊一國〉，《聯合報》，二〇〇二年八月四日。一邊一國其實不是從陳水扁想像中突然冒出來的新說法。他在二〇〇〇年總統大選期間就說過。其實這個說法早在一九八〇年代就出現在反對陣營人士的言談。其目的是在嘲諷中華人民共和國和國民黨政府的虛假——他們都宣稱自己是合法的「國」，可是對待起自己的人民，一點兒也不合法。

講，等於澆了一盆冷水，它證實了那些認為他不能相信的人的評斷。北京另一個隱憂，就是他呼籲要認真思考公民投票立法的重要性和迫切性。公民投票是民進黨長期追求的理想和目標，中國深怕他會就此建立一個宣布獨立的機制。這樣一來，惡性循環油然而生。陳水扁因為北京不理睬他而備感挫折，也因為下一次的總統大選逼近，他感到有需要向民進黨傳統鐵票訴求。「一邊一國論」的風波強化了中國對他的不信任，並更傾向於做最壞的打算。

陳水扁在大陸關係這個問題上沒有完全放棄溫和路線。他在二〇〇三年一月二十二日接見美國「外交政策研究所」（Foreign Policy Research Institute）代表團時，就台灣和兩岸關係提出了最廣泛、最具體的看法。他先批評中國以軍事恫嚇、政治孤立的手法威脅台灣，又試圖把台灣地位矮化為地方政府，但另一方面卻全力和台灣從事經濟交流。他堅稱中華民國——要注意他在這裡沒有用民進黨常用的詞「台灣」——是個主權獨立的國家，轄區及於台、澎、金、馬。他否認他這麼說是挑釁。他覺得基於身為中華民國總統的憲法地位，他一定要這麼說，也要提醒國際社會：台灣不是中華人民共和國的一部分。他承認兩岸人民「有共同的血緣、文化和歷史背景」，但駁斥台灣附屬於中國、是中華人民共和國一部分的說法。他認為兩岸關係陷入僵局，責任在大陸方面。因為「台灣試圖採取正面措施，（大陸）卻進行不友善的動作」。他呼籲北京恢復對話。他重申經貿文化統合先行以建立互信，再打造和平與政治統合的架構。

二〇〇四年總統大選逼近，陳水扁採取一些新作法，卻令人關切他的最終意圖。二〇〇三年五月，他呼籲以公民投票方式處理若干有爭議的議題：核能發電、立法委員名額縮減，以及台灣應否獲許加入世界衛生組織。對中國而言，後者特別敏感，因為端看這個提案如何措詞，它或許會碰觸到台灣的法律身分。九月，他主張以新憲法矯正台灣政治制度的問題（某些問題可參見本書第六章），並且——依照他的說法——使台灣成為「正常國家」。他愈來愈把一中原則和一國兩制看做一樣的東西，這兩者會使台灣淪於附屬地位。十月間，他宣稱，「依據一中原則，台灣不會是主權獨立的國家；它只不過是別的國家的一部分、別人的一省或特別行政區」。十二月，他提到一中是台灣應該拋棄的「迷思」。民進黨內出現就一國兩制舉行公投、把中華民國國號改成台灣的聲音。中國和美國對此頗為關切。

有些觀察家認為這些倡議主要是選舉戰術；我也是如此解讀它。為了贏得連任，陳水扁必須在激烈的選戰中動員力量薄弱的政治基礎，公民投票和制定新憲一向是民進黨的傳統目標。他若能把泛藍陣營和支持走向統一的立場綁在一起，便可以獲利。（因此他把一中原則和一國兩制連在一起）。其他的觀察家則比較多疑，覺得他的動作是要逐步建立基礎，使台灣永久脫離中國。此外，陳水扁在五二〇就職演說上「四不一沒有」的說詞也令人無法安心，因為他說「四不一沒有」只適用於第十任中華民國總統任期，而且只有北京承諾不動武才算數。制定新憲是在他頭四年任期屆滿以後才會推動，而中國增強兵力即可解讀為它有意動武。而且，他的保證中沒有排除公民投票或制定新憲呀！「四不一沒有」要排除的是以公民投票選擇統一或獨立、變更國號，以及把李登輝的兩國論納入憲法。

不論陳水扁的意圖為何，有一個動機不能被排除——那就是他對中國不理他、孤立他、破壞他的策略感到相當挫折，這些策略使他無法有所表現，無法幫助他爭取連任。和一九九三、一九九四年的李登輝一樣，陳水扁認為善意和節制沒有好處；因此他沒有太多意願要節制，尤其是國內政治告訴他反其道而行才能鞏固基本盤。

結論

北京針對李登輝的行動和意圖於二〇〇〇年二月發表一份兩岸關係白皮書（編按：〈一個中國的原則與台灣問題〉白皮書），很完整、很武斷地表達了它的立場。它說：

從九〇年代初開始，李登輝逐步背離一個中國原則，相繼鼓吹「兩個政府」、「兩個對等政治實體」、「台灣已經是個主權獨立國家」、「現階段是『中華民國在台灣』與『中華人民共和國在大陸』」，而且自食其言，說他「始終沒有講過一個中國」。李登輝還縱容、扶持主張所謂「台灣獨立」的分裂勢力及其活動，使「台獨」勢力迅速發展、「台獨」思潮蔓延。在李登輝主導下，台灣當局採取了一系列實際的分裂步驟。……

一九九九年以來，李登輝的分裂活動進一步發展。五月，他出版《台灣的主張》一書，鼓吹要把中國分成七塊各自享有「充分自主權」的區域。七月九日，他公然將兩岸關係歪曲為「國家與國家，至少是特殊的國與國的關係」，企圖從根本上改變台灣是中國一部分的地位，破壞兩岸關係、特別是兩岸政治對話與談判的基礎，破壞兩岸和平統一的基礎。

白皮書所列舉的「一系列實際的分裂步驟」，包括政治結構的改造、追求更大的國際空間、向美國購買軍火、建立台灣認同意識，特別是在年輕一代中提倡之。

白皮書對李登輝的指控十分堅決：「李登輝已經成為台灣分裂勢力的總代表，是台灣海峽安定局面的破壞者，是中美關係發展的絆腳石，也是亞太地區和平與穩定的麻煩製造者。」

北京同樣也認定陳水扁從事分裂活動。陳水扁在二〇〇〇年五月二十日就職，國台辦宣布陳水扁拒絕接受一中原則（北京知道這是他的立場）等同於追求「『台灣獨立』的分裂主義政策」。二〇〇二年八月，陳水扁講了一些北京覺得特別挑釁的話之後，它宣稱他以漸進的方式「運用各種可能的手段和藉口，以漸進的方式來實施其『台獨』目標。」。它指控陳水扁不但不是尊重人民意志，反而「把極少數頑固台獨分子的圖謀強加給廣大台灣人民。」[19]

這些指控真正有道理嗎？只有李登輝和陳水扁要為兩岸僵局負責嗎？如果是如此，那麼解開台海死結就需要台灣領導人在意向和行動上面做某些改變。或者應該說台海衝突的原因其實在別處？

根據李登輝在十二年又四個月總統任期內對兩岸關係發表那麼多的談話，我們可以得出幾個結論。第一，縱使北京有相反的指控，李登輝並不主張從稱為中國的那個實體分裂出來、建立台灣國。在他擔任中華民國總統期間，他的首要目標是界定在什麼樣的條件下可以統一，而非應否統一。隨著時間演進，他修正這些條件，使它們更精確，但是他表述的目標依舊不變。即使在他任期將屆滿時，當他明白主張中華民國和中華人民共和國是對等的國家時，他的描述並未牴觸與中國統一的可能。

第二，李登輝的核心原則顯然是一貫的。他強調三個基本主張。首先，如果中國要統一，台北政府必須被承認擁有主權，而且根本上和北京政府居於平等地位。其次，台灣有權在國際社會扮演重要角色。再其次，北京擴張軍事力量、又不肯放棄使用武力，是兩岸修好的障礙。這些原則就定義來講已經排除了一國兩制模式。它們各別受到關注的程度有時候會有所消長。一九九〇年代中期，國內對台灣遭到孤立頗有挫折感，強調國際參與的聲音變大，對台灣認同意識的重視程度也上升。直到一九九六年以前，李登輝一再要求北京放棄動武，做為關係進展的先決條件，然後有一陣子又不提它。他在講了好幾年的「兩個平等的政治實體」論調之後，或許是預期兩岸即將談判政治議題，而宣布了兩國論。可是，這都是在顯著的一致性之下，重點稍有變動而已。

當然，北京會聲稱，李登輝有關中華民國主權的主張，並不吻合統一的立場，或者說它們是要排除統一的一種陰謀。從中國的觀點來看，提出與一國兩制唱對台戲的方案——以及以台北政府具有主權為前提的任何方案——都等同於要把台灣從中國永遠分裂出去。只有在「具有主權的政治實體之間不能相互結合」的情況下，這個推論才正確，可是歷史上早已出現許多邦聯（confederation）、聯邦（federation）和國協（commonwealth）的例子。要替兩岸設計出一種結合的形式洵非易事，但只因為李登輝堅持中華民國是個主權實體，就驟下結論說他是分裂主義分子，則是另外一回事。同樣道理，隨著時間推演，李登輝的方式愈來愈強硬，但是他這麼做乃事出有因。兩岸關係的議題已由政治問題轉為政治談判，因此需要更精準界定台灣政府的法律地位。

認為李登輝講「特殊的國與國關係」是立場上的大改變，也有一點道理。確實，它是談論長久以來一直存在著的議題的一個新方式。無疑地北京以非常負面的角度解讀他的說法。⓮ 我傾向於認為李登輝是把他和台北對三大關鍵議題中的第一個——台北政府的性質——隱晦不明的部分給挑明出來講。

李登輝的確以比他政府裡其他官員更為挑釁的口氣表明他的立場。言詞強硬是他的談判風格，因為他認為台灣氣勢若弱，中國就會更囂張。譬如，一九九一年十月他接受訪問時就抱怨北京是「土匪惡霸」。也有證據顯示，李登輝發表兩國論有一部分原因是他接獲訊息，北京將就兩岸關係發表聲明，它定下的框架將使台灣淪於守勢。因此他決定先發制人，提出自己的論述。⓯ 大體來說，李登輝有些倡議是因北京立場毫無彈性，心生挫折而產生的回應。

一九九〇年代，李登輝對兩岸關係的立場與台灣主流意見是一致的。輿論與所有的主要政黨都同意他的基本原則。李登輝之所以反對一國兩制的理由，大多數台灣人民都支持，他利用他的影響力打造共識，這是他防止台灣不經深思便自動接受與北京和解的策略之一。⑯他善於掌握早已存在的強烈民氣，而北京一再恫嚇台灣人民只會使這種情緒更加高昂。

有些人可能要說，不論李登輝說些什麼，他的行為洩漏了他居心不良的事實。中國二〇〇〇年二月發表的白皮書列舉出他「實際的分裂步驟」，包括改造政治體制、打造台灣認同意識、向美國採購軍火、追求更大的國際活動空間。可是，這些措施大部分都有正當理由，而且是呼應台灣社會內部的要求。要反制中國的軍事現代化和擴軍，以及它拒不承諾放棄用武的情勢，有必要採購美國武器。每一個措施也都符合台北界定自己是個主權政府的主張。這一切都不是李登輝意圖使台灣和中國永久分裂的主要證據——除非統一的方案否定台灣對其主權的主張，而中國的提議正是如此。而李登輝的動作未必有北京歸咎於他的那麼嚴重。

有人說李登輝卸任後的行為證明了他在擔任總統時就是分裂主義者。李登輝在保守勢力施壓之下退

⑭ 華府傾向於關注李登輝談話後的緊張局勢，而不是他講話的內容。

⑮ 作者於二〇〇三年二月二十四日與林碧炤的訪談紀錄。我們不免很有興趣地猜測，所謂中國領導人要發表的聲明，是不是就是後來在二〇〇〇年二月發表的〈一個中國的原則與台灣問題〉白皮書的早先版本。

⑯ 他的其他主張包括民主化、限制和大陸的經濟互動、培養台灣認同意識、務實外交和中間偏左的政治同盟。

出國民黨後，的確轉向更激進的路線。他沈潛了一陣子，又再涉入政界。他催生台灣團結聯盟，這是最傾向台獨的政黨，也經常扮演民進黨的盟友。沒有官職羈絆後，李登輝推動的一些觀點讓北京政府更一口咬定他就是分裂主義分子。他支持國號由中華民國改為台灣，或甚至是台灣共和國。他主張因為一九九〇年代的歷次修憲，中華民國已進入第二共和。李登輝當然也比以前更強調堅強的台灣認同意識的必要性。

可是，這個比較激進的立場仍屬守勢性質，他擔心台灣太弱，需要變得更強大，才有了這樣的立場。他認為台灣人民是兩百多年「外來統治」的受害人，已經不加質問就接受了中國人的思維模式。他們過去未能掌握自己的命運；他們甚至缺少他們就是「這塊土地的主人」的意識。因此他建議教育體系要注重台灣史和全球化的趨勢；經濟必須重新調整到足可與崛起的中國競爭，同時能夠強化台灣認同意識；憲法應修訂得比現有版本更符合島內現實，因為現行憲法是一九四七年在大陸制定的，使得台灣的「政府制度被套上舊中國的思維」。簡單講，只有在台灣人民能強化本身意識的狀況下，台灣才能面對愈來愈強大的中國。

即使認定李登輝卸任後是個分裂主義分子（他的實際言論其實更幽微細膩難辨），也未必就證明他在職時是個分裂主義分子。重點是他參與中華民國決策過程、向台灣人民負責的期間，其所言所行如何。他的紀錄不能證明此一指控有理。如果他一直都是分裂主義分子——我並不認為如此——那麼他在總統任內一直都壓抑他的意圖。在他權力最大、最有機會去實現所謂的目標時，他對中國政策的內涵並沒向此一目標效勞——北京一點兒也沒回報他。

陳水扁則和李登輝大不相同。他是長期以來就嚮往台灣從中國完全分裂出來、建立台灣共和國的民進黨之領導人物。為了維繫黨內人士的忠誠，他必須向這些情感低頭——譬如，要說中國和台灣是不同的國家。他在兩岸互動交流逾十年後才當家做主，李登輝時代大陸政策的演進對他有著某種程度的局限。李登輝當然也不是面對完全空白的畫布，可以盡情揮灑，但較陳水扁不受路線框限。

可是，就某些方面來講，陳水扁的政治路線又和李登輝很像。他跟李登輝一樣，理解到政治上有使他必須放棄過去的正統的必要性。李登輝對統一的目標輕描淡寫（但不是放棄）才能在民主制度中爭取政治支持；陳水扁也了解，民進黨若要成為執政黨，則必須不再刻意強調民進黨向來對台獨的堅持。陳水扁在二〇〇〇年競選期間拚命向選民保證，絕不會採取任何基於意識型態而發、可能危害到台灣的和平與繁榮的動作。他不反對把「一中」當做議題來討論，但拒絕一下子立刻接受「一中」做為原則。李登輝在第二個任期時必須調整他的言行，接納美國的一些觀點；陳水扁也了解他必須調整其立場才能獲得美國支持。同樣的，陳水扁上台初期，民進黨內以意識型態為重的黨員限制住他，不讓他太超越民進黨的正統，以至於他在接近連任選戰前必須改變路線。為了回應黨內壓力，他採取行動強化台灣認同意識；李登輝當年基於不同理由也必須這麼做。譬如，陳水扁向民進黨基本教義派壓力讓步，在中華民國新型護照封面加上「台灣」這個字詞。（詳見本書第六章）北京認為這是「偷偷摸摸搞台獨」的動作，但它也是陳水扁在國內政治和國外現實之間很微妙的平衡動作。陳水扁也像李登輝一樣，對北京的僵硬態度愈來愈感到挫折，失去節制的意願。

陳水扁不像李登輝那樣對北京和台北的實質歧見有那麼多深入的談話；一方面是因為北京把討論框限在陳水扁是否接受一中原則，一方面是因為政治上的限制。陳水扁在競選連任時的一些作法毫無疑問惹毛了北京，讓北京益發斷定他就是分裂主義分子。可是，這個評斷和陳水扁歷次談話的主題是牴觸的，因為他的調子是某種形式的統一是有可能的，以及──和李登輝一樣──並不反對統一。他倡議統合的過程（包括政治統合）就是一個最清楚的證據，證明他儘管受到國內政治限制，其實是比北京所指控的更有開放的態度。即使連任的選戰熾烈，他在期間曾最強硬地表明中國和台灣是兩個不同的國家，即使在這種時候，他還是對某種形式的統一持開放態度。陳水扁於二〇〇三年二月中旬接受《時代週刊》（*Time*）專訪，就試圖發出訊號：某種形式的統一，仍有實現的可能。他說：

> 我的信念，我從政二十年來對兩岸關係的基本看法，一直是：從古到今，天下是合久必分、分久必合。因此，一個國家也許會分裂為好幾個國家，同時，許多國家也可能合為一個國家……目前，台海兩岸有兩個各自獨立的國家，彼此互不隸屬。但是誰曉得這兩個國家哪一天說不定就合成一國了呢？[20]

李登輝和陳水扁都不是憑空活動。他們都是回應中國的提議，可是中方提議的基本內涵在他們的總統任期內一成不變，即使在他們心目中自認已經設法展現願意考量某種形式的統一的意願，都沒得到北京善意的回應。不管是李登輝還是陳水扁當家，北京都未尋求和台北接觸的機會、聽聽台灣的觀點，並做出適度調整。當氣氛相當有益於對話時，北京選擇不去試探台灣的想法；它若這麼做，其實就有機會評估台灣真實的意向，判斷他們是否真正反對中方方案。時機不好時，它則完全切斷對話，對恢復會談提出一種政治價碼。李、陳二人對中國的頑固愈來愈有挫折感，把自己的主張變得更強硬，當然情況就更加惡化。如果中國不喜歡李登輝、陳水扁的主張，它自己並不是沒有過失。何況，李登輝、陳水扁必須在民主政治的環境中運作，其特徵就是激烈、割喉式的競爭，一種仍在演進中的環境，基本教義派緊盯著務實派領導人，其實也不是人人都曉得如何玩這場遊戲。台灣這套政治制度已經形成逾十年，北京還不了解它，也不曉得如何去影響它。

當然，我們不可能知道李登輝和陳水扁內心深處真正的願望是什麼。他們或許有可能想，風險不大的話，就選擇建立台灣共和國。我們可能從他們的言行裡找到東西證實他們果真如北京所指控，是分裂主義者，可是這些「事實」必須和指向另一個結論——他們各自的對中政策其實遠比北京所認知的來得更加複雜而有彈性——的其他證據交相比對。他們的實質方案其實在根本上並未和中國的基本目標——終止兩岸分裂現況——太相沖。可是，對李、陳二人而言，首要問題是他們所領導的政府在統一後的中國究竟居於什麼樣的法律地位。身為民主制度的領導人，李、陳若還想當領導人，就不能忽視國內的政治壓力。中國未能認真地和他們接觸，加上還有一些疏離的動作，十分深刻地影響了他們的看法。如果我們想知道為什麼台海死結綁得這麼牢，我們必須從所謂分裂主義之外去找答案。

台灣的弔詭

因此，台灣是個弔詭。經濟上和社會上，台灣被拉進中國的軌道。台灣可以藉由增強它和美國、日本、東南亞等等的生意往來以平衡大陸的磁吸力量，但這只能做到某一限度。如果台灣企業界要生存，他們沒有太多選擇，非要利用大陸給的獎勵和優惠不可。全球化導致台商——即使是高科技業——若要保持競爭力，非得把某些生產環節移到中國大陸不可。前行政院長蕭萬長說過，兩岸關係對台灣的中、長程發展至為重要。他說：「台灣不能忽略大陸廣大的市場。」從社會角度看，中國沿海都市地區對台灣某些人頗有吸引力，因為台灣已有的中產階級社會在當地也正冒出來，而且物價較低、也沒那麼亂。

並不是全部的台灣居民都受到這種經濟和社會的邏輯影響——甚至對大多數人來說都影響不大。生產設施外移確實使台灣人產生遭大陸掏空、第五縱隊、或淪為大陸經濟制裁的對象等焦慮。可是，商業的必要性已經擋不住了。

但縱使如此，經濟和社會的邏輯並未產生相對應的邏輯以支持政治修好。而且還恰恰相反，二十年來北京和台北為了在什麼樣的條件下才能修好吵成一團。中國堅持一國兩制。李登輝和陳水扁拒絕這個方案，堅持北京要平等對待其政府，承認台灣是主權實體、有權參與國際社會，還要放棄對台使用武力；這些都是北京不願意的。甚且，隨著兩岸經濟相互依存度深化，台灣的抗拒心也上升。這個矛盾要怎麼解釋？為什麼同文同種、有許多理由合作生產產品和服務的人們，碰到權力問題時卻找不到妥協、折衷的基礎，以至於甚至連軍事衝突都有可能發生？

有一個原因是，中國顯然誤解了台灣領導人的根本立場。從他們的言行，北京推論出他們的目標是把台灣從喚作「中國」的這個實體中永久分裂出去，破壞統一。如果北京一昧堅持它的條件，李、陳的言論或許可以如此解讀。可是，我們可以看到，有些理由可以駁斥這個說法。中國若是以比較不狹隘的角度來看待國家結合，就會出現大不相同的結論。若能對『台灣「如何」可能成為中國的一部分』抱持著不同的態度和作法，則關於『它「應否」成為中國的一部分』，將出現更正面的答案。北京本來有機會讓台灣人民及其領導人更受「兩岸統一」的目標吸引，但狹隘的視角使它錯失了良機。

當然，也有可能北京非常明白李、陳二人的立場，但基於和李、陳觀點內涵不相干的理由而拒絕他們的方案。或許因為一國兩制是由鄧小平拍板定案，沒人敢去碰它。或許中國害怕它若是承認台灣政府擁有主權——換句話說，主權可以分享——那香港、澳門、新疆和達賴喇嘛，甚至廣東、上海，都群起效尤，可要怎麼辦？或許它害怕李登輝的方案可能傷害到中國共產黨的正當性及其擁有獨一無二的統治主權地位之宣稱。[17]（或許把李登輝和陳水扁貼上分裂主義分子標籤是個好方法，可分散對中國所面臨的大問題之注意力。）不論它對李、陳的評斷是否出於實質上的誤解，北京把他們界定為分裂主義分子，這對認真解決台海問題製造了嚴重的障礙，它妨礙了真正理解中國和台灣分裂的原因的機會。

另一方面，台灣多數人都了解趨勢並不利於他們。中國的經濟吸引力會越來越大，使台灣企業和大陸更緊密地綁在一起。解放軍會取得更強的兵力，因而更有力量恫嚇台灣。因此，台灣必須選擇，該如何處理和中國毗鄰所構成的挑戰？它應該接納經濟邏輯、或是持續過去十年的抗拒？不理會這個令人不痛快的兩難困局，並不是辦法。迴避選擇本身就是一種選擇。

雖然認清了這個弔詭的局面，但尚不足以解釋它，尤其是為什麼政治修好會如此困難？如果僵局並不是因為台灣領導人原來就有分裂主義的計劃——如北京所指控——那麼又是什麼纏成了這個看似解不開的死結？以下兩章將探討它們。

[17] 北京對尚未統一的領土之作法，有點像它對中華人民共和國境內一些重要社會團體的作法。一國兩制方案准許自治，但保持中央政府專擁主權的地位；社會團體若服膺中國共產黨的目標，不威脅到黨的權威，也允許有若干自主權。

4 主權
The Sovereignty Issue

檢視李登輝和陳水扁對一國兩制方案的回應，透露出兩件事。一方面，他們沒有分裂主義的計劃，沒有要排除所有的統一形式。另一方面，他們反對一國兩制的概念、排斥台灣是中華人民共和國一部分的想法。他們反對的理由之核心乃是他們對台北政府法律屬性的根本觀點——它具有主權，如果要統一，必須承認其地位。台北的目標並不是如北京所構陷，說它要迴避成為中國的一部分。其實，關鍵在於台灣「如何」可能成為中國的一部分——或者說得更精準，台北的統治當局如何成為那個叫做「中國」的國家的一部分。台北政府要隸屬在北京政府之下嗎？或者它是在一個較大的結合（union）中，與北京有某種對等地位？

台北和北京之間的政治紛爭，其核心是兩個實質問題：一是主權，二是安全。主權是原則問題，非此即彼。如果兩個實體要結合，要麼中華人民共和國／大陸政府將對中華民國／台灣這一部分擁有主權，要麼就是沒有主權。若有足夠的理由，台北政府方面可能自願在談判中選擇捨棄某些主權。可是，從根本上來講，要解決雙方觀念僵持不下的局面，需要台灣放棄其政府擁有主權的主張，或是中國大幅修正其一國兩制方案。長期以來，眾人都不知道該如何解決在這個核心議題上的歧見。

我們不能排除台灣可能放棄其主張的可能性。海峽兩岸經濟和社會的互動長期以來日益成長，或許可使中國的提案更可口，尤其是如果軍事緊張程度降低的話。可是，以現在來講，這種結果顯然不可能。一國兩制概念在台灣沒有得到民眾廣大支持。立法院裡支持它的馮滬祥委員於二〇〇一年落選。何況，民進黨、國民黨、親民黨等三大政黨也全都支持某種版本的「中華民國是個主權獨立的國家」的原則。即使據說支持統一的親民黨也在二〇〇〇年八月重申此一原則，排斥台灣是中華人民共和國一部分的主張，表明它反對一國兩制方案，宣稱兩岸「在國際事務上有自己的權利和義務」。

本章仔細探討主權議題，先從主權觀念以及與國家有關的觀念是如何被解讀討論起。接下來評估中國為了保有對台灣的主權，它在香港實施一國兩制的結果。最後再評估，當中國與台灣變得愈來愈相互依賴時，主權這個概念是否已經不合時宜。

概念：主權與國家

「主權」是什麼意思？跟它相關的「國家」這個概念又是什麼意思？主權概念是因應中古時期權威界限重疊的現象而興起。它的核心概念就是領土的排他性，若干統治單位（政府）各自和它所統治的領土與人民的結合。中古時期，統治者和領土、人民的關係非常模糊。許多不同層級的權威（如封建領主、國王和神聖羅馬帝國的統治者）都可以宣稱同一塊土地、同一批人民歸其所有，有權介入他們的事務。某一個統治者頂上可能還有好幾個更高位的統治者。天主教會聲稱它對基督教國家（非關領土意義）之內的俗世政治單位之人民和生命有管轄權。任何一個政治體系中，何者為最高權威？其領土為何？統治人民為何？沒有定論。

一六四八年西發利亞條約（Treaty of Westphalia）簽訂後出現的歐洲政治秩序則是一個清晰的模式。國際體系中的主要人物是主權國家，各個主權有界定明確的領土和人民。彼此相互競爭的權力結構線（competing lines of authority）以及超國家的角色（如教會）之權利若非完全剷除，就是大為降低。針對政治體系內的政治，布丹（譯註1）和霍布斯（譯註2）等理論家想要界定權力的終極來源，反叛不是合法的行為。國家成為具有國際法人身分的主要實體，是國際體系的主要角色。西發利亞條約定下獨立及內政不受干預的規範，而國家（state）成為此一規範的受益人。新國家的成立通常必須透過既有國家的行動，或是得到它們的同意。到了二十世紀，國家創立了大多數的國際政府性組織，在許多案例中，則限制其他國家加入這些組織為會員。

從重疊到排他、從含混到清晰，此一演進花了一段非常長的時間，期間曾一度出現其他類型的組織如漢撒同盟（譯註3）來與國家競爭。但是，最後國家主權成為歐洲政治生活的組織原則——很快也成為國際通則。這個概念指的是，一方面「在某一領土上及人民之內具有高出一切其他權力的地位」，另一方面則「獨立於外來權力」、在內政事務上不受它們干預和介入。「許多作者基本上把主權等同於獨立，是一個國家最根本的權力（authority），不需屈從任何外來權力（authority）即可運作其權力（power）。」[1]

要運用主權和國家的概念需要使之能操作。就國家這個概念而言，最好的指針就是一九三三年蒙特維多公約第一條對國家所訂定的典範定義：「國家做為國際法人應具有下列條件：（一）固定的人民；（二）明訂的領土；（三）政府；（四）有能力與其他國家建立關係。」有些國際法專家主張，國家是個比主權更有用的概念，認為主權概念「是一個有點不太管用、但已被堅定確立的對國家的描述」。

史帝芬・克拉斯納（Stephen D. Krasner）（譯註4）把主權的概念區分為四大面向[2]。第一部分他稱之為內部主權（domestic Sovereignty），傳統上這是最重要的部分，也是布丹和霍布斯關注的部分。它指的是公共權力如何在國家之內組織起來，它又如何在一國境內有效地運用。內部主權的概念也經過一段長時間的演進。霍布斯提議把權力集中在單一統治者手中；洛克（Locke）和孟德斯鳩（Montesquieu）等人則主張由一些機關分享權力，更能強化權力。但是，他們探討的都是內部由誰統治的問題。

第二部分克拉斯納稱之為西發利亞主權（Westphalian sovereignty），指的是「排除外來行為者參加以特定領域內之權力結構為基礎的政治組織」。這就是主權獨立於外界當事人的意思。這裡有一個問題：是否無論某一特定領土的統治當局是如何成立的，都在其領域內擁有統治的絕對權利？（這種「絕對權利」是由其他國家均接受「不干預該領域內事務」這項規範所確立的）。這些當局可能選擇透過與

譯註1 布丹（Jean Bodin, 1530-1596），十六世紀法國法學家和政治思想家。他對主權下了一個經典的定義：「主權是歸屬於國家的絕對的、永恆的權力。」後世譽之為政治科學之父。

譯註2 霍布斯（Thomas Hobbes, 1588-1679），十七世紀英國政治思想家，撰寫的名著《利維坦》（*Leviathan*，或譯《巨靈論》）是西方世界最有影響力的政治哲學著作之一，以《舊約聖經》中的怪獸利維坦比喻強勢的國家，闡述國家學說、研究社會結構。

譯註3 漢撒同盟（Hanseatic League）是日耳曼北方城市之間在十三世紀形成的商業、政治同盟。「漢撒」（Hanse）一詞，德文意為「會館」。同盟在十四世紀最為鼎盛，加盟城市逾三百個，以呂貝克、漢堡、科隆、不萊梅等城市富商、貴族為首，壟斷波羅的海地區貿易。十五世紀轉衰，一六六九年解體。

譯註4 克拉斯納為史丹福大學國際關係系教授，二〇〇五年至〇七年借調到國務院擔任政策計劃局局長。

其他行為者簽訂條約來限制自身的權力，或是把若干權力授予國際組織；但這一切都出於他們自願。

第三部分是國際法主權（international legal sovereignty），指的是這些實體具有正式的法定獨立地位，因此具有「加入國際領域的門票」（ticket of general admission to the international arena）。這些實體依國際法被視為國家（state）（下文將進一步詳述）。他們得到其他國家承認為國家而確立其地位，並加入聯合國等依憲章規定只限國家參加的組織為成員。這裡的問題是，在其管轄領域內的政府和人民是否可加入國際體系。

第四部分是「相互依賴的主權」（interdependence sovereignty），指的是「公共當局規範穿越其國家邊境的資訊、理念、貨品、人民、污染源或資金的能力」。現在大家普遍皆知，全球化若未降低其他型態的主權的話，至少已降低了相互依賴的主權。

克拉斯納提到，這四種主權未必相互關聯。一個政府可能被承認為國家、也是聯合國會員國，可是仍受到國內反對勢力對其國內權力的挑戰；它可能控制不了其國境；它可能沒有能力抵擋外來勢力的干預。[1]下文將會討論到，台灣的國際主權很弱，但其他方面的主權卻很強。

在運用主權和國家的概念時，中國和台灣出現了相互衝突的結果。台灣的民主化也讓島內人民各持不同的觀點。

國家

從常識的角度看，台灣符合蒙特維多公約的標準——它自己也堅稱如此。它有一個具備足夠實力的政府統治著清楚界定的領土和固定的人民。它和其他國家有關係往來——如果不是外交關係，至少也是實質關係。從這個角度看，中華民國在台灣比起聯合國許多會員國更符合這些標準，可是台灣卻因中華人民共和國的壓力無法加入聯合國。依據羅伯・傑克森（Robert H. Jackson）的說法，它雖無「司法的國家地位」(judicial statehood），卻具有「經驗的國家地位」（empirical statehood）。❷台灣的確是個最重要的例子，做為政治實體，它的治理能力遠遠超過它被國際承認的地位。

台北政府長久以來用「獨立的主權國家」（independent, sovereign state）來形容自己。「獨立」這個字眼需要做些解釋。這是否意謂台灣（民進黨愛用的字眼）或中華民國（國民黨愛用的字眼）是個完全分離的國家？仔細檢視之後會發現還真是錯綜複雜。第一，這個說法並非近年才出現。蔣介石就中華民國被迫退出聯合國所發表的聲明，以及蔣經國在一九七八年十二月美國終止對台灣外交關係時的回應，都有這樣一句話：「中華民國是一個主權獨立的國家」。他們兩人可都不能被指控要搞台灣獨立吧！第二，這句話的中文版本——中華民國是一個主權獨立的國家——和台北政府的英文翻譯版本是有出入的。更精確的英文翻譯應該是：「The ROC is a state whose sovereignty is independent」，或「whose sovereignty is independently derived」。更簡潔、更精確的翻譯則是：「The ROC is a sovereign state」。第

---

❶ 這四種類型的主權和權威（authority）及控制（control）的關聯程度各不相同。內部主權和權威、控制兩者皆有關聯。相互依賴的主權則著重控制、而非權威。至於國際主權和西發利亞主權則與權威關係密切。

❷ Robert H. Jackson, *Quasi-States: Sovereignty, International Relations, and the Third World*, Cambridge University Press, 1990, p.21。傑克森指出，傳統上，只要展現出符合日後蒙特維多公約所遵奉的條件之能力，就會被承認為國家。——換句話說：「在成為法人之前，已是經驗上的事實」。（見原書第三十四頁）

三，前面已提到，國際法專家會主張獨立於任何外來當局是主權的界定性特質。[3]因此，當台北政府用「independent, sovereign state」這個提法，可以被解讀為對他們稱之為中華民國的這個統治當局的性質和地位做出聲明：它並不隸屬於中華人民共和國。

另一方面，北京則主張，在一九四九年，中華民國不再是中國這個國家的政府，已由中華人民共和國的政府取而代之。從一九四九年起，它主張它有權利在國際社會代表中國；三十年之內全世界絕大多數其他國家已同意，中華人民共和國是中國唯一的合法政府。甚且北京說，台灣這塊領土在一九四五年已正式歸還給中國這個國家。它根據三個基礎提出此一主張：一九四三年的開羅宣言，表示了同盟國把台灣歸還中國的意向；國民政府一九四五年接管台灣；自從一九四九年以來，承認中華人民共和國的絕大多數國家都正式認可台灣是中國的一部分。所剩下猶待處理的只是結束台海兩岸分裂的局面，讓政治現實符合中國依國際法的主張。依據北京的看法，台灣和中華民國都不具國際法人身分——前者是個新國家，後者是長久存在的「中國」這個國家的一個競爭的政府。因此，它們都不是國家。此外，國際上也沒有機制可以權威性地認可台北政府主張的國家地位，並駁斥中華人民共和國的反主張：台灣只是中國的隸屬單位。既無如此機制，中國的力量足以保持台灣統治能力和其法律地位之間的落差。[4]

即使人們可以接受台灣確實符合國家的功能標準的想法，還是有些不合常態的地方。第一個是，對於這個國家的起源和認同，有著相互衝突的看法。國民黨統治時期，中華民國政府堅稱它是名為「中國」這個國家的政府，自從一九一二年清朝覆亡後就存在到現在。而台灣人反對勢力內部的傳統看法就大為不同——他們認為台灣是個別的民族國家，與中國這個國家毫無關聯。他們指出，無論開羅宣言所表明的意向為何，在第二次世界大戰之後把台灣主權從日本移轉給中國一節，從來不曾執行。國民黨的統治是非法的。甚且，在民主體制下出現的全民主權（popular sovereignty）已創造出國家成立的另一個基礎。以更純粹的形式而言，這是建立台灣共和國的論證主張。

長久下來，國民黨和在野的民進黨從不同立場出發，在言辭上漸漸走向中央路線。李登輝採用「中華民國在台灣」這個詞語，更清晰地把中華民國界定於它所控制的地理範圍，他也開始強調全民主權是中華民國合法地位的根據。他主張，台灣不必宣布獨立，因為它已經獨立了。民進黨在一九九九年陳水扁準備競選總統時，採納國民黨傳統的說法，但其中出現了新奇、重大的轉折。民進黨一九九九年通過的〈台灣前途決議文〉說：「台灣是一主權獨立國家……固然依目前憲法稱為中華民國，但與中華人民共和國互不隸屬。」要注意，主權獨立的實體是台灣而不是中華民國，它只是現行憲法中規定的名稱。因此，民進黨對國家地位的主張比國民黨又更進了一步。

當然，這樣的轉折有政治因素在內。李登輝希望保持住可能由國民黨轉向民進黨的本省選民之支持。陳水扁則希望維持住民進黨的基本盤的支持，再爭取擔心他會替台灣惹禍的中間選民。他們都基於各自的政治目的操弄「中華民國」和「獨立」這兩個字詞。兩人都宣稱，中華民國或台灣已經獨立。對兩人來講，堅稱已具有獨立國家的地位，有部分原因是為了排拒附屬於中華人民共和國。這裡頭的核心議題是，這樣的說法是否關上了任何一種統一形式的大門？事實上它並沒有，因為也有由多個主權國家

---

❸ 總而言之，如果有意把形容詞「獨立」指涉「國家」，而不是「主權」，在中文裡頭意思就完全不一樣了。

❹ 雖然毛澤東和蔣介石在一九三〇年代都沒有要求交還台灣（東北則不同），他們的立場後來都變了——蔣在一九四二年變，毛在一九四三年變。

組成政治聯盟的實例。因此，這裡頭仍然保持了彈性。

第二個不合常態的地方是，中華民國政府聲稱主權所及的領土範圍。如果國家的精髓在於領土的排他性，那麼哪些領土屬於中華民國所有？台灣內部本身就有不同的意見。一九四七年的中華民國憲法沒有明白劃定領土疆域，但是中華民國政府堅稱它包括了大陸、台灣、澎湖，以及——因為種種複雜的原因——今天的蒙古共和國。❺國民黨政府一九四九年撤退到台灣之後，仍堅持其立場，宣稱它的主權涵蓋整個中國，並不承認中華人民共和國對大陸的管轄。一九九〇年代初期，李登輝政府變更此一立場，重申中華民國對整個中國具有主權，但它的管轄範圍（實際上存在政治、行政掌控的區域）只及於台灣、澎湖、金門和馬祖，並承認中華人民共和國對大陸的管轄。傳統上，民進黨也主張台灣的主權只限於台澎金馬。

這裡也一樣出現往中間靠攏的現象。誠如上一章所說，對於李登輝一九九九年七月提出特殊的國與國關係之說法，有一種解釋是，他把中華民國主權局限在只有台灣、澎湖和金馬等外島，是為了消除在領土議題上存在的含糊不清。同樣的，民進黨在它一九九九年五月的聲明中，用的是較輕的字詞「管轄權」來指這些領土，而不用「主權」來稱呼。二〇〇四年二月，陳水扁說：「至於有人問說，我國的領土是否及於外蒙古？或者中國大陸？中國大陸有中華人民共和國，外蒙古有蒙古共和國，他們都是聯合國的會員國。我們不會天真、無知地鬧國際政治笑話說，我們的領土及於蒙古共和國、及於中華人民共和國。」❻

國家認同和領土問題相互交集，產生第三個異常狀況。戴傑（Jacques deLisle）強而有力地指出，台灣政府主張的「國家」內涵是前後矛盾的。如果它視中華民國是名為「中國」這個國家的政府，它宣稱自己符合蒙特維多條約所列標準的說法就會減弱，因為它的實際領土含糊不清。（它實際包含整個中國嗎？）如果依據它對台灣及周邊島嶼的統治，主張它符合蒙特維多標準，那麼它代表的國家則是「台灣」，可是卻沒有其他國家願意承認它。因此，「台北最合於此一『主張』：（這是一個）在實體方面不是最清楚展現國家其他因素的國家（一個獨立自存的『新』台灣國）。」[3]

因此，關係到國家身分的情勢混沌不清。中華人民共和國堅持，中華民國已不存在，統一之後台灣將是從屬的地位。台灣堅稱自己具備國家身分，當然與一國兩制的模式衝突；有些說法還更進一步，但沒有一個說法排除了以某種形式統一的可能性。某些國際法學者已獲致結論，認為台灣不是一個國家。可是，台灣的案例並非無關緊要，而且台灣內部也有一種廣泛的共識，認為台北政府具有一種特性，使它的地位較為接近北京政府，而非香港特別行政區。

主權

在克拉斯納所提的主權四個面向──內部主權、相互依賴主權、西發利亞主權，以及國際主權──上面，台灣各有高低不等的分數。以內部主權而言，自從中華民國一九四九年將其首都遷往台灣以來，島上政府即團結一致、相當有效率。它經歷了從專制到民主的深刻轉型。從一九四〇年代末到一九八〇

❺ 蒙古曾經是大清帝國的一部分。一九二四年，即國民黨政府成為全中國政府之前，北洋政府接受蒙古是另一個國家。蔣介石毀棄這個承諾，毛澤東又接受了它。

❻ 見《陳總統水扁先生九十三年言論選集》（台北市：行政院新聞局，2005）。如果陳水扁用的是「管轄權」而非「領土」，這段言論就不會那麼有爭議了。

年代中，國民黨的力量穿透到所有主要的機關組織之中，台灣可說是走列寧主義路線的「黨國一體」體制。在強人領袖主宰下，它不需向人民負責，人民的要求遭到漠視，又鎮壓所有的異議人士。起先，最強大的機關組織（軍隊、情治機關和宣傳單位等）都奉有保衛國家安全的任務，而所謂國家安全全由領導人界定。長久以來，權力逐漸與技術官僚分享，而技術官僚的職責即是加速經濟成長和社會現代化。到了一九八〇年代中，蔣經國開啟逐步自由化和民主化的過程，使黨國一體轉型為開放、有競爭的政治體系——李登輝後來完成此一過程。一套具有民粹特性的代議體制超越了國家安全機關，使它們在許多方面萎縮或消失，而技術官僚也仍待確定其新角色。轉型過程的最高潮即是陳水扁在二〇〇〇年贏得總統大選，民進黨更於二〇〇一年底贏得立法院多數席次。在黨國一體體制下被視為顛覆分子的人現在成了政府的當家主事人。李登輝在他第二次就職演說中言道：「從此，統治國家的權力屬於人民全體，不是個人、不是政黨。」

同樣的，在相互依賴的主權方面，台北政府有顯著的能力得以控制其國境，如移民、海關、檢疫和資金流動等事務（台灣為海島，頗為有利）。可是，十多年來，大陸偷渡客一直是個問題。此外，兩岸商務活動在全球供應鍊上的連結也多少減損了原本存在的經濟隔離。從體制層面來講，政府要維持對其國境的控制，方法之一是與鄰國合作——譬如，與鄰國公共衛生當局合作以控制傳染病的擴散。可是，以中國和台灣來講，雙方政府之間少有互動或毫無互動。

在西發利亞主權方面，台灣政府總的來說在其管轄地區之內具有絕對權利進行統治，不受外來力量干預。不論是專制或民主，島上中央政府一直當家做主。但是，也有一些例外情形。美國在一九五〇、六〇年代可以說是利用對台灣的經濟援助來節制和重新導引蔣介石的行動方向。華府也成功地使台灣的經濟政策重心由進口替代轉向出口導向的成長。到了近年，特別是陳水扁當選以來，跡象顯示中華人民共和國試圖滲透進台灣的政治。前任美國國務院主管東亞太平洋事務助理國務卿陸士達（Stanley Roth）在二〇〇一年一月說過，北京「基本上發動了非常笨拙的統戰策略，尋求爭取反對黨人士和重要企業領袖站到大陸那一邊。」

台灣在國際主權方面最脆弱。觀念上、歷史上和政治上，統統對它不利。觀念上的障礙是，長久以來的法律傳統都認為國家是國際體系的主要行為者。世界上有個國家名為中國，它是絕大多數國際組織的會員國。中華民國於一九五〇、六〇年代堅守此一立場，其地位受到世界上多數國家的承認。經過長久鬥爭之後，北京在一九七〇年代搶到上風。現在大多數國家承認中華人民共和國是中國唯一合法政府，因此有權利在聯合國等國際組織中居於中國的席位。沒有任何一個以國家為基礎的國際組織當中，出現名為「台灣」的會員。大多數國家明白承認台灣是中國的一部分。固然也有例外，特別是美國。它只「認知中國的立場是：台灣為中國的一部分」，並沒有正式表明美國的立場。現在承認中華民國的國家不到三十個，台灣參加的國際組織只有亞太經濟合作會議（APEC）和世界貿易組織（WTO），它們的會員資格不限定為國家，美國及其他國家刻意將它們開放給經濟體和特別關稅領域，因此台灣才得以加入。

中華民國的國際主權脆弱這個事實，並不就使它完全欠缺主權，也沒有把與北京的統一限定於一定要讓台北居於從屬地位的模式。就其他面向的主權而言，台灣都擁有很完整的主權，可說是可以和其他國家組成聯邦。甚且，中華民國國際主權會減弱，只是因為北京竭盡全力要封殺它，而其他國家也順從北京所致。再者，台灣或許也有理由相信，如果它接受一國兩制模式，它的西發利亞主權可能會受到威脅。

對於台灣統治當局法理身分的意見歧異──它到底有沒有主權──浮現在北京和台北之間的許多爭端當中。譬如，陳水扁二〇〇〇年三月當選之後，中華人民共和國要求他接受一國兩制原則，才能恢復兩岸對話。陳水扁認為接受中國界定的一中原則，將等於承認他的政府不具有主權。他曉得北京界定的一中原則至少有兩個面向，而兩者對台灣都不利。就國際體系的目的而言，北京所界定的一中原則是：世界上只有一個中國，台灣是中國的一省，中華人民共和國是中國在國際社會唯一的代表。它否定台北具有國際主權的主張。就兩岸關係的目的而言，一中原則就是：世界上只有一個中國，台灣是中國的一部分（或者近年來所謂的大陸與台灣都屬於中國），中國的主權和領土完整不容分割。❼主權「不能分割」這個元素顯然否定了台北具有西發利亞主權的主張。鑒於這樣的定義，陳水扁擔心一開始接受一中原則就等於在談判還未開始前，已在根本問題上讓步。❽

轉移一下焦點，有助於說明主權的問題。前文曾討論過內部主權──內部政治力量的組織──局限在台灣政府管轄的領土之內。假如焦點轉移到「中國」內部政治力量的組織，而基於討論之需要，這個國家包含台灣和大陸的領土以及它們的政府的話，又是什麼情況呢?這個國家要用什麼方式來組成，恐怕就會有許多不同方案了。一個方案是北京的一國兩制模式，在這個模式下，唯有中華人民共和國政府構成中央、全國政府，台灣當局即使享有若干程度的自治權，仍是個附屬單元。可是，在這個中國之內也可以有其他的權力組合狀況，即允許法律地位平等的構成單元分享主權。譬如，邦聯制就是由具有主權的單元共同組成的國家聯盟（歐盟即是一個實例）。如此安排內部主權也會有其他影響。它可能接受構成單元具有國際角色，也接受成員之間邊境管制的變動。問題的核心是，台北政府如何可能成為這樣的中國之一部分。

就國家的概念而言，台灣可以堂堂正正地說它在功能上是個主權實體。可是，北京強硬固執的作法（挺諷刺的是，這個政權原先屬於想要推翻國際體系的陣營）已成為它所要追求的目標——統一——的障礙。

香港

香港提供很好的基礎，可用以評估一國兩制作法對台灣的主權（尤其是內部主權和西發利亞主權）實際上會帶來怎樣的衝擊。香港當然已是這個模式的主要測試場域。二十年來，北京盤算過，如果香港

---

❼ 有人認為「台灣和大陸都屬於中國」這個提法代表北京重大讓步，接受雙方根本上平等。可是，這是過度解讀。首先，「屬於一個中國」這個詞句所傳遞的平等意味，並沒有「都是中國的一部分」來得強。甚且，這裡提的是地理實體，不是政治實體。北京方案中的一個關鍵元素——中華民國已不存在——並沒有改變。

❽ 台灣官員很清楚對中國談判行為的分析。譬如，索樂文（Richard H. Solomon）的《中國人的談判行為》（*Chinese Negotiating Behavior: Pursuing Interests through "Old Friends"*）就是一本力作。它特別提到，北京一向設法讓談判對手一開始就先接受若干原則，由於原則要界定每件事情如何處理，這一來談判等於完成一半以上。李登輝時代任職國安會諮詢委員的張榮豐，在陳水扁接任總統後又留任了一段時間。他在二〇〇四年十一月十七日的英文報紙《台北時報》撰文，呼籲注意中國的談判戰術。（譯按：張榮豐在一九九五、九六年台海飛彈危機期間參與台灣應變計畫甚深，離開國安會後出任中華經濟研究院副院長。）

在成為中華人民共和國的一個特別行政區之後，沒有失去它的繁榮與基本的自由，則台灣領導人和人民會更有可能接受一國兩制。如果台灣判定自治完全可以保障其利益，它或許就會放棄它是主權政府的主張。

可是，仔細檢視香港特別行政區的政治制度，卻讓重視政府法律身分、有競爭的民主制度和代議體制的台灣人士不能放心。至少就目前來講，香港正規的政治程序使得反北京的政治力量實際上不可能掌握權力。因此它扭曲了民眾意志。

這不是說北京在香港不知節制。它沒有蹂躪民權自由。大眾傳媒的確會批評特區政府，確保他們在相當程度上負責任。文官依然強大、有效率。總的來說，中華人民共和國信守它在一九八四年「中英聯合聲明」的承諾，賦予特區高度自治，允許港人治港。但是要說香港或多或少已有自治，恐怕就要問：是誰在負責自治。[9]特區有個政府，大體上也有效率、能回應民意，可是它並沒有一個代議政府。當家執政的人並不用擔心會在普選中被趕下台；若是有普選制度，或許就可以刺激他們改善，對他們治理的民眾更負責任。打從一開始，北京就打算持續英國殖民統治時期行政權獨大的作法，以駕馭回歸之後的香港特區政府。

一九八四年「中英聯合聲明」對一國兩制下的香港自治提供概念的設計。中華人民共和國全國人民代表大會一九九〇年制定的「香港特區基本法」，則把自治的概念轉化為在香港玩政治遊戲的具體規則。一九八七年四月，也就是基本法還在起草的階段，鄧小平就排除英國的國會制度、美國的憲政制度，以及任何其他權力分立的制度，指出只有「政策和方向正確」時，立法機關才會有用。他也主張北京應有權力在緊急狀況下介入香港事務：「特別行政區是不是也會發生危害國家根本利益的事情呢？……能夠設想香港就沒有干擾、沒有破壞力量嗎？我看沒有這種自我安慰的根據。如果中央政府把什麼權力都放棄了，就可能會出現一些混亂，損害香港的利益。」[4]

天安門事件就是一個鮮明的例子。一九八九年春天發生在北京和其他城市的群眾示威，撼動了香港許多民眾。有些人甚至站到大陸異議人士同一邊，提供金錢、宣傳和道義支持，並協助北京當局通緝名單上的首腦分子逃亡。北京當局的鎮壓製造了激進的新氣象，成為各領域人士檢視香港新的政治制度最好的指標。

「香港特區基本法」在天安門事件的陰影下擬訂。在四面楚歌的心態下，中國領導人擔心香港會變成顛覆大陸的基地。這個前殖民地的民主派政治人物卻有不同的考量。一個不分青紅皂白屠殺數千名自己國內公民的政權，能被信賴不會干預香港事務嗎？對雙方陣營來講，「基本法」的起草就特別重要。北京已經傾向於維持行政權獨大的制度——類似掛上中國大旗的英國殖民政府——它希望這部迷你憲法可以防止他們最忌憚的政治勢力起而掌權。在這些勢力中為首者——對中國的意向表達出最強烈焦慮的人士——是「香港民主同盟」（譯註5）和「香港市民支援愛國民主運動聯合會」（譯註6）。沒錯，固然有些港人參與「基本法」的起草，但他們大多數不傾向於違逆北京的意旨。

有一個重大議題是，特區行政長官和立法會議員要如何產生？譬如，中國最不樂見的就是知名律師

---

❾ 二〇〇三至〇四年間，香港民眾反對大陸和特區政府的情緒上升時，港府對新聞自由一度加以箝制。

譯註5　簡稱港同盟，後來改組為民主黨。

譯註6　簡稱支聯會，主席司徒華，迄今每年主辦六四燭光晚會和大遊行。

兼民主黨領袖李柱銘成為特首，或他的政黨及盟友在立法會取得多數席次。

「中英聯合聲明」曾規定，特首將由選舉或協商產生。在「基本法」中，北京選擇了選舉方式，但是有權投票者卻十分有限。經由普選產生特首是「最終目標」，但是即使達成普選，什麼人能競選特首仍有可能受到限制。（從條文的文字看不出來是否真的要辦直接選舉。）反正那都是未來的事。至少在回歸之後的頭十年，特首是由一個「八百人委員會」選舉。這個選舉委員會成員分成下列四大界別，各有兩百人：一是工商、金融界；二是專業界；三是勞工、社會服務、宗教等；四是立法會議員、區域性組織代表、香港地區全國人大代表、香港地區全國政協委員的代表。選舉委員會的成員如何從這些界別中選出，以及委員會的組成方式，都由後續立法規定。但他們大多由極少數的選舉人決定——譬如，代表特定企業界別的委員由該界別公司推舉。行政長官候選人至少要得到一百名以上選舉委員的聯合提名。二〇〇七年以後各任行政長官的產生辦法如需修改——譬如，朝向普選制發展——須經立法會全體議員三分之二多數通過，行政長官同意，並提報全國人民代表大會常務委員會批准。

這種安排的結果就是選舉委員會成員偏向企業界和其他北京鍾愛的界別。一九九六年和二〇〇二年頭兩任特首的「選舉」，候選人董建華沒有面臨對手挑戰。

在這兩屆選舉中，北京為了進一步確保它的候選人會當選，事先就表態希望董建華出任特首。北京既已「欽點」董建華，其他人就很難挑戰他。譬如，二〇〇〇年九月，錢其琛副總理私底下勸特區政府政務司長陳方安生要支持董建華。由於「陳太」將是董建華競選連任的最強勁挑戰者，錢其琛的勸告可以被解讀為試圖勸她不要參選。接下來在十月間，朱鎔基總理和錢其琛都公開表態，支持董建華連任。（當香港記者問江澤民，這是否是「上諭」，他反而說記者太「單純、天真」。）十六個月之後的二〇〇二年二月，董建華呈遞提名表，在七百九十四名選舉委員當中，有超過七百人簽名聯署推薦。由於任何挑戰者至少需有一百人以上聯署支持才可參選，這一來也不用競選了。很顯然董建華及其盟友連象徵性的反對都不肯面對。

在立法會方面，中國在「中英聯合聲明」中承諾議員都將由選舉產生。但是，「基本法」把議員分為兩類——等於是十八世紀英國家族掌控選區的腐敗故事的現代版——它大大增加了某些特定業別的代表席次，連帶限制了普遍民意的影響力。立法會共有六十席議員，第一類三十席代表功能界別，從企業、金融、法律、教育等業界產生。大部分議員來自利益與中國一致的界別；律師和教師為例外。（我們必須說明，依功能界別產生議員是英國人的設計，旨在爭取香港的菁英。）以第二類議員而言，又分兩種，一九九八年第一屆立法會有十人，是由選舉特首那個同樣的、親北京的選舉委員會當中選出。這種議員席次逐屆遞減，二〇〇〇年減為六人，二〇〇四年則歸零。

第二類的第二種議員，一九九八年為二十人，二〇〇〇年為二十四人，二〇〇四年為三十人，則由地方分區直選產生。因此，區域直選產生的議員在二〇〇四年後才構成半數；其餘半數就是代表功能界別的議員。

香港回歸之後，立法會議員選舉制度的另一個特點是：以政黨提出名單、依得票比例在各區分配議席，取代每區一席、最多票數當選法；它產生降低立法會反對力量的效果。每區一席制是港英政府在回歸之前不久訂定的辦法，使得民主黨佔了優勢，在整個一九九〇年代是香港最受支持的政黨。如果民主黨候選人在選區內得到最高票，他就在立法局（譯按：港英政府時期名稱為立法局）取得一席。小黨在一區一席制之下不易脫穎而出，改成一區多席制後，依得票比例分配議席，小黨較有機會得到席次。如果這些小黨之一能得到部分選民支持（但不足半數），他們還是可以取得議席。在香港，這套制度有利於親北京的「民主建港協進聯盟」（譯註7）。因此，一九九五年（譯註8）民主黨以四二・三%選票，得到六〇%席次；但是一九九八年（譯註9）民主黨得票率四〇・二%，卻只得到四五%的議席。一九九五年，民建聯得票率一五・三%，分配到一〇%議席，一九九八年它的得票率二三・六%，卻取得二五%的議席。盧兆興（Lo Shiu-hing）認為：「最重要的是，從一九九八年立法會選舉開始採行的比例代表制，已替親中共團體鋪了路，可在立法會裡取得若干直選議席……增強了民建聯的席次比率。」5

立法會議員產生後，贏得直選的議員又面臨另一個不利。個別議員提出的法律草案不僅必須取得整個立法會的過半數支持（政府法案亦同），還必須同時取得功能組別及（二〇〇四年以前）分區直選暨選舉委員會產生的這兩組議員的過半數支持。更糟的是，個別議員還受限制，不得提出涉及公共開支或政治體制或政府運作的法律草案。凡涉及政府政策者，在提出前必須得到行政長官的書面同意。立法會不僅沒有民主體制的代表性，對行政部門的權力也很有限。盧兆興認為：「整體來講，立法會從一九九八年到二〇〇一年只具有象徵性的功能，未能實質制衡政府。」

立法會不是唯一一個代議性質受到稀釋的機關。回歸之前，香港有市政局（municipal council）和區議會（district board）的建制，皆由直接選舉產生。市政局對公共衛生、文康娛樂事務具有行政權力；區議會則就區內事務向政府提供建言。它們最重要的功能即是做為培養未來民選代表的場合，各黨透過地方選舉栽培出活躍的政治人物。可是，政府在一九九九年立法進行區域組織改革，廢除原有的市政局，增派區議會議員，把它的英文名稱改為district council——這一來摧毀了培養未來政治領導人的平台。

香港兩位知名的政治學者在二〇〇二年初下了結論，香港是「局部民主」，「在自由、自治的社會裡只有有限投票權的一種試驗」。❿台灣人民因此可能有若干理由擔心，在一國兩制下的香港式政治制度，會大大改變台灣的政治體制，因而削弱台灣政府的主權。第一，北京訂定這樣的香港制度的根本因素，亦即把民主黨及其盟友在香港掌權的或然率降到極低的地步。如果在台灣，就換作民進黨和台聯黨。由此推斷，假設北京採取相同的作法，它可能就會設法限制已有相當影響力的民進黨和台聯黨（兩者在二〇〇一年底的立法委員選舉已取得將近一半席次），來安排統一事宜。

從一九四九年到一九九〇年代初，台灣立法院的多數席次並不經由直接選舉產生。同一段時期，總統也由國民黨主宰、不需改選的國民大會間接選出。一九八六年後，反國民黨的力量（以民進黨為首）因挑戰此一不具民意基礎的結構而勢力大增，而國民黨的重大成就之一就是國會改革。任何一種想要恢復香港式經由功能團體和選舉委員會產生國會議員的作法——俾能防阻民進黨掌權——只會使台灣再次

譯註7 簡稱民建聯，Democratic Alliance for the Betterment and Progress of Hong Kong。

譯註8 港英政府時期的立法局選舉。

譯註9 回歸後第一屆立法會選舉。

❿ 見關信基和劉兆佳〈自由專制和民主之間：香港的民主正當性〉（“Between Liberal Autocracy and Democracy: Democratic Legitimacy in Hong Kong” *Democratization 9* [winter 2002]）。就連關、劉兩位所說的自由層面，於二〇〇二年、〇三年似乎也出了問題。特區政府提議依「基本法」第二十三條規定，制定國家安全法，引爆輿論質疑港府對維護公民自由、香港公民權利、以及一國兩制的承諾。港府決策作業不透明，使得民眾益發焦慮，反對勢力原本奄奄一息，因之又復活。二〇〇三年七月一日終於爆發五十萬市民走上街頭抗議的風潮。特區政府只好退讓，撤銷提案；反對勢力乘勝追擊，要求更加民主，實行全民普選。

懷疑中華人民共和國的意圖。

其次，香港經驗使人懷疑——這也還是假設——北京還會用什麼其他的方法限制它所忌憚的台灣政黨和領導人的權力？由於中國的前提是，它所謂的台獨根本牴觸它所界定的統一，它對和台獨目標有牽連的政治勢力，會加上什麼樣的限制？它會要求民進黨和台聯黨修改其黨綱中所明訂的根本目標，以吻合北京在統一之後的意向嗎？它會堅持限制成立擁護獨立的新政黨嗎？它會要求限制言論自由、出版自由，禁止公眾對這些政治不正確的目標加以討論嗎？誰來決定某些言論是否跨越紅線，及其後續的處理辦法？不論達成什麼樣的協議，它會只是台灣長期爭取民主的過程當中的一個中程階段嗎？

在這方面，台灣的情況比起香港更加複雜。在香港，沒有人對主權回歸中國發動認真的挑戰，現在更是沒有人反對了。⓫但是，台灣卻有人強烈反對統一，至少是不接受北京所訂的統一條件。北京在香港運用的政治正確論——愛國——比起向台灣號召的一中原則，更為含糊。因此，中國或許更不會容忍兩岸統一之後的台灣體制允許反對統一的勢力擁有完全的行動自由。⓬

香港的案例還帶來其他疑問。北京會覺得需要找個台灣領導人來維持及執行它對政治參與的限制嗎？如果是的話，這個人能得到台灣廣大多數民眾——尤其是最不信賴北京的人士——承認他的正當性嗎？或者台灣特別行政區的行政長官會成為島內政治界的極端化人物？我們應注意，中國副總理錢其琛在二〇〇一年七月稍微緩和了中國的立場。報導指出，他說，在一國兩制之下，台灣將「繼續保持原有政府框架；台灣政府人事自主」。[6]當然問題在於框架指的是什麼。它是體制結構，還是也包括選舉的安排和政治參與？畢竟鄧小平也曾承諾「港人治港」，可是這並未防止北京繼續製造障礙，讓某些香港人士無法掌握權力呀！

最後，關於香港在國際體系中的角色，北京所作的安排也不符合任何一個台灣人的期望，並與視中華民國為主權國家的普遍認知相牴觸。香港特區政府的代表固然可以參加涉及香港的外交談判，可是只能以「中華人民共和國政府代表團成員」的身分參加。香港代表可以出席只限國家參加、與香港有關的國際組織和會議，但一樣是以中國代表團成員的身分。換言之，香港不是一個國家。此外，在「中國香港」的名義下，它可以參加不限定需具備國家資格的國際組織，也能夠與「世界各國、各地區及有關國際組織」，在適當領域（尤其是經濟領域）保持和發展關係、簽訂及履行有關協議。中華人民共和國簽署的國際協定是否適用於香港，由北京視香港的需要及特區政府的意見來決定。

在第八章將會討論中華人民共和國對香港的其他措施，其中也涉及一國兩制的實際情形。目前我們可以知道的是，北京積極重新設計香港的政治制度，加上它對台灣「支持台獨」政治勢力的焦慮，透露出台灣若是成為中國的一個特別行政區，它會考慮重新設計台灣的制度。如果北京這麼做，它就是以很具體、很傲慢的方式否定台灣政府的主權中很重要的一部分——對於管轄地區，它具有排他的治理權利，或至少可自願決定如何縮減此一權利。為了界定什麼是政治正確，北京會限制政治意見的表達。為了限制由誰來自治，北京只會建立自治的表象。因此，就台灣而言，主權並不是純粹象徵性的議題。

⓫ 以香港來說，從來沒有軍事因素的考量。中國勢力強大，英國人從來沒準備為這個殖民地打一仗。

⓬ 中國要求香港特區政府依據「基本法」第二十三條制定國家安全法，在這方面就有關聯。這項立法的效應就是凡在特區組織主張自中國獨立的任何團體皆屬違法。

全球化時代下的主權

有些人一定會覺得，都已經什麼時代了，兩岸關係還卡在主權之爭上頭，動彈不得。他們可能認為，重要的是自治的內涵，不是固守原則。甚且，在日益全球化的時代，跨越國界的經濟、社會互動也在成長和強化，政府也基於國家利益而選擇讓渡對其領土內人民之部分統治權利。在這個過程中，傳統的主權觀念已受到修正。譬如，歐盟因為經濟逐步整合，邊境的意義愈來愈淡薄，各國政府遂把主權集中起來、委授出去，而不是緊握不放。

第三章已經提到，台灣和中國也不能自外於這個全球趨勢。過去二十年，兩岸許多不同產業的企業已日益整合。如果雙方政府沒有擱置對國家安全的顧慮和僵硬的政治正統論，就不可能出現這種整合。台灣政府的確也發現，即使花費許多力氣，也無法控制某種形式的互動。譬如說，他們注意到台灣在企業經濟上愈來愈依賴中國市場，為了降低這個危險的傾向，也為了限制中華人民共和國的政治槓桿，李登輝在一九九〇年代中期設法限制台商對大陸重要項目的投資。可是，這種努力失敗了，因為投資人透過設在英屬維京群島之類的紙上公司，迂迴「錢」進大陸。這股趨勢激發了幾個問題：台灣對主權的強調在今天是否依然合於情勢？除了保護虛名之外，還有什麼？台灣對大陸的經濟依賴難道還沒大到為了實質福祉應該放棄已是象徵的原則？

我們一開始就指出，至少在理論上，台灣人民有可能認為經濟比政治重要，而不是政治勝過經濟。作為馬克思主義信徒，中國領導人當然希望是前者。同時，經濟合作促進兩岸在和平、穩定上有著共同的利益。可是，在全球經濟趨勢之下卻不必然會出現這樣的結果。

第一，兩岸之間發生的經濟互動仍是兩個關稅領域之間的來往。西歐所出現的單一的內部市場，未必會出現在兩岸（的確也有人認為中國本身就不是個單一的內部市場）。雖然台北在控制台商前往大陸投資及防止大陸人進軍台灣兩方面力有未逮，兩岸海關當局仍繼續作業。他們所監控的邊境是一片汪洋大海，這只會增加兩岸的隔離。

第二，我們在第三章已經提到，中國和台灣之間發生的經濟互動，是更大規模的合作中的一部分。這不只是台商和大陸夥伴合作而已。台商扮演全球供應鏈的中繼連結：一方面是中國做為生產基地；另一方面是美國企業，除了帶動創新之外，它的貨品市場和服務市場是強力的磁鐵。台灣位於中間，做出的貢獻不僅是成本效益，還吻合其技術能力。譬如說，以今天的資訊科技產業而言，美國公司界定未來的產品、提供最精密的技術。台灣的企業設計和生產半導體晶片（尤其是高規格晶片），做為這些產品的核心；他們也提供更高水平的加值服務（如測試）。至於低階元件的製造和大多數的組裝則在大陸進行。這個現象本身並不構成足夠的理由，得以證明這樣的安排必然會傷害台灣政府在其領土之內的根本權力，或要求它要把主權讓渡給北京。

第三，台灣公司和中國公司的政治角色非常不對稱。要說兩岸從事經濟活動者因情勢穩定可共蒙其利，不無道理。可是，參與經濟互動的一些中國企業乃是國有企業，台商則絕大多數不是。甚且，台灣的政治制度也比大陸更加開放、更容易受到企業利益的影響。

第四，如果各國之間覺得戰爭是無法想像，又共同生活在某個潛在侵略者的威脅陰影下，有如第二次世界大戰之後的歐洲，他們就比較容易捨棄主權、追求統合。歐洲經歷數百年的戰爭，所失遠遠大於所得，而蘇聯又構成共同安全的重大挑戰。至於中國和台灣，我們在下一章將會談到，北京認為或許需要動用武力以完成其政治目標，同時雙方也都為此一可能性預做準備。此外，並沒有外來威脅把他們驅趕在一起。

三通的問題凸顯出經濟整合和防衛主權之間的互動十分複雜。中國在一九七九年首先提議直接三通。因為蔣經國政府堅持不和大陸直接接觸的政策，台灣當初出於意識型態理由而拒絕它。譬如，一九八六年之後受到許可的經濟交流必須至少在名義上維持間接關係。一九九〇年代，台灣攔住是因為它想爭取到一些回報，最明確的就是中國放棄動用武力。台北採取若干措施，放寬航空、航海業者的負擔，但是海運、空運仍需做出到第三地彎靠、中轉的動作。陳水扁上台之初贊成三通，但北京卻趦趄不前，因為它非常懷疑陳水扁對統一的承諾。它也認為可以利用台灣海空航運業者及其客戶渴望直航的心理，對陳水扁構成政治壓力。因此北京堅持若要討論三通，必須基於一中原則，透過海基會、海協會協商，或是透過民間業者的公（協）會進行。

我們前面說過，陳水扁擔心沒先討論清楚一中原則的意思就接受了它，等於是政治協商尚未開始，就在主權議題上面做出重大讓步。他認為中國方面提議透過民間公（協）會進行交涉，只是不太精細的陰謀，企圖破壞他政府的正當性。同時，接受了它也不啻是在政治談判之前就做出重大讓步。畢竟中國的「民間協會」實際上受到政府控制，而台灣的同業公會則不受政府控制，至少是沒到相同的程度。因此，陳水扁起初的要求是三通談判以政府對政府的方式進行，而北京則認為台北這麼做是想得到北京所力圖避免的（承認台灣的主權），並在過程中替陳取得政治可信度。同一時期，台灣的海空航運業者在反對黨政客支持下，繼續力促陳要讓步。後來，陳水扁政府轉而允許由民間公會正式主導，只要實質談判是在政府對政府基礎上進行即可。當時的陸委會主委蔡英文說，必須「建立有效管理監督機制，使得協商過程中，政府能實質有效地掌控進程，並防止利益衝突（尤其區隔私人利益與公共利益），以及公權力流失或被侵蝕的現象。」[7]二〇〇三年十月台灣通過立法，允許民間組織代表政府機關進行協商，但是代表團裡要有政府官員，陸委會也依然保持最後核定權，特別是對於雙方成立的任何協議。⓭（二〇〇五年初，兩岸代表團安排了大陸台商春節返台包機直飛。雙方代表團名義上由航空業公會領隊，但許多團員由相關的民航局官員掛名「顧問」，參加談判。）

其他方面也出現僵局。譬如，如果中國政府基於政治理由禁止其官署與台灣接觸，財金監理單位就不能合作以確保在兩岸有業務往來的金融機構能有妥當的行為。商標糾紛也很難調和。在交通議題上，北京曾建議由公（協）會解決此一僵局。但中國和台灣的執法機關無法合作來捉拿任何在兩岸穿梭活動的犯罪分子。民間學術或企業組織的合作也沒有效果。公共衛生當局無法合作，透過對人、動植物的檢疫來防止疾病蔓延。可是，並不是所有的僵局都對台灣不利。島內蔬果農因此一情勢反而得利。由於台灣加入世界貿易組織，承諾開放市場，他們受到來自大陸的嚴峻競爭，可是在亟需檢疫單位溝通的個案上（例如，執行植物檢疫），由於北京不願允許必要的諮商，大陸農產品就進不了台灣。

如果說中華民國政府看著它的主權因為兩岸經濟關係頻繁而小小的、無法控制地遭到侵蝕，它卻在雙邊和多邊的貿易談判中，自願做出更大的讓步。台灣至少在對外經濟政策這方面，放棄了對外來貨品和服務訂定配額、關稅和其他壁壘的權力。它這麼做，一部分是因為它相信台灣本身的經濟活力要靠它

⓭這項修法引起海基會反彈，它原本獨家獲得授權與大陸交涉，不過其實也只有中國願意跟它談時才會有兩會對話。

參與自由化的國際經濟體系，如果被排除在外，就要吃大虧。它這麼做還有另一個原因，因為世界貿易組織是一個它有很大機會以完整會員身分加入的國際組織，不像聯合國體系下的組織，台灣根本不得其門而入。甚且，如前文所述，世貿組織的會員資格允許「個別關稅領域」可以加入，因此台灣不必對中國做出政治讓步即可入會。但是根據過去在聯合國體系下組織（中華人民共和國已是會員）的經驗，台北曉得如果它要在中國「入世」之後才加入世貿組織，一定會受到排擠和羞辱。因此，為了增加在國際社會的政治地位——宣示主權——台灣願意在其經濟政策的一些重要元素上，讓出若干權力。

最後，談到主權的「集中」（pooling），歐洲經驗可能被過度解讀。沒錯，經濟整合是早期階段的焦點，以便克服一些較小經濟體在競爭愈來愈激烈的全球經濟中無力生存的困阨——因此才朝向內部市場發展。組成日後歐盟的成員經過一段時日後體會到，要成功，不僅必須放棄不符合單一內部市場的經濟政策，為了增進共同的信心，也必須建立超國家的體制，在過程中捨棄一些主權。各國的國會特別因此不再大權在握。所有的當事國以互惠方式逐漸放棄一點主權是一回事；讓台灣整個放棄主權、北京卻絲毫不用放棄，則是另一回事。

甚且，「集中」主權和另一個機制「委授」（delegation）主權，在歐盟內部都有明確的意義；它們不是一般人所認為的大概的譬喻。集中涉及決策安排，例如何謂多數決、何謂一致共識決。委授是給予超越國家層級的行為者，讓歐盟官員有權自主採取行動。對西發利亞主權自發性的限制，發生在經濟政策上面，大過於政治和外交政策，成員國的基本認同就更別提了。可是，在兩岸關係上，優先事項（起碼北京方面）卻正好是政治和認同意識。

即使在歐洲，在有些情況中主權仍然非常重要。塞浦路斯衝突使佔少數的土耳其裔（得到土耳其的支持）和佔多數的希臘裔（得到希臘的支持）相互對抗。想要設法讓在各自領域內具有主權的兩個政治平等的社群組建成立一個統一的塞浦路斯聯邦的努力，卻因土裔塞浦路斯領袖鄧克塔（Rant Denktas）堅持在談判統一之始就必須先承認「北塞浦路斯土耳其人共和國」的主權而告擱淺。希裔在國際上佔優勢，只會使鄧克塔更加堅決主張要先得到承認。透過聯合國的斡旋，雙方終於有了進展，願意建立一個架構，讓兩個組成國各自負責國內事務；外交事務、金融和司法體系則由聯邦政府負責。雖然土耳其裔人數較少，在行政和立法功能上仍具有平等地位，這符合個別主權的概念。希臘和土耳其兩國原本各自支持本身族裔的塞浦路斯人，也支持這個計劃。土耳其特別有心這麼做，因為這將加快它加入歐盟的進程。最後，雖然在二〇〇四年土裔塞浦路斯人公民投票表決通過此一計劃，佔多數的希裔塞浦路斯人卻反對它，原因很多：一是經濟理由；二是他們不信任居少數的土裔；三是他們曉得希裔塞浦路斯共和國早已得到國際承認，塞浦路斯是否統一都不會影響到它加入歐盟。⓮

打從一開始就普遍受到承認，然後放棄部分主權，如西歐的情況，是一回事。在主權還有爭議的情況下要放棄它，如北京和台北的關係，則又是另一回事。兩岸爭論的重心是在台灣的政治權力之性質——或許連中國本身政治權力的性質也有可以爭辯的地方。近年的歷史讓西歐對主權或許不再那麼重視，但並不是完全捨棄主權。在中國，基於歷史的原因，依然死抱著主權不放。戴傑指出：「以民族國家為本的主權此一強大的傳統觀念——發源自西發利亞、在十九世紀中國與西方不痛快的相逢之際達到全盛——在當今的中國特別強烈，繼續對兩岸關係的政治投下陰影。」[8]

⓮ 聯合國當然不可能介入台海局勢，因為北京一向堅持兩岸關係是國內事務、不是國際事務。

雙拼複合式洋房

主權議題牽扯到好幾個不同的元素：法律地位、領土所有權、管轄與控制、經濟和社會互動，以及國際環境等。借用雙拼複合式洋房（duplex house）做比方來看兩岸關係，或許有助於同時理解這些元素。⓯

雙拼複合式洋房在一九五〇、六〇年代的美國城郊相當常見。所謂雙拼複合式洋房就是同一個實體結構，但有兩戶個別的住家，各自有客廳、廚房、臥室等，但彼此共有一堵內牆。每個單元由不同的家庭擁有，通常他們唯一的共同點就是彼此居住空間近在咫尺。

我們想像有一棟雙拼複合式洋房叫做「中國」。中華人民共和國這一「家」住一戶，中華民國這一「家」住另一戶。兩岸關係的演進可以拿下列的比喻來敘述：一九五〇、六〇年代，兩「家」家長各自宣稱對整個實體結構具有所有權，把另一家視為非法侵佔入住。兩家人之間互不往來，各自在其大家長鐵腕統治之下過日子。他們唯一意見一致的事是：雙方都認為兩戶住家是整個結構體不可分割的一部分；他們意見歧異之處則在於誰擁有這個結構體。中華民國這一家比較成功地得到鄰居支持它的主張。絕大多數鄰居承認它是整棟房子的主人，也尊重它的要求，不和中華人民共和國這一家來往。他們接受它以此一雙拼複合式洋房的代表身分參與社區事務。鄰居當中美國這一家在政治上、實質上都保護中華民國這一家。

但是鄰居的意見在一九七〇年代變了調。社區裡新蓋了許多房子（殖民地獨立為國家），他們的領導人認同中華人民共和國這一家的觀點，接受它擁有整棟房子、應該代表它參與社區事務。他們大體上尊重中華人民共和國大家長的要求，和中華民國這一家只有低層級的接觸。因為看到和中華人民共和國這一家來往有利益，即使是美國這一家也同意採取這些作法，只是它選擇繼續負責中華民國一家的安全。

一九八〇年代發生了兩件事情。第一，兩家人發現在結構體共有的那面內牆上有一道門。他們逐漸彼此有了接觸，分享、交換彼此擁有的東西。兩家成員開始問：他們的積極互動是否可能緩和兩家家長對誰擁有結構體的爭吵？中華人民共和國的家長甚至認為此一接觸，加上鄰居意見的轉變，使他佔了上風。他向中華民國家長提議：如果中華民國家長接受中華人民共和國這一家擁有整個結構體，他可以允許中華民國這家人繼續住在他們的單元、不受打擾，並可參與一部分社區事務。當然他希望中華民國一家會盡情投入透過內牆的互動，因而拋棄掉對其單元所有權、以及其家人如何和鄰居互動的關切。

另一個發展發生在中華民國這家人之內。大家長決定允許以更開明的方法來達成家事決議。某些成員因為痛恨從前家長的專制，提出另一個更激進的方法：他們認為，家人應該停止宣稱自己擁有整個結構體，這是個荒謬的主張。家人應該承認中華人民共和國那一家擁有他們的住家，但只有那部分而已。

⓯ 巧合的是，陳水扁二〇〇一年七月接受《華盛頓郵報》（*Washington Times*）專訪時，也拿房子做比方來形容兩岸關係；不過沒有本章這麼繁複。陳水扁說明台灣為什麼反對一國兩制模式時，說到：「就好像鄰居跑到我們家來，粗暴地說：『我要你的房子。不過，你還是可以住在裡面，使用一部分家具。』可是，這棟房子很清楚不屬於鄰居所有。它是屬於我們的，是我們辛勤工作許多年、存下錢買來的。這是極不合理的要求，因為這個鄰居根本沒出分文錢買房子，也沒出分文錢買家具啊！」

中華民國一家應改名為台灣，宣示只對自己這部分住家具有所有權，這份財產和中華人民共和國那份財產毫無任何法律瓜葛。可想而知，此一新方案不能讓中華人民共和國那一家高興，就算是台灣這家人當中也還有人依然認為我們是整個結構體的所有人，他們同樣也不滿意。

一九九〇年代初，兩家大家長開始彼此講話了。他們需要解決穿過內牆的門戶來來往往所產生的一些實際問題；他們也試探是否有可能解決所有權的爭端。中華民國大家長採取重要的一步，宣布承認中華人民共和國大家長是他們那一單元的合法主人，不是非法侵佔入住。可是，他堅稱兩家家長地位平等，他不預備承認中華人民共和國家長是整個結構體唯一的所有權人。他也宣稱有權利走進街坊，不需得到中華人民共和國家長的批准即可參與社區會議和活動。

中華人民共和國的新家長不理睬他的主張，因此中華民國家長決定要走進街坊，果真就到了美國這一家拜訪。這一來，在街坊間製造了一些緊張，而中華人民共和國家長因此認定中華民國家長反對以和睦方式解決所有權爭議，真正想要的是製造兩個合法的個別住家。

台灣這一家人愈來愈堅持它是其單元的唯一合法所有權人。它長久以來就堅稱其家長的法律地位與中華人民共和國的家長相等。中華民國家人裡頭對是否及如何解決所有權爭議有互相衝突的看法。少數人依然堅持希望把兩部分的財產劃分清楚。有些人則思考是否用其他的財產聯名制方法來共同持有財產，一面承認雙方家長的平等地位，一面也結束對所有權的爭議。

主權議題是兩岸爭端的核心，除非它得到解決，爭議永遠解決不了。到目前為止，它仍是「有你無我」的議題。中國提議的統一方案是讓台灣有自治權，可是台北一再持續反對這個方案。台北堅持自己是個主權實體，北京卻把這個說法貼上分裂分子的標籤。如此根本的分歧無法取得妥協；它必須從概念和實務上去調停。本書第十章將會再詳細討論這個棘手的問題。

5 安全
The Security Issue

安全——或者缺乏安全——從一九四〇年代末就一直長期攪擾著台灣海峽關係。一九九〇年代解放軍開始認真推動現代化，兩岸軍事均勢起了重大變化，北京此後思索動用武力以制止它所認為（或是誤認為）的台灣領導人有心對統一發動分裂主義的挑戰。同時，台灣也極力設法取得軍事資產以降低北京發動恫嚇或戰爭的誘因。當然，處在兩岸安全議題中心的是美國，自從一九五〇年代起美國就對台灣防務承擔種種責任，認為中國若動用武力以決定台灣命運，將影響到美國在東亞的安全和穩定上的根本利益。兩岸的軍事化增加了衝突之虞——此一衝突，美國可能無法置身事外。它加大了雙方向對方展現適度的警告和擔保以降低危險的需要，而且日積月累下來，中國取得對台灣投射武力的能力之後，情勢會益發複雜。

安全因素不只是兩岸情勢不穩定的原因，也是尋找台海爭端解決方案時的關鍵障礙。如果只是因為對李登輝、陳水扁意圖的誤解，或是對統一之後台北政府地位如何的抽象爭辯（或者兩者兼而有之），兩岸的聰明才智之士在正確的溝通和稍具創意之下，應該可以找到方法澄清彼此的觀點並弭平歧見。但是僵局的形式不僅僅是出於缺乏外交策略，它也是因為雙方認為對方有深刻弱點而產生的結果——儘管中國在政治面的弱點遠大於軍事面。如果要達成解決，降低彼此的弱勢意識將至為必要。

本章將探討安全議題——台海爭端核心的第二個實質問題，也是死結的第二股線繩。台灣和中國深陷安全的兩難困境中。雙方都看到另一方的力量及它可能運用的方式，覺得對方這些力量很具威脅性。每一方都採取步驟防範可能的威脅，可又觸發對方採取對應的防備。令兩難局勢更加複雜的是，互不信任對方的動作反倒催生彼此採取對應動作。彼此互不信任使得解決爭端的努力變得益加複雜。每一方都怕自己若是示好，對方就會利用它，使得自己更不安全。這一來想要設計出一套政治解決方案，以全面消除安全兩難、進而消弭戰爭危險，就更加困難。甚且，更麻煩的是，這個特殊的安全兩難還有兩個特別元素：第一是中國不怕台灣的軍事力量、只怕它的領導人之政治倡議；第二是美國的角色，因為台灣的安全極為依賴美國。

如果中國和台灣不能從找出脫離兩難的方案中獲得好處，雙方都沒有理由去找方法解決它。可是，表面上看來，雙方似乎都可獲得好處，擴大目前已存在的經濟合作、降低政治和軍事化帶來的不安全感。如果台灣不覺得受到中國擴軍的威脅、如果北京不用擔心台灣會有爭取全面獨立的動作、如果雙方都對對方的善意有信心、如果台灣不是那麼極力依賴美國，或許就可能得到持久的和平。因此，兩岸要怎樣才能找到方法、走出共同脆弱的陷阱呢？

安全的兩難

傑維士（Robert Jervis）等人認為安全兩難的概念始於國際政治根本上很混亂這個概念。傑維士寫道：「在這個沒有主權的世界，每個國家只靠其本身的力量來保護。」[1]赫茲（John H. Herz）也說：「為了……迴避（外敵）攻擊得到安全，必須取得愈來愈多力量以避免他人力量的衝擊。可是這又使他人覺得不安全，迫使他們做最壞的準備。」[2]三個因素加劇此一惡性循環，誘使國家寧可選擇現在一戰，不讓未來有面臨重大危險的可能。第一是時間因素：甲國可能擔心即使今天友好的乙國，明天或許反目成仇；也可能擔心隨著時間流逝，它愈來愈沒有力量保護本身的利益。第二是許多武器系統兼有攻擊和防禦功能，因此甲國買來用做防禦目的的武器，乙國可能看做是對己不利的攻擊性武器。第三是心理因素的蒙蔽。乙國旨在自我保護的擴軍，看在甲國眼裡成了存有侵略野心，可是甲國忘了自己認為是良性的購置軍備，在乙國也可能被解讀為具有敵意。

傑維士針對攻擊和防禦地位的角色更加深入地分析，以闡釋安全的兩難。當攻方佔有地理、科技優勢時，安全兩難加劇，因為守方擔心很快被擊敗。如果守方佔有優勢，攻方的力量就相對沒有太大威脅。如上文所述，武器可用來攻和守，弱勢意識就上升。當一國的武器純為防禦性質，敵方會覺得更安全。當某些武器純為攻擊性質時，若有管制協定也會加強相互的安全。

武器不是國家用來因應安全兩難的唯一工具。爭取盟國也是方法之一。史奈德（Glenn H. Snyder）對此一動態關係頗有研究。同盟關係會有兩個危險，一是遺棄，二是牽累。前者指的是，國家擔心它的盟國不履行已講明的承諾；在需要時不伸出援手；採取中立地位；或甚至與敵對方結盟。後者指的是，國家焦慮它的盟國會因追求非共同利益，把自己牽連捲入衝突。這兩種危險呈反向關聯。同盟關係中的夥伴甲愈不擔心其他人會遺棄它，另一人反而更擔心會受牽累。對盟國強烈信守承諾反會降低本身對該盟國的影響力。同盟安全兩難的重要因素，全都會影響到遺棄或牽累的危險；這些因素包括：盟國甲對另一國之相對依賴；保衛另一國時自己的戰略利益；同盟協定規定的明確程度；過去的行為；以及比較強的盟國如何與敵國打交道。如果它十分堅定，較弱的盟國可放心，可是易傾向牽連它。如果比較強的盟國要和敵國修好，較弱的盟國就深怕被遺棄。

最後，一個國家未必瞭然自己面對敵國時的弱點何在，或是同盟關係會帶來什麼樣的兩難。因此，它可能誇大敵國構成的危險或盟國的承諾，而據以行動。（本書第七章將更詳細探討這個主題。）

台灣海峽的不安全

自從中華民國政府一九四九年播遷台灣，安全兩難就成為兩岸關係的重大問題。中華人民共和國和中華民國都對對方的建軍整備不敢掉以輕心地做最壞的解讀，也都試探對方的實力和決心。當然台灣依賴它和美國的同盟關係，而台美同盟本身也有問題：蔣介石擔心美國會遺棄它，而華府則焦慮會被牽扯進一場它不想打的戰爭。

一九七〇年代，美國覺得與中國修好可以得到反蘇的戰略價值，但是北京躊躇，直到華府預備和台灣切斷安全關係。中方開出來的先決條件是：美國終止它和台灣的共同防禦條約；撤離尚餘的軍事人員、關閉在台軍事設施。卡特政府接受這些條件。在台北眼裡，華府遺棄台灣、反過頭來與其敵人結盟。可是，美國並未完全終止對台灣安全的支持。為了彌補廢約，美國國會通過《台灣關係法》設法恢復至少是溫和的防禦承諾（雖非有拘束力）。卡特政府宣布它有意繼續對台灣提供若干軍售。

北京既已減弱台灣的對美同盟關係，盼望台灣會承認自己的衰弱而投降，它又以一國兩制方案發動政治攻勢，追求兩岸統一。它也試圖從軍事上進一步讓台灣落居下風。美國對台軍售問題在中美談判關係正常化時沒有解決，一九八一年鄧小平重啟議題，要求停止軍售。他的邏輯展現出對台灣安全問題的強硬態度。他在公布正常化之前告訴伍考克（譯註1）：如果台北繼續從美國得到武器，就不會有心和中國談判。換句話說，鄧小平希望讓蔣經國盡可能覺得不安全。他也設法說服美國接受，若是終止對台軍售才是美國安全利益的上策。如果美國果真心口如一，希望台灣問題不要動武就得以解決，它就應該不讓台北有自衛的方法；屆時台灣別無選擇，只有設法與北京取得協議。鄧小平提出警告，如果台北因繼續取得美國武器而拒絕談判，北京必須動用武力。在鄧小平心目中，美國武器究竟是攻擊性、防衛性，無關宏旨，只要對台軍售就是問題。

鄧小平的邏輯毫無疑問是以中國傳統的政略和中共在國共內戰中的經驗為根據。譬如，一九四九年初解放軍包圍北平，兵力佔了絕對優勢，傅作義率領的守軍已失去一切希望，終於不戰而降；共軍根本不需要動用武力。透過恫嚇威懾取得勝利，被認為是「和平的結果」。這個看法當然忽略了一種可能性：台灣可能只有在具有某種安全感下才會談判。

北京和華府在一九八二年八月發表公報，就軍售問題達成某種協議。根據中國發表的政策聲明，保證「致力和平統一」，雷根政府同意限制它售予台灣武器的性質，並逐步降低數量。台灣方面又萌生遭到遺棄的感覺，華府透過政治擔保設法緩解，又以新的途徑協助台灣維持其武器系統性質的優勢。雷根政府鼓勵台北自己研發製造先進武器，如戰鬥機。美國不賣成品給台灣，改為提供必要技術，台灣可自己製造武器和設備。與此同時，蔣經國一度在安全方面另做打算。他批准恢復一九六〇年代開始、一九七七年經美方施壓而停止的核武器研發計劃。華府後來發現台灣此一動作，一九八八年又逼它關掉。

一九九〇年代又有其他的趨勢影響到安全兩難。針對台灣如何回應中國統一的政策，島內的政治衝突上升。本書第三章已經提到，李登輝對於一國兩制方案的設限及北京拒絕調整作法的態度，愈來愈有挫折感。他認為他已經盡量迎合中方的關切，中國卻仍不肯在主權問題和台灣的國際角色方面讓步。他心裡頭認為中國在利用他的善意。因此他變得更積極試圖擴大中華民國的國際空間。中國方面則反過來認為李登輝要讓台灣重新加入國際體系的作法是嚴重的威脅，也是失信的行為。中國接下來想解決政治問題的作法，只會增強彼此的互不信任。此後，雙方更加小心翼翼。

一九九〇年代初期的中國和台灣都設法利用因蘇聯崩潰而出現的先進武器系統的買方市場之機會。北京和台北幾近在搞軍火競賽，都努力添購新系統以反制對方的採購。中國向俄羅斯購買先進的蘇愷二八型戰鬥機，台灣也努力向美國爭取F—十六、向法國採購幻象兩千戰鬥機。同一段時期，中國向俄羅斯買進基洛級潛水艇，台灣也向美國請購柴油動力潛水艇。中國在本土大量生產短程及中程彈道飛彈，台灣向美方爭取飛彈防禦能力（最後得到愛國者飛彈）。此外，台灣也設法改善它和美國的安全關係，俾便制衡中國蒸蒸日上的軍事力量。

在台灣想要制衡中國擴充軍力的過程中，台灣面臨了一些不利之處。美國是台灣唯一的主要武器來源，它只肯販售防禦性武器給台灣，深怕中華民國武裝部隊有能力進攻大陸目標會造成台海局勢動盪。

譯註1　伍考克（Leonard Woodcock）原本是美國聯合汽車工人工會主席，一九七七年七月被卡特總統派為駐北京聯絡辦事處主任（當時他的副手是丁大衛〔David Dean〕），積極推動美中關係正常化；一九七九年一月雙方正式建交後，伍考克順理成章成為第一任大使。雷根總統於一九八一年一月就職後，次月伍考克即卸職退休。

因此，有些人或許會認為北京可以覺得比較安全，因為它可以買到攻擊性武器，台灣只買得到防禦性武器。換言之，安全兩難的一造有攻擊優勢，會強化另一造的弱勢意識。

但是武器取得的此一不對稱現象，並沒讓北京覺得更安全。兩岸的安全兩難不是國際關係教科書上所講的典型的兩難。雖然台海兩岸都從事某種的武器競賽，使北京覺得更危疑的，不是台北近年的軍購。中國擔心害怕的是台灣有任何的政治倡議使它和中國永久分離，或者用中國的說法，以不能兌現的空話承諾、而非武力，搶走中國的領土。台灣的軍事實力和它與美國的同盟之所以有關係，不是因為它們隱含威脅，而是因為它們可能被用來防衛那樣的政治倡議。在兩岸的案例上，防衛能力增加了安全兩難。至少是為了遏阻台灣採取獨立措施並反制它的防禦性建軍，使得解放軍要取得更強大的兵力。也可能是為了緩解害怕台獨成真的情緒，北京要求台北重申確認一中原則。政治層面在這個安全兩難中居於中心地位，使它具備不對稱的性質，或許其中也有獨特性。柯慶生（Thomas J. Christensen）曾經說：

> 安全兩難的理論家假設國際關係政治只涉及保衛主權國家不被侵略和被外國取得。但是，在相當大程度上，台灣問題是關乎其政治身分的問題，大過於中國領土擴張的問題。中國的危險是台灣可能從實質獨立走上法理獨立，因而牴觸中國的民族主義，危及北京政權的穩定。[1]

除了北京認為台灣對其安全構成的挑戰之外，此一獨特的安全兩難還有其他重要的政治特徵。首先，一九八〇年代和一九九〇年代，雙方都設法爭取武器（或阻撓另一方取得武器），目的不在交戰，而是政治象徵，希望能減弱另一方的決心。這不是武器競賽，而是「威懾競賽」。因此，北京設法終結美國對台灣軍售，要使台灣覺得弱勢、受遺棄，使台灣別無合理的選擇，只好依北京條件談判。台北希望和美國維持防務合作，傳遞給北京「我還有強大靠山、沒理由投降」的訊號。雙方在一九九〇年代初期買到的先進武器系統，政治獎盃的意義不遜於作戰武器。不論哪一方在這場競賽中佔了優勢而震懾住另一方，都會增加另一方的不安全感。

第二個特徵是美國對台灣的支持具有關鍵的重要性，以及它對北京和台北間政治力均衡的衝擊（這個主題在第九章會有更詳盡的探討）。中國前任國務院副總理錢其琛在二〇〇一年一月曾說：「如果外國的勢力（指的就是美國）干涉台灣事務，當地的台獨勢力依照這種外來干涉搞分裂，使台灣問題無限期持續下去，那也不行，國家統一的問題總是要解決的。……美國如果是採取和平統一的立場，那就起了很重要的作用。」[3]

產生一九九五年和一九九六年危機的就是這些政治因素，其核心就是中國對李登輝的政治倡議以及美方的支持，做出恫嚇的反應。李登輝的目標是強化台灣的國際能見度（中國過去幾十年都拚命阻撓），以及展現他有能力取得美方同意他史無前例的往訪。中國領導人認為李登輝的動作反映他意圖搞「台獨」。有一個說法是，別人明火執杖搞台獨，李登輝則悄悄搞台獨。李登輝悄悄搞台獨更值得關心，因為其目的在於降低中國採取軍事行動的風險。

---

❶ Thomas J. Christensen, "The Comtemporary Security Dilemma: Deterring a Taiwan Conflict", *Washington Quarterly* 25（Autumn 2002）: 12-13. 柯慶生是研究安全兩難的學者，把這個概念運用到東亞局勢，並探討它對台灣的影響。（譯按：柯慶生二〇〇六年至〇八年出任美國國務院主管東亞事務副助理國務卿。）

北京斷定華府和李登輝串謀要打破它設法加在台灣身上的政治羈束。中國領導人認為，若無美國等國家幫助，李登輝不可能有那些舉動。中國有些人認為華府還有更大的計謀，即利用台灣來圍堵中國——阻止中國在經濟、政治和軍事上崛起為大國。

北京把李登輝的行動和美國的串謀視為對中國重大利益的威脅。中國的全民任務，依照共產黨領導人的界定及向人民的宣傳，乃是完成（包括台灣在內的）全國統一。中國領導人最愛說的一句話——通常是私底下向美國官員和學者講——如果永久「失去」台灣，他們就無法繼續當家執政。如果台灣積極尋求美國幫助它永久與中國分裂，北京必須有所行動予以制止。按照陸伯彬（Robert S. Ross）的說法，這是「戰爭與和平的問題」。因此，中國領導人祭出恫嚇外交的手法，展現中國認真的決心，希望能迫使台灣和美國改變路線，並遏阻其他國家效法美國。

從美國的角度看，一九九五至九六年這段插曲喚醒了它深怕被台灣捲進戰爭的舊日憂懼。李登輝利用他的政府和美國政治體系的關係，尤其是國會部門，對柯林頓政府製造壓力，逼它發給他簽證。他的訪美之行使得美、中關係急轉直下，而柯林頓政府上台之初與北京的關係並不順遂，現正在力圖修好，不料卻又旁生枝節。接下來，中國在一九九六年三月台灣舉行總統直選前不久又發動更具侵略性的軍事演習，使得柯林頓政府不能不有所行動，派出兩支航空母艦戰鬥群前往台灣地區，防止因意外或誤判爆發戰爭，但它也設法節制台灣未來不要再惹是生非。

此處的關鍵在於台灣給北京製造的不安全是在政治方面，而非軍事方面。中國害怕台灣「悄悄台獨」及華府似乎願意促成好事，逼得它採取有限度的軍事行動。北京誤解李登輝的動機（如前面各章所述），並沒降低它認為李登輝的行動所代表的威脅之巨大程度。北京的策略的確充滿恫嚇性質，而它的目標也是政治意味十足。它希望降低李登輝在總統大選及國民黨在立法委員選舉的得票率；破壞台灣的經濟；在人民心中製造心理壓力。北京希望在台灣人民心理上撒下某種驚慌的種子，可使李登輝明瞭茲事體大、不宜造次。中國也希望提醒華府，它對李登輝的容忍有限度，美國有責任尊重北京的想法。

雖然李登輝一九九六年五月就任後緊張情勢下降，台海的安全兩難仍然繼續存在。中國加快它的軍事現代化腳步，以便嚇阻未來的分裂活動，但是它的擴軍只會加劇台灣的焦慮；在此同時，中國又對美國始自柯林頓政府增強台灣軍事力量的作為相當煩惱。台灣嶄新的政治發展也使中國愈來愈焦慮。李登輝一九九九年七月「特殊的國與國關係」之發言後，中國在台海上空的巡邏愈發有侵略性；陳水扁頗有可能贏得二〇〇〇年三月總統大選，這刺激北京發出警告：台獨即是戰爭。陳水扁五二〇就職當天兩岸互有聲明，即具體呈現出安全兩難的局面。本書第三章敘述過，陳水扁保證不做出北京所擔心的若干動作，但是他的保證有個前提條件：「中共無意對台動武」；這表示他擔心中國的確有動武的意向。陳水扁發表就職演說後不到幾小時，北京國台辦也發表聲明，要求陳水扁接受一中原則、不再從事台獨活動，才能緩解中國對其意圖的關切。北京警告說，如果陳水扁政府堅持台灣是個「主權獨立的國家」，「在兩岸同胞之間及台灣同胞內部挑起衝突，將危及台灣海峽及亞太地區的和平。」

台北的政治立場使北京覺得威脅到中國的國家安全，因此不願與陳水扁來往。同時，雙方都不肯做任何重大讓步，擔心善意會被對方利用。由於中國認為它已找到方法從政治上圍堵陳水扁——而不是因為雙方找到方法降低相互的不安全感——陳水扁當選所製造出來的緊張會暫時降低。但是到了二〇〇三年底、二〇〇四年初，陳水扁競選連任時所提的政見又使中國憂心，緊張便又上升。

私底下，中國官員對台海問題的軍事層面講話就坦率得多。副總理錢其琛在陳水扁就職的同一個月對國際關係學院的演講中提醒聽眾，「鄧小平同志過去說過，解決台灣問題要用『兩隻手』，兩種方式都不能排除：力爭用右手爭取和平解決，因為右手力量大一點兒。但實在不行只好用左手，即軍事力量。」[4] 陳水扁這邊則認為北京在利用他的善意。他被導引相信若在就職演說中有某些聲明，可被認為是以一種含蓄但充分的方式對一中議題有所交代，因此兩岸可以恢復對話。不料，他講了「四不一沒有」，對岸卻毫無動靜。於是，他變得愈發謹言慎行。

一九九五至九六年的危機、李登輝一九九九年的外交新路線，以及陳水扁當選，不僅升高緊張情勢、深化互不信任，也深刻改變了中國領導階層（尤其是解放軍）對軍力能在處理台灣問題上起什麼作用的看法。他們開始覺得中國不能再只用軍事優勢來嚇阻台灣做出政治挑釁，因為不論怎麼展現強大兵力似乎都不管用。北京終於認為或許得發動戰爭以保護其台灣資產。自一九八九年以來，解放軍的官方預算年增率在一五％左右，只有在一九九三至九七年間因為通貨膨脹才抵銷軍費上升率。甚且，中國實際的國防預算至少是官方公布的數字之兩倍。雖然略嫌粗糙，量度中國購置先進投射兵力系統的一個指標是它花在購買外國軍事器材設施的走勢。斯德哥爾摩國際和平研究中心（Stockholm International Peace Research Institute）估計，外國交貨給中國的主要傳統武器，從一九九二至九五年總額為二十五億八千萬美元，從一九九五至九九年為三十五億九千萬美元，從二〇〇〇至〇三年為一百零二億六千萬美元。

中國的軍力狀況

今天，中國的安全政策中有三個元素使得台灣不安全、華府也擔憂。第一是解放軍的現代化，使它具備更有效的兵力投射系統，而有能力傷害台灣本島及其人民、部隊和商務。第二是中國動武意向的演變。第三是證據顯示中國軍力提升之後加速其戰略改變，從嚇阻走向恫嚇，並防堵美國介入。美國和台灣國內都因此出現辯論，究竟要如何因應？還有要如何管理同盟關係？

以下的討論取材自兩份報告，一是美國國防部有關中國軍事力量的年度報告（國防部如果研判為有需要，將負責協防台灣）；一是外交關係協會（Council on Foreign Relations）召集學者和前任官員組成小組所提出的報告。

中國的軍事力量

中國一九九〇年代試圖對付台灣對其國家安全所構成的政治挑戰時，它發現其中既有機會、也有麻煩。機會就是後冷戰時期，國際軍火市場出現買家市場。麻煩就是軍事事務革命（revolution in military affairs, RMA）——美軍配備高科技武器和器材設備，在波斯灣戰爭中摧枯拉朽擊敗和解放軍結構十分相似的伊拉克部隊。美軍後來在科索沃、阿富汗和伊拉克參與作戰時，這股優勢就益發明顯。

因此，從一九九〇年代初期開始，中國就推動軍事現代化，而美國分析人員評價它「很有雄心、謹慎和專注」。其目標是取得在國境之外投射軍事力量的能力，打期限短、密度高的戰爭。大體而言，中國此一計劃涉及到從純粹大陸導向轉為納入海戰焦點的策略；從縱深防衛和長久消耗戰略轉為「積極周邊防衛」、攻勢作戰和速戰速決的戰略；從依賴地面部隊轉為發展空軍、海軍和二砲（飛彈）部隊。中國逐漸出現了一個特殊焦點：準備為台灣開戰，而這可能是一場會使解放軍和美國對幹的戰爭。

中國的軍事預算在一九九〇年代幾乎年年以兩位數比例成長，現在已高達四百四十億美元至七百億美元之間（依官方、公告預算之外數值的估算不同而異），解放軍已逐漸取得下列先進武器：

——大約五百枚短程彈道飛彈，其精確度和殺傷力愈來愈強。

——逾一百架第四代俄羅斯戰鬥機（蘇愷二七和蘇愷三十），還訂購更多架將陸續交貨。

——兩艘俄羅斯現代級（Sovremenny-class）導向飛彈驅逐艦，還訂購另兩艘。

——四艘基洛級（Kilo-class）俄羅斯潛水艇，還訂購另八艘。

——改善防空設施，以擴張其戰鬥機群的有效範圍。

——改善指管通電情系統。

——改善電子和資訊作戰能力。

解放軍亦努力開發巡弋飛彈及更先進的軍火。

解放軍採取協同一致的作法以改善其人員素質和訓練。目標是打造常備與非常備軍官團，具備專業與技術資格從事現代戰爭。訓練變得切合實際，並且更重視聯合作戰。最近的演習已專注在小規模的特種作戰，尤重解放軍預期會發生的高密度衝突（如針對技術佔優勢的敵人之防衛作戰）。海軍已進行更長程的海上巡邏和演習，準備空降補給作業、反艦艇飛彈攻擊、以及大洋作戰。它經常進行兩棲登陸作戰演習。所有這一切似乎都以預備對台灣發動戰爭做為擬想。

解放軍仍有若干弱點。空軍進行地面及海上支援作戰、空對空攔截和地面攻擊的能力仍然有限。飛行員訓練、艦上起降、長程轟炸、空中加油、指管系統和聯合作戰等方面，都需要大幅改進。海軍的各元素仍未整合，面對各種敵軍攻擊時十分脆弱。現代化的兩棲作戰工具付諸闕如。

因此中國今天所能做的仍有局限。外交關係協會委託的一個專家小組提出的報告說：「解放軍目前有能力對台灣進行密集、短期間的空軍、飛彈及海軍攻擊，以及更持久的海、空軍攻擊。」如果美軍介入馳防台灣，它也愈來愈有能力讓援軍付出代價。海、空戰的結果要看美、日的行動，以及台灣的政治、軍事反應而定。美國國防部評估中國發動攻擊的各種劇本，於二〇〇四年的報告指出，中國（以飛機及飛彈）進行空中攻擊、海上封鎖和資訊作戰的能力已有改進。但五角大廈和外交關係協會的報告都判斷，解放軍若企圖佔領台灣將會遇上重大困難。❷

因此，中國目前的能力所能達成的是下列若干相互聯動的因素之函數關係：中國的目標、台灣的弱點、達成勝利需時多久（它會影響到美軍若決定馳援時的能力），以及所涉及的風險。如果中國的目標是摧毀中華民國的作戰力量、甚至透過消耗戰策略佔領本島，台灣可能有足夠的防禦層堅守到美軍趕到。歐漢龍（Michael O'Hanlon）指出，兩棲攻擊若要成功，進攻者要做到三件事：達成空中優勢；用誘敵（maneuver）、奇兵（surprise）和實力（strength）把部隊登陸在守軍兵力單薄的地方；比守軍能得到後援的速度更快地加強自己的初期登陸部隊。中國若是符合不了這些條件（很可能確實如此），它失敗的代價，單以中國的國際地位和共產黨執政的正當性而言，就會很大。

恫嚇策略和統制（domination）策略相反，它有著不一樣的計算。目標已不是台灣的領土或作戰能力，而是人民抵抗的意志、軍方指管設施等因素。這個策略比較符合中國目前的能力，如它愈來愈精準

---

❷ 沈大偉（David Shambaugh）認為，即使美軍沒有介入，解放軍也不具備透過入侵或封鎖來打垮台北的能力。見他所著 *Modernizing China's Military: Progress, Problems and Prospects*（University of California, 2003）,pp. 307-27.。

的彈道飛彈和資訊戰的資產。如此的閃電戰突襲策略可能在美軍能介入之前，就快速奏效（不像統制策略的持久消耗戰）。快速得勝的獎酬會很高，但是失敗的風險也極嚴重。

解放軍知道自己的缺點，也可從全世界最強大的軍力之成功經驗中學習，而且它很可能就是中國在台海戰爭中會遇上的對手。它很認真努力地要匡正缺失，中國政府也展現出意願，要投入大量資源從事武裝部隊現代化和體制改革。中國的軍事力量只會一路往上升。史文（Michael Swaine）估計，中國在二〇〇七至一〇年這段期間就會取得與台海劇本相關的三大武力投射能力。它可以：

——有高達一千枚的彈道飛彈和數百架中程轟炸機，攜帶傳統炸彈和巡弋飛彈，攻擊東亞廣大地區的民間及軍事目標。

——藉由海、空運輸，運送一至兩個師的兵力到達台灣。

——在從中國大陸海岸線外推四百公里的範圍內，從事有限度的海、空圍堵作業（意即不讓美軍抵達台灣）。

中國的意圖

過去數十年，中國領導人定出種種會逼它對台灣動武的狀況。一成不變的是，台灣宣布獨立；經常提到的是，台灣取得核子武器。台北是否符合這些狀況乃是一清二楚，毫無模糊空間。

二〇〇〇年二月，也就是陳水扁當選台灣總統的前一個月，中國對於是否對台灣動武出現新說法。中國在名稱為〈一個中國的原則與台灣問題〉的對台政策白皮書中宣稱：「但是，如果出現台灣被以任何名義從中國分割出去的重大事變，如果出現外國侵佔台灣，如果台灣當局無限期地拒絕通過談判和平解決兩岸統一問題，中國政府只能被迫採取一切可能的斷然措施、包括使用武力，來維護中國的主權和領土完整，完成中國的統一大業。」

這個宣布很有意思，有幾個原因。首先，條件很具體，而且北京可能覺得都適用在今天的狀況。第一個條件不只限於台灣宣布獨立，還包括導致「台灣被以任何名義從中國分割出去」。這麼說，以「中華民國」的名義獨立也不可以。第二個條件乍看不可能，但是讀者若記得韓戰剛爆發時，美國介入台灣海峽，中國用「侵佔」這個字詞來形容美國和中華民國的安全關係，就會恍然大悟其中玄妙之所在。從推論來看，目前美、台軍對軍的關係在某個時點會吻合這個敘述，且在北京眼裡變成等同於防禦條約。第三個條件是台北無限期地拒絕與北京通過談判以解決爭端。顯然，北京排除了台北具備客觀正當理由而不接受北京的條件的可能性。

第二個有趣的地方是，台北有哪些動作可能會觸動中國動武，並不很清楚。不管怎麼說，是否符合動武的條件，全由北京說了算。第三，至少第三個條件不是台北是否採取觸怒北京的行動（如宣布獨立），而是若不採取行動（解決爭端）也吻合它要動武的條件。

在陳水扁任期內，中國不太重複這些條件。二〇〇三年底、〇四年初，中國對陳水扁預備搞制憲相當關切，視之為等同宣布台灣獨立。北京擔心島內反對力量和美國都無意願或能力阻擋陳水扁。國台辦副主任王在希於二〇〇四年一月在紐約市向華美聽眾演講時，重申了此一「三個如果」說法。

此後，北京增加動力要針對中國對台意向有更權威的表述，以彰顯它的認真和決心。因此，全國人大二〇〇五年三月開會通過「反分裂國家法」，它的第八條條文為：「台獨分裂勢力以任何名義、任何方式造成台灣從中國分裂出去的事實，或者發生將會導致台灣從中國分裂出去的重大事變，或者和平統一的可能性完全喪失，國家得採取非和平方式及其他必要措施，捍衛國家主權和領土完整。」和二〇〇〇年二月的「三個如果」一樣，中國動用武力的條件並不是十分清晰；它們全由北京主觀解讀。以第二個條件（「重大事變」）而言，毫無疑問地，北京不希望把它反對的事項講得太明確，以免台灣領導人拿它沒提的東西做挑釁。可是，這下子台北也失去指針，不曉得在哪裡應該節制。把這些立場訂為法律，是否就實際會改變中國的行為，那又是另一個問題。

軍事策略

專家們對北京的對台策略計算的看法卻有相當程度的出入。譬如，外交關係協會專家小組的結論是：「解放軍取得軍事能力，旨在捍衛中國主權和領土的完整，特別是針對台灣構成有可信度的威脅，以便影響台灣對其政治前途的抉擇，或起碼阻止台灣獲得政治上的獨立。這些能力也預備用在遏阻、遲滯或牽制美國為台灣出頭干預。」明白地說，北京或許試圖逼迫台灣依中國的條件恢復對話，或者在危機爆發時，透過某種封鎖破壞台灣的經濟。美國國防部基本上認同這個評估，它說：「解放軍專注於發展各種有可信度的軍事備案，以遏阻台灣走向永久分裂的動作……而第二套目標並不是較不重要，它包括（建置）能力以遏阻、遲滯或擾亂第三者在兩岸軍事危機中介入。」[5]

但是五角大廈的報告有更深入的分析。以中國軍事現代化的特徵為基礎，它得出以下結論：實際上北京已不再是只求遏阻台灣從事中國力求避免的明目張膽活動，還要「如有必要，不惜動武逼迫台灣納入大陸治下……解放軍堅持準備在台海一戰，對北京公布的『和平統一』政策投下陰影。」中國的策略「根本上就是恫嚇」。中國發展武力最可能的目標是，「宣示台北若是不從就要以快速且有效的報復來迫使台北在不情願之下接受談判解決。」[6] 既要粉碎台灣的作戰意志，也要阻止美國干預。中國持續推動軍事現代化，它恐嚇台灣的力量將會增加。我們可以預想到它會有下列一系列行動：突然猛烈進攻，包括剷除台灣的高階文、武領導人（軍事術語即「斬首」）；逐步提升軍事壓力；資訊戰；發動飛彈及空中作戰；海上封鎖等等。❸（要注意策略轉變對安全兩難的影響。如果台灣決定它需要有飛彈防禦和反潛作戰資產才能對付中國的恫嚇，中國會認為台北實際上準備實現中國力圖防阻的政治倡議。）

台灣的回應

雖然很難預測台灣人民對中國的恫嚇策略會如何反應，中國的擴軍及其軍備愈來愈可能不只是象徵用途，此一趨勢已在台灣引起若干焦慮，且就這個議題出現許多研究會議和論文。台灣的國防部在二〇〇二年七月發表白皮書，提出詳盡的官方評估。它觸及五角大廈報告中的許多相同重點（設備採購、快速求勝及阻止美軍馳援等等）。它也列舉中國對台灣日益構成軍事危險，不過又強調威脅可以從政治、經濟和心理方面下手。它的結論是：

由於中共對解決「台灣問題」的迫切性，其作戰方向已將東南沿海列為首要優先，對我國人民

❸ 柯慶生提出警告，雖然至少直到二〇〇〇至一〇年這十年的中期之前，中國缺乏能力進行恫嚇作戰，雖然它可能了解動用武力對付來自台北的政治倡議挑釁之風險，它或許會認為時間不站在它那邊，因此必須以不對稱戰略與恫嚇雙管齊下。

> 造成莫大的心理威脅，嚴重影響我心防建設……對我國家安全威脅，亦將日益嚴重……故現階段台海兩岸仍具軍事衝突的潛在危機。

執政的民進黨二〇〇三年底總統選戰方殷之際發表一份報告，向民眾提出警告說，北京正在集結兵力預備向台灣發動突襲，以癱瘓指管作業及搶奪制空權，俾能搶灘進攻台灣——全要搶在美國能有機會干預之前就完成。❹

台灣民間的政策專家也關切中國的威脅。二〇〇四年夏天，中華歐亞基金會（Foundation on International and Cross-Strait Studies）發表《四年期程國家安全情勢評估報告》，反映出知名學者對台灣國防及外交政策議題的共識。報告認定中國進行「令人目瞪口呆的」軍事現代化計劃，旨在向西太平洋投射武力，限制美國在台海爆發衝突時進入台灣地區。解放軍不僅增進其傳統能力（台灣有些能力可以對抗它），也增強所謂的「不對稱」能力（台灣對它就沒有太多能力或根本不能對付）。後者的例子即電子資訊戰，以及台灣最關心的、中國部署大量飛彈瞄準台灣。這些「已使得台灣無法建立有效防禦……甚至到了毫無希望對付的地步」。這份報告估計中國最遲在二〇二九年將成為「世界級」軍事大國，「屆時它將可利用飛彈威脅強迫台灣坐上談判桌，並設法阻擋美國或日本可能的干預。」「斬首策略」的可能性不能排除（中國可藉此一舉剷除文、武領導人，徹底破壞指管系統）。報告也警告說，台灣並沒有太嚴肅地看待此一威脅。部分民眾對安全議題沒有「急迫感」，「防衛意識」很有問題。公共債務上升會限制未來武器採購的性質。最後，台灣本身的行動會影響中國的意圖：「可能決定兩岸關係的關鍵因素，在於台北如何在日益上升的新台灣認同意識和世界政治的現實之間取得平衡。」

由於方法上的限制，台灣民眾的弱勢意識更難去衡量，但既有的資訊顯示，它的憂懼不是不大。有一個指標是，行政院陸委會就中國是否對台灣政府或台灣人民具有敵意，進行一系列的電話民調。（詳見圖五之一）從一九九八年四月至二〇〇四年四月的六年期間，受訪人（年齡二十至六十九歲的台灣成年民眾）感覺到中國對台灣政府及其人民有不同程度起伏的敵意，通常與當時兩岸關係實際的緊張程度有關聯。二〇〇二年二月只有三八・三%的受訪者認為中國對台灣人民有敵意（正好是北京表示可以和民進黨人士接觸之後），而一九九九年八月、也就是李登輝發表「特殊的國與國關係」之後，則有六六・七%受訪者認為中國對台灣人民有敵意。覺得中國對台灣政府有敵意的比率，在二〇〇二年十二月來到最低點，佔五六・八%，於一九九九年八月為最高，有八八・五%。平均而言，覺得中國對台灣人民有敵意的為四八・五%，將近一半；覺得中國對台灣政府有敵意者為六六・八%。覺得中國對台灣政府有敵意的人數比例一向高於覺得對台灣人民有敵意的比例，兩者的差距在一九九八年八月最低（海基會董事長辜振甫正在準備前往大陸訪問），為八・一%，於二〇〇二年七月最高（中國搶走台灣的邦交國諾魯），為二三・一%。這一系列的民調結果有道理：民眾覺得中國對台灣人民有敵意的一向少於覺得中國對台灣政府有敵意者，因為民間透過兩岸經濟、社會交流而收到正面的效益。當然受訪結果也大大受到時事的影響。[7]

針對北京對台灣人民及台灣政府是否有敵意這個單一議題的回應有差異、起伏，反映出民眾的感受

---

❹ 二〇〇四年九月，台灣國防部預測，如果不提升武器水準，中國將在二〇〇六年取得優勢，到了二〇〇八年兩岸兵力失衡現象將更明顯。

表五之一　北京的敵意

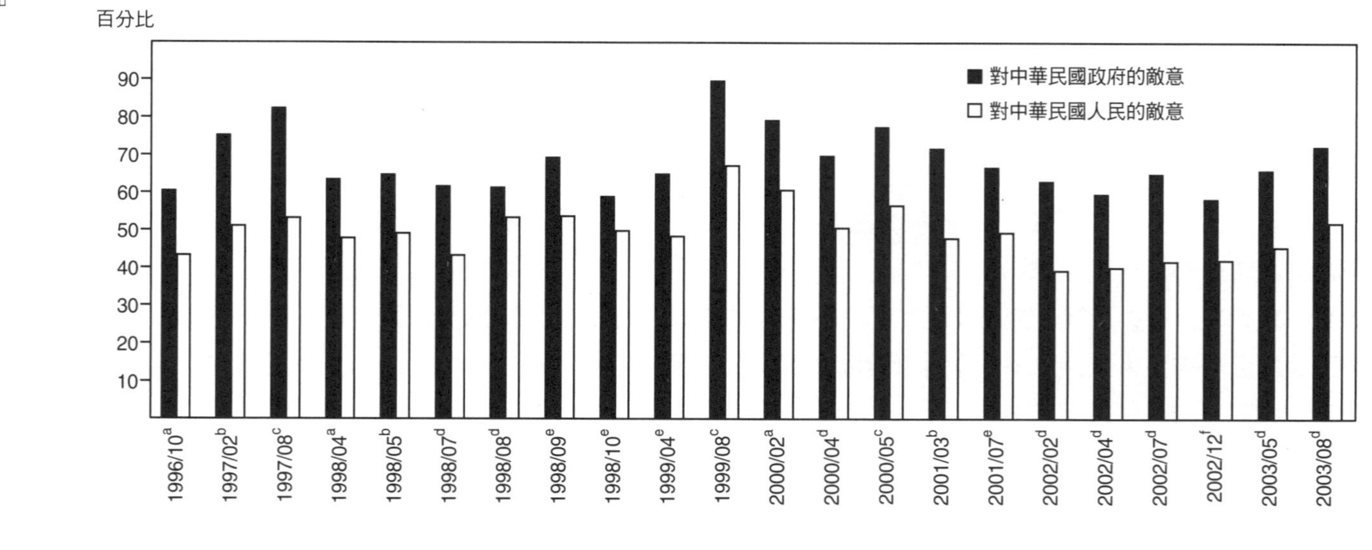

a. 柏克市場研究顧問公司，台北。
b. 中山大學民意與選舉研究中心，高雄。
c. 中華徵信所，台北。
d. 政治大學選舉研究中心，台北。
e. 中正大學政治學系民意調查研究組，嘉義。
f. 一社會資訊管理有限公司，台北。

資料來源：台灣陸委會

有著更大的差異性。台灣沒有人否認中國擴軍，但有些人仍透過非軍事的鏡頭看待這些發展。台灣可以說是比中國更慢從純政治角度看待安全問題的視角中轉移出來。台灣有些觀察家主張經濟交流比武器購置更能測度中國的意向。甚且他們認為是李登輝和陳水扁的政策刺激中國去購買先進軍事設備，而且陳水扁在二〇〇〇年和二〇〇一年太靠向美國。這一派觀點阻礙了在立法院爭取支持，撥付預算去購買小布希政府已批准的武器系統。也有些人承認中國的確威脅到台灣的安全，但還是不認為必須增加本島防衛能力以備迎戰中國來犯。鑒於柯林頓一九九六年派出航空母艦戰鬥群、小布希二〇〇一年四月表示支持台灣，這些人深信美國在任何情況下都會出手幫助台灣。更有些人認為台灣的安全不能太依賴美國，美國只肯提供防衛武器，台灣還得靠本土研發產製可以攻打大陸目標的攻擊性武器，他們認為這才能嚇阻北京。

令情勢更加複雜的是，台灣的國防體制需要改革。長久以來它著重地面部隊，陸軍優先取得資源，但是一九九〇年代末期起，國軍開始多方面改革，調整兵力結構以符合海、空防衛需求，把較多預算撥給海、空軍。此外，革新指管系統，合理化戰略規劃和設備採購，調整人事管理、後勤、訓練和其他功能之結構，以因應新添各種先進武器系統，則是互補的目標。

政治層面對軍購程度意見不一致，加上同時要改造台灣軍事體制一事無可避免的艱鉅性，使得台灣在打造一支能抗衡中國軍事現代化的部隊上遲遲沒有進展。解放軍在推動體制改革時，遇上許多台灣國軍所碰上的相同挑戰，但是它面臨的資源限制和政治障礙小很多。台灣固然有進步，但是它取得防衛武器的步調沒有中國取得攻擊武器的速度來得快；而且它改進其軍事理論和訓練，把設備轉化為能力的努力，也落於中國之後。史文說：「可是，仍然很不確定（這方面的進步）就會降低和北京的衝突。台灣嚇阻和作戰能力的改進可能還不夠大到可以重大影響北京對台全面的政治、外交和軍事策略的地步——也不足以在危機中或軍事衝突時影響北京運用恫嚇措施或強勁武力的特定決定。」[8]

二〇〇四年六月另一項更廣泛、精細的民調可能是針對台灣民眾對安全情勢的態度中最好的一份調查。受訪人以超過二比一的懸殊比例（五九・三％對二六・六％）認為台灣缺乏力量靠自己「抵抗中國侵略」。這種無力感與受訪人教育程度呈正向相關、年齡呈逆向關係：七二％大學程度者和七四・六％年齡在二十至二十九歲者，認為台灣缺乏自衛能力。另一方面，只有一一・二％認為不待台灣挑釁，三年內就可能爆發戰爭，六四・五％認為不可能。[9]

若是在問卷中加入北京可能認為構成挑釁的台灣行動，看法又變了。受訪人被問到若是二〇〇六年制訂新憲（陳水扁二〇〇四年三月競選連任提出的主張）時戰爭是否會爆發，二八・一％答「是」，三八・三％答「否」。若是台灣宣布獨立，認為兩岸會爆發戰爭者激增到五八・三％，二一・四％受訪人則訥訥無言。隨著受訪人教育程度升高，關切台灣行動會挑起戰爭的比例也上升。只認同本身是台灣人的受訪人，比起認同自己是台灣人、也是中國人的受訪人，比較不擔心制訂新憲會挑起戰爭。民調發現，受訪人年紀愈大、教育程度愈低，愈傾向於答說「不知道」。

甚且，如果宣布台灣獨立，有四七・六％民眾不願和中國交戰，願意者則有三四・七％。男性正反意見比例相當，女性則反對與贊成交戰者呈二比一之勢。年輕人和教育程度高者正反意見相當。就認同意識而言，只認同自己是台灣人的受訪人四九・一％願意與中國交戰；而認同向己既是台灣人、也是中國人的受訪人，五八・六％反對交戰，至於只認同自己是中國人者，反對交戰高達六五・七％。

因此，也就不奇怪，明顯多數（五二％）覺得台灣要在如此錯綜複雜的安全環境中生存，上策就是和美國及中國都「友善往來」。針對「政府花費巨額經費從國外採購武器」這個議題，四二・五%贊成，四三・一%反對。一般而言對美國將會派兵防衛台灣有信心（正反意見為五一%對三三・三%）。不幸的是，這份調查沒有問：如果台灣掀起衝突，你認為美國是否會派兵保衛台灣。

總之，從這份調查看得出來，台灣民眾對中國對台構成之威脅，沒有像國防官員和學者看得那麼嚴重。它承認兩岸是和是戰端看台灣的行動，與華府、北京都維持良好關係才符合台灣的利益。至於購買價格不菲的武器系統、以及宣布台獨後交戰的議題，則正反意見比例相當。

鑒於台灣民意流動易變，單憑一次調查結果不足以遽下定論。有些結果可能反映台灣政治的兩極化，採用假設性情境發問一向都受人質疑。但是，兩項調查都呈現民眾了解和大陸經濟、社會匯流的好處——延伸而言，兩岸之爭和解，好處多多——只要台灣的安全無虞、受到保障的話。兩項調查，以及政府、學者的觀點都認為針對中國的力量和意向的關切，將在尋找任何和解方案時，令事態相當複雜。

向外演繹，台灣若是軍力相對成長落後於中國，它的弱勢意識將會加深。當然台灣不需要在飛機、艦艇和飛彈的數量上和中國亦步亦趨，你加一、我也加一。但是透過國防現代化，台灣必須能夠建立信心、達成三件事：嚇阻北京不再從事恫嚇；如果嚇阻不成，要能堅守到美國馳援（如果美國願意防衛台灣的話）；如果談判發生，能在不怕被恫嚇的情況下去交涉談判。台灣有些人認為攻擊性武器可提供足夠的嚇阻力量，那是幻想。台灣或許缺乏必要的技術和預算資源去產製攻擊性武器；它肯定欠缺必要的情報資源去有效地運用它們。由於美國是台灣安全的最終保障人，台灣必須確保不和美國有不同的戰略，造成華府認定它這個事實上的盟友要把它牽連進入它並不希望打的一場仗。

美國的觀點

中國的軍事現代化也在美國引起辯論，討論如何調整政策行動，以便保持安定、防止雙方誤判對方意向。一九九五至九六年的危機導致某些觀察家力促華府要節制台灣的政治動作。陸伯彬主張，美國和中國若要滿意地「處理」台海問題，「華府不能允許美國從意識型態上對台灣民主政制或民主政治的支持，傷害到和戰大事……為避免政策搖擺，未來的政府必須制訂符合美國利益、而非台灣利益的政策。」傅立民（Chas. W. Freeman）寫說：「美國的政策不能再只希望約束北京就能防阻戰爭。美國也必須勸阻台北不要做出可能令北京沒有其他選擇、只能動武的決定和行動。」[10]

美國其他觀察家，包括許多後來成為小布希政府外交團隊的人士，則採取非常不同的觀點。他們認為柯林頓政府在武裝台灣以回應解放軍軍力大增方面，動作太慢；甚且，它把應該給台灣的保證給了北京，把應該向北京展現的決心向台灣展現。李登輝發表兩國論後不到幾星期，他們發表了一項聲明：鑒於中國的威脅，「美國已經非常有必要盡一切努力以遏阻中國對台灣的中華民國有任何形式的恫嚇，並且要毫不含糊地宣布，一旦發生對台灣、包含金門馬祖等外島的攻擊或封鎖，將會協助台灣防衛……對台灣議題採取戰略和道德『模糊』的時間已經過去。」[11]

二〇〇一年四月，亦即小布希政府上台僅三個月之後，它就做了若干決定來調整美國政策，也就不令人意外。首先，為遏阻北京進攻台灣及改進中華民國武裝部隊在必須一戰時的作戰力量，華府批准銷售許多先進系統給台灣，以彌補中國的擴軍：以紀德級（Kidd-class）驅逐艦補強海上空防力量；以P─三獵戶星機補強反潛作戰；還有柴油動力潛艇、掃雷直升機，以及各種飛彈和魚雷等。甚且，美方還進行一些評估，了解尚需如何進一步改進。

其次，它允許美國和台灣的國防體制更密切合作，擴大始於柯林頓政府的一項程序，這項程序旨在透過軍事理論、訓練、指管和後勤等領域的改革，確保當一旦兩岸有事時，可善加利用美製武器，兩軍可有效地並肩作戰。現在美台軍事互動已順利發展到超越此一狹窄範圍。《華盛頓郵報》說：「原本幾乎完全禁止踏上台灣土地的美國軍方代表，目前參與台灣數十項計劃，包括課堂研討和現場訓練。美國軍官在政策、執行和訓練的每一層級都向台灣軍方提供顧問意見……。此外，兩軍已建立發生緊急狀況時溝通的熱線……。同時，目前也有數百名台灣軍事人員正在美國進修、受訓。」[12]

第三，為了降低北京誤判美國在解放軍進攻台灣時的回應決心，小布希總統表示美國幾乎在任何情況下都會協助台灣防衛，這麼一來台灣軍方信心大增，覺得不會孤軍作戰。❺

直到二〇〇四年初，小布希政府仍然關切北京有系統的現代化計劃；此計劃不僅創造動武的備案，也對「北京對願與台灣透過和平方法解決歧見的宣示投下陰影……除非台灣對其國防做重大投資，它的相對軍事實力將會惡化。」中國的精細布局，使「美、台之間更需有戰略和諧」。

---

❺ 小布希的轉變的確引起了那些主張美國的政策要保有更大的模糊與等距的人的批評。像是陸若彬就認為「小布希政府並不樂見威懾所帶來的好處，反而去發展恐有引發衝突之虞的政策，不必要地挑戰中國在台灣的利益。」見陸伯彬，"Navigating the Taiwan Strait: Deterrence, Escalation Dominance, and U.S.-China Relations," *International Security* 27(Fall 2002): 82.

台灣的發展：中國與美國的觀點

和一般安全兩難局勢相似，中國非常關切美國的作法，因為它們預示，一旦發生衝突將是全新的軍事盤算：台灣本身將有更大的防衛能力，解放軍可能必須和美國交戰。即使沒有衝突，美、台兩軍關係密切也不受歡迎。二〇〇一年初小布希上台之際，錢其琛副總理說：「…應該看到，兩岸仍存在敵對狀態和緊張狀況，美國出售武器就等於是火上燒油。本來有個衝突的火苗在那裡，你一加油，火苗不就擴大了嗎？」[13]

北京當然擔心美國軍售對兩岸相對軍力的衝擊。譬如，台灣增強飛彈防衛系統會抵銷掉中國短程彈道飛彈──它是中國嚇阻台灣分離主義動作的主要工具──某些程度的效用。中國批評的重點是，美、台兩軍之間的整合，以及美國整個國防工業業者對台灣政治領導人的政治意向會有什麼影響。二〇〇二年七月中國的《世界知識》雜誌有一篇文章一開頭就口氣嚴峻地說：「美國政府的所作所為使『一個中國原則』出現空心化趨向；美台事實上的軍事同盟使中國的統一和安全環境面臨嚴峻挑戰。」作者王衛星是中國軍事科學院戰略部研究員，他整理一些新聞報導全都指向美、台實質同盟，如美國增加軍售；結合指揮中心以利聯合作戰；國會通過國防部的聯合訓練計劃；強化高層交流；美軍派觀察員參與台灣演習；台灣軍官在美國軍校受訓人數增多；國會在若干計劃上賦與台灣等同北約組織盟國的地位；結束對動用武力的戰略性模糊；強化在東亞及西太洋地區的部署；在關島增建設施等等。作者的結論是：「顯然，美國人是在手把手地幫助台灣軍隊完成一切預案。」美國現在「無恥地」違反了中美關係正常化時有關對台安全關係所做承諾之精神。美國的目標是「公開給『台獨』勢力撐腰打氣，助長其『以武拒合』、『以武拒統』的氣焰，從而阻撓中國的和平統一大業。」[14]（中國在二〇〇〇年之後分析台灣的國防政策、尤其是其意向時喜用「以武保獨」的說法。這個用詞毫無疑問用以挑戰美國強烈反對（中國）用武，它也反映出中國憂慮台灣對其安全所構成的挑戰。）

另一位中國評論員引用若干相同證據，得出陳水扁「願意扮演凱子及美國爪牙的動機。」他要因反對統一、追求獨立而增添政治資本，因為「『台獨分子』把提升美、台軍事關係視為追求『台獨』時的最佳保護傘。」此外，他希望替競選連任爭取支持。王衛星在二〇〇三年指控，陳水扁運用這些情況「操縱」台灣軍隊，使它「逐漸淪為『台獨』部隊。」不論這些說法的證據是否符合事實、或從之得到的結論是否堅實有力，它們反映出中國對這些趨勢感到愈來愈沒有安全感。王衛星在二〇〇二年的文章的結論是：「在未來相當一段時間，我們的戰略環境不容樂觀。」

由於中國看待台灣最大的威脅來自政治層面，它最密切關注的是陳水扁政府的政治意向。陳水扁初次當選總統時，北京宣布它不會先入為主有定論，它要對陳「聽其言、觀其行」。被李登輝悄悄搞台獨絆了一跤的中國，把陳水扁當成鷹派，要提防他在美國的支持之下，不會以無可挽回的方式挑戰中國的利益。

中國對這個議題抓住一個主軸，就是強調李、陳政策前後一貫。中國社科院台灣研究所研究員余克禮就主張陳水扁大陸政策的核心就是李登輝一九九九年七月發表的「特殊國與國關係」論述。余克禮從陳水扁政府反對統一、主張統合論（因為它要凍結現狀）、推動「去中國化」（創造台灣認同意識）、公然支持台獨、爭取美國支持等作法中，找到了證據來支持他的假設。兩國論和台獨是一體兩面；只是前者挑釁意味沒後者大而已。因此，「兩岸關係……一直處在緊張狀態」，「兩岸潛藏著的嚴重危機，加劇了島內一系列矛盾」——這句話毫無疑問指的是陳水扁的政治同盟和反對力量之間的兩極化鬥爭。[15]

學者徐博東的觀點是在中國主流的邊緣，他則更進一步推演此一邏輯。他敘述李登輝如何在執政末期偏離「一中原則」，然後扮演關鍵角色在二〇〇〇年把政權移轉給陳水扁和民進黨。陳水扁上台後比李登輝更願修好，但仍「堅守『台獨』立場」，利用北京的寬容。徐博東認為這種局勢很危險。「（這表示）台灣方面要改變對自己原有的定位和國家的認同。換句話說，台北當局意圖單方面推翻兩岸的遊戲規則，取消『和平統一』的必要前提條件，在兩岸戰爭與和平這一重大原則問題上，自覺不自覺地、愚蠢地選擇了『戰爭』。」[16]

陳水扁競選連任期間的提議引起北京極度關切，深怕他的政治倡議會挑戰中國立場，逼它非以軍事手段回應不可。北京認為陳水扁二〇〇二年八月發表的「一邊一國論」，比李登輝的兩國論還更糟，立刻對此一它認為會威脅其國家利益的談話作出回應。新華社和《人民日報》發表權威評論，把陳水扁的談話貼上「嚴重的台獨分裂主義言論」、「對兩岸同胞的肆意挑釁」的標籤，指它有違陳水扁在就職演說中向中國及其他人提出的保證。這篇評論批陳水扁還有一系列動作「以漸進的方式來實施其『台獨』目標」，「鼓吹『兩岸一邊一國』……則是妄圖改變現狀，把台灣從中國分割出去，將台灣推向戰爭。」，北京不會容忍。「我們正告台灣分裂勢力，要走什麼樣『自己的路』，是在『台獨』道路上一意孤行，還是懸崖勒馬，擺在你們面前。」北京後來回顧，認為它對陳水扁的強硬政策成功，因為它阻止了「台獨的嚴重後果」。❻

二〇〇三年秋天，陳水扁為了動員深綠鐵票支持，提出制憲、公投的主張，中國再度緊張起來。北京意識到危險趨勢，開始發出嚴峻警告，指陳水扁的政治倡議侵犯到它的「底線」；如果他越線，中國必須強烈反應。軍事科學院彭光謙少將於十二月初警告說：「我們將不惜代價」保衛中國主權和領土完整。他預料中國將願意放棄二〇〇八年北京奧運、二〇一〇年上海世界博覽會，以及短暫的外交關係、外國投資、沿海城市的安全、以及國家的經濟發展：「這些代價都是可以承受的。以暫時的、局部的犧牲換來國家的完全統一和民族的振興，是值得的。如果『台獨』分子要賭一把，國際反華勢力（指的是美國）要賭一把，那他們必然付出慘重的代價，必然遭到可恥的失敗。」[17]

小布希政府在重新評估中國的戰略角色的脈絡下，對陳水扁在二〇〇四年大選前的言行也緊張起來。這時候，華府已不再認為崛起中的中國會挑戰美國的現狀。尤其在九一一事件後，華府已轉而認為它可以和北京及其他大國合作，以解決威脅到彼此利益的艱鉅的安全問題。北朝鮮和南亞就是美、中增進合作的主要例子；它們使美、中關係更具已經失去十多年的戰略意義。小布希政府擔心陳水扁會挑激北京做出威懾反應（因誤判情勢而起），把美國牽扯進它不需要的一場衝突（它在北朝鮮、伊朗等等問題上需要北京協助）。台灣當然否認有任何挑釁的意圖，可是美方擔心被牽累，終於導致小布希總統於二〇〇三年十二月提出警告：「我們反對中國或台灣有任何改變現狀的片面決定。台灣領導人的言行顯示他可能希望片面做出決定以改變現狀，我們反對它。」

---

❻ 新華社和《人民日報》，〈危險的挑釁——評陳水扁的分裂言論〉，二〇〇三年六月八日。陳水扁的言論也使華府緊張，它在北朝鮮等外交政策議題上亟需中國合作之際，希望台海局勢不要再生波瀾。它當然不希望被牽累捲進一場沒必要的衝突。小布希政府迅速採取行動，讓北京放心。

同一時間——並非不一致——小布希政府擔心台灣軍事現代化的腳步不夠快，不足以因應中國的挑戰。二〇〇四年二月，主管台灣事務的美國國防部副助理部長勞理士（Richard Lawless）抱怨：「經濟趨勢、國內對國防策略的辯論、國家認同問題、三軍本位主義，這些全都使得台灣部隊現代化、訓練和聯合作戰，陷入十分複雜的狀況。」過去十年，國防支出已實質下降，佔GDP比重亦下降。小布希在二〇〇一年四月所批准的軍售項目，到他第一任任期屆滿時都還沒購買。五角大廈認為台灣必須更重視其戰備能力，包括人員管理、後勤、維修和訓練等。它需要強化其戰略與部隊規劃的過程，培養軍種聯合作戰能力，以及「和美國及其他潛在防務夥伴的聯合作戰能力」。

表面上看來，這兩種關切似乎相互衝突。可是，如果台灣領導人以為美國的承諾是無條件的，無論台海兩岸是因為什麼原因發生衝突，美國都會協防台灣，那麼台北就比較沒有理由加速軍事轉型、也沒有太多理由在政治上做節制。

安全兩難與兩岸僵持

兩岸的安全兩難，和兩岸的僵局之關聯，可分兩方面談。它當然加劇在目前脈絡下維持穩定、降低緊張的困難。它也使要以雙方都能接受的方式來解決爭端的任何努力，都變得更加複雜。每一方都會擔心，如果自己採取步驟降低對方的不安全感，對方可能利用此一讓步，使自己落入劣勢。如果要得到解決，當事人需要找出方法互相保證其善意會得到回報，彼此都不會利用其力量（軍事或政治）使對方利益陷入風險。鑒於美國對台灣的安全承諾是台灣評估其可能風險時的關鍵因素，中國該給台灣什麼、才能說服台灣切斷這個臍帶？

過去也曾試圖處理兩岸安全的兩難，但效果都有限。譬如，台北長久以來要求北京放棄使用武力，它在國統綱領中把它訂為三階段中第一階段的三個元素之一。此後李登輝在許多場合一再重申中國必須放棄使用武力。陳水扁也宣示「只要中共無意對台動武，本人保證在任期內，不會宣布獨立」，也不會做出北京認為極端挑釁的其他動作。中國曾試圖讓台灣在這個問題上放心，但仍是有限度的。一九九五年一月，江澤民曾說「中國人不打中國人」，但是北京也明確表示拒絕放棄動武。江澤民解釋，北京之所以不肯放棄動武，是為了防止「外國勢力陰謀介入中國的統一，促成台獨。」中國後來權威的聲明也以防堵台獨為理由拒絕承諾不動武。它的邏輯是，如果北京放棄使用武力，台灣必然會宣布獨立。江澤民二〇〇一年八月告訴《紐約時報》說：「我們不能放棄使用武力。我們如果這麼做，和平統一就不可能了。」[18]北京認為，它若讓步，台北就會利用它的善意。

雙方也都擔心對方號稱會增加共同安全的方案，其實包藏禍心、藏有陷阱，會使自己更危險。譬如，北京曾提議雙方簽訂協定，結束一九四九年中華民國失去大陸以來即存在的敵對狀態。後來在不同場合，這個提議一再出現——陳水扁二〇〇四年五月就職後，北京立刻發表的聲明即是一例。早先，台灣對這個提議正面回應，最有權威的就是國統綱領和李登輝一九九六年的就職演說。但是，當中國一九九五年一月開始堅持必須在一中原則下討論此一終止敵對狀態協定，台灣就裹足不前了。從台北的角度來看，接受一中原則可能傷害到它在主權議題上的談判地位。反之，台灣在一九九〇年代末期也三不五時提出和平協定的構想。一九九八年七月，李登輝告訴國統會，雙方應簽署「和平協定以終止敵對狀態」。台北認為，這個形式吻合其觀點：兩岸爭端是兩個平等的主權實體之間的爭執。但是，北京認為兩岸衝突是兩個交戰勢力之間的內戰，而它是唯一的主權實體——因此，它不理會李登輝的提議。

美國經常捲在漩渦中。江澤民二〇〇二年十月和小布希總統在德州會晤時提出一個方案，就是一個例證。據報導，江澤民提出一個交換條件：中國可以重新部署鎖定台灣目標的飛彈，交換美國降低對台軍售。在北京方面，這是相當重大的創舉，因為它承認中國的軍事部署和美國對台軍售之間有關聯。可是，這個提議仍有一些實質困難存在。例如，中國部署的飛彈是機動的，即使今天掉頭，日後還是可以再重新部署、瞄準台灣。而且，解放軍還有其他資產（如先進的戰鬥機、潛水艇等）可威脅台灣。最重要的是，江澤民想和華府直接打交道，因而降低陳水扁政府對其盟友的信心。當然，中國飛彈重新部署可以在某種程度上降低台北的不安全感，但是台灣要付出的代價——以美國降低軍售及擔心美國將會遺棄它而言——只會使它更屈居弱勢，易受中國威嚇。

光是想要穩定目前的情勢，就已因互不相信而一事無成，若為了達成未來的全面和解而在處理安全議題上有所努力，這份互不信任恐怕還會增加不知多少倍。中國的目標是降低或消除台灣追求它所認定的分裂國土之自由。一國兩制方案的核心即是：台灣接受它是中華人民共和國附屬單位的地位，以之換取自治權。這一來，有一個可能的推論是，台灣結束和美國的安全關係。在中國眼裡，因為美、台之間存在安全關係才會有「分裂主義」。可是，即使兩岸紛爭以一國兩制達成和解，美、台也解除安全關係，中國仍不可能高枕無憂。台灣可能仍有一些政治勢力，即使不再有改變現狀的目標，也會高度懷疑中國的意圖；而北京可能會誇大他們的影響力。香港的情況就是如此。中國在香港不願掉以輕心，對港人自治加了許多限制，以防民主黨勢力坐大，而香港支持擴大民主的人士在二〇〇三年和二〇〇四年就逼得北京落居守勢。台灣說不定也會重演這一幕戲。甚且，如果台灣還與美國保留一些安全關係，北京恐怕會更加恐慌。因此，它在談判協定時要找尋保障，是很自然的事。

台灣當然會尋求維持和美國的防衛關係——美國可是台灣安全與否的終極保證人。如果統一方面有重大進展，中國也不會停止取得先進軍事能力的動作。中國軍力日盛，過去又有為恫嚇目的而動武的歷史，只會讓人更擔心中國可能在未曾預期到的嚴重衝突當中動用武力。台灣要怎樣才能放心，沒有美國援助之後，更強大的北京不會趁虛而入？如果對中國未來的意圖不確定，統一的談判又怎麼展開？

我們再看一遍情勢的不對稱。北京看到台灣威脅到它的，主要是政治倡議；而台灣認為來自中國的威脅以軍事面為主。美國對台灣安全防衛的支持，絕對攸關台灣政府和人民的存亡，可是中國只當它是芒刺在背。

我們還要再注意，台灣和中國之間若要和解，台北政府的法理地位（上一章的重點）以及安全兩難要如何處理，與此頗有關聯。如果台灣接受北京的立場，同意北京是兩岸統一後的最高主權，台北並無剩餘主權，全世界將視兩岸關係為國內事務，大概都不會來干預糾紛了。

北京和台北對安全議題的關注比較少，過去近二十年的討論焦點大多集中在主權上面。唯一的例外是北京對統一之後台灣武裝部隊的未來有些提議。一九八一年九月的「葉九條」，葉劍英承諾台灣可保持其武裝部隊。鄧小平一九八三年六月重申此一保證，提出三項闡釋：第一，中央政府不會在台灣派駐解放軍部隊；第二，台北當局可以管理自己的「黨、政、軍體制」；第三，台灣的武裝部隊不能威脅中國。二〇〇〇年五月，錢其琛表示，台灣可以有「相當規模」的武裝部隊。二〇〇一年一月他又重申鄧小平的意旨，表示：「台灣的軍隊如果能維護『國家』防務安全的話，那就沒問題。」[19]

附帶一個問題是，台灣的軍隊要如何裝備？由於北京的壓力，很少國家願意供應台灣武器，美國是唯一的主要來源。中國曾經表示台灣可繼續向外國購買武器系統。例如，《人民日報》一九九一年七月有一篇文章說：「台灣可以……在組建特別行政區之後向其他國家購買必要的武器。」可是，中國高級官員從來沒有人這麼說。也有跡象顯示，北京在執行此一提議時會有限制。台灣軍隊不能威脅大陸，是鄧小平講的，上述《人民日報》一九九一年文章則清楚說出，統一之後台北買的武器「不應傷害到國家統一後的利益。」這一切都表示，北京做為一國兩制方案下的最高主權，會堅持它有權批准台灣的軍事採購，不願讓台灣取得更加安全的武器。總之，北京的保證不可能讓台灣放心。假設兩岸果真統一，接著又發生重大爭端，屆時台灣將比今天更處於劣勢、易受中國恫嚇，因為它的部隊會更弱、解放軍會更強。當然，北京是否會恫嚇台灣，我們不會知道。可是，重要的是縱使中國保證，台灣人民仍會害怕；以及他們是否覺得值得冒險相信北京的保證。❼

如果雙方都意識到有和解的可能性存在，在和解的脈絡下處理安全兩難就會容易得多。可是，這種理解太有限。當台北採取行動時，經常假定北京會猜疑、小心回應；而中國在任何客觀標準下則會合理地視之為挑釁、做出不友善的回應。江憶恩（Alastair Iain Johnston）認為中國領導人可能也不了解或不接受安全兩難的概念。他們並不理解，他們視為正面而向台灣民眾拋出的方案，並不一定都得到好的迴響——還被認為有威脅——這是因為它們設計得不好。「安全兩難論在中國境內很少有吸引力，因為它要求中國承認自己的行為有反作用，傷害其本身安全。」[20]

賽局理論

上一章透過複合式雙拼洋房的比喻，設法說明兩岸主權的糾葛。本章要以國際關係專家用來說明安全兩難的一個著名「賽局」做結尾，探索為何有客觀理由要解決彼此間的爭端（亦即「互相合作」）的對手，卻因互不信任而不肯合作。這就是「囚徒的兩難」。

在囚徒的兩難困境中，警方逮捕兩名嫌犯，懷疑他們犯了重大罪行，但警方掌握的證據只夠定他們輕微罪名。因此警方希望能誘導他們兩人認罪或至少其中一人供出另一人的嚴重罪行。賽局所定的獎酬是，如果兩名囚徒都緘默（即彼此合作），兩人都只會判輕刑。如果兩人都告密（即「背叛」合作），兩人都會被判中度刑期。如果只有囚犯甲檢舉囚犯乙，甲可獲釋，乙會被判重刑。（以賽局理論的詞語來說，甲「背叛」、乙「合作」。）如果只有囚犯乙檢舉甲，則兩人處境相反。因此，在一回合的賽局裡，甲、乙都以為對方會招出來，因此無可避免就咬出對方，以致都被判中度刑期，而不是保持緘默、信賴夥伴的善意。被利用的風險太大了。由於貪婪（渴望獲得自由）和憂懼（焦慮夥伴會招供）的結合，出現次佳結果。經由每個人理性思考做出的行為，竟出現比兩人合作（如果歹徒間也有榮譽感的話）可得結果較差的次佳結果。這個賽局參見圖五之二。得分代表每個罪犯的正向報酬（高得分即等於

❼ 美國也可能面臨某種兩難局面，這要看兩岸達成什麼樣的和解而定。「台灣關係法」授權行政部門「使台灣能夠獲得數量足以使其維持足夠的自衛能力的防衛物資及技術服務」。可是，美國基於政治考量做決定的成分要大於法律考量——這一條文有相當大的彈性去界定台灣的防衛需求。

圖五之二　囚犯的兩難與兩岸關係

		中國	
		合作（C）	背叛（D）
台灣	合作（C）	達成協議	台灣利用中國大陸的善意
	背叛（D）	中國大陸利用台灣的善意	目前的現狀

資料來源：作者製圖。

低刑期）。以每個罪犯來講，優先順序是DC > CC > DD > CD。每個人若逕自背叛、不管另一人如何做，獲利最大。於是乎，即使互相合作理論上報酬大於互相背叛，兩人都會背叛。因此，他們互動的結果就是互相背叛。

這個比喻如何適用到兩岸追求爭端解決上？以賽局理論詞語來講，互相合作（CC）代表和解，中國和台灣同意放棄相互敵對，組成政治結合以補強經濟相互依存。互相背叛（DD）即是當前狀況，雙方從來往得到經濟利益，但部分因為互不信賴的緣故，而在政治上陷入僵局。即使每一方都了解合則兩利，每人都會禁受不起誘惑而背叛對方，主要是因為它擔心若採取主動去合作，對方會利用其善意，爭取對己方不利的政治結果。有時候每一方因為利用對方的誘惑實在大到難以抗拒，所以就背叛了。例如，台灣擔心一中原則是個陷阱；如果它接受了，中國會變臉，推出使台灣落到弱勢的從屬地位之作為，因為台灣已失去美國的保護。反之，中國擔心它若讓步（如放棄動武），台北會收下讓步，推出永久分裂，使中國裡外皆輸。每一方都有人想要佔另一方的便宜。在CD和DC兩種結果，每一方都擔心會被對方利用，導致雙方皆寧可維持現狀，相互背叛。因為對美國的依賴，台灣對於自己被利用的擔憂更深，採取背叛行徑的誘惑也更大。對台北而言，「合作」帶來的風險極大，因為它意謂一旦中國不遵守承諾，它已放棄手上美國這張王牌。

---

❽ 談到避免戰爭，背叛和合作的意義又與達成和解時不一樣。此時，合作是要相互節制：台灣要避免威脅到北京根本利益的政治倡議，中國則要避免動用武力。背叛即是每一方都放棄節制：台灣宣布獨立，或中國動武，或兩者都發生。

6 國內政治與兩岸關係
Domestic Politics and Cross-Strait Relations

彷彿主權和安全這兩個實質問題還不足以阻礙兩岸關係進展，其他的障礙也來攪局。一個是台灣和中國國內的政治。兩岸領導人可能都看到要解決台海問題必須務實地考量對他們國內的勢力加以局限，否則他們就坐不穩領導人的位子。當然兩岸的內部政治動態不同。台灣是個民主政體，有本省人、外省人衝突的歷史。中國至多是個騎在中國民族主義虎背上的威權政府。在台灣，選民決定誰當總統、誰進入立法院。在中國，共產黨菁英透過根本不透明的過程，挑選誰來補上領導位子。曾銳生（Steve Tsang）說：「決定中國和台灣之間是和、是戰，最重要的因素是雙方的內部政治。」這麼說恐怕太武斷（主權和安全更重要），可是它們的確局限著兩岸的抉擇。[1]

台灣

台灣的政治過去影響著兩岸關係，將來還會繼續影響，這可分三方面敘述。第一，國民黨的高壓統治和它用以合理化其政權的理由，使台灣人培養出獨特的認同意識，以及對本島和中國、和世界的關係的看法，對外來人也有些畏懼。這種意識點燃一些台灣人要求獨立建國的熱情，催生對國民黨統治的政治反對。第二，政治民主化以及與大陸的經濟交流日漸成長，迫使主要反對勢力（民進黨）對台灣政治認同的主張變得溫和，以便爭取執政權。第三，基於種種憲法及體制上的原因，同一個民主政體竟傾向於煽動、分裂和僵局，並抗拒做出困難的抉擇。總之，對台灣的認同意識增強了反對中國一國兩制方案的力量；政治制度的病理也降低台灣讓中國可能提出的善意方案通過之可能性。

歷史與認同意識

人們帶進政治之中的精神意識，可以非常強大，有時候甚至比經濟利益或可觀察到的社會、文化特徵更加強大。如果人們對其本身及所居住之地具有政治認同，此一主觀意識就成了客觀事實。推演下來，他們把被他們認為不具共同認同的人，視為外來人或異類。這也變成客觀的事實。最後，政治認同不是永遠都自然形成。它們往往是被製造出來，是政治經驗的結果，由於經驗使然，接納此一新精神意識便容易多了。因此，第一代的美利堅合眾國公民拿他們與英國從事政治與軍事鬥爭的經驗，來界定他們本身及國家。中國的民族主義在一九三七年抗日戰爭爆發後全面白熱化。創造台灣政治認同意識的過程——與它平行進展的是界定外來人的過程——則是一九四五年之後外省人統治的產品。

強烈的團體認同及畏懼「異類」，在台灣並不是新現象。早年移殖到台灣的三大漢人族群——福建漳州人、泉州人以及華南客家人——彼此互相械鬥，還要對付原住民部落。但是當日本人一八九五年入台，預備建立殖民帝國時，他們盡棄前嫌、全力抗日。一九四五年底中華民國官員和部隊接收台灣時，台灣人民歡迎他們抵達，很高興有機會又成為中國的一部分。對於日本統治的結束，沒有太多遺憾；對政治獨立的渴望也不明顯。當時大家關注的是，台灣如何融入由中華民國所界定的中國體制。可是，國民黨政府很快就疏離了台灣人，無意間助長了台灣認同意識之打造，這份意識在四十年之後蔚為一股重要力量。

國民黨政府和本省人疏離的速度真不得了。國民黨治台第一年（一九四六年），帶來通貨膨脹、失業、以外省人取代本省人出任政府公職、糧食和住屋短缺、公共衛生系統隳壞。新統治者聲稱，日本殖民統治已經減弱台灣的漢文化根基，必須採取強力措施予以恢復，讓島民脫離「奴隸」心態。本省人的敵意快速上升，有些人以中華文化夙來蔑視的兩種動物做比方來描述情勢：「走了狗（日本人），卻來了豬（外省人）。」狗會保護財產，地位還比較高。

讓台灣人意識上起變化，認為他們和大陸人是兩個不同民族的，是殘暴的鎮壓、不是治理的無能。國民政府不分青紅皂白動用武力敉平一九四七年的二二八事變，造成深刻的憤懣。有個本省人一九四九年底向一個外省人針對嚴酷彈壓二二八事變產生的政治衝擊，提出如下尖銳的評語：

（不錯，雙方很多人被殺，）但是，部隊用機關槍掃射，死的都是台灣人——我也知道不應該恨外省人，譬如，我們是遠房兄弟，而你是外省人，我是本省人。其實，你我的曾祖父還是同一人哩。有什麼本省外省好分？但是，你不知道，政府處理「二二八事件」太過殘忍，**卻招致台灣人由恨國民黨而變成恨外省人**（作者強調）……這種觀念雖然錯誤，國民黨也應該負相當大的責任！[2]

費世文（Steven Phillips）的結論是，此時，台灣人「愈來愈把大陸政府及其派來的代表看做是新來、卻更不能幹的殖民統治者。」（作者強調）這個印象從此深鑄人心。[3]

但是更糟的還在後頭。國民黨對二二八事變的回應是見機做出處置，始於一九四九年的「白色恐怖」則是有系統的作法。新改組的國民黨特務機關決心強力剷除共產黨滲透分子和本省籍異議分子。日後出版的一本人權報告書透露，從一九四七年至一九九一年各項案例中，單是一九五〇年至一九五四年期間，就有一百八十四件違反人權的案例，比其他年份統統加起來的一百六十二件，還來得更多。依據動員戡亂時期臨時條款（又稱戒嚴法），政治異議人士當做刑事犯處理，要送軍法審判。台灣省警備總部透過一套高壓的監視系統，嚇阻一切挑戰言行。

國民黨亦限制政治自由和為政權而競選。新聞界受到檢查與監督。組織新黨及反對運動（如示威遊行）受到禁止。選舉只開放在地方層級舉行，表面號稱訓練人民學習民主，但也用來操縱敵對的地方派系以便滲透進地方社會。參選總統及立法委員、國大代表等中央民意機關職位，為法律所不容許。基本上是不鼓勵參與政治，本省人唯一會受到寬容的政治參與，得要照國民黨的規則玩。即使公開討論類似二二八事變的議題，也會惹禍上身——反而造成很有諷刺味道的結果。艾德蒙森（Robert Edmondson）曾寫說：「對大部分本省人來講，（國民黨）中國民族主義恫嚇性的沉默……以及必須要忘掉（二二八），反而增強了反差，國民黨事實上變成另一個外來政權。」[4]

政府以兩種說法合理化它壟斷權力的作法。以否定民權而言，它堅稱國共內戰尚未結束，仍在準備反攻大陸、光復國土。因此，基於國家安全和內部穩定，政治自由是台灣供不起的奢侈品。拖延（中央級）選舉的理由是，中華民國政府是代表全中國的政府，民意機關必須以全國為基礎選舉，由於大陸已經淪陷，目前無法改選。在這種情況下，唯一能選舉的就是國民黨控制的「自由地區」席次。聲稱中華民國是代表全中國的政府，還有另一個荒謬的結果：設置一個管轄範圍幾乎和中華民國統治地區一樣、可是權力不大的台灣省政府。可是，從國民黨的角度看，若沒有這個疊床架屋的省政府存在，正意謂中華民國就只是台灣政府。❶

這個自私的邏輯對台灣政治產生了另一個潛在的效應。政府堅持必須實行威權統治才能保護中華民國的國家利益，影響到國內的反對力量，他們對台灣的身分認同另有自己的看法。當中華民國聲稱代表全中國的主張變得愈來愈虛浮時，台灣的反對力量結合這兩個議題，不僅追求全民統治，也要替家園找尋新定義。

如果國民黨只是設法限制公然的政治活動和競爭，只針對直接挑戰政權的人士彈壓，台灣認同意識也許不會那麼強烈。但是透過一系列影響廣大民眾的政策，國民黨反而強化了台灣認同意識的影響力。有些政策旨在將受日本數十年殖民統治毒素影響的台灣人再造為中國的良民。教育體系被用來灌輸中國認同意識，其工具就是嚴格規定在學校一定要講「國語」。可是，這個策略卻造成民心疏離。華安瀾（Alan Wachman）觀察到，「國民黨來台後受教育的每個台灣成年人都記得，如果在學校講台語就會被體罰或罰錢。」[5] 年輕的本省人被強制服兵役，也造成同樣的效應。本意是要儲備反攻大陸的兵力及灌輸國民黨的意識型態，不料卻強化了「充員兵」覺醒外來統治的不公不義。直到今天，許多男性本省人仍對服役期間遭到外省軍官嚴厲、歧視待遇感到憤憤不平。

國民黨統治台灣頭三十年的社會安排，也強化本省人和外省人差異的感覺。在台灣的城市裡，這種差異決定了人們居住的地方，他們在家裡、親友間所講的語言，他們社交的對象、結婚的對象，以及他們進入政府公職（外省人）或企業界（本省人）。一個人是本省人或外省人和他的社經階級息息相關。年輕的本省人對於他們在這個「種族隔離」制度下遭受的歧視，感受特別深刻。情形到了鄉下就不同，因為鄉下基本上大多是本省人，可是地方上的警察——最具體的權威象徵——是外省人。到了一九七〇年代末，中產階級興起，開始接觸到更多不同的教育、經濟和社會機會，社會情況變得更加複雜。但是，國民黨統治的政治衝擊很清晰。美國有位台灣問題專家一九六三年說：「政治統治……經濟負擔……和社會歧視，使得本省人和外省人之間的差異幾乎在本省人生活中的每個方面都很明顯，使得政府對一九四七年亂事的血腥鎮壓所引起的仇恨和敵意，始終無法消逝。」[6]

本省人找到許多方法消極抵抗國民黨的統治。知識分子本於「現代」心態，原先迴避島內傳統的民間宗教，但發覺它愈來愈有吸引力，因為這是他們的宗教、也因為政府要限制它們的發展。老百姓花費很大心思拜拜，以神豬供奉神祇。這使得他們「以一種外在訊息溝通，傳遞本省人的族群認同及他們神祇的力量……受到強大政府統治的人有時候會運用宗教儀式表達他們的政治觀點」。[7]

有些本省人很快就把遭遇國民黨嚴厲統治的經驗，解讀為他們的家園是另一個國家、另一種文化。以民族主義者史明的觀點為例，他認為除了種族相同之外，台灣和中國沒有任何相同的地方。他說：「二戰結束，中國蔣幫取代日本帝國主義佔領台灣，成為新統治者。和多數台灣人一樣，他們也屬於漢族，但台灣民族和中華民族不同……中國人是從中國大陸新來的外族，以武力侵略台灣。從社會、經

❶ 李登輝推動「精省」修憲，剝奪掉省政府大部分權力，以壓制向李選定的繼承人連戰挑戰的省長宋楚瑜。陳水扁則提議修憲「廢省」。

濟、政治和文化的角度看，他們是外來統治者，和從前的荷蘭、清朝、日本人沒有不同。」[2]（作者強調）為了證實這個主張，台灣民族主義者努力蒐集資料以展示他們的歷史、文化和中國大陸的歷史、文化大不相同。事實上，台灣的社會、文化和華南十分相似。

夠諷刺的是，台灣人把大陸難民視為外來人，也影響到新來者的政治意識。他們被稱為「外省人」，這個字詞在中國大陸很少人用，卻成為台灣詞彙之一。高格孚（Stéphan Corcuff）在一九九〇年代透過訪談，發現至少半數「外省人」自認為和台灣人不同。[8]

但很重要的是，我們要了解，這種民族主義的台灣認同意識的歷史並不久。華安瀾指出：「這種台灣人的文化認同意識顯然是被『創造』出來，以回應大陸菁英要讓台灣居民忠於中國祖國及其文化、民族的作為。」[9] 國民黨想把中國認同意識加到本省人身上，在過程中貶抑他們的民俗，產生意想不到的結果，反而強化了本省人覺得他們是不同民族、中華民國是不具合法性的政權的觀點。

甚至，華安瀾在一九九〇年代初期發現，世代差異也影響到本省人及外省人的認同意識。上年紀的外省人傾向於認為所有的華人（包括台灣人）是同一民族。上年紀的本省人認為台灣是個別民族，但對文化上他們是否為華人則意見分歧。出生在台灣的外省人覺得很難認同自己是台灣人或中國人。他們承認有一個台灣民族的存在，也知道他們不是其中一員，但他們又不像父輩有強烈的中國認同意識。同樣的，在國民黨統治後期成長的本省人往往比父輩更弄不清效忠的對象。華安瀾的結論是：「在國民黨播遷來台時期已成年者的認同意識比起那些在國民黨來台後才成長、社會化的人，容易辨認。老一代普遍兩極化……國民黨來台後才出生的世代則對其認同意識相當困惑。」[10] 更晚近的調查也證實這些發現。

直到一九八〇年代末期，國民黨始終以高壓手段制止民眾公開表達此一台灣認同意識。一旦政治開始自由化，這個創造出來的精神意識便發展成可與中國意識抗衡的力量。民眾對台灣的過去及其特有文化之特質的興趣大增。的確，兩岸經濟往來日益頻繁、有關大陸的資訊也愈來愈多，使李登輝覺得必須吸納、加強台灣意識做為堡壘，以防太輕易便和中國水乳交融。一九九三年五月，即辜汪會談後不久，李登輝觀察到：「如果台海兩岸的交流沒有發生，國家認同的問題就不嚴重。過去，兩岸完全隔離。當我們開始交流，分際就模糊，兩岸的界定就成了大問題。」❸李推動一個概念：台灣島內所有人民基於過去五十年的共同經驗——雖然有過衝突——已是「生命共同體」，今後必須加強這個意識，才可防止在中共手中發生新悲劇。因此他要求修訂教科書，不再專談中國，也要納入更多有關台灣歷史、地理等等的材料。其他時候（最著名的即是一九九六年五月他的就職演說）他則推廣一個觀念：台灣是中華文明的楷模。

除了自覺的認同意識和擔心外來人之外，本省人也有著深怕內部會有各式各樣的叛徒的焦慮。在國民黨高壓統治時期，就有一股深沈、揮之不去的焦慮，深怕國民黨的外省統治者會和北京妥協，忽視大

---

❷ Su Bing, Taiwan's 400 Year History: The Origins and Continuing Development of the Taiwanese Society and People (Washington: The Taiwanese Cultural Grass Roots Association, 1986), p.59.（編按：此為中文版《台灣人四百年史》的英文節錄本。）即使李登輝本人（直到二〇〇〇年之前仍是國民黨黨員）也認為國民黨是「外來的政權」。

❸ 李登輝在一九九三年五月二十日的國際記者會上之發言。一九九四年二月，李登輝曾言道：「我覺得在我們做任何事之前，台灣必須整理好自己內部。如果台灣人民不完全清楚自己的身分認同，我們怎麼去和共產中國打交道？」在作者與林碧炤（曾擔任李登輝助理）的訪談中，林碧炤證實確實有這項防禦策略。

多數人民的希望；中國不時呼籲由共產黨和國民黨進行黨對黨的談判，只會擴大這種恐懼感。台灣人要問，誰來代表他們？至少有些本省人認為參加國民黨的本省人——如李登輝——是出賣者。「黨外」（民進黨前身）之內，比較激進的分子也懷疑他們溫和派同志的忠誠。一九九〇年初，已經是由本省籍的李登輝擔任總統，民進黨還利用此一恐懼感，抨擊他的政府可能背著民眾和北京妥協。許多台灣民族主義者心中潛藏著對外省人政客的疑慮，也對他們一旦當政後可能會有的作為感到憂懼，這種反應往往只因為他們是外省人，而與其政策立場無關。在目前對於該如何和中國打交道的意見深刻分歧的氣氛下，彼此猜疑對方的意圖。有一位學者說：「我們有不同的人為不同的國家奮戰」，每一邊都認為其他人是叛徒。支持陳水扁政府的人指控反對派政客「前往中國，勾結敵人，削弱陳水扁政府的計劃」[11]，並且拿他們和一九三〇年代同納粹德國合作的歐洲領導人比擬。

二〇〇三年十一月，台北偏民進黨的一份報紙刊載了一篇社論，這篇社論將這幾股不同的線索做了一個整合。作者指稱外省人對大眾媒體的掌控超越其人數比例（此乃國民黨統治的遺跡），並指控部分媒體已成為「共產黨的同路人」。甚且，他們利用對媒體的掌控，藉由掌握新聞節目的內容、挑選談話節目的來賓等方法，塑造輿論、發動對國民黨及親民黨的支持。更糟的是，國民黨內的本省人（所謂的「本土派」）有意識或無意識地與之勾結。作者問：「歷史要如何看待這些認賊為父的本土派？」[12]

自從一九九〇年代以來，台灣地區對民眾認同台灣和中國的程度、及偏好的結果，即有廣泛的調查。目前有三個不同的研究調查仍在進行中。第一個是行政院陸委會主持的一系列調查，但有人關切它的調查方法是否精良。第二個計劃比較精密，由國立政治大學選舉研究中心負責，並得到陸委會贊助。第三個計劃由行政院國家科學發展委員會（簡稱國科會）支持，先由國立台灣大學的團隊負責，後來也加入其他機構的學者。三項調查都發現一個清楚的趨勢：只認同意台灣的意識強烈走升，只認同中國的意識下降；只認同台灣、或認同既是台灣人也是中國人的比例是否佔優勢則互有上下。圖六之一就是政大選舉研究中心歷年調查的結果。臺大學者在二〇〇四年六月的一項調查發現，雙重認同的人上升到四六．八％，只認同是台灣人者下降至四一．六％，只認同是中國人者則只有六％。政大的相關調查指出，改變是從一九九二年起逐漸發生，原本只認同是中國人者開始轉向「雙重認同」或甚至只認同為台灣人。而且，轉變無關乎出身（本省人或外省人）、年齡、教育水準、性別和政黨屬性。

當然，台灣的領導人基於政治或其他目的，設法利用或助長台灣認同意識。但是，如果這個現象不是很普及，他們也無法加以利用。甚至可以說，從只認同中國向認同台灣轉變，主要是中共一系列的行動所造成。中國一再阻撓台灣國際空間、冒犯台灣人民的自尊，被認為在否定他們的權利。一九九六年三月的飛彈演習及後續的軍事現代化計劃，已使台灣更加不安全。如果說是國民黨外來者首先刺激台灣意識的形成，中共外來者自一九九〇年代初起則予以強化。舒耕德（Gunter Schubert）認為，往前看，中國否定台灣擁有主權，又威脅要對台動武，「把台灣島內所謂的現狀派多數民眾推得愈來愈遠離認同中國的立場」。

外來的影響會衝擊台灣人民認同的均勢——是中國人、是台灣人，或既是中國人也是台灣人——這也代表相互有利的經濟關係有可能逆轉這個趨勢，強化了中國意識。即使如此，外部關係對台灣整體民眾會有多大影響，頗有可能被誇大。杜克大學學者牛銘實的調查發現，只有一二％的台灣居民曾到過大陸三次以上，二〇％只到過大陸一或兩次，六八％根本沒去過大陸。牛銘實又發現，只有一三％的台灣家庭有家人曾在、或計劃在大陸就學、就業或居住。兩岸交流的影響其實只及於台灣少數人身上。

圖六之一 台灣的「台灣人—中國人」認同走勢圖

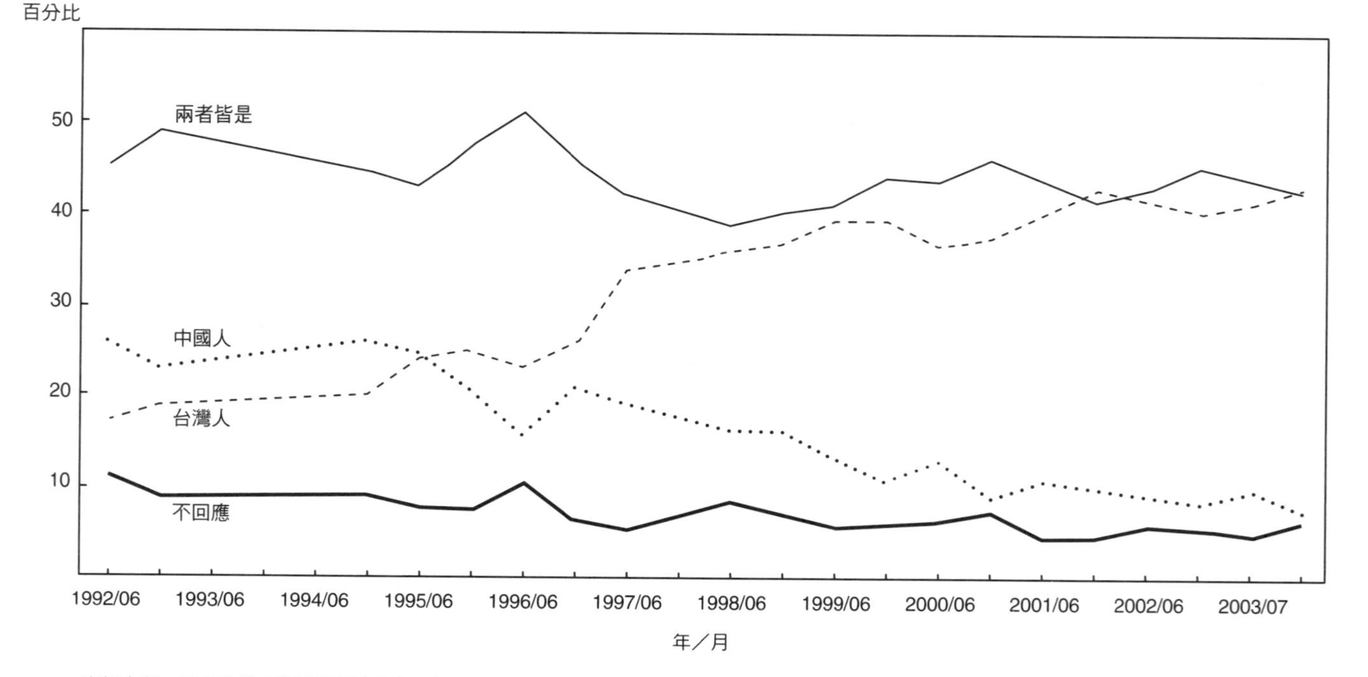

資料來源：國立政治大學選舉研究中心。（http://taiwansecurity.org/IS/2004/BW-Poll-220704.ppt）

另一方面，許多學者有一共識：台灣意識上升、甚至佔了優勢，並不就必然導致追求法理獨立。馬若伯（Robert Marsh）發現，根據調查資料，「雖然態度顯示趨勢是往台獨走、遠離與中國統一的方向，但是更強大的趨勢是支持務實。」吳叡人認為這種務實的民族主義是民主化的成果，覺得它的特徵是「公民的、自由的，更重要的是非戰主義的」。舒耕德說：「今天所謂的台灣民族主義不應……被降為或錯誤地等同於這個海島共和國不重要的政治論述，宣稱有個完全不同於中華民族的台灣民族。」（作者強調）任雪麗認為，事實上有四種不同的認同意識：省籍（大陸或台灣出身）；國家（中國或台灣的人種文化認同）；公民（中華民國或中華人民共和國）；政策偏好（統一或獨立）。任雪麗強調，某些範圍（如國家）的辯論比其他範圍（如公民）來得大。台灣認同與希望獨立之間也未必有相互關聯。[13]甚且，普遍認為台灣已是個國家（公民認同）並不一定導向排斥統一的政治偏好——它可能會有這種效果，但關鍵點是台灣認同意識可以在台灣內部塑造、也可以透過中共的行動去塑造。

關於台灣居民最盼望什麼樣的結果，最常被引用的是陸委會主持的調查的結果。它們一致顯示大約半數以上的回答者寧願繼續維持現狀，對最後結果沒有表示意見。希望現在維持現狀和希望以後獨立或以後統一的族群，其實皆不超過二〇%。希望立刻獨立的人，持續保持在一〇%以下，希望立刻統一的人則不到五%。雖然表明只認同自己是台灣人的百分比，由一九九〇年代初的百分之二十多，高漲到二〇〇〇年的近五〇%，到了二〇〇四年又只剩略高於四〇%，支持獨立的人只從略高於一〇%，成長為趨近二〇%，可謂相當平穩。二〇〇四年六月一項調查發現，只認同自己是台灣人者，不到半數預備為宣告台獨而作戰。

國科會贊助的一群政治學者進行了更精細的調查，想要找出與中共行為有關的變數是如何影響受訪

表六之一　統獨意見傾向的比例變化

單位：百分比

	選後進行意見調查之年份				
九種傾向	1993	1996	1999	2000	2002
原則上相信獨立	9.9	16.8	22.8	24.0	20.3
傾向於獨立	2.3	2.7	2.4	2.5	4.5
低度反對統一	1.6	2.3	2.1	0.6	1.9
心無成見的理性思考者	24.4	26.2	28.8	34.4	22.8
低度反對獨立	2.1	1.9	1.8	1.3	3.1
傾向於統一	4.9	4.8	3.2	2.3	2.8
原則上相信統一	26.5	23.8	16.4	19.3	18.1
強烈支持維持現狀	7.2	7.2	11.0	6.6	11.2
對前景感到悲觀	21.1	14.2	11.3	9.0	15.3
回應總數	1,398	1,383	1,357	1,409	2,022

資料來源：Yun-han Chu（朱雲漢）, “Taiwan's National Identity Politics and the Prospect of Cross-Strait Relations”, Asian Survey 44 (July –August 2004): 484-512.

人對統、獨的偏好。他們提出的問題是：在宣布獨立後並無戰爭的情況下，台灣是否應該成為新的獨立國家？以及兩岸在經濟、社會、政治各方面都可相容之下，應否統一？表六之一代表這個比較精細的調查所出現的九種類型的反應。有一個群體，照這份調查的說法是非常「理性」：他們會接受和平的獨立，或是兩岸匯流後的統一，只要有可能，都好。另外兩個群體為「非常有原則」：他們寧選一個結果，即使另一個結果有最適條件也絕不接受（例如，對獨立死忠者，即使兩岸匯流也堅決反對統一）。另外有一個群體真心支持維持現狀（例如，即使中國不會以啟動戰爭做反應，他們還是不接受宣布獨立）。另五個群體的反應則居中。

最近的一項調查是在二〇〇二年初進行，它發現差別意見的分布相當平均。表六之一告訴我們歷次調查九種類型反應的分布情形。「態度開放的理性派」（他們兩種情況都可接受）佔受訪人的二二・八％。「堅守原則」的受訪人當中，贊成和平獨立、堅拒與匯流中國統一者佔二〇・三％，贊成統一、絕不獨立者佔一八・一％。堅持維持現狀者只有一一・二％。其餘的回答就比較含糊。

偏好與時演進的起伏也很有意思。堅守獨立或傾向獨立的人，在一九九三年初佔一二・二％，到了一九九九年初則上升到二五・二％，二〇〇二年初又跌到二四・八％（比起一九九三年高出一倍）。堅守統一或傾向統一的人，在一九九三年佔三一・四％，到一九九九年跌到一九・六％，二〇〇二年微升為二〇・九％（比起一九九三年跌了約三分之一）。態度開放的理性派則在二五％上下浮動。堅持維持現狀者則在六％至一一％之間浮動。

這裡我要提醒大家注意幾點。例如，除了上文所引述最近的調查（見表六之一），大部分的調查沒有明白要求受訪人考量他們抉擇的後果。即使提到一些條件狀況，它們也未必是正確的。在評估接受統一時，經濟、社會和政治的匯流，是最重要的因素嗎？或者它是北京要統一的實質作法？大多數調查同樣也對各種結果的定義講不清楚。例如，統一的型式從來沒對受訪人說明白。是一國兩制式的統一、還是其他比較鬆散的結合呢？何謂現狀，尤其含糊不清。對不同的人來講，現狀的意思都不一樣。因此調查結果只講粗糙的一般傾向，它們不能精確反映任何時點的民意。（要衡量台灣民意的精微細節，需要用到焦點小組這類的技巧。）

可是，這些民調及台灣意識崛起的歷史告訴我們：台灣意識十分複雜，但可以打造。台灣民族主義者認為他們的家園是個別的國家，這究竟正確與否，無關宏旨。重要的是，相當大比例的台灣居民相信台灣是個認同的對象，它與中國有別，而且必須不和中國統一。中國這個外來者，被認為是對認同意識的威脅。過去國民黨的高壓統治是這個被創造出來的認同意識的主要起源，這對於曾受過高壓統治的台灣人來講，仍是個新起點，也提醒我們外來力量可以改變不同認同意識之間的均勢。因此，北京今天的行動也可有助於改變均勢。儘管兩岸經濟互動上升，中國也積極加強軍事力量，台灣認同意識現在仍更加堅強。台灣的政治領導人的確利用這種情感，例如，選戰期間拿中國當議題，指控主張和中國交好的人威脅到台灣的利益；他們有戰術上的理由要這麼做。但是，創造關乎認同意識和喜好結果的趨勢，有許多因素，這只是其中之一。最後，台灣認同意識未必一定轉化為追求法理上的獨立的行動；有些人固然會如此，也有些人不會。但是，它強化了更實質的理由——例如，相信台灣是個主權實體——也構成強大的堡壘，防堵中國的一國兩制方案被接受。

民進黨，以及反對黨派的政治

民進黨在二〇〇〇年贏得總統大選，又在二〇〇一年成為立法院席次最多的政黨，它有獨特的歷史，影響到它今天的施政作為。民進黨源自「黨外」，這是反對國民黨高壓統治及其號稱代表全中國的虛幻的一群政治人物集合體，在不同程度上有著建立台灣共和國的終極目標。黨外政治人物是國民黨統治所孕育出來的台灣意識最為動見觀瞻的代表。從一九六〇年代末、七〇年代初開始，他們參與省級及地方公職的選舉。此外，國民黨為了測試施政滿意度也在立法院開放增額立委選舉，藉以反映台灣地區人口增加的現實（當時中央民意機關大部分席次仍由一九四〇年代末在大陸選出之資深民代把持）；黨外人士也參選。就選舉資源而言，他們仍屈居下風，而且從事反對運動也需要相當大的勇氣。不過，每個選區可選出多席代表的制度，以及本省人對國民黨的憤懣心理，提供了前所未有的機會。

中華民國的國際地位遭到下列一連串打擊，也有助於黨外發展：一九七一年退出聯合國；中華民國大部分外交夥伴，尤其是美國，轉而承認中華人民共和國；失去聯合國體系內所有國際組織的會籍。這些事件對反對運動反而是恩賜，因為如前文所述，國民黨政府否定民主、遲遲不改選立法委員及國大代表的藉口就是中華民國是代表全中國的政府。由於國民黨正當性的傳統根基動搖，黨外可以針對它在內部沒有代表性，又對外號稱所轄超越台灣範圍的主張進行挑戰。國民黨因為它一手催生出來——雖然是粗心大意——的台灣意識，反而陷入困難。

黨外也從海外得到奧援。本省人展示他們對國民黨疏離的方法之一就是大量出國留學，尤其是前往美國深造。留學生學成後，大部分不回國，寧願住在西方國家也不回他們認為遭到殖民統治的故鄉。他們取得專業工作，也成立社團維持同鄉團結意識。這些流亡人士是最支持台灣曾是、也應是個別國家的理念的人，也是第二階段台獨運動的領導人物（第一階段台獨運動以日本為基地，到一九六〇年代已萎縮）。有一陣子，這些活躍分子專注於台灣的地下政治活動以弱化國民黨政權，影響國外輿論則是次要的工作。到了一九七〇年代末，尤其是一九七九年十二月發生了高雄事件，大多數反對運動領袖都被捕下獄之後，美國的台灣人開始改變策略。他們爭取索拉茲、李奇（Jim Leach）、斐爾等美國國會參眾議員的支持。這些議員並不預備支持台灣法理獨立，但樂於號召保障人權及推動民主制度。或許最重要的是，他們給予「黨外」道義上的承認，以及國民黨在國內不給它的正當性。

儘管有了這些新優勢，黨外仍然面臨戰略、戰術的兩難困局。以目標而言，民主化與獨立孰為重？以戰術而言，體制內改革（爭取立法院席次，從體制內批判政府）或街頭運動（動員群眾、走上街頭挑戰威權）孰為重？每一種論點都有它的理由和擁護者。老一輩領導人喜好國會路線，它可以得到某種程度的政治權力，但手段卻必須溫和，而這個需求基層支持者未必了解。年輕的活躍分子主張的社會運動，必須英勇地摒棄國民黨政權，風險極大。議會選舉採單一選區多席次制度，只會加劇分裂，因為不同主張的兩派人士皆可參選。

因此，黨外——以及一九八六年九月由黨外人士組成之民進黨——經常分裂為好幾個派系，反映出戰略、戰術的不同。從一九八〇年代至九〇年代，比較溫和的陣營以美麗島系為首，而新潮流系主張比較激進的路線。要處理這些歧見並解決領導權之爭，黨外／民進黨必須發展一套決策結構，可以透過複雜的諮商和交涉過程形成共識或折衷方案。產生出來的協議成為黨綱的一部分後，下一次選舉的結果就是它們應否存續或修正的實際考驗。

一九九〇年代初期，因為李登輝推動改革，立法院和國民大會將在台灣地區全面改選，總統也改由全民直接投票選舉，民進黨有關戰術方面的辯論便解決了。路線已經很清楚，至少在理論上，唯有透過選舉才能爭取權力。社會運動和街頭抗爭並未完全被拋棄，但黨的重點已移向競選掛帥。

民進黨與台灣獨立　黨在台獨運動中該如何定位自己，仍是個大難題。當然，台獨已是黨外／民進黨的圭臬，至少新潮流系相信它可以吸引選票。民進黨進行了冗長的三階段辯論，討論要重視這個議題到何種程度。在每一個階段中，他們都找到方法來弭合內部的歧見。

民進黨在一九八〇年代中期成立時，它重過程、輕結果。它主張自決，台灣的未來應由島上人民透過民主程序決定。以當時的政治氣候來講，政治自由化才剛開始、擁護法理獨立仍是禁忌、民眾亦焦慮國民黨政府是否會出賣台灣等等，這是合理的作法。希望把「自決」解讀為「獨立」的民進黨員固然可以這麼解讀，某些政府官員也是如此。不過，民進黨的立場仍不固定，各派系歧異仍深。

逐步民主化使得民進黨失去一個很可運作的議題，導致它轉為重結果（獨立）、輕過程。在這個過程中，新潮流系勢力大增。不過，民進黨在一九八九年立委選舉前要訂定黨的立場時，仍考量到內部不同意見及外在尚未民主化的現實。它的決議文含糊地表示「國際主權獨立」，如果國民黨要採取出賣台灣利益的作法，它將走向推動獨立——這個立場附有條件，責任落在國民黨肩上。後來，新潮流系及立場相近的派系在選舉中頗有斬獲。

之後，新潮流系繼續把民進黨推向極端。一九九一年國大代表選舉前，民進黨的黨代表大會上，新潮流系推動建立獨立台灣共和國的黨綱。民進黨因此亮出它最激進的方向，選民也做出裁決。民進黨候選人得票率僅有二四％，是近年新低紀錄。黨領導人立刻提出較溫和的主張，次年立法委員選舉的成績就有好轉。可是黨內辯論並未停止。民進黨候選人在一九九六年總統大選的得票不高（彭明敏，傾向台獨），加上中共的飛彈演習，使民進黨又趨向務實和溫和。當年夏天，不同的觀點爆發最後一次大衝突；後來，最激進的台獨派脫黨，另組「建國黨」，使民進黨比較容易探索中間路線。

這個過程又走了近三年，以一九九九年五月通過第三、四章談過的〈台灣前途決議文〉達到最高潮。（「台灣是一主權獨立的國家……台灣，固然依目前憲法國號稱為中華民國，但與中華人民共和國互不隸屬。」）為了除掉困擾民進黨近十年的弱點——不能將政權委託給它——黨再次強調過程重於最終結果。可是，如前文所述，這個論述只從言詞上尋求弭平所謂基本教義派和務實派之間的歧見而已。

民進黨內年輕的理論家在幕後有進一步的行動。他們接受台獨是個絕不會實現的夢，台灣至少在經濟上和中國連結在一起。因此，他們開始考量即使民進黨也會覺得符合台灣基本利益的國家結合模式。

最公開的例子即是民進黨國際事務部前主任田欣（二〇〇三年當選台北市議員）。他在二〇〇一年四月向美國一個外交政策組織發表演說，提出調和中國現實及台灣對主權之基本原則的方案。他先陳述明顯的現實：台灣無法改變它的地理位置，中國是個「統一、強大的鄰人」。鑒於北京高度重視統一，「如果台灣違逆它的希望，中國將動用武力攻擊台灣，強迫台灣成為中國的一部分……由於台灣不能遷移，我們必須面對我們的鄰人。」田欣認為，在這種情勢下，直到中國本身成為民主國家之前，和平共存是兩岸最佳的選項，值得追求。要建立和平共存的狀態，就必須和中國談判，主權議題很可能列入議程。「我們（民進黨）相信，台灣或許可以談成：台灣犧牲部分主權，交換兩岸永久和平；只要這個擬議的政治安排合理、值得、可被台灣人民接受的話。」[14] 陳水扁在二〇〇一年新年文告提出統合論，從社經文化統合走向政治統合，即透露他與田欣的觀點不無關係。❹（詳見本書第三章）

民進黨對台灣獨立的想法轉變——從忠實信徒僵硬地堅守原則，轉向比較符合中間選民立場的務實觀點——在回顧時可以看得比正在演進中更清楚。過程中每一步，民進黨「基本教義派」從事後衛行動，而溫和派曉得，即使他們繼續調整黨立場的內涵，也不能完全忽視同志們的狂熱觀點。當民進黨真正成為執政黨時，這種緊張仍未消失。

其他的政治議題　民進黨傷腦筋該如何調和它對台獨使命的長期奉獻和既存的政治、權力現實的同時，也要面對涉及兩岸關係的議題，這些議題往往使政府陷入守勢，也會挑激北京做出反應。

首先是台灣在國際組織的角色。中華民國退出聯合國及聯合國體系內的其他機構之後，默默地接受了它將永遠退出的現實。中共加入這些組織，以及這些組織據以運作的共識，都使得北京實質上可以否決台灣恢復會籍的一切努力。而且，美國拒絕在這方面協助台灣，一方面在政治上這是徒勞無功；另一方面是因為美國承認中共政府是代表中國的政府，而「中國」已經在所有的機構當中佔有一席之地。李登輝堅持台灣對國際組織的參與是討論兩岸統一時的關鍵議題，但是他沒有立即發動重返國際組織的行動。不過，中華民國倒是爭取加入或重新加入國際經濟組織，如亞太經濟合作會議（APEC），以及關稅暨貿易總協定（GATT）、和由它演變出來的世界貿易組織（WTO）。美國對此提供重要協助，加速台灣入會；中共還不是這些機構的成員，也有利台灣的申請。

一九九一年，南韓和北朝鮮同時成為聯合國會員國，打亂了原本的均衡。在國民黨政府時期政治犯呂秀蓮的率領下，民進黨立刻提出要求，他們要知道為什麼台灣不應享有類似的雙重代表權之待遇？呂秀蓮開始推動台灣重返聯合國的運動。這個訴求在台灣民眾心中引起共鳴，李登輝遂於一九九三年不顧美國及其本身外交部的保留態度，把「入聯」納為政府政策。

北京迅速予以負面反應。它花了四十年功夫才在國際社會建立霸權、壓制中華民國，現在絕不容許它侵門踏戶，闖入禁區。一九九三年八月，中國國務院台辦和新聞辦發表長篇聲明，說明為什麼台灣不該加入或重新加入以國家為會籍資格的國際組織。台北此後年年行禮如儀，都要提出「返聯」申請（例如，它在一九九四年七月也發表聲明），以滿足國內的政治情感；中國則極盡能事阻擋台灣的努力。

世界衛生組織（WHO）在一九九七年成為新戰場。醫生在台灣是支持民進黨的一個重要群體，因此倡議台灣重新加入世衛組織既是回應黨的重要支持者之訴求的良方，又可同時對國民黨政府施加壓力。民進黨曉得不可能爭取到正式會員，很聰明地改而訴求成為觀察員，也能有某種程度的參與。國民黨政府很快把它納為政策，推動加入世衛；北京也一樣迅速發動防禦。台灣內部政治再次激化兩岸在國

❹ 陳水扁也在他二〇〇四年就職演說中展現此一彈性。他在演講中並未排除任何兩岸未來可能的結果，只要得到台灣人民的同意就行；他又特別提到歐洲統合的模式。

際社會的競爭，使得兩岸和解又陷入複雜的境地。

民進黨也利用一個機會質疑政府對兩岸關係的處理。一九九三年春天，辜汪新加坡會談準備工作緊鑼密鼓、台灣企業界推動與大陸經濟關係自由化之際，民進黨提出質疑，擔心國民黨官員會做出未能適當反映全民意志的決定或協議。民進黨利用它在一九九二年十二月立委選舉席次大增的聲勢，發動立法機關對政府決策加強監督，限制將前往新加坡的談判代表的資格彈性，對達成的任何協議都要嚴格審查。因此，政府把會談範圍限縮在功能性議題並設法增加透明度。（帶領民進黨發動強化監督者，正是立法院黨鞭陳水扁。他質疑，一個非經選舉產生的政府怎麼有權代表台灣人民做出決定？他堅持經由全民選舉產生的立法機關更有正當性可質疑政府政策。）

民進黨並不是唯一拿國際活動爭取政治優勢的政黨，即使這麼做會使兩岸關係複雜化，也不惜一切要做。國內政治與對外政策最顯著的交叉點是李登輝訪問美國的計劃。他面臨台灣有史以來第一次總統直選，需要向選民展示他有辦法搞定美國，因此非得這麼做不可。民進黨要爭取權力也不能只靠國際組織、兩岸談判這類議題。重點是國民黨在國內的死穴，尤其是俗稱「黑金」的貪腐問題。但是，萬事莫如降低選民對民進黨的疑慮來得重要——選民普遍擔心民進黨一執政就會莽撞行事，激怒中國採取軍事行動。不過，民進黨拿加入國際組織的議題來平衡它對台獨立場的逐漸溫和化，這麼做可迫使國民黨吸納這些議題（國民黨若不如此會有失去民心支持之虞）；藉此，它也重新改造兩岸關係的議程。

大陸貿易與投資　如果民進黨要贏取政治大權，它必須要面對經濟議題。民進黨一向沒展現出對經濟有專業專才的樣子，也顯然偏向企業界不喜歡的政策，如加強社會福利和環境保護等。但眼前的現實是，台商面臨國內工資上漲的壓力，必須把生產設施移到大陸以求生存，因此兩岸經濟互動日益頻繁。

圖六之二 2000年總統大選：趨向中間

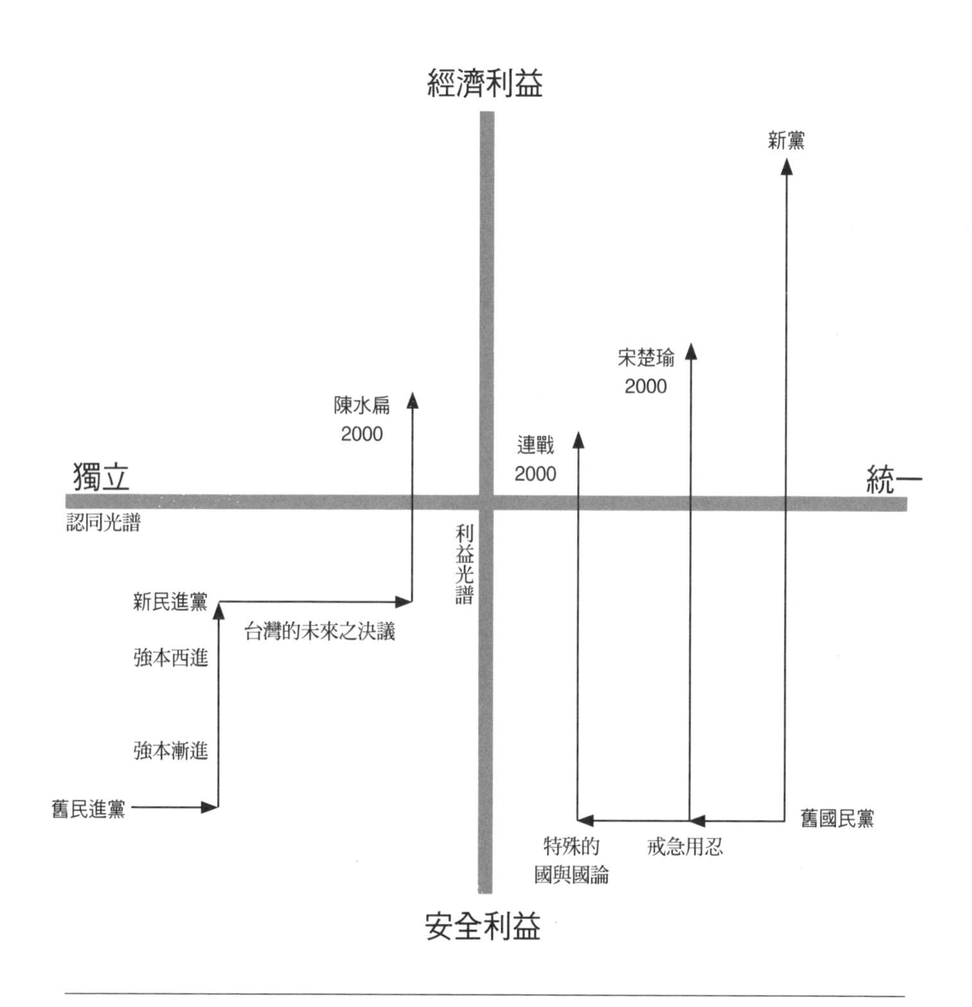

資料來源：改製自 Yu-shan Wu（吳玉山），“Taiwan's Domestic Politics and Cross-Strait Relations”, China Journal 53 (January 2005): 52

不能直接通航，成為交流的一大障礙。

民進黨內有許多人和李登輝一樣，擔心台灣經濟愈來愈依賴大陸、也擔心伴隨而來的政治弱點；他們支持李登輝的「戒急用忍」政策，限制前往大陸做重大投資。也有些人則擔心，黨若不能擴大基礎、對企業界更友善，可能會輸掉選舉。一九九八年五月，民進黨展開政策大辯論。許信良主張放棄「戒急用忍」，改為「大膽西進」。他的同志（包括陳水扁）不同意，重申對企業界應有所限制的政策。最後，折衷為「強本西進」，但它反映出民進黨採取的立場比李登輝更有利於企業界。二〇〇〇年總統大選一接近，陳水扁又提出直接通航的主張。

民進黨一九九八年面臨的兩難，展現出台灣認同和經濟議題的交叉性質。台灣政治學者吳玉山曾經展示，有兩個辯論盤據了台灣政黨和選民全部的心神。第一是統獨之辯，第二是安全與經濟之辯。把這兩個辯論各自的兩極意見匯合，就是四種基本政策趨勢（圖六之二）。吳玉山很有說服力地提出，民主制度的運作迫使國民黨和民進黨在一九九〇年代匯流：國民黨變得對統一更謹慎，民進黨則與台獨保持若干距離。在經濟議題上面，李登輝於任期內對兩岸投資設下若干限制，民進黨則走向支持直航。吳玉山寫道：「由於台灣的主流民意位於認同和利益光譜的中間，總統候選人跑到中間爭取選票。」[15] 選民大多數偏好「不統不獨」（尤其反對立刻統一或立刻獨立），寧願維持現狀。他們希望從中國得到安全和經濟合作。大政黨務實地跟著選民的偏好走。至於新黨和建國黨一直維持超脫主流的純潔度，就輸了。

民進黨做為台灣反對黨的歷史，透過二〇〇〇年及二〇〇一年的選舉，顯示出民意可以改造政治綱領。沒錯，有一部分人台灣認同意識最強，他們支持台灣全面從中國獨立，這部分人是民進黨的基礎之一部分。由於中國的政策和島內的選舉制度，獨立的情緒將在立法院中得到席次，也將繼續在民進黨內有一定的勢力。但是，民進黨已從十年的經驗中學習到，即使在國民黨內部分裂的脈絡下，他們若想贏得台灣的總統寶座、掌控行政院，還是必須把政治目標溫和化，讓民眾放心它不會魯莽地運用權力。

失序的民主？

雖然台灣的政治使得台灣人民不可能讓中國如願所遂（一國兩制），還是有些問題存在。如果北京端出客觀上吻合台北實質關切的提議，台灣的政治體系會如何回應？它能夠接受「好」這個答案嗎？民進黨向來的焦慮是，未具代表性的組織可能會核准與北京之間的一項「壞」協議。反過來，我們可能要問，目前的政府體系是否在體制上不能批准任何或許可以加以談判的「好」的協議。兩岸關係框架即使只想要有溫和的改變，都需要民眾的支持。現行法律要求任何與中國之協定凡涉及政府或公權力之執行，皆須經立法院通過。任何協定若需要變更現行法律，當然更需要立法。❺要回答這些問題，須注意台灣民主的若干特徵，以及它如何反映公眾意志、它如何做抉擇。

選舉制度　台灣民主政治的某些缺陷來自於它的選舉制度。民意機關的選舉，國民黨借用日本的「一票多席選區」模式，多名候選人在不只一席的選區裡競選，選民只能投一票選擇他中意的候選人。每個政黨依據本身在選區之實力決定提名幾個候選人參選，然後要動員支持者、並且提示他們如何配票投票。它也會設法阻止沒得到黨正式提名者脫黨違紀參選。如果本黨太多人參選，票源分散，當選人數

❺ 二〇〇三年十月二十九日制訂的「兩岸人民關係條例」有詳細規定。

就不如理想。如果動員不力，投票率低，或是票源集中某人、忽略其他候選人，當選席次也會不理想。

戴蒙（Larry Diamond）指出，這種制度「有好幾種不良效應」[16]。首先，它會強化政客個人野心、破壞黨的團結，造成政黨分裂。國民黨和民進黨都有好幾個派系。兩黨都有人因不滿黨的方向而脫黨自行運作的紀錄。國民黨內不滿李登輝路線者在一九九三年脫黨，組成新黨。民進黨內激進派也在一九九六年脫黨。二〇〇〇年總統大選，宋楚瑜脫離國民黨、許信良退出民進黨，分別獨立參選。宋楚瑜後來組成親民黨；李登輝促成台灣團結聯盟在二〇〇一年成立，它的部分黨員是對在李登輝退出後的國民黨內反李派方向感到不滿的人士。

國民黨自一九五〇年代初期開放地方自治選舉以來，本身也在草根基層促成某種程度的分裂以及貪腐。它在每個地方級轄區內鼓勵至少兩個派系互相爭雄。某些情況下，派系以宗親為基礎，相互競爭已歷數代之久，有時候派系也和黑道幫派有關係。國民黨透過縣黨部利用這些地方大咖的派系網絡，動員他們可掌握的票源，黨部再提名這些合作的個人競選縣市議員、鄉鎮民代表或鄉鎮縣市長，做為回報。黨絕不允許某一派系獨霸；它設法維持均勢來確保黨部可以滲透並控制基層社會。一旦開始民主化，就有兩件事發生。第一，民進黨實質上成為地方上另一股政治勢力。第二，地方派系首腦更不願接受國民黨的提名決定。如果他們偏好的候選人未獲提名，此人照樣參選，拉走派系可掌握的票源，使國民黨正式提名者流失選票。（民進黨也有類似的問題，但它似乎有一套方法維持黨紀。）這種動態關係在只有一個當選人的選舉中（如縣市長、總統選舉）更為明顯，因為若有多席當選人的話，各派系大致都還能分到一杯羹。但是，基本結果是一樣：一票多席選區制比單一選區制更易滋生黨內派系之爭和分裂。

一票多席選區制也鼓勵個人強出頭。當然，在多席選區制底下，同黨的候選人都依黨綱為競選訴求，至少表面上是如此。可是，由於在相當大程度上他們競爭的是同樣的票源，他們必須設法突出自己。因此，比起政策立場（彼此政策應該是一樣），他們更強調象徵性的議題和自己的個人特質，也可能會抹黑對手的人格。比起每黨各有一人競選的選制，選民的政黨認同度低得多。而除了從黨部可能分配到的資源外，候選人還得開創自己的競選資源，以補強戰力。一旦靠自己的力量當選，民意代表就不太會甩黨部領導，有太多誘因要加強個人的民意支持度。

一票多席選區制會鼓勵某種程度的激進政治。由於只靠一部分選票即可贏得議席，有些候選人會把自己擺在政治光譜的兩端，向立場較極端、較具意識型態觀點的選民訴求。走向中道的誘因不大。派系和分裂因議題而起，也會因爭搶席次而起。

選舉太過頻繁也局限了作出創新的決策的可能。譬如，立法委員選舉於二〇〇一年十二月舉行，距陳水扁就職總統才十九個月，使民進黨及其反對政黨有理由推遲兩岸關係的政策倡議。這段期間的僵持成為選戰的一部分，各方都希望、也爭取權力均勢移轉為對己有利的態勢。立委選舉剛過，二〇〇四年三月的總統大選實質上就開跑了。新總統就職甫七個月，下一屆立委選舉又來了！[6]

[6] 從一九九六年至二〇〇四年，台灣每四年舉行一次總統大選，立法委員每三年改選。若國民大會複決通過二〇〇四年八月立法院通過的修憲案，總統和立委任期都是四年。（譯按：二〇〇五年六月七日任務型國民大會複決通過第七次修憲，並經總統於六月十日簽署頒布之。增修條文第四條規定：「立法院立法委員自第七屆起一百一十三人，任期四年。」換言之，二〇〇八年一月選出之第七屆立委席次由二百二十五人減半，任期由三年改為四年。到了二〇一二年，第十三屆總統與第八屆立委可以同時改選、就職。）

所有的這些傾向——派系、個人掛帥和走極端——在民意機關的選舉中，比在行政首長職的選舉明顯強烈得多。前者，政黨有多位候選人在同一選區拚出頭，後者只有一人代表黨參選。不過，一票多席選區制對後者的選舉也有衝擊（例如，有人爭不到黨提名就脫黨參選），也對黨的一般動態有影響。陳水扁在二〇〇〇年競選總統時努力把民進黨移到中間路線，即使這在客觀上確實有其必要，可是並不平順。他力抗的激進主義和個人主義，有一部分即因一票多席選區制所造成。下文將會敘述到，二〇〇八年將會廢止一票多席選區制，改成以單一選區制配合政黨比例制，雖不致於立即泯除，但可望降低現行制度的弊病。

威權主義的成果　民進黨和國民黨都很難適應二〇〇〇年總統大選後政黨輪替、朝野易位的新政局，政策的制定第一個遭殃。

陳水扁面臨一系列挑戰，這是反對力量首度贏得國家大權時常見的現象。從來就沒有機會治理台灣的民進黨，缺乏足夠的領導人才來接管中央政府的許許多多部會和機關。陳水扁和他的一些同志曾經擔任縣市長，但那些職位提供的經驗與治理整個台灣還是相當有距離。陳水扁先是從國民黨找來一位行政院長，又從企業界、學界物色部會首長，以穩定人心。但是，這個實驗失敗，此後他就愈來愈倚重民進黨黨內同志；可是，民進黨一直無法戰勝民眾的負面觀感——它還沒準備好全面執政。陳水扁就職時台灣適逢經濟衰退，使得情況雪上加霜。

更糟的是，民進黨「基本教義派」並沒有給予陳水扁堅強的支持。他們不滿他從黨外找人出任部會首長，沒讓黨內其他領導人入閣。他們抱怨陳水扁在制定政策時沒先和他們商量，就期待全體民進黨籍立委支持他的倡議。他們也怕他會是騎牆派——在大陸政策上做出有失原則的讓步。他們容忍他在選前往中間路線靠攏，是因為希望他贏得選戰。選後眼看著他繼續和北京、華府有來有往，他們變得更加焦慮。二〇〇〇年六月出現一個關鍵時刻，陳水扁表示為了恢復兩岸對話，他或許可以接受一個中國、各自表述。基本教義派大譁，一則是從原則上就反對台灣是中國的一部分的主張，一則是覺得陳水扁已讓步太多。陳水扁因而退卻。二〇〇〇年底，陳水扁談論未來兩岸關係時，拋出「政治統合論」，基本教義派也相當不高興。他們不僅擔心這個概念，也不爽陳水扁事先沒有諮詢自己的意見。

同樣的，反對陳水扁的政黨也很難適應失去政權。在二〇〇一年十二月立委選舉前，國民黨和親民黨合起來仍在立法院佔有多數席次，他們用它來和新政府對峙。[7]（李登輝在二〇〇〇年三月大選後立刻辭去國民黨主席，這讓國民黨較易採取此一立場。）首先，反對陣營拒絕參加陳水扁為了建構對兩岸關係的共識而組織的跨黨派小組。或許是因為他們自命為台灣正當的統治者，國民黨和親民黨只有在不和陳水扁合作就會損害到他們的群眾支持度時，才肯跟他配合。

政府結構的問題　選舉制度和國民黨、民進黨角色易位的衝擊之外，台灣的憲法架構和體制結構的缺陷也使情勢更加複雜。台灣的制度有點像法國的雙首長制，有總統、也有行政院長。但台灣還未發展出法國紓緩兩個權力中心並立的問題之機制。行政部門內部的制衡，以及行政、立法部門之間的制衡，是一九九〇年代多次修憲訂出來的東西，創造出太多的牽制、太少的平衡。總統不必經過立法院的同意就可任命行政院長，但是總統無權否決立法院通過的法案。只有在立法院行使其職權，對行政院長通過不信任案之後，總統才能解散立法院。在同一政黨控制行政、立法兩院，而且黨紀可在幕後協調兩院關

---

[7] 甚且，還有猜疑說反對黨派與中國聯手打壓陳水扁。

係時，台灣的制度至少還可適度運作。行政、立法部門分屬兩黨控制時，制衡云云，竟是政策僵滯。

立法院本身也有一堆問題。由於選舉制度使然，個別立委要靠本身的努力才能當選，黨紀因此十分薄弱。一旦當選，他們心心念念就是增進個人民意支持度，而不注重替黨爭取民眾支持。貪腐和利益衝突司空見慣。台灣迄無可確保個別立委將依循黨團領袖投票的黨紀傳統。體制上也不鼓勵類似美國國會的委員會和資深制度，讓立委專精某方面政策。台灣的立委可以時常更換參加的委員會，全看他認為參加何者有助於其知名度和競選捐款。立法是以黨團和小型團體之間的協商為根據來發展。因此，只有能取得普遍共識的法案才得以通過，結果是人人不用負責。想阻擋法案，很容易。另一方法是法案交付表決，那麼多數派必須為結果承擔功過責任。以這一點來講，立法院類似美國參議院的味道大於類似眾議院。

陳水扁任期內立法滯礙難行，但有一個例外，就是上述現象最好的例證。所有的政黨都承認，針對二〇〇〇年中期開始的經濟不景氣，非得提出對策不可。民眾指責民進黨面對台灣有史以來最惡劣的經濟下跌卻只是束手無策；國民黨和親民黨也好不到哪裡去，民眾認為他們利用國會多數優勢，阻撓陳水扁的補救措施。因此，雙方同意在二〇〇一年八月召開經濟發展諮詢會議（簡稱經發會），以推動原本在政治上困難重重的種種改革。其中重點即是修正兩岸投資政策。李登輝的「戒急用忍」，修訂為「積極開放，有效管理」。❽

勢均力敵集團崛起　因為台灣民主政治分裂傾向的反應，加上一些其他的原因，台灣於二〇〇一年開始出現兩個勢均力敵的集團。一是國民黨和親民黨的「泛藍集團」，一是民進黨和台聯黨的「泛綠集團」。二〇〇一年的立委選舉，泛藍陣營得票率四九．七四%，泛綠陣營為四一．一四%，無黨籍及其他小黨得票合計九．一％。以立委席次而言，泛藍得到一百一十一席（佔五○％），泛綠也有一百席（四五％），無黨籍十一席（五％）。

泛綠因為提名人數恰當、配票高明、競選得宜，席次比例高出得票率。可是，情勢並沒那麼好。民進黨得票率三三．三八％，符合它過去的表現。台聯黨的得票來自國民黨內原本的本省人支持者，他們對連戰取代李登輝出任黨主席之後所走的路線非常失望。李登輝利用這股疏離感，整合反對與中共走得太近的勢力。展望二○○四年總統大選，泛藍覺悟到若要扳倒陳水扁，唯一的方法是共推一組候選人。

雖然每一陣營的成員不是在所有的議題上都有相同的立場（泛綠陣營內在兩岸經濟政策上的歧異最大），但他們在台灣政界有關統與獨、經濟與安全這兩大關鍵議題上，卻互持相當清晰的立場。泛綠比起泛藍更小心翼翼地處理統一和經濟整合。這種新結盟和權力均勢，多少正確反映出民意在以下兩派主張之間委決不下：一派認為台灣的未來和大陸的前途已綁在一起，另一派則覺得和大陸走得太近會有風險。這兩大陣營並未必相應於台灣的族裔差異，因為泛藍陣營裡也有本省人（閩、客皆有）。這裡的差異大多出於利益因素，最支持與大陸保持較緊密經濟關係的人傾向於泛藍陣營。但是也有地理因素。南部人在早年的高壓統治下吃的苦頭較多，其人口絕大部分是本省人，這裡是民進黨的堅強地盤，對兩岸進一步統合頗有疑慮。

二○○五年初，陳水扁和宋楚瑜一度聯手，打破藍、綠分界。這是兩人針對政治體系的分化和僵局很務實的調整，但它在彼此陣營內造成一片驚恐。這個安排能否持久、能否產生結果，是另一個問題。

❽ 儘管投資政策有此變動，企業界仍抱怨管理太過開放。

在接下來幾年最可能的劇本是，藍、綠陣營仍是主角。推動單一選區制將增大此一可能性。因而，在艱鉅的議題上要打造共識，可能還是不容易。意見分歧是否會趨於兩極化，則要看兩個根本議題的相對突出程度而定。如果國家認同較強大，則兩極化的可能性較大；如果經濟利益較顯著，則兩極化的可能性較低。但是，因為擔心北京會利用高依存度以商圍政，經濟議題也會促進兩極化。在認同意識和經濟利益這兩個議題上，台灣還是有一個硬梗，非常懷疑北京以及島內外省人，它必須被完全說服：即使是最鬆懈形式的兩岸結合，也是符合其利益的。兩岸政策不太可能穩定下來，除非它是以全部政黨或者多數政黨支持的原則做基礎。

憲政障礙　要果決行動除了在政治上困難重重外，還有一件事：即使出現可接受的兩岸和解方案，至少批准行動就非得修憲不可。依據二〇〇〇年四月通過的憲法增修條文，中華民國憲法規定，任何修憲條文必須先由立委四分之一以上提案，四分之三出席，並由四分之三多數表決通過，才告成立。修憲案再交由國民大會以簡單多數予以通過。國民大會不再是常設機關；只在有修憲任務時再召集之。國大代表依比例代表制產生；選民投票給他支持的政黨，各黨依全民投票之得票比例分配國大名額。要對「中華民國領土，依其固有之疆域」做任何變動——比起以邦聯制解決統一問題——恐怕更加困難。對立法院的要求和修憲案一樣，可是在國民大會的法定出席名額為三分之二，並且需經出席者四分之三以上通過才行。（根據立法院二〇〇四年八月通過的憲法增修條文，國民大會於二〇〇五年中期廢除；詳見下文。）

因此，不論根據舊制度或新辦法，通過修憲案或變更國家領土都需要台灣絕大多數政黨的共識；他們反過來必須能夠說服其黨員支持。鑒於藍綠陣營近乎勢均力敵，根據現行憲法要做修憲，而且又有相當多數人反對，可說不可能獲得通過。

認同意識、選舉制度、結構問題、政治勢均力敵和憲法規定，種種因素加起來，可能表示台灣政治制度在兩岸議題上的預設立場是不要做任何事。就算泛藍勢力贏了二〇〇四年總統大選，對北京採取修好路線，也不用走多久就會碰上泛綠的抗拒大牆。根據現有的結構，中共唯一或許可得到台灣贊同的方案，將是民進黨（務實派、基本教義派都一樣）覺得具有無可抵抗的吸引力之方案。

文字的力量（與政治）

台灣的政治經常陷入「文字障」（中國亦然）。做為現實的象徵符號（symbol），它們在政治鬥爭中可以非常重要；它們本身也的確可以成為鬥爭的標的。文字戰爭在華人世界的政治制度中特別流行，因為哲學衝突可追溯到文化初起的久遠世代：儒、道兩派曾對精確名詞之用出現辯論。簡單地說，孔子認為概念若不清晰，就無社會秩序可言，因此主張「正名」。公元前五百年衛君問孔子如何治國，孔子答說：「必也正名乎！」反之，道家認為含糊是事物的本質，文字是傳遞此一本質的不完美的工具（老子曰：「道可道，非常道。名可名，非常名。」）這套動態關係也發生在現今的兩岸關係上，雙方都尋求維持名詞上的優勢，隨時盤算含糊和清晰之相當價值。北京堅持用某種「提法」描述兩岸關係和台灣，譬如：「世界上只有一個中國。大陸和台灣都屬於一個中國。中國的主權和領土完整不容分裂。」台灣領導人則重申他們是個「主權獨立的國家」。李登輝對台灣的提法，從一九九〇年代初期的「政治實體」，轉變成後期的「國家」。

這種象徵符號對實質內容的鬥爭、清晰對含糊的鬥爭，在不平等的權力關係中特別常見。強大的一方想藉由建立名詞的壟斷，強化權力的實質；而弱小的一方想要藉由爭取口頭上的若干優勢來彌補實際的弱點。每一方都認為象徵符號就是實質內容。因此，如本書第三章所述，李登輝總統卸任後主張以「台灣」做為國家正式國號，以便強化台灣認同意識，並緩和他所認為人們不知自己是誰所產生的弱點。在李登輝支持下，當時掀起「正名運動」的風潮。

由於中國領導人是華人，也由於他們懷疑李登輝、陳水扁有一個台獨時間表，北京特別盯緊台灣的正名運動，視之為「分段台獨」的重要指標。另一方面，美國在一九七九年關係正常化時，選擇在文字上向中國甘拜下風，專注在它和台灣關係的實質內涵。譬如，華府自從一九七九年以來就沒用過「中華民國」這個國號，改稱台北政府為「台灣當局」、而不是「政府」。由於台灣領導人及其民眾至少在文化上屬於華人世界，他們痛恨這種地位遭貶抑的情況。

對於「正名」以及改變權力象徵、而非實體的渴望，在民進黨內的基本教義派、李登輝的台聯黨，以及政治自覺強烈的海外台灣人圈子中，最為強烈。除了儒家文化傳統之外，台灣近代史也影響到他們。在他們眼裡，他們在國民黨治下，還遭受另一種折磨，那就是國民黨把不適切的名字，如「中華民國」，加在台灣的現實上。一旦權力均勢變了，他們認為名字也應該改變。

陳水扁當選總統時，有些民進黨支持者（尤其是基本教義派）想藉新得到的大權推動「正名」運動。例如陳就任後不久，我在達拉斯地區向一個台美人團體演講，一名聽眾問我：是否可能把台灣駐美代表處的名字由「台北經濟文化代表處」更名為「台灣經濟文化代表處」，以便更好傳達台灣是個國家的意涵。可是，陳水扁在就職演說中表示，只要中共不對台動武，他就不會變更國號（中華民國）。

而除了國號之外，民進黨陣營還有許多更名的構想，其中之一涉及到護照。中華民國公民所持護照，封面有「中華民國」「護照」等字樣；二〇〇一年春天，出現把「台灣」字樣放上護照封面的提議。表面的理由是台灣人民出外旅行，常被誤認為中華人民共和國國民。無庸置疑，更強大的原因是要藉此強調台灣意識。建國黨對名分非常之關注，甚至自己印了「台灣共和國」字樣的假護照。負責製作、核發護照與經營對外關係的外交部，考量到有些國家可能擔心兩岸關係起風波，對於護照封面加印「台灣」字樣之舉，十分慎重。它宣布將會研究這個議題，但與更改國號無關。即使只是加註「台灣」的構想也招來台灣保守派及大陸官方的指控，認為這是分裂主義傾向的又一宣示。

這個議題暫時從公共議題中沉寂下去，直到二〇〇一年十二月，消息傳出：外交部已經決定在護照封面加註「台灣」。陳水扁於二〇〇二年一月十三日證實此一報導，宣布他已下達指示給外交部，正式核准此一變動。聽到這項宣布的聽眾，其身分有著重大意義。他們是台美人在美國的遊說團體「台灣人公共事務會」（Formosan Association for Public Affairs, FAPA），其成員是民進黨在海外重要的捐款來源，他們回到台灣來慶祝創會二十週年。台灣人公共事務會的創辦人兼第一任會長蔡同榮是立法委員，也是民進黨基本教義派的重要成員，他跟此會一樣非常重視文字的力量。陳水扁的決定顯然意在向黨內基本教義派及其明確的優先目標訴求；他甚至說他的決定是送給台灣人公共事務會的「生日禮物」。

可是，情勢比原先的表相更加複雜。一天之內，消息傳出，陳水扁所核准的是在護照封面加註「台灣發照」（Issued in Taiwan），不是「台灣」。前者是行政事實的陳述，不是政治宣示；後者就政治意謂十足。外交部長田弘茂表示，外交部要找「引起最少爭議的路」。為了防止更大的政治壓力，田弘茂說，「台灣發照」是「目前唯一的方案，也是最後的方案」，而且只要行政院院會通過，措施即可付諸實行。民進黨內有人不同意。他們依然贊同只加註「台灣」，而且要求「台灣」必須緊跟在「中華民國」的後面。中共當然反對，認為這又是走向台獨的一步。

下一階段的文字之爭在五月份上演，以民進黨基本教義派蔡同榮為首的一群立法委員，趁反對者不在場時就此一主題通過一項決議。決議要求外交部捨棄「台灣發照」，把「Taiwan」直接放在「護照」上方。表面的理由是，外交部的方案將使護照看來像是由香港發照的中國護照，等於是把香港和台灣等同看待。這些立委真正的原因，毫無疑問，就是要做政治表述。反對黨派在立法院同一會期稍後通過另一項決議，要求維持現狀。外交部堅持立場，指此一決議不具約束力。蔡同榮等人於七月初增強壓力，民進黨中常會通過決議，建議內閣遵守他在立院通過的決議。當月稍後，蔡同榮也威脅要修訂「護照條例」以要求外交部遵照他的意思辦理。外交部很快就宣布推遲使用「台灣發照」字樣之方案。十月初，政府發放新的、機器可判讀之護照時，封面仍和舊護照一樣。外交部長簡又新說：「在這個議題上尚未達成共識。」

事情拖到二〇〇三年六月仍無定論。距下一屆總統大選日只剩九個月。陳水扁及其競選團隊擔心他的基本盤選民的支持轉弱，必須要祭出特別訴求來穩固他們。其中之一就是護照封面的議題。六月十二日，簡又新宣布，在「中華民國」及國徽之下，將加註「Taiwan」，底下才是「護照」，和蔡同榮的構想很接近。他強調外交部有權決定，不必由立法院通過；民調顯示這項措施頗獲民意支持；美國「了解」此一更動。只要國名不變，反對黨政客預備接受這項變更，但他們也要指出這裡頭的政治動機很明顯。有位國民黨籍立委說：「我們認為民進黨會用它做為競選議題來抨擊反對它的任何政黨。」

決戰二〇〇四

如護照加註一事所顯示，陳水扁在二〇〇四年三月總統大選所採取的立場與二〇〇〇年大異其趣。他更傾向於向民進黨基本教義派、李登輝的台聯黨以及海外捐獻者訴求，而不再爭取中間選民。訴求的核心聚焦在政治體系的癱瘓，指它使得兩岸關係和其他政策領域難以變革的困局更加惡化。陳提議用公民投票來決定公共政策議題。他呼籲以新憲法來彌補舊憲法的缺點。他提議新憲法不交由民意機關立法院和國民大會通過，而透過公民投票的直接民主決定之。他也坦承，他有此構想正是因為現行制度有無法跨越的障礙。北京當然害怕陳水扁要除去這些障礙，為台獨鋪路；其他觀察家擔心他的倡議會激怒中國，增加緊張和不穩定。陳水扁也的確試圖拿中共對台灣有敵意當做競選議題炒作。

陳水扁的倡議也挑戰學界對台灣政治的主流觀點，那就是台灣認同並未轉為驅動台獨的力量以及各政黨被迫要避免激進主張以便爭取廣大的中間選民。依據吳玉山的研究（詳見圖六之三），陳應該留在中央，卻移向左上方。甚且，不像二〇〇〇年大選時連、宋分裂，陳水扁在二〇〇四年已不再佔有反對勢力分裂的便宜。泛藍陣營已整合推出連宋配競爭大位。陳水扁只有爭取到百分之五十以上的選票才能連任，因此他的戰術不免使人大為困惑。

針對此一現象有好幾種解釋。第一是陳水扁認為他的基本盤動搖，他必須集中力量來動員他們。民進黨基層黨員不滿意他未能符合他們的期望，威脅要對二〇〇四年大選袖手旁觀。他們的期望太超過、也不實際，但對從未執政過的政黨來講，這是常見的現象。最能代表基本盤疏離現象的就是大老林義雄，他認為陳水扁沒有盡力推動反核能公投（林義雄結合民進黨正統的兩大元素：一是直接民主，一是「綠色」能源政策）。二〇〇二及〇三年，為反對運動犧牲極大、夙有「人格者」之稱的林義雄在全島

圖六之三 2004 年總統大選：從中間移向獨立

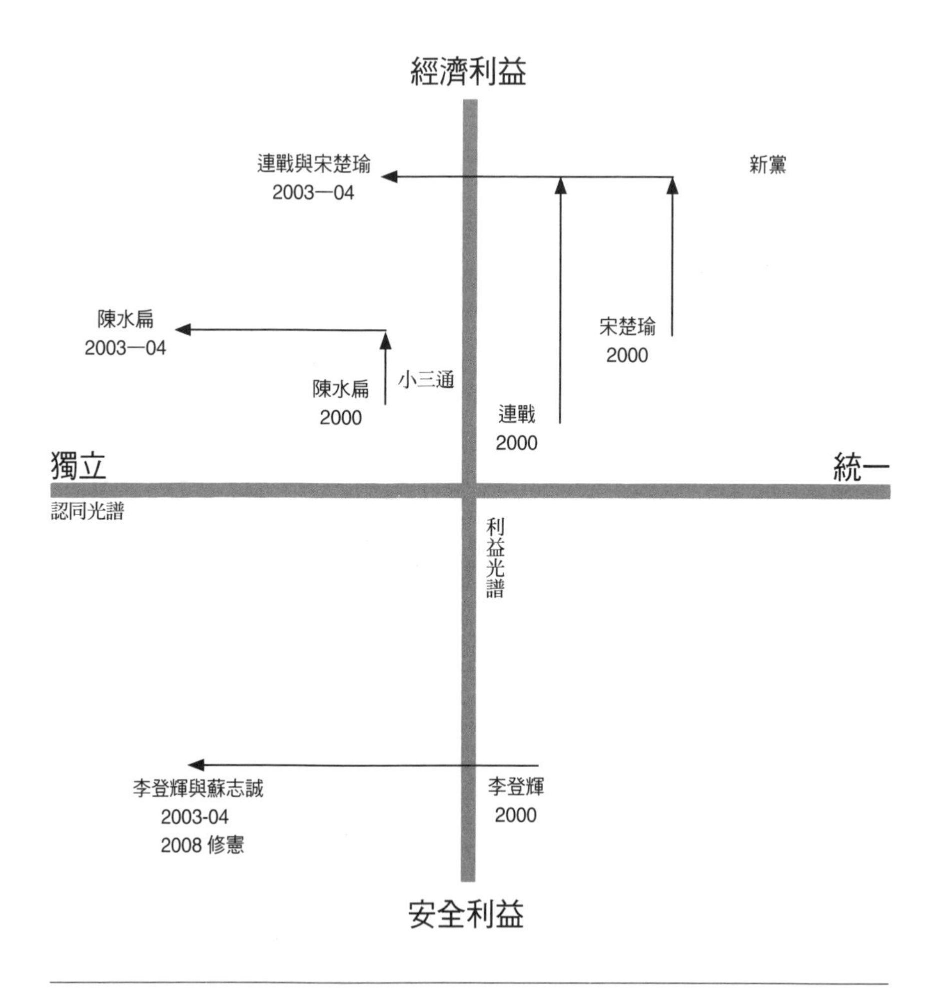

資料來源：改製自 Yu-shan Wu（吳玉山），"Taiwan's Domestic Politics and Cross-Strait Relations", China Journal 53 (January 2005): 52

沈默苦行，抗議總統的軟弱。陳水扁在一九九九、二〇〇〇和二〇〇一年走的是比民進黨基本群眾更靠中間的路線，現在反過來在二〇〇三和二〇〇四年困擾他。他看到的危險不是民進黨支持者會投連戰一票，而是他們根本不想出來投票。因此，他強調民進黨以公投、制憲決定重大政策議題（它們已列入一九九一年的「台獨」黨綱中）的傳統主張。這一派的解釋還說，他想藉此主張激怒北京，就可使動搖的選民回頭支持他。

第二種解釋（與第一種並無不一致）則說，陳水扁完全明白他不能光靠向民進黨選民訴求就贏得選戰，若要勝選一定要轉向中間路線。因此，他要強調什麼議題，全是出於時間考量。他將在二〇〇三年大部分時間向基本盤訴求，等二〇〇四年初再回頭爭取中間搖擺的選民。

第三個解釋是，陳水扁純粹是誤判選民的心理。過去十年的民意調查固然不盡完美，但某個程度也反映出一般趨勢：政治意見基本上站在中間立場的現象並無改變（意即支持維持現狀），近來政治勢力的均勢也沒有太大改變。或許陳水扁是誤判了，就和民進黨在一九九一年的情況一樣。另一種可能是，他比專家更了解民意。台灣民眾對政治制度的運作愈來愈不滿，尤其是立法院議事功能不彰，形同癱瘓。陳呼籲透過公投落實直接民主，以及全面更張政府結構，引起極大迴響。

這三種解釋都認為陳回歸到民進黨正統立場是基於政治戰術考量。第四種解釋則令人格外擔心，它認為整個台灣的政治光譜已往獨立的方向移動，陳水扁利用它，不僅要贏得連任，還要在第二任期內推動民進黨的核心目標。另有一個是在中國很普遍的臆測：民眾的態度沒有變，但陳水扁一向支持台獨，要繞路（制定新憲）、假借改進政治制度的名目宣布台獨。他也希望政治對手沒看穿他的詭計，可以不必付出選民代價。

泛藍陣營的確陣腳大亂，不知如何回應陳水扁的提議。起先，他們認為陳水扁誤判情勢，暴露罩門，他們或許可以善加利用。可是，他們的動員卻不成功。接下來，害怕失去民眾支持，又怕被貼上北京盟友的標籤，泛藍也採取泛綠公投制憲的目標。他們也被拉進圖六之三的左上方。因此，陳水扁沒有因偏離中間路線而付出重大代價。

最後，陳呂配以間不容髮的票差贏了連宋配。二〇〇三年夏天已遙遙落後的陳水扁，到了二〇〇四年一月底已拉近到平分秋色。泛藍陣營有所反擊，根據某些民調，它在選前一星期又拉大雙方差距。可是，投票前一天，陳、呂連袂在台南「掃街拉票」，兩顆子彈打傷了陳水扁和呂秀蓮。兩人傷勢都不嚴重，但同情票已足以使他們贏得勝利。陳呂配以不到三萬票的差距擊敗連宋配（大約千分之二左右）。

選舉結果會如此，主因是泛綠陣營選戰打得比泛藍陣營高明——即使陳水扁沒什麼政績可誇耀、泛藍這次也整合成功。陳水扁當然有利用現任優勢，而泛藍也太欠缺在野經驗。陳水扁也控制了議題。他知道如何運用媒體。他把連宋逼到守勢，又把自己缺乏政績歸咎於連宋的事事杯葛。他強調台灣認同，閃避自己的弱點（例如小布希總統在二〇〇三年十二月對他的批評）。他透過制憲公投的提議鞏固基本盤，也懂得突破泛藍支持者軟弱無力的地方。譬如，桃竹苗客家地區傳統上是國民黨的堅強據點，泛綠陣營在此得票數卻比二〇〇〇年多出二十五萬張票。泛綠陣營可說學會了進行現代化選戰的一切技倆。

泛藍的選戰表現卻一無是處。基於種種原因，他們選擇不提名最有勝算的馬英九。[9]他們又不懂得如何掌握主動權並利用陳水扁的弱點。他們也沒守好自己的基本盤。他們任由陳水扁在關鍵性的最後幾天追近差距。

這次的選戰結果確實顯示泛綠陣營得到的支持有了大幅成長。二〇〇〇年，陳水扁得票率約四

○%。二○○一年立委選舉，民進黨和台聯黨候選人合計得票率約四五%。二○○四年，陳呂配得票率五○%，比二○○○年多出一百五十萬票，非常不簡單。這個結果是否預示支持台灣走向法理獨立的聲勢將持續上升，則不是那麼清楚。台灣的民意勢均力敵：泛藍陣營得票率也有五○%！由於選舉結果顯示泛綠善於打選戰、泛藍則笨手笨腳，它很可能誇大了對泛綠目標的核心支持力道。而且，台灣的經濟日益依賴大陸，也局限了泛綠支持度的進一步成長。

陳水扁所提出的公投案因合格選民投票率不足五○%而無效。可能的解釋是，絕大多數泛藍支持者接受他們領導人的說法：陳水扁逾越職權提出公投——亦即他誇大外來威脅的程度。因此，選民除了領取一票選舉正副總統外，是否再領取另一張公投票，大體上依他們支持誰當總統而定：支持陳水扁的人會領公投票，而支持連戰的有六分之五拒領公投票。因此，公投案沒通過，並不代表民意不支持公投。

二○○四年八月立法院通過修憲案，政治遊戲的規則因之丕變。最重要的修憲條文影響到立法院選舉制度，以及批准憲法修訂或變更國土的方法。修訂條文之一廢除一票多席選區制，改為單一選區兩票制。此外，它把立法委員總額減半，由二百二十五席減為一百一十三席。從二○○八年開議的那一屆立法院開始生效，有七十三席區域立委由地域選區產生，六席原住民立委由複數選區產生，另外三十四席不分區立委則從政黨名單中挑選。選民投一票選出代表其居住地區之立委，另投一票給他們認同的政

---

❾ 泛藍陣營講究論資排輩，認為馬英九資歷還不足，不僅僅因為他的年紀（與陳水扁相近），也因為連戰身邊的人認為馬若執政，他們佔不到位子。國、親結盟也損害到馬的機會。親民黨主席宋楚瑜將堅持參選，可是他和馬都是外省人、湖南人。正、副總統候選人都是外省人，在台灣的族群政治下行不通。

黨。各黨依第二張票的得票比例分配該黨應得幾席不分區立委。此外，立委任期由三年延長為四年，與總統任期相同。由於第一次適用此項新條文之立委選舉日期，與下屆總統大選日期接近，很有可能兩項選舉會併在同一天舉行，藉以降低選舉頻頻、影響施政的程度。（譯註1）

第二個修憲條文規定，立法院通過修憲及領土變更之程序仍然一樣，但國民大會將予以廢除。修憲案經立法院通過後，將交由全民公投，必須得到至少合格選民過半數之支持才算通過。實際上，投票人數一定少於全體合格的選民，真要通過修憲案人數還真難掌握。

國民大會將於二〇〇五年中期召開特別會議，審核這些重要的修訂條文，它們對台灣政治制度運作之影響尚有待觀察。立委選舉制度的改變應該會降低派系分裂和激進化的傾向，因為代表一部分政治光譜的人不再有機會像過去那麼容易當選。因此，長期下來，趨勢應該是朝向兩黨政治發展，政治觀點將匯集在兩個基本選項上面——與中國修好、或是抗拒中國。即使如此，長久存在的個人掛帥政治風氣可能還會持續，不能光靠選舉制度來決定權力爭奪的形貌。至於改以全民公投做為最後通過與否的機制，其實主要的關卡還是立法院。只有得到黨和民眾共識的方案才有可能通過。

中華人民共和國

很顯然中國欠缺台灣民主制度那種開放、活潑、競爭的特質。但是中國過去二十五年有一項相當重要的政治發展，即是可以稱為「民意」者之逐漸興起。共產政權之外的個人和團體有某種程度的自由可就各種政治議題發表他們的觀點。這不是說沒有禁區存在，也不是說人民和政府領導人之間的關係就和民主體制下一樣。禁區仍存在，關係也還在形成之中。可是，有些議題是中國領導人認為不可忽視民意依歸的。

中國不僅政治圈子擴大，台海問題同時也在領導階層內部、或領導階層與民眾之間的政治辯論中變得十分熱門。這是因為它已成為中國共產黨統治的最大目標。打從共產黨當政開始，爭取台灣「回歸祖國」就是政府宣傳的重點，是不容置疑的目標。台灣是中國領土的一部分，十九世紀被外國所奪走，因此它是中國積弱不振，遭受「帝國主義」羞辱的象徵。日本從一九三〇年代起、迄二戰結束，一直是中共的敵人，一直是譴責大國沙文主義的言論批判的目標，它也佔領了台灣、涉嫌對台灣人「洗腦」。毛澤東打內戰的頭號敵人蔣介石，就是退守到台灣，並以它為基地持續對中國進行低層次的騷擾行動。令共產黨不能容忍的就是，直到一九七〇年代初，蔣介石的中華民國政府在世界大部分國家之心目中，仍是代表中國的政府。資本主義國家龍頭老大美國是台灣的保護人，在中國眼裡是實現國家統一大業的主要障礙，這又添了幾分哀怨。五十多年來，中國民眾聽到的唯一的信息是：台灣攸關國家命運，也考驗著政權的可靠程度。政府不允許有與之牴觸的觀點。基於歷史、民族主義和外交政策的因素，一個領導人若被認為對這個問題處理不當，被美國耍了，就很容易受到其同僚、外交政策專家、甚至民眾的批評。於黨而言，原本薄弱的正當性將進一步受傷。能收回台灣，是在中國政治史可以名垂青史的豐功偉業，「失去」台灣在黨的領導人而言，就是永劫不復的災禍。

譯註1 這個構想沒有成功，原定二〇〇七年十二月舉行的立委選舉，經中央選舉委員會核定，改在二〇〇八年一月舉行，但總統大選仍在二〇〇八年三月舉行。

中國共產黨領導圈內部的台灣問題

毛澤東從一九四九年起一直主宰著中國政治和對台政策，直到一九七六年去見馬克思為止。鄧小平從一九七八年起至一九九〇年代初期健康開始敗壞的這段期間中亦是如此。直到一九九〇年代初，台灣仍不是一個菁英之間會爭論的議題，也不是在有限的場合中可供消息靈通民眾辯論的題目。

情形在一九九〇年代變了。接替鄧小平做為中國最高領導人的江澤民，在黨內菁英圈中不具有毛澤東、鄧小平的威望，很容易被挑戰。政策必須透過兼具個人特色和集體性質的領導體制來反映，而主要官職的在位者必須為其倡議建立共識。在學者、智庫和大眾媒體間偶爾會公開討論政治問題。一九九〇年代兩岸關係不時發生危機，在中國激盪起評論風潮，出現要求北京在對付台灣（及美國）的不忠不義上態度應更堅定的呼聲。領導人行動的自由要看議題和時機而有不同。領導圈子的共識性質使得政策難以有創意。

江澤民的確一度坐擁攸關對台政策的黨、政、軍三大要職：他是中華人民共和國國家主席、又是中國共產黨總書記，更身兼黨和國家中央軍事委員會主席（黨的中央軍委比國家中央軍委地位重要）。他並且還是兩個重要的「領導小組」組長——中央對台工作領導小組，以及中央外事工作領導小組；和江澤民一樣負責制訂政策的大員，在小組中和主要執行機關的代表會商作法。

江澤民主導對台政策，唯一一次出現例外狀況是在一九九五年：他的一些同僚藉機批評他聽任李登輝訪問美國。即使在這個案例中，資訊依然相當有限，西方學者對中共菁英衝突的程度究竟如何，意見並不一致。當時還在美國聯邦政府任職的蘇葆立（Robert Suettinger）認為，一九九五至九六年台海危機期間，「無庸置疑地，整段期間內領導圈子持續磨擦和爭逐權力，甚至因為局勢高度緊張而有更加劇烈的趨勢。」至少，喬石和李瑞環這兩位江澤民的文職政敵，利用台灣危機逼得江退居守勢。外界比較不清楚的是，軍方與其他的領導人之間是否就如何回應李登輝訪美一事意見分歧。有一派想法，以蘇葆立、高龍江（John Garver）和張大銘（Tai-ming Cheung）為代表，認為軍方領導人和部分文職人員，已經反對文官的政策有一段日子，他們利用類似李登輝訪美事件對江澤民施壓，局限住江澤民的選擇，迫使他接受較強硬的政策，以軍事演習為工具恫嚇台灣。另一派人士，特別是史文和由冀（You Ji），則傾向於不認為在台灣問題上有重大分歧。他們認為中國領導圈內出現諮商政策的過程不是因為派系鬥爭，是他們改變了政策上的共識以回應情勢的變化。文、武領導人皆認為必須針對李登輝訪美做出強硬反應。當國家安全問題提上議程時，軍方意見有相當重要的分量，他們在這個過程中也是參與者。參與者對回應的時機和性質持有不同的意見。文職人員強調外交和政治措施，軍方則力主使用武力。施道安（Andrew Scobell）辨別其中有歧異。他證實解放軍帶頭主張對李訪美做強硬反應，但他也發現到了一九九五年十月，文、武領導人已就強硬路線獲致共識。[17]

然而，江澤民在職期間，絕大部分時間有相當的自由決定政策調子，他對台的作法也相當一致——而且具傳統性質：他呼籲以一國兩制方式統一；願意和平解決、但增強中國軍事力量到至少能嚇阻台灣挑釁行動的程度；盡其所能防堵台灣參加國際活動；與美國積極交好。

中國政策可能發生變化的一個時機點是每五年一次所謂「換屆」的領導人變動。黨代表大會每五年開一次大會，隨後全國人民代表大會也會改組。而且，領導人也有所謂世代交替。最近的一次傳承過渡，至少在官方形式上始於二〇〇二年九月的中共十六大。第三代領導人交棒給第四代。當然，政治的運作早早就展開，但是有關誰來填補黨、政、軍高階位子，政策因之將有何變化等等關鍵問題，則尚未立即清楚。

針對中國第四代領導人的研究，或許有助於我們了解和猜測在政治變動上會有何發展。李成告訴我們，文革經驗對第四代領導人影響深遠，使他們意識型態上較不拘泥教條，學識上更精深，比起前人更貼近民間、政治敏銳度也高。大部分的第四代都受過高等教育（包括碩、博士學位）；他們的專業訓練集中在工程和自然科學領域，不過也有些人是經濟學家和律師。他們完成從第三代開始的變革，從革命老將的領導過渡到技術官僚的領導；依李成的界定，這些技術官僚是具備專才和實務經驗的領導人。當然，他們和革命世代一樣也是菁英掛帥，但是他們當家執政的基礎則完全不同。[18]

關於一般政策的偏好，認為第四代領導人傾向於「科技民族主義」，希望透過科技建設國家、增強國力。他們可能比前人更明白政治改革的必要性，但他們希望以有管理、有控制的方法來推行。這種思維多少受到體認經濟全球化後更有必要推行政治改革之影響。

李成觀察到，因為第四代領導人接觸西方的經驗較多，他們未必都親西方。美、中關係在一九九〇年代末的一連串負面事件，使他們「對西方的道德優越性有所質疑、對西方的傲慢相當憤懣、對完全接納西方經濟與政治制度感到遲疑。可是，即使在面對類似貝爾格勒（Belgrade）悲劇意外的危機時，他們也了解必須合作、而非對抗……他們的對美政策將是強硬的，但不會有侵略性。」關於台灣，李成表示：「台灣愈來愈要求獨立，大陸又毫不妥協堅決主張對它擁有主權，已使第四代領導人處境相當困難。台海兩岸任何一方政策若出了大岔錯，可能深刻危害到中國現代化的進程。」

另一個觀察新領導人觀點的窗口是宗海仁的大部頭著作《第四代》，英文版書名是 *China's New Leaders*（中國的新統治者），由黎安友（Andrew Nathan）和杜林（Bruce Gilley）編訂。在被選入接班人團隊之前的觀察期間，第四代領導人對台灣問題的見解是相當傳統的。譬如，胡錦濤表示，在經濟、社會關係日益擴大的局面下，無可避免必會發展出雙方都滿意的解決之道，他對這一點有信心。他把陳水扁及他所代表的勢力看成暫時的現象。進展的關鍵是台灣接受「一中原則、九二共識」。「台獨」是個需要認真注意的問題，而「是和是戰取決於台灣」。為了防止台獨，中國不會也不能放棄使用武力。雖然中國允許台灣人民在統一之後管理自己的事，「並不表示他們可以透過公投宣布獨立」。最後，胡錦濤認為美國干預是台灣問題拖延多年仍不得解決的原因。曾慶紅同樣強調一中原則，以及保留動用武力的備案之必要。他說，如果放棄一中原則，兩岸關係就成了兩國關係。如果放棄動用武力，對分裂主義就無從嚇阻，台灣可以抓住機會獨立，中國勢必要動用武力扭轉此一決定，那麼統一也就不可能和平達成。他也強調爲台灣設計的一國兩制的大方，特別是相對於香港更加優厚的部分。他指美國要為防堵兩岸統一負起責任。但和胡錦濤一樣，曾慶紅也表示他相信陳水扁對台灣民眾的影響力會消褪。

胡錦濤與曾慶紅都是就著江澤民的劇本照本宣科。當然這是事有必然，因為他們的言論乃是想要晉升要津之前的「面試」。曾慶紅的立場反映江澤民的想法更不足為奇，因為他是江澤民對台政策的主要顧問，也擔任一九九〇年代初期兩岸祕密交涉的祕使。如果第四代中有任何人會努力守護江澤民的遺緒，非曾慶紅莫屬。胡錦濤的作法是否會更有創意，目前還不可能確知。他爭取大位的策略，即是不挑戰一九九〇年代的正統。

還有一套暫時仍不能做為定論的線索，即是國台辦每年在元月為一九九五年江澤民對台政策講話（「江八點」）週年慶所起草的領導人演講稿。周明偉若非第五代、也是第四代領導人之一，於二〇〇〇年當年的年度講話之後，出任國台辦副主任。當時的副總理錢其琛於二〇〇四年之前，一連多年代表中共發表週年慶談話。錢其琛在周明偉調入北京之後所發表的談話，是否包含新意，可看出中國新起的領導人對台海問題的見解？

二〇〇一、〇二、〇三等三年的講稿中出現若干有趣的新元素。錢其琛在二〇〇一年的講話首次提到台灣和中國都屬於一個中國的說法。它表示同情「台灣同胞曾經長期遭受殖民統治和專制壓迫的痛苦」，也了解「台灣同胞要求當家作主的強烈願望」[19]。二〇〇二年講話針對後面一點再擴大，歡迎民進黨員到中國訪問——只要不是「頑固的台獨分子」，並同意以中國認為適當的身分前往即可。二〇〇〇年「台獨就是戰爭」的嚴詞警告不見了。

很難說後來演講中比較溫和的提法是否反映出新世代某個成員的影響。它們倒是透露中共官員變得更了解台灣的思惟方式，尋求在言詞上向台灣民眾訴求，而這是消失已久的作法。但它們也可能純粹只是反映出在更大脈絡下的變動使得中共言詞更趨溫和：陳水扁保證不採取某些措施；台灣出現可以節制、削弱其影響力的勢力；台灣經濟不景氣等。這一系列聲明也不代表中共基本政策有所變化。因此，我們很難說周明偉具有任何特別影響力，所以第四代領導人有了不同的觀點。何況，周明偉本人在二〇〇二年十一月的中共十六大並沒當上中央委員，這也可能顯示他在對台政策上的影響力沒有外界想像的那麼大。接下來，他在二〇〇四年一月被調離國台辦副主任職務，其原因可能與對台政策不相干。

如果說第四代對台觀點不明朗，他們接班的步調倒已排定。二〇〇二年十一月中共十六大，胡錦濤出任中國共產黨總書記兼國家主席，溫家寶出任國務院總理，直接掌理政府各部會。唐家璇晉任國務委員，接手錢其琛的工作，掌理對外政策，李肇星遞補唐家璇，出任外交部長。

但是令若干人大感意外的是，第三代領導人江澤民還繼續擔任國家及黨的中央軍委主席。他以另一種方式維持其影響力。江澤民提攜的人在中國共產黨中央政治局當中仍居於過半數。這些人當中最重要的是曾慶紅。他是江澤民擔任總書記時的左右手，在一九九〇年代一度代表江與台灣祕密接觸。我們沒有證據可說在這一階段的接班排序中，台灣是個重大議題。

我們可以合理假設，由於江澤民在十六大之後保留若干職務，又把親信擺到重要位子而維持他的影響力，因此對台政策的延續性更大。中國領導人的過渡比起美國是個更加無縫的漸進過程，而至少在台灣議題上，江澤民更努力使它保持一貫。胡錦濤和其餘同僚從歷史學來，要爬升至領導權力高峰就得對政策偏好保持沈默，埋頭幹活。他們很有技巧地掩蓋住自己的觀點，使外界——可能絕大多數中國人也一樣——摸不清他們會如何處理中國對外關係中的這個重大議題。

雖然江澤民在二〇〇二年底和二〇〇三年初留任中央軍委主席，大家並不清楚他會留任多久，當時有人猜測他可能隔一、兩年才會交棒。二〇〇四年夏、秋之際，也就是十六大三中全會之前，他還會幹多久的議題浮上檯面。陳水扁當選連任之後，江澤民顯然設法利用台海議題及其他問題來支持他應該留任的構想。當時中共中央對基本政策並沒有真正的歧見。可是，江澤民及其代理人試圖創造一種不確定的氣氛，來正當化他的不肯去職。後來，江澤民還是放棄了中央軍委主席的職位。

江澤民全退之後，胡錦濤接下所有與最高領導人地位有關的職位。可是，他仍需要一段時間去集結權力與彈性，來發起中共政策的新倡議——假設他想這麼做的話。他曉得中共政權的正當性有一部分跟它如何處理台海關係呈現函數關係。此外，即使江澤民不保留職位，做為黨的元老，他若對某個議題感興趣，仍會受到諮詢。我們也沒實際證據可說，胡錦濤及其餘的第四代領導人和江澤民領導的第三代在想法上有什麼差異。其實這未必是好消息。自二〇〇〇年至二〇〇三年底，中國對台灣已比以前溫和，一部分是因為中國盤算過，它和台灣經濟交流日盛，已使時間站在它這邊；一部分是因為它理解到過去的恫嚇手段效果適得其反。然而，江澤民持續誤解台灣對若干基本議題的立場，譬如台北反對一國兩制被中國解讀成等同追求台獨。提出以承認「一中原則」做為兩岸修好基礎的人，正是江澤民，而這個主張只讓台灣領導人更擔心，若承認了中國的原則會掉進談判陷阱。北京繼續累積軍事力量以備他日有能力至少嚇阻、或者威脅台灣降服。甚且，如果李成指胡錦濤這一代具有菁英觀點的說法正確的話，他們就不太可能會了解構成台灣對兩岸關係立場的民粹意識。

因此，中國領導人最近的異動可能預示它的對台政策會持續不變，風險與機會也一樣。

民意與民族主義

提利（Charles Tilley）認為歐洲史上有兩種民族主義：一是「把沒有自己國家的人口圍聚在一個政治獨立的主張之周圍的一種動員」；另一是「使已有國家之人口強烈認同國家的一種動員」。第一種是歷史悠久的現象，只要某一種宗教或語文的統治者征服另一種宗教或語文的人民，就會出現。第二種在十九世紀以前相當罕見，然後「主要發生在戰爭熾熱時期」。[20]

在某些條件下，提利所觀察到的現象可以適用於台海兩岸。台灣的民族主義或認同意識，乃是島民對國民黨高壓統治及其後對中國反對他們應有自己的國家的一種反應。反之，中國的國家已存在，可是從歷史而言，中國的民族主義是針對國家在國內外均積弱不振、且持續陷於分裂的一種反應。賈約翰（John Fitzgerald）指出，二十世紀歷史顯示，中國的儒家、共和主義、國民黨和共產黨，一再努力要從帝制灰燼之中重建國家，他們每一派都「主張一種明確的、相互排斥的民族自我的定義」[21]。台灣今天會刺激中國的民族主義意識，是因為它乃是國家積弱的證據。在某個程度上，認同民族國家及其命運，透過它為稜鏡來檢視政策選擇（尤其是對台政策），替政府製造了相當大的壓力。

中國的民族主義分為好幾個層面。第一是種族層面，認為中華民族就是漢民族，比任何民族都更優秀。這個觀點比較良性的表述是儒家所說的，傳統中國是文明的極致，其他的蠻夷應服從它、向它學習——也就是認為中國是世界上許多美好事物的起源。十九世紀末、二十世紀初漢人對滿清政府及列強帝國主義發動政治挑戰時，展現出強烈的種族意識，甚至是仇外情緒。在這個時期，中國知識分子採取種族分類來理解世界。今天有些中國歷史學家也承認，儒家世界事實上極端以中國為中心，特徵是「強烈的種族主義、排斥其他文化……以文化優異自居」[22]。一九〇九年的「國籍法」（編按：「大清國籍條例」）規定，華人到了任何地方都一樣被視為中國公民。

一個世紀之後，民族優越感仍十分強烈。中國一再宣示全世界的華人對「祖國」都有特殊情感或責任。一九八〇年代中國學生毆打非洲留學生，暴露出中國認同意識中的種族層面，而且有限的調查研究也稍微透露出中國人自覺與其他民族不同的心態。二〇〇〇、〇一和〇二年調查中國人的政治態度時，北京居民被要求對中國人、美國人和日本人的和平、道德程度，由一至七分給予評分。連續三年的調查，受訪人給中國人的評分在一點六一至一點七八之間——意即相當和平與道德。美國人得分為三點四二至三點六之間；日本人得分為三點九至三點九六之間。由於北京居民算是相對見過世面，顯然其他地方的中國人對外國人的評價不會更好。二〇〇四年奧運期間，中國共產黨機關報《人民日報》報導，雖然從人種基因上來看，中國選手比起黑人選手在田徑賽項目上遜色，但是在體操這類需要機智和技巧的賽事方面，中國人就強多了。

跟台灣有關的一個民族優越論的說法即是：中國人如果必須在外國人統治下過活，他們的中國文化精髓也會保留下來。這也說明了國、共兩黨在一九三〇年代為什麼都不熱中於讓台灣回歸中國——日本殖民統治已使島民不像中國人。國民黨接收台灣之後，立刻努力在本省人身上恢復「中國化」。直到二〇〇一年三月，錢其琛副總理向全國人大講話時仍談到日本人殖民統治的影響依然存在。他說：「一些人至今『皇民意識』陰魂不散。」[23]

中國政府及一般人民表達他們不信任李登輝、陳水扁，理由之一就是他們不是「中國人」。一九九四年李登輝接受日本作家司馬遼太郎專訪，比擬自己是台灣的摩西之後，中國大陸批評者拿他的日本背景做文章，批評他數典忘祖。有位作者寫道：「他還一再聲稱他二十二歲以前（即台灣一九四五年光復前）一直是日本人。了解到他原來不以亡國為恥而反以為榮，也就不難理解他今天的各種謬論是建立在什麼樣的思想基礎之上。」[24]傅禮門（Edward Friedman）寫說：「李登輝在超級愛國的中國，被解讀為即使不是親日傾向的代表，也是病種帶原者（等於患了親納粹的大逆不道毛病），在中國這就是叛國、精神錯亂。」[25]北京替陳水扁定下的一個測試就是他肯不肯承認自己是中國人，可能它早已清楚，陳水扁若是不附加解釋、一口就承認，必會在其民進黨基本票源中惹出麻煩。陳水扁最多只肯——例如在二〇〇〇年五二〇就職演說中——表示，「海峽兩岸人民源自於相同的血緣、文化和歷史背景」。

把中國國家認同等同於漢族認同，產生一個自然的推論：好中國人不該倚賴外人達成其政治目標，否則就是叛國。在局勢緊張時，中國的評論人員用這種說法解釋為何統一之路出現障礙，李登輝成了抨擊的對象。有位觀察家指控李登輝勾結外國推動分裂國土的目標：「執政者如果乞靈於前殖民當局與外國勢力，試圖分裂國家，就會將台灣拖入深淵，從而成為千古罪人，兩岸民眾不能不對此保持高度警惕。」另一個作者指李登輝是美國的「棋子和玩偶」，「外人在中國攪混水的棍子。」[26]

當代中國民族主義的第二個層面是，中國和西方及日本的交往歷史（至少到一九四九年共產黨贏得內戰為止）。中國偉大的文明遭到野蠻、貪婪的外國人「一百五十年的羞辱」。外國帝國主義靠著他們優勢的船堅砲利和滿清的積弱與愚蠢，實施壓榨與不義的掠奪，使中國人蒙羞受辱。更可惡的是，外國武裝部隊利用中國的孱弱，在戰爭及小型的軍事行動中擊敗中國，濫殺、荼害手無寸鐵的人民，佔領中國若干神聖國土（包括台灣）。在中國民族主義意識裡，這一段受害的歷史代表著非要洗刷不可的污點，必須討回來的血債。白傑明（Geremie Barmé）寫說：「在文革和改革世代之子起而掌權之下，他們正在尋找新的重要性及個人價值之意識。他們痛恨他們及國家過去所遭受的侮辱，他們要變得有實力、要報復，這份渴望愈來愈反映在當代的中國文化當中。」[27]

在這樣的論述裡，叛徒有特別的負面地位。萬惡的外國人害中國軟弱無力已經夠糟，如果國家遭到內部背叛就更慘。當代中國民族主義中叛國的指控屢見不鮮，李登輝也無法倖免。譬如，一九九五年他訪問美國之後，《人民日報》和新華社共同發表一篇權威評論，指控他是叛徒：「李登輝早年加入過中國共產黨，後來背叛了。他曾多年追隨主張不搞『台獨』的蔣經國，如今他背叛了。李登輝現在已走上『台獨』之路，背叛了包括臺灣同胞在內的中國人民的統一大業。而十二億中國人民也早已下定決心，絕不允許任何形式的『台獨』圖謀得逞。如果李登輝敢冒天下之大不韙，沿著這條危險的路走下去，那麼，他必將身敗名裂，淪為中華民族的千古罪人。」[28]

中國的受害意識於一九九〇年代以一種新的特殊方式顯示出來。中國的民意普遍認為美國採取一種試圖阻止中國崛起成為大國的政策，由於中國業已成功建立起強大的經濟、軍事和外交力量，美國仍這麼做尤其可惡。認為美國採取圍堵政策，正是當代中國民族主義的第三個層面，中國分析家找了一大堆證據來證明自己有道理：

——美國在東亞派駐軍隊。

——加強美日同盟，日本可能會重新武裝起來。

——與亞洲其他國家維持同盟及安全關係。

——把中國的軍事現代化當做是威脅。

——阻礙中國在國際社會爭取象徵意義重大的角色，如二〇〇〇年奧運主辦權。（譯註2）

——透過擁護民主和人權，破壞中國的政治制度。

——追求妨礙中國經濟成長的貿易政策（如保護智慧財產權）。

——鼓勵西藏分離運動。

——支持台灣獨立，反對中國統一。

當前中國民族主義的這三個層面並不是沒有諷刺意味。首先，目前對受害經驗的聚焦乃是近年才出現的事物。毛澤東時代，馬列主義把民族主義質變成為反帝國主義，中國的歷史記載強調的是中國人民戰勝了外國的侵略與欺凌。受害意識是到了一九九〇年代中國變強了之後才成為主流論述。（中國和台灣各自都有受害意識。以中國來講，加害人是西方和日本；以台灣來講，加害人是一九四五年後的外省人統治者。）其次，把中華民族和漢族等同起來，忽視了中國其實是個多種族國家的事實。今天在中國最強烈表達民族主義的，恐怕是一些少數民族，尤其是西藏人。同樣的，一個統合的中國認同意識也忽視了過去二十五年來新興的區域認同意識的力量。傅禮門特別說明華南和華北人民對一些社會、政治議題的看法有著尖銳的不同。古德曼（David Goodman）也指出，在中國和在台灣一樣，都有多重認同的現象。第三，中國民族主義的對台作法強調種族的一致性和原本統一的國家之分裂歷史。雖然台灣有人追求新而獨立的國家此一民族主義的目標，主流觀點實際上仍專注在「中國」這樣一個國家的構成，是否可能接受擁有主權的台灣。

最大的諷刺是，中國政府對民族主義意識的興起，既喜又憂。當然，它利用民族主義來支撐共產主義意識型態破產之後共產政府統治的正當性。但在另一方面，它又設法控制住對台灣或對美國的「愛國」壓力，因為這股壓力威脅到政府的管控，或者與中國共產黨所界定的國家利益有衝突。雖然政府必然透過教育與宣傳體系培養民族主義，民眾的情緒實則獨立於政府之外，甚至有時構成對政府的挑戰。

中共政權面臨此一兩難局面，有一個解釋：中國今天的民族主義不是單一的、統一的力量。學者依其擁護者認為中國對先進世界應採何種立場為根據，區分出不同的流派。傅士卓（Joseph Fewsmith）和駱思典（Stanley Rosen）指出它有三種基本的看法：第一是「國際主義」（cosmopolitanism），預備擁抱資本主義和西方；第二是「本土主義」（nativism），主張排拒資本主義和西方；第三是位於中間、主張自強（self-strengthening）的主流立場，希望建立中國國力，可跟西方平起平坐、不拋棄中國的價值。趙穗生設計一套類似的三分法。他認為，本土主義主張回歸傳統的中國價值，對外來侮辱和壓力要有對抗的警覺。反傳統主義把中國之失敗歸咎於中國之過去，主張效法西方之長處。務實主義看清問題有內

譯註2　國際奧委會決定由澳洲雪梨主辦二〇〇〇年奧運，中國認為是美國在幕後搞鬼；不過，後來北京取得二〇〇八年的奧運主辦權。

部、外部的原因，主張選擇性借鏡外國經驗，以使中國恢復強大也要有堅定的外交政策。[29]

民族主義的態度因社會階級的差異而有不同面貌。江憶恩對政治態度進行研究，發現北京居民中比較富有、受過良好教育、旅行經驗豐富、反對軍事開銷者，比起北京其他居民，較不認為中國人與美國人之間有什麼差異。這些同樣的受訪人傾向於從身為中國公民的榮耀來表達他們的民族主義感情，而不是以充斥著仇外情緒及狹隘本土信念的辭彙——如「不論對錯，這是我的國家」——來表達。

態度也因個人在政治制度中所居地位之不同而有差異。傅士卓和駱思典指出中國外交政策的政治之運作，分成三個層次。第一個層次是菁英層次。政府、中國共產黨和軍方的高階官員，他們辯論外交政策議題，有時候在權力鬥爭時也會利用這些議題。中國的外交政策必須處理愈來愈多的議題，菁英階層的人數和複雜性也愈來愈大。（詳見本書第七章）

第二個層次即是傅士卓和駱思典所稱的「次級菁英」：「『公共知識份子』……參與公共討論，試圖在某些議題上影響公共意見及政府政策。」次級菁英包括：在政府智庫工作及不在政府智庫工作的知識分子、以及替政府或廣大民眾寫作的個人。次級菁英不僅是個人，還有一些機構，尤其是經濟性質的機構。

第三個層次即一般大眾。他們對外在世界了解有限，對外交政策沒有直接影響力，但仍然關係到政府決策。領導階層透過民調和其他方法來注意群眾的意見，因為它擔心政治是否穩定，也因為它曉得菁英和次級菁英都可能動員群眾支持他們的政策偏好。

國際主義、自強派和本土主義這三種分析類型，在不同的時間、以不同的方式在上述三個不同的層次交互運作。自強派在外交圈最盛，主宰了菁英層次，但是他們受到政府內更願與國際體制整合的若干人士之挑戰，也受到來自「舊左」毛派的壓力。大眾層次涵蓋本土主義者，他們讚賞反西方的論戰；也涵蓋國際主義者，他們在全球庶民文化中找到意義；主流則覺得奉行資本主義的香港和台灣之中國式娛樂節目很好玩。過去十五年，本土派思維在三個層次都有增加。在次級菁英中的知識分子當中，國際主義在衰退，換成另一些知識傳統在角力，其內涵大多具有民族主義色彩。

輿論與決策過程

輿論如何影響中國外交政策的執行？講明白點，民族主義感情如何影響像台灣這樣有爭議的問題（它結合了對種族團結和叛國的關切），又如何看待國家分裂的歷史傷痕，以及當前美國對中國之圍堵？

針對外交政策政治最新一項精細的個案研究，是馮德威（David Finklestein）對一九九九年「和平與發展」大辯論的分析。辯論發生在北約組織意外轟炸中國駐貝爾格勒大使館事件之後（有三個人在事件中喪生）。這項事件把中國人的受害意識和美國圍堵的主題推升到空前緊張的地步，氣憤、哀傷結合起來，點燃了天安門事件以來中國最嚴重的群眾示威。

危機初起時，江澤民及其同僚的反應可分兩個層次來談。一方面，他們沒有立刻試圖壓制事故所引爆的動亂，反而允許針對美國駐北京大使館的暴力示威，也不限制叩應節目中的討論，因此允許民眾稍可宣洩怒氣。

另一方面，他們在知識分子圈內（即傅士卓和駱思典所說的「次級菁英」）鼓勵對外交政策和安全政策展開辯論，這或許是中華人民共和國建政有史以來破天荒第一次！大學教授和政府智庫分析家都來參加，在公開及閉門會議中提出他們的見解，也對大眾傳媒發表意見。大眾傳媒和知識分子之間有某種相互補強的互動。政府分析家向傳媒發表他們的看法，餵消息給媒體，而新聞報導增加他們的知名度。大體而言，這是不尋常的機會，對自由思想的節制在此時被刻意放鬆。

有關和平與發展的「官方辯論」——發生在政府的知識分子和學者、民眾之間——漸次展開。論戰由江澤民發表演講、談他對危機的看法，也對世局演變提出若干問題而掀開序幕。中央外事辦公室要求分析家對江澤民的發言提出看法，「和平與發展」是否仍有如鄧小平在一九八〇年代所宣稱的、依舊是世界的主要趨勢？美國的干預心態是否愈來愈強勁？中國的安全環境是否惡化？

領導階層和政府知識分子之間對這些議題的討論，發生在一九九九年五月至八月。當然有人持原本的正統觀點，主張科索沃不代表地緣政治均勢、美國的意向、以及中國的安全出現重大改變。他們認為相對弱勢的中國去和美國對抗太危險。其他人也有更奸邪的詮釋，他們堅信美國「傾向於以軍事手段（包括透過介入主權國家的內戰），維持其全球霸業。」[30] 科索沃只是美國一系列干預行動的最新動作，它顯示出新趨勢，也增加了美國對台灣、南海、朝鮮半島，甚至西藏和新疆、內蒙古進行干預的可能性。因此，中國的安全堪憂。這一派人士因而主張中國應帶頭籌組一個反對美國霸權的同盟。

「官方辯論」進行到中期，七月底開始，傳媒開始要求政府分析家和學界人士就科索沃衝突發表看法；它再度激發廣大民眾參與討論。接下來，八月份是領導人一年一度到北戴河避暑、碰頭會的時期，他們就此達成新的共識——強調持續一貫（「和平與發展」還是主要趨勢），但是他們也轉向比較負面的觀點，承認「霸權主義和大國政治」正在崛起。後來，政府知識分子不再向媒體發表意見，學者到了年底也紛紛噤口。允許相互衝突的觀點在管控之下表達出來（有些意見暗批他領導無方），江澤民藉此駕馭住外交政策政治。⑩

碰到台灣問題，也可看到類似針對貝爾格勒大使館遭炸事件之反應。在李登輝訪美這個個案上，江澤民承受來自領導圈內外的壓力，並掀起痛批李登輝和美國的民族主義大風暴。這是本土主義言論《中國可以說不》出版的時期。黨、政人士甚至批評外交部在美、中關係上立場太過軟弱。在這樣的壓力下，「對中、美關係持比較溫和觀點的人發現很難表達意見。」31 江澤民必須隱忍，等候時機反撲。

李登輝一九九九年七月發表「特殊的國與國關係」言論時，北京正在為貝爾格勒大使館事件進行大辯論。此番言論使中國的民族主義怒火再度爆發開來，甚至蓋過了對使館被炸事件的強烈反彈，並持續了約一個月。黨內領導人在北戴河避暑期間對台灣問題有冗長的討論，同時批評者砲聲隆隆。江澤民提醒大家，貝爾格勒使館事件使中、美關係受到傷害，現在正在改善中。他說，中國缺乏力量以軍事行動回應李登輝的言論。最後，北戴河會議「同意對台灣議題採取比較細膩、但又稍微降低軍事威脅意味的作法。錢其琛宣布……基本上重申既有的政策」。後來江澤民九月間在亞太經濟合作會議上見了柯林頓，柯林頓承認李登輝的言論引起麻煩，江澤民可謂得到象徵性的勝利。32

江澤民處理這些事件的方法符合學者對中國領導人處理民族主義政治力量的分析結果。趙穗生認為，中共能夠務實地以工具性的、有所回應的及國家為中心的方式來對待民族主義：「既是工具性，又由國家來領導，如果中國領導人希望增強政治力量的話，就可動用民族主義在國際事務上來展現中國的實力。但是，民族主義的情感是對國際潮流的反應，如果覺得外來壓力消褪，如果中國對國際事務的信

⑩ 類似帝制時期的「清議」制度，官員和有科舉功名的人可依儒家正統上書議論時政。

心上升，那這份情感或許會降低。」[33]鄭永年指出，有一個主流的共識，認為中國需要在國際環境中避免衝突和孤立，抗拒要去推翻現有秩序的誘惑，利用加入全球體系去建立中國國力。「因此，中國若要成為大國，必須節制民族主義……民族主義和理性抉擇未必相互牴觸……中國民族主義的目標是透過國內發展，追求國家實力與財富。只要領導人追求國家『利益』，民族主義的『激情』就可節制，保持住理性。」[34]可是，傅士卓和駱思典主張，在下列情況下領導人駕馭民族主義政策的能力會降低：領導階層內部分裂；美、中關係緊張；對民意的動員程度太高。因此，一九九五至九六年這段期間高層菁英不和、加上雙邊關係緊張，民族主義便爆發性地釋放出來。一九九七至九八年是比較和緩的時期。一九九九年，美、中關係又告緊張，因為中國駐貝爾格勒大使館遭炸而大大擴張了此一危機，在中國撩撥起民族主義的大火，使得領導層鬧分裂。

結論

總之，台灣與中國內部的政治都會使兩岸關係變得複雜，只是方式不同罷了。在威權主義式的中華人民共和國，領導人之間的競爭和辯論是打造兩岸政策最重要的政治因素。可是，即使在中國，民意也有一定的影響力。反對中央政策的一些領導人，若和想法相同的知識分子結盟，可以局限住開發兩岸政策的彈性；民族主義的意見若是爆發起來，加上受害意識及擔心遭到背叛的推波助瀾，恐怕更加會綁住手腳。中國領導人或許既喜又憂，小心地操縱著民族主義，可是它是牽制中國難以制訂能爭取台灣民心正面反應的對台政策之一股政治力量。共產黨政權自己鼓吹李登輝和陳水扁是中華民族叛徒，這下子可好了，它愈來愈難想出他們之所以反抗統一的其他解釋（譬如，台灣政府如何納入「中國」，一直不確定）。領導人雖然進行過渡傳承，江澤民仍暫時留任中央軍委主席、江派人馬多人留任中央政治局常委，減慢了新政策構想出現的步子。某些西方觀察家說，談到台灣問題，從鄧小平開始的過渡傳承仍未結束，而目前的領導人走的是「死人的政策」路線。歷史包袱、新興民族主義以及當代政治，全都局限住迫切需待發展的兩岸政策的創意。

台灣方面，國民黨高壓統治的歷史造成台灣人民深刻憂懼外來人並害怕內部有叛徒，加上個別的台灣民族認同意識也隨著時間推演而增強。立法委員選舉制度助長某些政客走偏鋒，以激進主張做為訴求。可是，台灣認同意識、害怕外來人的心態以及民主政治並未必然驅使台灣走向全面獨立。一九九〇年代期間，台灣民族主義者變得愈來愈務實，開始體會溫和的政治價值，陳水扁二〇〇〇年的競選策略即是證明。但是歷時已久的意識，以及政治制度的動態關係，的確對領導人和民眾願意走多遠去和中國達成臨時協議，構成限制。陳水扁必須確保自已得到基本盤的支持，這在他二〇〇三、〇四年的戰術已經表露無遺。泛藍陣營若是勝選、重掌政權，將會面臨真正的挑戰，必須讓擔心台灣遭到出賣的人放心。畢竟，台灣領導人，不問藍、綠，若是與北京展開談判，攸關的是兩千三百萬人的未來前途。這裡頭有半數以上會投票。使情況更加複雜的是，台灣政治制度卻因欠缺廣泛共識，往往陷於動彈不得的癱瘓狀態。

因此，政治強化了現狀，而其特徵就是政治死結與國家不安全。沒錯，兩岸經濟關係對彼此有利。但是如果還要再求進展，勢必得要處理好政治互動。

7 決策系統 Decisionmaking System

中國和台灣現有的決策系統造成他們的安全兩難。每一邊的決策都相當集權，尤其是發生危機之際，而每一邊也往往誤解對方的意向，又過度反應。因此，誤解和誤判加強了安全兩難。

中國

要是我提出一個假設，指說中國的決策系統有點功能失調（dysfunctional），可能還會讓人大吃一驚，因為研究中國外交政策的西方學者一般都認為北京算得上是個理性行為者。這個共識用江憶恩的話來說，就是：「中國使用有限的力量，配合外交工具，相當成功地追求界定清晰、有限的政治目標。」針對一九九五至九六年台海危機的一項分析也認為：「從中國的觀點看，恫嚇外交並沒有傷害到統一的前景，但它的確降低往台獨走的動力。」[1]中國技巧地運用力量轉變敵人的意向，因而保護了自己的政治目標。

可是，傳統智慧有些問題。第一，就是歷史紀錄本身。譬如，江憶恩發現冷戰期間「除了美國之外，中國比其他大國都愛爭吵」。當中國訴諸武力時，它比其他大國和印度往往更愛大動干戈。陳兼和張曙光引用毛澤東死後公布的材料，發現危機決策不規律、往往誤判，因此掩飾傳統上認為冷戰中國的威脅和動武是經過深思熟慮、且有控制的真相。另一個問題則比較抽象，關於中國形成其安全政策時，誤解起何種作用。一個主角若是誤解其對手的意向，比較會做出不好的決定。

決策結構與過程

中國一九九〇年代末期的對台政策決策結構，依史文的說法，包含下列元素：

——最高領導人，握有最後的決策大權。

——一個小型、非正式的元老核心圈，輔助最高領袖扮演他的角色。

——政治局常委會有一名常委，執掌對台政策。

——政治局，經常慎重考量重要的對外政策決定，但往往是替最高領導人及政治局常委的決定打造共識、賦與正當性。

——對台工作領導小組，監督政策執行和協調。領導小組是個論壇，決策者和黨、政、軍體系執行機關高級官員互動的地方。它沒有常設幕僚單位。

——部級的中台辦和國台辦。台辦擔任領導小組的辦公廳，替其會議準備議程、協調相關部門的文件傳遞和互動、向領導小組成員提出分析和政策建議、監督省級及地方台辦的工作。(中央辦公廳扮演和台辦相似的政策協調功能，審閱及分發政策報告給資深領導人、並起草講話稿。)

——國務院底下的外交部和國家安全部，中央軍委底下的總參謀部，負責他們所轄職務涉及的台灣問題。此外，黨的統戰部也負責發展兩岸之間的黨對黨、人民對人民的接觸。

——台辦底下的海協會是一九九一年成立的非官方機構，進行政治接觸、透過台灣的對口單位海基會處理兩岸例行性的功能問題。

另外還有一些資訊蒐集與分析的組織，和上述機關有關聯。台辦有一個研究局負責蒐集資訊、從事政策研究，並提出政策建議。它的來源包括台灣媒體、情報資訊和第一手的接觸。外交部底下也有一個台辦，根據中國駐外使館和新華通訊社辦事處報回來的資料，製作分析報告給上級參考。解放軍總參謀部第二處蒐集與解放軍任務相關的情報，另有一些機構提供分析給軍方。國家安全部指揮中國現代國際關係研究所（它提供外國方面與台海議題有關的分析），以及中國社會科學院台灣研究所。

除了位於北京的這些組織之外，江澤民的導師汪道涵在上海設立好幾個研究機構，提供另一管道的分析。它們包括上海市政府的國際研究所，上海社會科學院台灣研究所、上海市台灣研究所，以及上海國際戰略研究所。另外，廈門大學也有台灣研究院。

中央對台工作領導小組在二〇〇二年底和二〇〇三年黨、政人事異動後，也在二〇〇三年上半年改組。胡錦濤出任小組組長，全國政協（一個統戰機構）主席賈慶林出任副組長，但是其他成員有誰，外界最初搞不清楚。香港有一共產黨媒體二〇〇三年十二月報導，其他成員是：唐家璇（國務委員、前任外交部長）、王剛（中共中央辦公廳主任）、劉延東（中共中央統戰部部長）、汪道涵（海協會會長）、陳雲林（國台辦主任）、徐永躍（國家安全部部長）、熊光楷（主管情報的副總參謀長）。可是，台灣另一份報紙早先的報導，沒有王剛、但列入中央軍委副主席郭伯雄。如果像郭伯雄這樣高階軍頭代表解放軍參加對台工作領導小組，將代表軍方在對台政策上影響力愈來愈大。

江澤民的確切角色如何，一度也不很清楚。他在領導人過渡之前一直是對台政策的最高領導人，兼領黨、政、軍最高職位。他了解台海議題是中國共產黨政治的重要項目，由於政策若是失敗，他必受責怪，因此他沒辦法授權別人替他抓這一塊。他也頗為自負，認為別人做不到的事，他有辦法做出進展，可以因完成國家統一的任務留名青史。二〇〇二至〇三年的領導人換屆過渡，江澤民交出所有的職位，只保留中央軍委主席一職。這個職位，加上解放軍肩負保衛中國國家主權和領土完整的重任，使他有根據在想要的情況下可介入對台事務。

江澤民在政治壓力下，於二〇〇四年九月交卸中央軍委主席一職，此一異動必定降低他在決策上的角色，但未必消除掉他的影響力。身為前任黨總書記和國家主席——加上個人喜愛虛名——會使他預期在對台政策上受到諮詢，這個期待以一向審慎小心的胡錦濤來講，應該會去滿足它。由於江澤民在職期間，毫無跡象顯示他會偏離鄧小平訂下的一國兩制方案，胡錦濤若是動念想試探一些創舉，江澤民可能會予以節制。不過，迄今並無證據顯示胡錦濤有任何這種想法。

史文的結論是，在尋常時期，對台政策過程變得「高度規律化、官僚化和共識導向」。當議題變得愈複雜、也益發凸顯資深領導人色彩時，參與的人數及其責任也增加。決策的特徵是「廣泛的水平式和垂直式諮商、審議和協調」。每一組織層級的單位都向上級機關——如中央對台工作領導小組、中央軍委，以及國務院高層——提出分析和建議，它們經過處理後再呈報中央辦公廳高級領導考量。「在最高層的決策過程，黨、政、軍不同的觀點透過非正式的研商討論得到解決或消音」。[2]

即使如此，史文的資料顯示，決策過程仍然相當集權。江澤民主導對台政策。政治局常委會的共識決作法多少對他有些限制，但那不是絕對的限制。主司單位提供資訊、做出建議、執行指示，但顯然不能參加決策。這符合中國整體訂定外交政策的作法，盧寧（Ning Lu，音譯）對此有個結論：「最重要的特徵是……這是高度集權的，而就關鍵決定而言，又非常個人化。」❶史文指出，在危機時期，集權化會變得更顯著。政治局常委會往往不待中央對台事務領導小組發展出有協調一致的政治建議，就已經介入。軍方高階領導人和中央軍委將參與軍事層面的決策。

認知錯誤

集權化會助長對敵方意向的認知錯誤，就好比政治正統論會排除某些分析。北京領導人看待台灣，都犯了這些毛病。

歷史　中國領導人怎麼看台灣——而且是認知錯誤——有一個重要例子就是蘇格在一九九八年發表的一本書《美國對華政策與台灣問題》。這是中國學術史上的大事，因為蘇格這位中國真正的美國事務專家，試圖就中國最敏感的一個政治議題，進行客觀、不帶意識型態的學術研究。他大量引用原先保密的美國文件——不幸，卻沒有從中國政府檔案找材料。對於政治上受到限制的中國學者而言，這可能已是對這個議題最公平的待遇了。而且，蘇格的作品還得到高層的推薦。這本書得到江澤民的表揚，根據書內夾頁一篇報聞報導，江澤民「親自推荐中國所有官員都該好好一讀」。

蘇格的書因此是一扇很好的窗口，讓我們了解中國領導層、更不用說低階官員，是如何看待兩岸問題的歷史。蘇格對美國在台灣問題所扮演角色的歷史得到的結論，很可能就是他們的結論；而蘇格在某個程度上忽視對立的詮釋，使得他的讀者不太可能知道它們的存在。當然，當一個讀者拿蘇格的評估和他提供的證據做對比時，或許會得到不同的結論。然而，鑒於高層的推荐，我們很可以假定，蘇格的讀者不打折扣、照單接納他的判斷。

這些判斷所陳述的故事和美國官員或學者可能達成的結論有極大的差異。蘇格誇大美國在一九四九至五〇年間阻止台灣落入中國手中的願望，以及華府「兩個中國」政策的範圍；至於美國學者敘述美國在冷戰時期外交政策係針對中國及其盟國的動作做出回應，蘇格則認為咎在美國。在他看來，「造成中國統一的時程無限期推遲」的北朝鮮一九五〇年六月南侵事件，只是華府用來做台海中立化的藉口，而不是一般所認為的，企圖阻止朝鮮半島衝突散布到台灣。蘇格宣稱，艾森豪政府後來又簽署「中（華民國）美共同防禦條約」是因為國內有親台灣勢力施壓，也需要取得國民政府支持聯合國一項要凍結台海現狀的決議；而不是因為中國一九五四年九月砲轟金馬外島、企圖改變現狀所催生出來。在他看來，一九五八年砲轟金門（譯按：台灣稱之為八二三砲戰）也是美國企圖成立兩個中國所生的結果，不是毛澤東想讓華府與台北犧牲外島所搞的動作。當然，蘇格夠誠實，提供足夠的證據讓仔細的讀者去推論出中國真正的角色。可是，此書不能至少明白地讓中國承擔一部分引爆危機的責任，反映出北京傾向於大體上歸咎於美國及他人的心態。

此處的目的不在駁斥蘇格的研究，把它全文讀下來，加上考量到他受到的局限，它已是了不起的學術作品。我要說的是，中國讀者會認為是重點的東西，會傳達對美國之台海政策曲解的觀點。中國官員

❶ Ning Lu, The dynamics of Foreign-Policy Decisionmaking in China (Boulder, Colo.: Westview Press, 1997), p.76。曾經擔任過中國外交官的陳有為，指出北京的決策有些病症把敵方的行動看得居心叵測：意識型態僵化、偏離現實、情報不實、「天朝心態」自視甚高。

今天堅持的信念是，美國在一九五〇年阻撓統一，然而事實上責任應落在北朝鮮門口——是因為毛澤東同意進攻南韓。江澤民的左右手、排名第五位的中共中央政治局常委曾慶紅，在二〇〇二年被拔擢進入常委會之前曾提出他的歷史認識：「台灣問題久而未決，美國負有很大責任。你們知道，從上世紀五〇年代美國將第七艦隊開進台灣海峽，在長達二十多年的時間裡，美國一直庇護台灣當局。多年來，美不斷出售先進武器給台灣……事實上就是助長『台獨』勢力。」[3]

李登輝與陳水扁　本書第三章詳述北京如何誤解台灣領導人對統一的立場，從他們的言行得出結論，認為他們的目標是讓台灣永久和中國分離，排除掉兩岸統一。當然，李、陳所言所行有讓中國不爽的地方。可是，李登輝在他權威的政策聲明中原則上並不反對統一，只是堅定、一貫地堅持要在統一協定中界定台灣地位的條件。陳水扁雖領導傳統上傾向獨立的政黨，他的正式聲明清楚地保持某種統一的選項。可是，李、陳都不接受一國兩制是討論的基礎。另一方面，北京卻以它為唯一的基礎。中國對李、陳聲明的反應，是依其政治正統論推演，得出李、陳是分裂主義分子的結論。一個比較不那麼狹隘的統一方案，將產生非常不同的結論。對台灣如何或許可成為中國一部分，若有不同的方案，將使台灣在它是否應成為中國一部分的問題上，產生比較正面的答案。

甚且，北京往往忽略本身的行動會影響到李、陳的行為。北京不能依接近李、陳的條件，和李登輝在一九九〇年代初好好談，也不能在二〇〇〇年與陳水扁接觸，只會使李、陳橫生挫折感，使得他們採納較不具彈性的立場。中國有時候也在鑄成事實後認為自己的政策壞事（譬如，承認一九九六年三月的飛彈演習有助於同月稍後李登輝當選總統）。但是，北京從來沒根據這些結論從根本上修訂政策。此外，北京評估李、陳在任期間的正式立場，顯然是依以前對其意向之判斷為準，而它有時是以無關的因素為根據。此地的證據不廣泛，但相當有意思。以李登輝來說，北京在什麼時候認為他是分裂分子？二○○○年的白皮書認為：「一九九○年代以來」李登輝「逐漸背棄一個中國原則」。這個判斷和本書第三章的論證一致，李在一九九三年左右因台灣內部政治、以及中國立場持續僵固而把立場轉為強硬。[4]

可是，也有另一個對立的判斷，指他在一九八八年就任總統之初就形成分裂主義意向。根據這個觀點，李登輝一直都是分裂分子。許家屯是中國一九八○年代派駐香港的代表，但因為對天安門事件的看法與鄧小平不合而於一九九○年四月逃亡到美國。《許家屯回憶錄》就是這個判斷的代表。許家屯說，他早在一九八九年就上報告給北京，指出台灣的權力均勢正在從外省人轉移到本省人手中。預計的里程碑是李登輝一九九○年連任總統，再加上一九九一、一九九二年國大代表和立法委員相繼改選之後，本省人多數派的崛起。許家屯認為，李登輝的分裂主義沒有像民進黨激進派那麼極端，但仍舊是分裂主義；這個趨勢只會增進。他的結論是：「和平統一的可能性將降低，軍事解決的機會將上升。」而且據他說，北京也持這個看法。[5]

許家屯評估李登輝是分裂分子，最有意思的是，他根據的是李登輝的省籍、不是他的觀點。也就是說，只因為李是本省人，李登輝一定贊同某種程度的獨立。造成中國在此時對李登輝出現負面判斷，還有一個因素，就是台灣一些「落敗、心生不滿」的外省人在一九九○年底之前向北京領導人發出的警告。這些人講話被聽信，只因為他們是外省人，又和北京一樣反對分裂主義。李登輝也聽到這些警告，於一九九○年十二月派密使向中方對口人士表示，別去理它。至少在那次密使私會時，中國代表說，北京認為李登輝是個可接受的談判夥伴。

我們很難釐清中國對李登輝不同評鑑意見的相對份量。早期認為他是分裂分子（如許家屯）的評估是在台灣的決策體制猶在開發階段，而且體制愈成熟，它們也可能被其他更細緻的評鑑所取代。一方面可能是李登輝在一九九〇年代初期的政策，讓北京放心。另一方面也有可能，一九八〇年代的負面印象影響到北京對他日後政策方案——不論它們是如何正面——的反應。如果這個說法成立，它對李登輝聲稱贊成統一會持疑，對他實質反對一國兩制不會去仔細探究其真正意涵。

中國什麼時候認為陳水扁也越過紅線呢？由於缺乏證據，更難判斷。從公開的消息來源看得清楚的是，北京一貫認為台獨是民進黨的目標，一部分因為它的黨綱列有台獨條款。江澤民向中共十五大做報告時暗指民進黨，「除了極少數頑固堅持『台獨』立場的人以外，歡迎台灣各黨派、各界人士同我們交換有關兩岸關係與和平統一的意見。」[6] 陳水扁一宣布有意兼任民進黨主席，北京就把他和推動台獨的目標連結起來，無視於他設法把民進黨立場溫和化、推向中間的努力。

譬如，一九九七年十一月民進黨候選人較預期贏得更多的縣市長席位，北京表示願意與民進黨人諮商，條件是應以一中原則為基礎進行接觸。但它也說，如果民進黨堅持「台獨」，就不會有諮商。二〇〇〇年總統大選期間，香港一家共產黨報紙的社論評說，陳水扁和李登輝一樣，擁護台獨。它說，陳水扁努力展現較不對抗的立場以爭取選票，「淡化他的『台獨』色彩，消除選民對他台獨方案的疑慮」。陳水扁一當選，中國各媒體又重覆台獨是他的目標、也是民進黨的目標。中國社會科學院台灣研究所所長在選後不久就武斷地做出評斷：「陳水扁上台、民進黨成為執政黨，將造成兩岸關係未來的發展進入極端不確定的情勢……民進黨的台獨黨綱和陳水扁的台獨理念，從根本上同大陸的處理台灣問題之基本政策衝突。」有些觀察家或許抱持希望他是個機會主義者，會追求某種協議，但是他的核心信念的觀點仍是負面的——這也是曲解的。二〇〇二年八月陳水扁聲明「一邊一國」後，即使樂觀的少數派也採納主流立場。在中國評論員眼裡，陳水扁已經背棄他在就職演說中的「四不、一沒有」保證，暴露出他的真實意圖。「這顯示陳水扁已食言、不能信守承諾，反映出他根深柢固的台獨分子性質……從隱性的台獨分子變成最有勢力的台獨分子。」[7]

這些認知錯誤特別有害，因為一旦他們得到正式認可，就很難以更正。蘇格的見解反映出一種歷史正統論，所有的分析都必須在其中做。一旦高層領導人判斷李登輝、陳水扁是分裂分子，就很難再有另外的觀點和政策。即使台灣領導人發出彈性，可是北京卻認為它不符合其基本判斷，也就不太可能有對應的反映。

台灣的政治　中國領導人和分析家對台灣的政治動態也有曲解。曾慶紅對陳水扁有這樣的看法：「這個人有權無謀，只是一個不高明的政客。台灣人現在擁護他，完全是基於一種感情，感情需要有長久的維持，……台灣民眾對他的感情長久不了。」[8] 二〇〇四年的大選證明曾慶紅錯了：在台灣民主制度的脈絡下，陳水扁證明他是個老練的政客，他可以維持住選民的「感情」。

中國的台灣問題分析家在可以運用公開來源大量資料正確衡量台灣政治系統的主要角色及其趨勢時，相當地透徹和抓緊目標。可是，在一些無實體的議題上，如台灣認同意識的來源、台灣領導人的個性、選舉政治的動態等等需要對台灣政治動態有良好掌握者，他們就有落差了。在這些方面，中國的台灣問題分析家就受限於觀念上的盲點和缺乏可靠的資訊。至於北京本身的政策和行動如何牽動台灣的回應，這方面他們的研究和評論就更加嚴重受到局限了。

以中國對台灣認同意識的分析為例子來說明。本書第六章敘述過，西方及台灣學者的共識是，國民黨的威權統治使本省人孕育出他們有獨特的身分認同、外省人是外來人的信念。台灣認同意識是創造出來的、很複雜、有韌性的，此一微妙的景象和中國大陸所看到的有限的、相當原始的圖象，呈現尖銳對比。中國學者很少注意西方和台灣認為認同意識是可詮釋的變數這個觀點，當他們提到它時，又犯了錯誤。有一個例子即是上海東亞研究所年輕學人胡淩煒的一篇文章。

他在二〇〇三年七月發表一篇文章探討台灣政治不穩定的情形，正確地指出「國家認同」的重要。他說，「在（當前）台灣社會的過渡過程中，因為無法建立清晰、一貫的國家認同意識，台灣民眾陷入國家認同的危機。」對胡淩煒來講，過去五十年的故事是從清晰走到模糊、甚至令人混淆的錯綜複雜之故事。可是，胡淩煒所敘述的過程細節，只會強化大陸對台灣政治的定型化概念。他立論出發點是台灣民眾有強烈的中國認同意識。「除了日據時代外來文化的滲透之外，台灣社會自明、清以迄兩蔣時期，歷來都深植中國文化。」胡淩煒說，在國民黨統治的前幾十年，由於政策專注在反攻大陸，宣傳也支持此一目標，台灣人對「中華民國」的認同得到強化。在這個過程中，大陸遭到妖魔化。[9]

蔣經國時期，他吸收本省人進入國民黨、促進經濟繁榮、允許更多政治參與，慢慢起了變化。蔣經國使既是中國人、也是台灣人的概念正當化。胡淩煒認為，這是台灣民眾國家認同意識共識感最強的時期。台灣此時在經濟上、文化上、外交上，相對於大陸都居於上風，增強了此一意識。這個時期的台灣民眾「高度認同『中華民國』，透過中華民國的形式，承認他們是中國人，相信台灣雖小、卻代表中國。」

在胡淩煒看來，中國自從一九七八年改革開放以來，國家實力、國際地位大增，使得台灣失去信心，出現認同危機。「在台灣，一個中國就是中華民國（也是認同的目標）這個概念完全疲弱下去。」在這種情況下，政治人物（李登輝）可以操弄「受害」意識、鼓勵尋找「自我認同」。於是乎人民受到

「台獨勢力」利用，創造出支持台獨的輿論基礎。

胡淩煒提出中國國力相對增強與台灣的認同危機和模糊之間的關聯性，對於台灣的外省人而言，或許說得通。因為他們和中華民國有最強大的關聯。可是，它卻錯誤解讀大多數本省人的心態。對這些人來說，國民黨的嚴厲統治打造出他們是不同民族的想法。中國國力的成長並沒製造出信心危機，而是挑戰國民黨自私自利的高壓統治理由之機會。不錯，民主化發生後，政治人物推動台灣認同意識，但是大體上他們是呼應業已存在的感情。甚且，胡淩煒這種分析忽略雙重認同的現象。中國負面的行動——如一九九六年三月的試射飛彈、反對台灣爭取世界衛生組織觀察員資格等等——也增強台灣人的認同意識——這是胡淩煒和中國任何學者都不能公開承認的事。[2]

一九九五至九六年台海危機　北京從認知走向如何做特定決策，即使史文的一流研究也無法提供許多細節。目前最好的研究是史文及其他學者對一九九五至九六年台海危機的探討。一般的共識如下：

——中國領導人認為李登輝擴大台灣國際空間的動作，反映他有意爭取台灣獨立。

——它認為李的活動和美國的共謀，威脅到中國重大利益。

——它選擇運用恫嚇外交以展示中國嚴正決心，要迫使台灣和美國回轉方向，並嚇阻其他國家效法美國。

——危機之後，它的結論是這項作法利大於弊。[3]

---

[2] 中國大陸認識到國民黨的高壓統治造成台灣人的疏離和敵意，因此有族群失和。但這個分析沒有再進一步承認台灣人形成了分離的認同意識。

在評估中國對此的決策品質時，必須處理幾個問題。第一，這只是中國針對李登輝行動的反應嗎？這是一項傳統智慧，中國外交政策說法一向也指別人應該對製造問題負責任。可是，李登輝藉由出訪以及爭取加入聯合國以擴大台灣的國際空間的努力，可以解讀為李登輝針對北京排拒他的台灣應該有國際角色的主張之反彈。甚且，這也和他的觀點前後一致，他認為中華民國是個主權國家，有權參與國際體系。李登輝會這麼樣公開做回應，符合他的政治風格；在他心裡，這或許也是增強他和中國交涉地位的方法。

第二，北京認定李登輝推動台獨時，是否正確地看清李登輝的意圖？大體上，本章引述的學者大多接受中國的評估。只有傅立民所達到的結論，類似本書第三章的分析。他認為北京大錯特錯，錯誤解讀李登輝的意圖。「北京把台灣李登輝總統的言論貶為披上薄紗的分裂主義之談……李總統的講話提出民主、邦聯的中國之承諾，這是本區域要有持久和平與繁榮最佳的希望……北京沙文主義地把李總統主張透過廣泛交流以求取民主、和平、繁榮的論述，視為威脅中國的力量及統一、必須動用中國軍事力量對付，是很危險的。」[10]

第三，中國正確判讀了美國的意向嗎？北京顯然相信了它要相信的東西：華府不會允許李登輝訪問美國。但是，克里斯多福（Warren Christopher）國務卿很明顯在一九九五年四月底向錢其琛副總理發出訊號：美國國會可能會把決定權從政府手中拿走。訊號可能仍然含混，但中國也有錯，沒把警告太認真看待。另外值得一提的是，如果李登輝沒有追求分裂主義的議程，美國也不可能如中國所宣稱會支持這樣的議程。柯林頓政府是美國國內政治壓力要求他善待李登輝的受害人，而這股壓力李登輝的確親自鼓動。❹還有一個更有爭議的問題涉及到人民解放軍一九九五年夏天的演習；北京為了對李訪美之行表示不爽和決心，進行了此一飛彈試射。北京是否把美國相對溫和的言詞反應解讀成為邀請它後來更有侵略性的動作呢？以這個問題來講，除非有一天中國的檔案解密、開放，不會有答案；但是，當時明顯是有歧見的。不過，一九九六年三月美國派出兩支航空母艦戰鬥群，北京真的是大感意外。

第四，恫嚇外交是處理李登輝掀起的危機合適的辦法嗎？如果對問題的界定及涉及的利益之評估有瑕疵的話，所採取的行動也會有瑕疵。可以說，中國領導人攻打的是問題的症狀，並沒處理問題本身的原因。他們對李登輝高規格訪美（以及美國的合作）所做的反應，的確成功地阻卻未來的訪問。但是，如果根本問題是在台灣「如何」可能成為中國的一部分這上面出現根本的意見差異，或許恫嚇外交只會使問題更加劇烈。

第五，北京是否錯誤解讀一九九五年十二月台灣立法委員選舉的結果？美國學者認為國民黨席次

---

❸ 第六章已提到，解放軍在一九九五年和一九九六年的決策角色如何，各方看法並不一致。有些學者認為它一直參與共識的演進。有人則認為軍方實際上堅決主張對李登輝訪美要有強硬反應。黃瑾說，文、武領導人意見不同，不過是出於本位上的重點不同：文職人員著重防堵危機、將領則傾向展示實力和決心（它可能使危機加劇）。黃瑾的意見載於二〇〇三年十月三十一日他在華府戰略暨國際研究中心「領導人變動後中國之決策」研討會發表的論文〈新領導人之下解放軍的決策角色〉（The PLA's Role in Policymaking under the New Leadership），頁十三。馮德威（David Finkelstein）在同一場研討會發表的論文〈解放軍在中國決策過程中的角色〉（The Role of the PLA in the Chinese Policymaking Process），則認為解放軍的確切角色基本上仍不清楚。

❹ 一九九五年三月我向中國駐美大使館官員示警，指國會將會成功說服柯林頓給李登輝入境簽證。這個小訊號可能被忽視了，即使是來自使館當時認為是友善、且熟悉國會運作方式的我。

減、新黨席次增，證實北京認為恫嚇外交有效的觀點。北京的觀點或許是如此，它也可能鼓勵了一九九六年三月總統大選前採取類似行動。但是它也展現中國傾向於過度解讀台灣的政治。本書第六章討論過，台灣的立委選舉是個人特質和象徵的競爭，不是政策路線的競爭。小黨比較容易在政治光譜中搶到一席地位。從國民黨分裂出來的新黨，席次會增加是預期中的事。選民對兩岸關係的觀點，以及李登輝的政策，毫無疑問是新黨表現良好的一個原因，但不是唯一的原因。它反貪腐的立場，以及選舉制度的作用或許更為重要。

第六，應該怎麼評估成本、效益關係？中國發言人承認恫嚇有代價。北京在日後台灣選舉甚至對是否採取更低層次的軍事行動都更加小心，因為它逐漸體會到在一九九六年的行動（以及二〇〇〇年的聲明）是幫倒忙，反而加強它原本反對的政治力量。另一方面，陸若彬指出，中國領導人的結論是利大於弊。可是，如果更客觀地仔細檢視帳冊兩邊，恐怕很難避免得到結論：中國的行動得不償失。北京把它看做相對成功，本身就是頗堪憂慮的事。

當然，北京成功地提醒所有相關國家：台灣問題很重要；但是，台灣、日本、美國和其他國家本來就知道啦！沒錯，此後李登輝不再爭取高規格出訪，可是美國和日本也不太可能批准。或許有些人懷疑北京動用或威脅要用武的意願，他們的懷疑自此消除。或許中國試射飛彈，造成台灣股市大跌、新台幣幣值重挫，展現台灣經濟和民心的脆弱。可是這些只是戰術成績；北京的挫折卻是戰略層面。李登輝的得票比飛彈試射前的預期來得好；北京說由於民進黨表現更差，可見飛彈試射成功，其實是非常不誠懇，因為它不是認為李登輝是台獨勢力的領導人嗎？台灣人民對北京企圖恫嚇產生的疏離感，嚴重傷害到它推進兩岸統一的政治目標。美國沒有把它對台海議題的基本作法變得偏向中國，而且覺得必須要派出航空母艦戰鬥群去強化自己的可信度。李登輝仍拒絕接受北京的一中原則為兩岸恢復對話的條件。東亞的其他國家、日本、尤其是美國，必須認定在某種情況下，中國限制台灣的需求，或許勝過它對和平統一的承諾。

集權化和錯誤認知

但是，此處的論證不只是中國誤判台灣領導人的意圖和島內政治動態。包括台灣在內，所有的國家在某個程度上也誤判敵人的行動。同時，集權化的決策會導致不良的決定。最好的例子有二，一是一九九九年五月中國駐貝爾格勒大使館遭到轟炸事件，一是二〇〇一年四月美國EP三偵察機和中共海軍一架飛機擦撞事件，北京即刻做出反應都不太高明。

貝爾格勒　大使館遭到轟炸事件，造成三個人喪生，它發生在當地時間五月七日晚上近午夜，即北京時間五月八日（星期六）上午將近七點。我們也可以猜測，由於大使館通訊系統遭到破壞，北京外交部起先只收到片段的報告，但是江澤民、錢其琛和其他高階決策者早早就獲得通報。或許外事領導小組在星期六已集會研商；或許早就決定縮短決策流程，不待外事領導小組開會，直接召開中央政治局常委會議。如果是後者的話，它可能是擴大會議，其他依體制或實質理由必須參加的人，尤其是軍方和情報界人士都會參加。

五月八日中午以前，領導人已就事件訂定初步反應，發表政府聲明，譴責這是侵犯中國主權、違反國際法的行為。但是關鍵問題是，美國是否因為它是中國大使館而蓄意以之為攻擊目標。美國時間星期六，柯林頓總統表示，這是「悲劇性的錯誤」和「悲劇性的事故」。他向中國領導人和人民表達遺憾和

致悼之意。（美國政府隔了好幾天才查清楚，北約組織以為這座建築物是塞爾維亞政府官署，而蓄意要轟炸它。）❺

由於政策意涵，蓄意與否成為重要問題。如果中國保留判斷，等候更多資訊到位，它或許有更大彈性可解決此一衝突。如果它快速認定這是蓄意攻擊，會把它綁死在強硬路線上。公開來源可得到的資訊顯示，中國領導人早早就認定這是蓄意的攻擊。

有此結論的第一個跡象發生在星期日，《人民日報》和新華社發表社論——時間點顯示，領導人可能在（中國時間）星期六開會時，定調這是蓄意攻擊；也或許是在文章即將發表的夜晚得到共識。《人民日報》指控：「事件發生後，以美國為首的北約辯解說，它『並非有意對準中國大使館』，但是，巧舌詭辯掩蓋不了血的事實。三顆導彈從不同角度襲擊中國大使館，完全暴露了侵略者的罪惡用心。」新華社同一天發表兩篇文章也認定是蓄意攻擊。❻新華社五月十日（星期一）又發表一篇文章（它一定是在週末時撰稿的），來自中國航天工業公司的飛彈專家提供技術證據，駁斥美國國防部起初說是間接波及的解釋，它堅稱「無論從哪個角度分析，（襲擊）完全是預謀的。」11

同樣在星期日，中國領導人決定美國該怎麼做才能改正情勢。北京時間星期一下午，外交部長唐家璇要求「以美國為首的北約組織」採取下列四個步驟：「公開、正式」道歉；對攻擊事件進行「完整、徹底的」調查；迅速公布調查內容；嚴懲該負責的人員。外交部也宣布，「推遲」與美國就人權、大規模殺傷性武器之擴散的雙邊對話，並中止兩國軍事機關的交流。

星期一權威的媒體評論重申前述各點，並提出四點要求（即星期日提出的四點要求）。民情一片譁然。

公開來源的材料允許我們對貝爾格勒大使館遭轟炸之後，關鍵的四十八小時決策過程之運作做出若干推論。中國領導人迅速就關鍵問題——轟炸是否為蓄意做出評斷。顯然它最晚在五月八日（星期六）晚間下了結論，此時正是柯林頓總統首次發表聲明，而美國政府本身根本還沒有機會確切查明究竟。根據此一攻擊是蓄意針對中國而來的評斷，北京向美方提出要求。事先也無從了解其中一項要求——嚴懲該負責的人員——是否能做到。在這樁轟炸事件，過分要求並不真的危險，因為這是「政治」糾紛、不是軍事糾紛。如果江澤民覺得因為他製造出達不成的期望，很難解決危機，那是他和其國內批評者之間的問題。但若是在軍事性大過政治性的危機中，如此急切驟下斷言，會擴大有效的危機管理之困難度。❼

EP三事件 二〇〇一年四月一日（星期日）上午，美國一架偵察機在海南島附近國際天空沿著華南海岸線飛行。解放軍海軍兩架F八噴射機升空攔截它、監視它的行動，而其中一架與近來作法一貫，危險地飛近這架EP三偵察機。事實上，飛得太靠近了。大約上午九時十五分，這架中國飛機撞上美國飛機。F八在空中斷裂，飛行員跳機，但沒有存活。EP三飛行員勉強控制住飛機，飛到海南島陵水機場。他試圖通知塔台他們遇上麻煩，請求准許緊急降落。塔台沒有答覆，他就逕自降落。美國機組人員遭到扣押，中、美雙方緊張對峙。這次危機和大使館遭轟炸事件，有一個重要的不同。在大使館事件中，怎麼一回事，沒有疑問——北約組織飛機轟炸中國的外交使館。爭議的重點是查明為什麼發

---

❺ 一九九九年五月，美國實施日光節約時間中，北京時間比美國東岸時間早了十二個小時。

❻ 一般來講，新華社的評論比《人民日報》兇，或許是因為他們的人員在轟炸事件中被打死。

❼ 中國領導層內部對使館被炸事件要如何反應的辯論詳情，外人迄未清楚。

生攻擊（是否蓄意？），以及要怎麼辦。至於ＥＰ三事件，事實就不是那麼清楚，每一方都手忙腳亂要查明究竟怎麼一回事。在當地時間近中午時，美國駐北京大使館獲悉攔截、擦撞和緊急降落的消息，但不知道究竟怎麼擦撞的。一部分是因為關切ＥＰ三上二十四名機組人員的安危，美國外交官設法接觸中方官員。一天下來，他們打過去的電話不是沒人接聽，就是得不到有用的消息。沒有答覆並不影響事件的最終結果，但是它加深了美方的關切和不信任的感覺。北京時間仍是白天的時候，設在夏威夷的太平洋美軍總部發表新聞稿，敘明事件基本事實。它沒有指說過錯在何方，只表明美國期待機組人員受到適當待遇。[12]

北京的外交部和國家安全部不願回答電話，可能是因為他們也碰上困難，無法從駐守海南島的海軍航空隊方面得到訊息。最後，在通訊鏈上的某個官員顯然選擇接受他收到的訊息，沒再交付查察；因為到了四月一日晚間，北京領導人已決定事情是怎麼發生的、美國應該有什麼回應。北京時間下午九時三十分左右，中國外交部部長助理周文重終於和美國大使普理赫（Joseph Prueher）碰面。他提出中國政府對事件的看法，而此一看法與外交部將在晚間十點三十分（會談仍在進行中）發布的聲明一模一樣。❽周文重告訴普理赫，ＥＰ三和Ｆ八相隔約四百公尺平行飛行。周文重指控說，ＥＰ三突然向左側急轉彎，撞上了Ｆ八。錯在美方，因此美方應對事故負起全部責任。

普理赫是個退役的海軍飛行員，從中方的版本中發現破綻；中方官員可能不知情，或是知道、卻避而不提它。如果ＥＰ三向左側急轉彎、飛了四百公尺，移動更快速的Ｆ八早就飛出四百公尺以外，不可能撞機。即使周文重現在了解問題所在，已經太遲，無法停止同步公布的公開聲明，也無從停止媒體攻訐「美國的不義」，更無法從難堪的立場退卻。雙方外交官費勁周旋，終於能夠解決事件，美方機組人員幾天後獲釋，飛機在後來（經過拆卸分解）也送回美國。但是，中國政府快速做出有瑕疵的決定，使得交涉平添困難，也讓雙方心生疙瘩。

因此，危險在於負責外交決策的高階官員，根據自己對其他行為者意向錯誤的認知，「劫持」政策反應。由於這些領導人位高權重，不太可能受到部屬的挑戰；可是，部屬明明比他們更了解細膩之處，卻覺得必須服從上級。葛來儀（Bonnie Glaser）和桑德斯（Phillip Saunders）觀察到民間外交政策研究機構的專家，在危機時期或領導人衝突時期，不願在「民族主義的政策環境中提出有爭議的分析」。沒錯，經歷一九九五至九六年危機，以及一九九九年事件、二〇〇一年事件之後，中國設法修補它在對台事務決策過程的缺失。譬如，負責詮釋台灣發展的機構，在分析事件及其意義時可能已比較精確。過度反應的誘惑已經盡力去壓抑。二〇〇四年台灣總統大選選戰開跑，北京顯得更加節制。❾可是，由上往下的分析之風依舊，解讀錯誤的可能性也繼續存在。甚且，如史文所說的，在例行時期依然盛行「規律化、官僚化和共識導向」的決策流程。危機時期的情況又不同，高階領導人對台灣的觀點雖不是特別精細，卻接管了決策定計。蘇葆立對中國新領導班子將如何處理未來危機，有些評斷說得很好：「在某個

---

❽中國中央電視台於晚上十點二十分播出外交部發言人對事件的評論。有一個說法說，中國對事件有此立場是回應太平洋美軍總司令布萊爾的一份聲明。可是，布萊爾的聲明發表在周文重和普理赫第一次會面之「後」，此時中方已鎖死在他們的基本立場上。

❾中國盡力節制的一個例子是，陳水扁二〇〇二年八月發表一邊一國論，大陸的台灣事務專家呼籲北京「冷靜」反應。假設，這些學者公開的建言與私底下向官員說的是一樣，可以推論官員聽進去他們的建言。

時點……胡（錦濤）、溫（家寶）可能覺得自己處於一個情境，就某一外交政策議題，需要可靠的資訊、迅速的決策和穩健的判斷。我們不免忖思，中國目前的決策系統是透明不足、溝通不良、信賴不足、僵固僚氣、淨講上級愛聽的話、戰略上死抱教條、易受政治操縱影響；是否堪可承擔提供良好建言的重任？」[13]

台灣

很奇怪的是，儘管台灣現在比起大陸是個更開放的政治體系，外人對台灣的外交政策決策過程的了解，卻遠遜於對中國之了解。我們知道的是，由於民意代表和媒體十分活躍，台灣的系統行為者更多；它的各個機構同樣各自組建，欠缺足夠的水平協調；其組織相當鬆散，各個不同單元無法組成連貫的整體。在高階層，台灣的系統和中國的系統一樣，個人化色彩極為濃厚。高階官員是否常和總統接觸、權力有多大，端看他和總統的私交而定。依據史文的研究，台灣行政部門的主要元素如下：[14]

——中華民國總統，依據憲法是三軍最高統帥，對國防、外交及大陸政策握有最高權力，並且統領重要的高階文武官員。總統府內設有若干顧問輔佐總統，尤其是主管外交事務的副秘書長。

——行政院長，任命並管轄部級機關，包括外交部、國防部和大陸事務委員會。行政院長在院內督導一個堪稱特別的（ad-hoc）決策形成過程。他也是國家安全會議成員。

——國家安全會議是總統的顧問諮詢機關，負責訂定國家安全政策、規劃範圍相當廣泛的一些議題之安全戰略。它或許會擴大，但過去只有少許幕僚；雖然對其他的國家安全機關執行若干監督之權，卻沒有決策權或跨部門協調的責任。國家安全會議由總統擔任主席，其成員為兩位副主席（副總統及行政院長）、外交部長、國防部長、經濟部長、國安會秘書長、總統府秘書長、國家安全局（台灣首席情報機關）局長。

——外交部、國防部及陸委會。陸委會特別值得一提。它負責研究、規劃、評估與協調大陸政策，並執行涉及跨部會的兩岸計劃。

——由參謀總長領導的參謀本部。原先，參謀本部是有關軍事事務的主要決策單位，由總統直接指揮（國防部只是行政機關）。二〇〇一年通過的法律，精進組織架構，把國防部長置於總統和參謀總長之間。

——國安局是蒐集、分析國外情報的首要機關。

史文強調，各個高階官職的權力多大，不太看法律賦與的權限，要看現任者和總統之間的私人關係親疏而定。例如，假設陸委會主委是總統的親信，他和陸委會在決策過程中將有更大的影響力——雖然陸委會只是部級單位。

從這個結構發展出來的決策過程「集中在少數幾個高階文武官員手中，有時候受到總統觀點和性格的強大影響。」在高層和低層，跨部會協調都很差。李登輝時期，正式過程殘破不全，他往往隨興、單獨、私下與個別部屬或顧問會商來取代它。他未必總是信賴外交政策專家的意見，喜歡和正式系統外的學者交換政策構想。陳水扁考量過採取比較諮商的過程，但不和相關單位諮商就做決定的誘惑仍在。[15]

台北也和北京一樣，會犯認知錯誤的過錯。李登輝自述他在職期間的美台關係，就透露出他一直不太相信美國。[16]

關於台灣的政策形成過程，有一個最佳案例就是一九九九年七月李登輝提出兩岸關係是「特殊的國與國關係」的經過。總統任期即將結束，他愈來愈擔心台灣的存在，以及「國家主體性」。他覺得台灣在全球社會中遭到明顯不公平的待遇，為此憂心忡忡，深怕台灣的國際身分很快就會喪失。他曾經請教國際法專家，中華民國是否是個國家，赫然獲悉他們認為不是。他交代國安局長殷宗文去找一些外國法律專家，請他們證明台灣不是中華人民共和國的一部分。殷宗文建議，先在台灣物色專家準備充分的背景資料，然後再請教外國學者。李登輝的一位助理找來蔡英文負責研究；她是個律師、不是政府官員；一九九八年八月，這個負責「強化中華民國主權地位」的小組正式啟動。蔡英文又找了一些年輕的法律學者來進行研究。擔任這個小組顧問的是國安會兩位幕僚張榮豐、陳必照，以及總統府副秘書長林碧炤（他也是國際關係學者）。負責的政府單位並未參與其事，也不曉得有這件事；美國政府也不知情。

李登輝這麼做還有另一個原因，即是替兩岸政治談判預做準備。台北曉得它不能避免討論政治議題，而汪道涵預定秋天到台灣訪問，一定會碰觸到政治議題。但是，大陸的一中原則和一國兩制模式使台灣處於不利地位。因此，「必須先取得談判中的平等地位……打破中共當局設下的框架」。台灣原先使用「政治實體」這個模糊的字詞、在不妨害兩岸交流之下，委婉表示其治理當局擁有主權。但是，李登輝發言後幾天，有位國安會高級官員強調：「中共當局一再忽視我們的善意。他們利用這種模糊字詞在國際間打壓我們。因此，**總統必須在我們的聲明中講清楚**。」（作者強調）[17]

一九九九年二月，小組向剛升任國安會秘書長的殷宗文做初步簡報，五月間交給他一份「研究報告」。然後，報告再上呈給李登輝總統。報告的導論部分把兩岸關係界定為特殊的國與國關係，依據的是一九九一年以來歷次修憲的憲法增修結果。李登輝接受德國新聞媒體「德國之聲」專訪，引用的就是報告的這一部分。這份報告也建議台灣的憲法和法律應分階段修訂，以符台灣地位的新論述。它也建議要修訂、並最終廢止國家統一綱領。小組力促要避免在台灣已朗朗上口的一些說法，如「一個中國」、「一中就是中華民國」、「一個分治的中國」、「一國兩府」、「一個中國、各自表述」、「一中各表」、「台灣是中國的一部分，大陸也是中國的一部分」。甚至，它說，中華民國對大陸不具主權，中華人民共和國的主權也不及於台灣。

李登輝詳細檢閱了報告，決定擇定時間付諸實行。五月底，李登輝和副總統連戰一起檢視小組的工作成績，討論到修憲的可能性；李登輝有點意外，因為連戰表示支持。不久，蔡英文就修憲事宜上大簽給李總統，建議在國民大會本次會期推動修憲。李登輝批准了此一簽呈。幾個星期之內，蔡英文和張榮豐把此事告知陸委會主委蘇起，林碧炤也讓外交部長胡志強與聞此事。[10]

這時候，某些相關官員已經知道有這件事。也計劃要在七月中旬進行跨部會討論。李登輝顯然已經思考過時機的問題，覺得聯合國大會開會期間（九月開幕）不宜，二〇〇〇年三月總統大選的選戰期間也不宜。接下來，李登輝接獲報告：大約在中共十一國慶時，北京將宣布海基會會長汪道涵訪問台灣的消息，它將藉這個機會強調兩岸關係是內政事務，北京做為中央政府，將以地方政府對待台灣。李登輝

---

[10] 根據李登輝的回憶錄，蘇起在七月初獲悉。但有可能是六月底，因為蘇起七月四日左右正在美國參加一項會議，並於七月六日和陸士達會面。

因此決定他需要搶先在北京發表聲明之前就先提出立場，而且事不宜遲。他顯然也對少數幾個人透露他的決定。[11]

七月初，德國之聲預定專訪李登輝；他覺得這是表達他的觀點的理想機會，尤其是因為德國曾經分裂為兩個國家歷四十年之久才又統一。行政院新聞局呈報德國之聲專訪時要提問的問題，並附上代李登輝所擬答覆文的草稿。其中有一個問題提到中共指台灣是叛離的一省，新聞局擬的答覆是：「中華民國是一主權獨立的國家，並非中共所謂的叛離的一省。」如果李登輝重述這個標準說法，就不會發生危機。（如第六章所討論，在這個議題上用詞遣字必須十分小心，口頭表述若有任何改變都會被嚴肅看待；新說法可能被解讀為激烈的改變。）但是，李登輝認為新聞局的講話太軟弱，棄而不用。「如果（這個議題）連我們自己都說不清楚，如何寄望外國人會沒有誤解？又何以期待國際社會能仗義直言，重視台灣的困境？」李登輝找出擱置一旁已經兩個月的小組報告，決定在答覆「叛離的一省」時可以引用。據報導說，七月八日上午他說：「提出來，一定會挨罵，罵就讓他們罵吧。」七月九日，總統府秘書長黃昆輝曉得將有這個新說法，通知了林碧炤和張榮豐。小組的這兩位顧問覺得李登輝不宜在這時候做這樣的聲明；國民大會休會後、汪道涵來到台灣時，比較合適。可是，李登輝堅持他一定要說。[18]

陳水扁也展現同樣傾向限制參與決策的人員，排除依職權應該有機會評論不同選擇會有何後果的官員參與。二〇〇四年春天，總統選戰即將落幕，台灣一些國家安全專家建議：「總統應該定期召開國家安全會議正式會議，以便鞏固、協調內閣各部會及重要主司官員之間的政策方向。」暗指類似的接觸和協調並不存在。陳水扁競選連任期間，他有四次發言，惹起不少爭議，對台灣的國家安全和外交政策頗有衝擊：

——二〇〇二年八月三日，他宣稱海岸兩岸「一邊一國」，並號召制訂公投法。
——二〇〇三年五月二十日，宣稱應該針對台灣參與世界衛生組織舉行公投。
——二〇〇三年九月二十八日，主張制訂新憲、交由公民投票批准通過。
——二〇〇三年十一月二十九日，決定舉行「防衛性公投」。（參見下文）

從新聞媒體報導可以清楚看到陳水扁的決策風格。二〇〇二年八月三日，他透過視訊向一個海外台灣人團體的會議發表談話，這個團體一向較激進主張台獨，對民進黨常有政治捐獻。陳水扁因此有誘因迎合聽眾訂製談話內容。但它也反映出陳水扁對北京對待他頗有挫折感——當時他正要接任民進黨黨主席，北京就從南太平洋挖走台灣的邦交國諾魯，使之轉而承認中國。這也符合他在六月底和其國家安全團隊及李登輝討論、並於七月中旬通過的對中國要有更強硬政策的決定。可是，「一邊一國」並沒出現在八月三日事先準備好的講稿裡。陳水扁自己的國安會幕僚對他脫稿講話也嚇了一跳。有一個幕僚向《台北時報》承認，沒預料到他會這麼說。他說：「這些字的影響顯然太強烈，政府和整個國安系統需要重新評估可能的副作用。」另一位幕僚指出，鑒於中國領導人過渡狀況普遍仍不確定之下，「現在在

⓫ 作者二〇〇三年二月二十四日對林碧炤的訪談紀錄。可能很有意思去猜測，據傳中國領導人即將發表的聲明，是否就是二〇〇〇年二月北京京終於發表的那份〈一個中國的原則與台灣問題〉白皮書的早期版本。

兩岸情勢掀起風波，對台灣並不好……總統或許是預備打破僵局……但是更重要的優先事項是問：『打開僵局的目標是為了什麼？』」。總統府的官員也透露，這項聲明「傷害台灣和美國間的互信」，導致華府對「陳總統的性格和領導有疑念」。[19]

世衛公投說是陳水扁二〇〇三年春天一系列動作之一，媒體解讀是預想不到對行政院及院長權力的侵犯。公投之論被形容為「令人驚訝的動作」。由於它的「政治敏感」，又惹華府關切。

陳水扁在民進黨創黨二十年的慶會上宣布制憲公投的計劃。它和李登輝在前幾個星期提出的意見類似，也是民進黨基本教義派長期以來的目標。它所提議的程序可以解讀為建立新國家，因此可說是從根本挑戰中國；北京當然也是如此解讀。可是，報導傳出，總統府秘書長邱義仁和民進黨高階幹部、前駐美外交官員李應元，是在宣布的前一天才知道這件事。這個消息造成美方嚴重關切，而消息公布時，外交部長簡又新正在美國訪問。當天我出席歡迎簡部長的午餐會（距陳水扁發表談話才幾個小時），簡又新很顯然完全沒料到會有這麼一件事。

陳水扁二〇〇三年十一月宣布要辦「防衛性公投」，是在泛藍陣營控制的立法院嚴格限制總統發起公投的權力、把大部分權力抓在立法院手上之後的事情。唯一的例外涉及國家安全，也就是如果台灣受到外來威脅、會干預到國家主權時，總統可發動公投。陳水扁在公投法遭到反對黨擊敗，只有動用唯一的職權發動「防衛性公投」，理由是北京部署大量彈道飛彈瞄準台灣。雖然涉及主權和中國，報導卻說刺激他這麼做，主要的原因是民進黨內基本教義派不高興。這些人以更廣泛、更挑釁的公投為最高優先。陳水扁的一位助理說，他這麼做「大部分是因為來自傳統支持者極大的壓力，他們非常不滿意民進黨撤案，不在法律條文裡訂明允許對更改國號、國旗和領土進行投票。」這裡有個重要爭議是時機。陳原來打算在十二月中旬提出防衛性公投，但是在基本教義派施壓下，他決定提前兩個星期宣布。而它偏偏就發生在謠傳有位美國高階官員訪問台灣之前、也是中國國務院總理溫家寶訪問華府之前。[20]

李登輝的「兩國論」和陳水扁的四項倡議顯示出，台灣的總統有時候透過常態政府機關之外的管道訂定政策；這些機關沒有機會檢視這些構想；總統自己做決定。它證實了一幅景象：體制很弱、缺乏適當協調；誤判別人的意向可謂司空見慣。它不是可以針對台灣面臨的政治、經濟威脅產生健全反應的系統，也加深台灣的不安全感。甚且，美國是台灣安全的保障，未能事先和美方諮商只會增加華府的憂心，深怕被捲入不必要、或會破壞美國利益的衝突。這也只會使台灣的情勢惡化。

8 槓桿遊戲 The Leverage Game

二〇〇一年五月，台灣的科學家宣布針對佔島上居民大多數的閩南人基因做研究的結果。他們通稱本省人，和外省人、客家人、原住民合稱四大族群。研究人員發現他們事實上是周朝（西元前七七〇年至二二一年）末年散居在中國東南沿海的越人（Yueh）後裔。這裡頭的政治意涵即是：本省人不是漢人。中國研究人員不能輸，也在二〇〇一年十二月宣布，台灣四個原住民部族染色體特徵和海南島的黎人相似，這五個部族都是華東地區百越人的後裔。據說，百越人移居到海南和台灣，保持相同的生活方式和習俗。中國方面要表明的訊息是：即使台灣的原住民也和大陸有關聯。[1]

研究結論如此互別苗頭，凸顯出兩岸無所不爭，一定要佔到對方政治便宜不可。每一方都把這種鬥爭——連上古史也可以吵——看成零和遊戲，一方贏了，他方一定有所失。這麼鬥爭只會加深彼此互不相信。就像兩岸的國內政治，它加劇了解開因主權和安全議題造成的死結之困難度。如果想在實質議題上相互接觸，就不能忽視這種槓桿遊戲的有害效應——它在國際社會、台灣本身和兩岸關係上，天天上演。

國際制度

自從一九四九年大陸陷入中國共產黨掌控、次年韓戰爆發以後，中華民國與大多數國家維持外交關係，也保留中國在聯合國及其他國際組織的席位。但是一九五〇年代末期，去殖民化如火如荼展開，絕大部分新興國家與北京建立外交關係。中華民國的反應既僵硬、又短視。蔣介石堅持中華民國是合法政府，北京政府是叛徒所組成；因此雙方之間不可能共存或妥協，以成語形容，就是「漢賊不兩立」。他認為允許中共以平等地位加入聯合國，或是其他國家同時與北京、台北有邦交，在道德上犯了錯；對他本身的正當性，以及他不讓台灣人民享有政治自由的根據，這也是沈重的打擊。美國試圖說服他，保持中華民國國際地位，唯一的辦法就是要務實，可是蔣介石卻寧願堅持原則。❷因而中華民國於一九七一年，在即將被逐之前一刻宣布退出聯合國。

今天，中華民國與大約二十六個國家及教廷保持外交關係。它的外交夥伴是中美洲國家，再加上加勒比海和非洲少數國家。北京不時設法在這些國家挖台灣的牆腳，台灣也試圖從和北京有邦交的小國爭

---

❶ 兩種說法都有它的盲點。閩南人的社會、文化組成是中國社會、文化的區域性縮影。要說台灣原住民和大陸的人基因相連，創造出兩者的政治關聯，不啻是說，北美洲、南美洲和東亞有政治關聯，因為美洲原住民的祖先源自東亞。

❷ 很諷刺的是，美國在一九六〇年代對中華民國在國際體系的地位，態度相當彈性，台灣本身則很僵化。一九九〇年代，台灣開始提議要彈性處理了，美國卻固守中華人民共和國是中國唯一合法政府的立場。

取新盟國。每一方提供給第三國的誘因就是外援，很早以前就陷入喊價、加碼的競爭。甚且，台北每一次丟掉一個外交夥伴，就在台北觸發一場迷你危機。譬如，南太平洋小國諾魯於二〇〇二年七月宣布，棄中華民國、轉而承認中華人民共和國。事情發生在陳水扁即將兼任民進黨黨主席之前，他因而視之為對他個人的侮辱。如果北京要動用愈來愈大的預算資源發動外交攻勢，很可能在台灣製造出信心大崩潰。台北把維持二十多個國家的外交承認當做中華民國是主權國家的證明，萬一只有十個國家承認它，又代表什麼意思？

前文已提到，民進黨在一九九〇年代初就開始催促國民黨政府嘗試重新加入國際組織，此一努力既孚人心、又符合台北要求要讓它有國際角色做為統一的先決條件之主張。因此，李登輝採納在野黨此一議題。首要目標即是聯合國。一九九三年，台北正式展開遊說，盼望聯合國重新考量它的代表權。一九九七年，夙來支持民進黨的台灣醫界，擁護台灣爭取世界衛生組織的觀察員資格。國民黨政府也同意此一訴求。

北京經歷數十年鬥爭才有今天的成績，哪會輕易放棄？它在兩者上都成功地擋下台北的倡議。中國政府已經壟斷一切必須以國家資格為前提的國際組織，把台灣企圖打破這種壟斷的努力貼上搞分裂主義的標籤。它已經在這些組織之內，又對許多重要會員國頗有影響力，使它佔了上風可阻擋台北的活動。可是，台灣不肯放棄努力，爭取加入聯合國和世界衛生組織的活動，變得像行禮如儀一般年年要上演。它們對兩岸其實都有用處。對中國外交部來講，阻止台北入會可以證明愛國精神長存。對台北來講，爭取入會可滿足民眾需求，讓北京無從遁形。台灣也可維持住來日會有進展的希望，就好比中國數十年前努力不懈，才有突破。

台灣在申請加入非以國家資格為入會條件、而且中國仍不是會員國的國際組織方面，佔了上風。因此，北京和台北於一九九一年同時加入亞太經濟合作會議此一論壇、一九九九年一起加入世界半導體協會、二〇〇一年又共同加入世界貿易組織。即使這些結果也需要美國在幕後折衝，以防止會員限定要具國家資格，也需要管控好中國入會條件，以便台北能夠同時以合理的條件加入。甚且，針對雙方都很認真的名義與地位，也都有激烈協商。譬如，台灣以「台澎金馬個別關稅領域」名義加入世界貿易組織；北京提案、但沒有成功添加「中國的」或「中華人民共和國的」，來矮化台灣地位，使它和香港、澳門同級。同樣的，台北替它派駐世貿組織日內瓦總部的首席代表單位，爭取到常設代表團的地位。北京二〇〇三年嘗試、但未成功，沒辦法使它改名為「經貿辦事處」，和香港、澳門的代表處同樣。台灣加入「政府採購協定」(Government Procurement Agreement)也因為在名義問題角力而受阻；北京試圖限制主權的意涵、台灣則試圖製造主權的意涵。(譯註1) 譬如，台灣被鼓勵捐助新成立的「全球基金」(Global Fund)——這是「八國集團」和聯合國大會為對抗愛滋病、肺結核和瘧疾而號召各國政府、公民社會和民間部門所成立的夥伴關係。雖然台灣願意捐助一百萬美元，卻因錢應該走什麼管道捐出而暫時不能順利捐出。美國政府顯然希望捐款透過民間組織捐出，但台灣堅持必須以台灣的名義捐助。小布希政府最後心軟了。

由於中國和台灣都加入這些組織，又出現台灣應該如何參與，以及兩方要怎麼互相接觸的鬥爭。台北尋求提升其參與，鼓勵和中國接觸，以便增強它所持它是具有平等地位的國家之立場；北京則力圖局

譯註1　台灣已在二〇〇九年簽署加入政府採購協定。

限參與和接觸，以降低任何這樣的暗示。有一個例子涉及「國際動物衛生組織」（Office International des Epizooties）這個跨政府的動物衛生組織。二〇〇四年初，在台灣之後許久才成為會員的中國，想讓台灣的會籍名稱從「中國台北」（Taipei, China）改為「台澎金馬個別檢疫地區」。北京也同樣一再反對台灣的總統或任何具有政治地位的台灣官員，參加亞太經合會議年度部長級會議召開期間同時舉行的各國領袖會議。北京利用亞太經合會議的共識決作法以及它的政治槓桿，得以限制台灣在此一組織的參與純屬經濟性質。二〇〇一年，對台北應派誰代表出席領袖會議發生衝突，導致台北不派人參加。然而，中國無法阻撓台灣的經濟部長出席部長級會議。它也無法阻止台灣的經濟部長與它自己的部長碰面，但是它拒絕討論雙邊議題，並限制只談亞太經合會議之議程項目。最後，台灣也希望世界貿易組織可做為互動管道，取代海基會、海協會業已中斷的兩岸對話。但是，北京拒絕在世貿組織規程下討論雙邊議題（如三通）。它甚至試圖迴避與台灣派駐世貿組織常任代表處理貿易糾紛，寧願與相關的業者公會溝通。但是，最後它還是接受其會員國的責任，必須就這些狹隘的議題與台灣直接溝通。

台灣一進入世貿組織，立刻積極推動與友好國家建立自由貿易區，做為世貿組織會員，它有權利這麼做。可是，中國的外經貿部長石廣生卻提出警告：「凡是跟中國建交的國家，同台灣開展經貿關係，一定要遵循一個中國的原則」。如果沒做到，他們將碰上「政治麻煩」。[1]

施壓的對象並不限於大型的政府間之組織。中國只要想加入台灣業已入會的國際組織，如世界獸醫學會或獅子會等，都堅持台灣的會籍名稱要改成中國可接受的名稱。

這個槓桿遊戲也在東亞上演。中國利用它對東南亞國家的影響力，把台灣排除在東協區域論壇（ASEAN Regional Forum）這個重要的多邊安全組織門外。東協國家以雙邊或多邊形式探討自由貿易協定時，北京也運用它的經濟勢力排除台灣。譬如，台灣大概就不太可能加入規劃中的東協加中國自由貿易區。固然台灣無從參加區域安全會議大致上只是象徵性的挫敗，它被孤立在多邊的降低關稅協定之外，卻會使它在競爭上淪於嚴重不利的地位。

這種推擠和反推擠若是不涉及核心議題、不影響台灣對大陸的政治氣候的話，還可能只對兩岸關係產生溫和效應。可是，台灣在國際社會能有什麼角色乃是它是否是個主權國家這個爭議的核心。雖然台灣爭取回到聯合國、或成為世衛組織觀察員的努力，可能被看成傻人幹傻事，雖然它有明顯的政治動機──向國內選民訴求、提高台灣人對中國的警覺──它卻與其長久政策一貫。此外，北京的外交隔離反而適得其反，它原本應該試圖爭取的台灣人民，都被它搞得惱火、疏離。北京或許欣喜能強硬壓制台北，認為恫嚇在長期下來有效果，但是它的戰術其實更暴露出它從根本上誤判了台灣的民心。

統戰

陳水扁當選總統不久，中國副總理錢其琛就在各機關涉台事務官員的工作會議上發表談話，他說：「我們應該和台灣支持一中原則、反對『台獨』、擁護加強兩岸關係的所有政黨及各界人士增加接觸。兩岸同胞和所有支持中國統一的人應該團結起來，共同努力發展兩岸關係、促進祖國和平統一的進程。」兩個月之後，錢其琛又在國際關係學院發表談話，表示「陳水扁不承認『一個中國』原則，我們要對他保持壓力；同時我們要採取行動以更加積極的姿態爭取國際輿論，爭取台灣民心。」錢其琛提倡另一種對台灣政府施壓的方式：統戰策略；北京在香港就是用統戰來保護一國兩制之下中國的利益。他的談話使得台灣人民更加不信任中國，認為北京又在耍統戰策略。[2]

香港的例子

北京並不只靠正式體制來確保它在香港的地位（詳見本書第四章）；它也積極在香港社會打造權力基礎，協助它更能維持穩定、控制和政治主導。「從下而上的統戰」幫助北京在半民主的競選中取得對它有利的結果。

中國長久以來就在香港營造地下政治勢力。它的原始基礎就是共產黨員控制的工會之勞工，中國共產黨在此一殖民地設立地下黨部指揮這些工會及其他支持者的活動。共產黨的報紙散布北京的觀點供好奇的讀者一探究竟。當回歸成為實質可能之時，北京採用國共內戰將結束前奪佔中國各大城市的策略，以擴大它在香港的社會基礎：有系統地吸收主要的商人加入統一戰線，可與港英政府的行政部門分享權力，其他人就沾不到邊。一九八九年的天安門廣場事件，以及港英政府在一九九二至九三年間的政治民主化作法（超過中國所能忍受的民主程度），只會增加此一策略的吸引力。「愛國」商人主導了基本法起草委員會香港代表團，中國原本擬支持港英政府布政司陳方安生（譯註2）為第一任特區行政長官，也因她支持英國人的改革方案而捨棄她，另推一個商人為特首。❸

香港的企業菁英有理由被吸引投入和北京相互支援的關係。維持香港的穩定、繁榮合乎他們的根本利益，而且先不說是對是錯，他們擔心民主政治最後會使政府在社會福利方面開銷上升，會傷害到經濟成長。更重要的是，他們希望從中國新興的經濟繼續獲利。自從一九七〇年代末期，製造業公司就把生產設施遷移到華南，以因應香港勞動成本大增、借重大陸的低成本。低檔的服務業（如產品測試）也在一九九〇年代外移，大規模的投資計劃也向有資源、有關係的港商招手。因此許多港商與新主子達成務實的協議：他們會在香港政治上支持中國（原本就符合其利益）以便取得在內地的經濟機會。北京從這群樂意配合的人士當中物色人選加入香港及中國的政治機構（如香港特區推選委員會），並參選各級立法機構職位。

企業很重要還可以從另一個角度觀察：重新打造大眾傳媒的調子。當然，媒體在民主制度中是個非常重要的機制，可以有效制衡政府的濫權。儘管法律允許限制新聞自由，港英政府時代香港傳媒相當自由，回歸之後大體上也如此。例如，二〇〇二年底、〇三年初，依據基本法二十三條擬議制訂國家安全法，報紙、電台、電視即是批評的主要源頭。甚且，若有重手控制媒體的行動，必會遭到民眾廣泛反對。唯一的例外是親中媒體，如《文匯報》、《大公報》和《商報》，它們從一九九七年起就強力支持特區政府。另一方面也有證據顯示，運用更細膩的方法來限制媒體的獨立性以及發展成為政治異議的可能性。盧兆興認為，「雖然大眾傳媒仍然批評政府政策和官方，一種沈默革命已在媒體界出現，對特區政府的批評愈來愈邊緣化和平衡化……讓全體香港人變成完全不批評的愛國者，就很難去打造公共輿

譯註2 陳方安生是抗日名將方振武的孫女，長期擔任香港政府官員，一九九三年成為第一位女性文官首長，英文職銜 Chief Secretary of the Civil Service，中文為布政司。香港九七回歸後仍留任原職，中文職銜改為「政務司司長」。她在二〇〇一年與特首董建華不和而退休，二〇〇七年復出，競選香港立法會直選議員補選成功，次年任滿卸任。董建華是船王董浩雲的長子。

❸ 我們應該指出，英國在一九七〇和八〇年代也採行相同的策略：拉攏有錢人參加一套諮商機制，不搞更具民意基礎的代議制。

論。可是它有可能使公共輿論偏向特區政府和北京的政治立場。」[3]

做為統戰策略的一環，北京選擇在直選這個戰場上和反對派抗爭。中國藉一九九二年成立的「民主建港聯盟」（簡稱「民建聯」，Democratic Alliance for a Better Hong Kong, DAB），發展出一個政黨，以與民主黨及其盟友爭取香港中下層社會的選票。例如，民建聯逐漸在低層社會聚居的公共屋邨冒出來，在每一區都有支薪的工作幹部。它對居民提供服務，並在草根的管理委員會取得職位，也推人出馬競選。它的經費大部分來自親中企業的捐款。

藉著推動民建聯，北京可以倚賴在香港草根社會存在已久的同盟組織。其中較重要的有：共產黨的「香港工會聯合會」（簡稱「工聯會」，Federation of Trade Unions, FTU）、「新界社團聯會」（New Territories Association of Societies, NTAS）、「九龍社團聯會」（Kowloon Federation of Associations, KFA）等。這些組織是企業界承擔大任之前，中國統戰策略的核心。它們在選舉中支持「愛國派」候選人，並於競選期間動員其幕僚與會員。

這裡頭有個問題，就是統戰策略是由北京指揮、在香港實施的協調一致的工作。公開的代理人是中國駐香港的聯絡辦事處（回歸以前打出來的招牌是新華通訊社香港分社）。躲在幕後的是中國共產黨香港支部。盧兆興認為，聯絡辦事處「在本地政治上扮演重大角色。」它協調友好候選人在立法會和地方選舉的提名及競選活動，經常納入黨推荐名單，有時候則讓這些人以「獨立人士」身分參選。[4]

中國統戰策略還有一個歷久彌新的特徵，就是污衊反對力量。對於毛澤東及其繼承人來講，統戰一向有明確的工具性目的。它「爭取廣大民眾站到革命這一方，孤立了敵人；然後，透過鬥爭，這個已被孤立無援的敵人即遭到摧毀。」在香港，中國鬥爭的對象是民主黨及其盟友。北京在香港並沒出手摧毀李柱銘等人，因為這麼做的政治代價太高；但是它的確設法削弱他們，使他們不再具有威脅力。手段之一即是培養一種印象：這些人不是政治界合法的成員；就和它堅稱李登輝是叛國賊的手法一模一樣。政治正確的考驗是一個人是否被北京界定為愛國人士。企業界和民建聯的親中人物當然是符合定義的愛國人士；反對派成員的威脅太大，不是愛國人士。鄧小平主張限制直選範圍，理由之一即是直選會使他認為不夠愛國的人士有太多權力。他在一九八七年四月，即天安門事件還沒發生之前，就說：「我們說香港的行政官員必須是愛祖國、愛香港的港人，但普選就必然會產生這種人嗎？」[4]

政治忠誠度測驗的目的在於昭告世人：他們不應該支持反對派政治人物。「藉由宣告他們是敵人，北京也希望因為嚇退可能的支持者而減弱他們的群眾基礎，說服港人這些政黨無法協助他們在大陸的利益。」傳達這個訊號的主要方法是不讓這些反對派人士有機會接觸駐港中國官員或進出中國大陸。另一個方法是採取一般手法，阻止反對派人士得到專門保留給「愛國」港人的位子，如全國人大代表的職位。抹黑的程度輕重有別：反對香港特區的人士若是行為溫和，會比一再挑釁者得到較好的待遇。當然，大部分支持反對黨派的人早已習慣他們的領導人遭到抹黑污衊，但對那些還在邊緣的人的確頗具嚇阻作用。[5]

二〇〇四年初港人要求修訂基本法，建立全民普選制及更具代議性質的民主的呼聲大起，愛國與否

---

❹ 二〇〇〇年立法會的選舉，盧兆興指出北京的統戰策略是：「第一，民建聯利用和工聯會及各區統戰組織的三角同盟，動員其堅定支持者的全力支持……第二，民建聯不斷得到親北京組織充分的財務支持和聯絡處協調工作的支持……第三，工聯會在二〇〇〇年立法會選舉時，提供人力、後勤支援，並替民建聯做協調工作……統戰組織在二〇〇〇年的立法會選舉，扮演了決定性的角色。」

的測試又被搬出來。北京一再嚴詞提醒，港人治港指的是只有愛國港人才能治理香港；也提出警告說，如果支持擴大民主的多數派在二〇〇四年九月的立法會選舉中贏得多數席次，它將會介入。如此坦率解說一國兩制要如何實踐，令台灣人大開眼界。

拉攏台灣泛藍政黨

中國對台統戰策略的一個對象，即是陳水扁最強大的對手國民黨、親民黨和新黨等泛藍政黨。很顯然，這些勢力若仍和二〇〇〇年一樣分裂，陳水扁將可輕易贏得連任。如果它們能先團結阻撓陳水扁的倡議，再於二〇〇四年大選有效地與陳對抗，則北京這號大敵就會失去權位。例如，有報導說，中國提供經費給台灣親中政客；與民進黨有關係的個人也聲稱北京利用《聯合報》等「統派」媒體向台灣民眾投射其訊息。行政院新聞局長甚至指控中國試圖透過人頭公司，購買台灣的電台推動統戰工作。報導又說，北京設法方便國民黨對台商的援助與支持，要求國民黨在大陸設立台商服務中心協助商務交流。

中國對泛藍陣營寄予重望，可以香港一家共產黨報紙評二〇〇一年立法院選舉結果（國民黨表現比預期差）的文章，做為例證。文章作者明白批評國民黨的缺點，建議它如何重振雄風。第一個問題是李登輝，他為私心利用了黨，而且可以脫身、沒被追究。第二，國民黨不能和別人合作，尤其是未能和宋楚瑜合作，才失去大眾的支持。第三，國民黨未能對北京及統一採取清晰的立場，所以才得不到民心支持。第四，它允許李登輝把國民黨貼上「外來政權」、「叛賊」之黨的標籤。該文作者認為，要處理這些問題，國民黨高層必須納入新血，如台北市長馬英九。作者還建議國民黨要專心規劃二〇〇四年總統大選，創造文宣新調性，並採取有系統的大陸政策。

北京還努力確保國民黨和其他泛藍勢力合作。國務院台灣辦公室主任陳雲林二〇〇一年一月說：「我們先後與來訪的國民黨、親民黨、新黨及有關團體、知名人士進行了廣泛的接觸和交流，就堅持一個中國原則，堅持一九九二年兩會共識、反對分裂、儘早實現兩岸『三通』等重大問題，不同程度地達成共識。」6

可是，顯然不只是北京試圖操縱國民黨，國民黨也在尋求北京的協助。中國的分析家二〇〇一年告訴一位美國研究人員說：到大陸訪問的國民黨官員力促中國不要和陳水扁開啟對話，因為對話會增強陳的民意支持度；北京應該等候國民黨恢復執政，屆時它的兩岸政策可以比較符合北京的意思。根據中國分析家的說法，某些國民黨官員建議中國以抨擊陳水扁搞台獨來挫低他在國內的支持度。國民黨立刻否認。

抹黑泛綠政黨

北京採取和在香港一樣的作法，也對台灣不同的組織進行政治忠誠度的測驗。例如，台灣的非政府組織若要和大陸對應單位簽訂交流協議，會被要求在協議中加入遵守一中原則的文字。更重要的是，北京以它們追求台獨為理由，抹黑民進黨和台聯黨（二〇〇一年成立、奉李登輝為精神領袖）。江澤民有時候在提到台灣的政治團體時會用到「愛國」這個意味深長的字詞。和對付香港的方法一樣，北京也操弄泛綠人物進出中國，以破壞他們在台灣政治的地位。

當陳水扁當選台灣的總統時，北京官方起先對他的態度是保留的。它宣稱對陳水扁要「聽其言、觀其行」。可是，不久它就發現把台灣發生的禍害全推到陳水扁身上，符合北京的利益，也可促進陳在台灣對手的政治利益。因此，錢其琛二〇〇一年七月接見新黨代表團時說了下列一席話（他講話的對象，意義深長）：

台灣當局領導人拒不接受一個中國原則，不僅阻礙兩岸關係的改善，也加劇了台灣政治動蕩和經濟困難，損害了台灣同胞的利益。台灣當局領導人如果真正為台灣民眾的切身利益負責，為台灣社會安定和經濟發展負責，就應當拿出改善兩岸關係的誠意，認同大陸和台灣同屬於一個中國，接受一九九二年海協與海基會有關堅持一個中國原則的共識，以滿足台灣同胞求安定、求和平、求發展的願望。……「台獨」分裂勢力企圖通過挑動省籍矛盾，在台灣民眾中製造對立，這只能使台灣的政治、經濟、社會狀況更加混亂，不符合台灣主流民意，是不得人心的。台灣當局應當為台灣經濟發展和台灣同胞的利益著想，儘快開放兩岸直接「三通」。[7]

北京操弄進出中國來表達它認為誰應有權力、誰又不應有權力。它歡迎反對民進黨的各個黨派之代表團到訪，予以高規格接待；它對民進黨最初的立場是，除非它廢棄台獨的目標（仍列在黨綱中），絕不與其黨員接觸。二〇〇二年一月二十四日，錢其琛宣布結束對民進黨全面隔離的作法。他呼籲民進黨廢除台獨黨綱，又說中國「（認為）廣大民進黨成員與極少數頑固的『台獨』分子是有區別的。我們歡迎他們以適當身分前來參觀、訪問，增進了解。」[8]在民進黨大多數黨員和少數死硬派之間劃出一條線，似乎替增進互動開啟新氣象。但是，這個姿勢幾乎立刻就變質。國台辦發言人把陳水扁、呂秀蓮列入「頑固分子」，不過陳水扁後來被轉列到另一個較模糊的類別。甚且，「適當的身分」經界定為：民進黨員只能以學者或其他私人身分到訪，不能以黨員身分到訪，而且他們的訪問「必須不牴觸『一中』原則」。很清楚，中國在實施它的權利，決定誰是可接受的談話對象。和審查香港人誰是「愛國人士」一樣，決定哪個民進黨員可到大陸、可以接觸到中國官員，全操在中國手裡。

雖然中國的政治策略大體上拉攏台灣企業界，但是支持民進黨的企業界人士卻得到不同的待遇。報導（未必經常可以證實）說，這些人在中國不受歡迎。奇美石化集團負責人許文龍遭到中國外經貿部長石廣生點名批判：「我們絕不容許任何人從事這樣的活動：在台灣攫取政治利益，又到大陸來釣取經濟利益。」二〇〇〇年八月北京書展，禁止一位香港作家對台灣有好評的書參展，後來當局要求參展的台灣出版人在將近五十萬本書統統要夾頁插入一段聲明：「本書內容若有違台灣是中國領土的一部分之立場，我們概不承認。」

台灣企業界

台灣長久以來一直關切其經濟愈來愈依賴大陸，會使北京對台灣政治產生更大的影響力。鄭敦仁提出經濟依賴度太高會產生第五縱隊效應——也就是說，台灣企業界人士若在大陸有業務於推動其利益時，可能會偏向北京，以致於過程中激發其他台灣居民深怕「叛徒」已潛藏在台灣的心理。

北京把企業界看做它玩對台政治槓桿的工具，是沒有爭議的。一九九〇年中國國家主席楊尚昆表明中國要「以經促政」、「以民逼官」的目標。為了方便對大陸台商發揮影響力，北京設法把他們納入一個列寧主義的組織網絡。各地台商協會於一九九〇年開始成立，六年之內全國已有三十二個。這些協會與國台辦及其所屬單位、情治單位、地方黨政單位有關聯；協會秘書處人員由這些單位調人組成。這個網絡的存在並不必然使台商成為中國意志的工具。並不是所有的台商都入會——或許只有三分之一加入台商協會。甚且，台商有時候也勸北京對台政策應該軟化，不要動輒恫嚇。可是，它的效應不容小覷，令台灣益發擔心會有「內奸」。（詳見本書第六章。）

鄭敦仁的評估沒錯，台商在大陸做生意並不必然就擁護統一。在這個根本問題上，他們寧願繼續維持現狀。有些台商認為兩岸政治僵局反而使他們可從北京討到原本要不到的方便。不過，台商的確試圖在較不涉政策的議題上，想對台北發揮影響力，這一來不僅可以促進其公司利益，有時候或許無意間也有助於北京的政治目標。

最明顯的例子就是三通，尤其是通航。台灣企業在大陸設廠、投資，若是政府不再要求在台灣港口和大陸港口之間必須「彎靠」另一港埠，必然可以得到清楚的好處，降低營運成本。在競爭激烈的全球經濟下，即使成本略為增加，也會有極大衝擊。兩岸不能直航已使若干台灣下游廠商必須遷到大陸，靠近他們的顧客。

問題不在直航是不是好主意。陳水扁在競選期間支持開放三通，即是因為他希望確保企業界對民進黨的支持。障礙出在兩岸討論這個議題時的基礎是什麼？陳水扁政府希望是政府對政府的談判，理由是交通歸政府管轄。中國拒絕它，另提兩個方案供台北選擇：一是接受一中原則，由海基會和海協會進行談判；一是授權業者公（協）會與大陸對等單位研商。這一來，台灣政府被逼入兩難之境。它認為，若是接受了北京所界定的一中原則，就會否定台灣的主權地位，使它淪於從屬地位，因而替未來政治談判建立不利的條件——和它反對接受更泛泛的一中原則，理由相同。另一方面，如果它允許公（協）會代表談判，也會降低政府的地位。甚且，在台灣，大部分的公（協）會真正是民間組織，而中國的同業組織則與政府機關綁在一起。可是，不跟北京談判，又會使陳水扁政府受到企業界砲轟。不論台灣選擇那個方案，它的利益都會受到傷害。台北好不容易想到一招官商混搭法，談判打出交由公（協）會出面進行的旗號，但實際交涉由兩岸政府官員（掛上顧問名銜）進行。（二〇〇五年初，兩岸運用此一機制達成春節包機直航的安排，方便大陸台商回家過年。）

台灣企業界不在這些政治原則議題上採取立場，是可以理解的。他們的主要利益——降低生產成本，非常務實。北京可以在如何討論三通上做妥協，因而使談判得以加速進行。但是，它寧可對陳水扁維持商業壓力，不讓他在政策上有成就而有助於連任；這個作法符合它不時擾亂台灣政治、讓陳水扁陷於守勢的戰術。

兩個案例：三通和SARS

兩岸競相壓服對方的政治槓桿遊戲，在兩個個案中表露無遺。第一個案例發生在二〇〇二年十月。中國試圖替它一九七九年來即主張、也得到台商支持的通商、通郵、通航等「三通」定性。第二個案例是（二〇〇三年初）中國和台灣都爆發了「嚴重急性呼吸系統症狀」（台灣依世界衛生組織對該症狀的英文名稱 severe acute respiratory syndrome 直接稱之為SARS。大陸則稱之為「非典型肺炎」，簡稱「非典」）。

替三通定性

北京官員一連多年把三通視為「國內」或「特殊的國內」通聯，完全吻合它認為兩岸之爭是國內之爭的觀點。台北則抗拒這個定性，深怕一旦接受「國內」的定性，會構成它至少暗示承認北京是中央政府、它是下屬政府，不具主權。若是接受了它，也會減弱台北在日後展開政治談判時的地位。

二〇〇二年十月十六日，錢其琛接受或許抨擊陳水扁兩岸政策最猛烈的台灣《聯合報》之專訪。《聯合報》經常被人說是「統派」媒體，也是中共領導人放心透過它發布其觀點的報紙。記者曉得「國內」這個字眼已是三通進展的障礙，因此請教錢其琛要如何排除障礙。錢其琛答覆說，兩岸直航可稱為「特殊的國內」航線，因為中國認為外國航空公司應排除在外（藉此向台灣民航業者的牟利動機訴求）；又說，如果台灣不喜歡這個字眼，也不必要用它。記者追問下去，錢其琛說：「就叫兩岸航線。」[9]

就像玉米丟進雞群一樣，這一句話在台北觸發熱切評論和反評論。國民黨籍的立法院副院長江丙坤，在質詢行政院院長游錫堃時提起這個議題。記者們也紛紛追問其他官員有何看法。另一份反對陳水扁的報紙《中國時報》進行一項民調，發現六一％受訪者贊成三通。《聯合報》也提出警告說：「目前（建立直航）的機會稍縱即逝。」中國一份報紙宣稱，這是戰略性的善意姿態，意在去除爭端的政治意味；又說台商正向政府施壓，要求儘速開放直航。台灣的反應是，歡迎錢其琛的談話是個重要的姿態，但也指出三通應透過談判來達成，而北京卻又不肯談判；台灣必須擔心會被邊緣化。如此過招展現出中國政府、泛藍政黨、保守派媒體和企業界聯手對陳水扁施壓。

SARS

陳水扁政府在SARS案例上佔上風，設法逼中國在國際及國內戰場都採守勢。最後，中國在國際戰場得勝，阻止台灣利用這場疫病取得世界衛生組織觀察員的身分，但是它在台灣的形象大壞。台灣則有點玩弄過頭，傷害了它和美國的關係。

早先，SARS似乎對台灣的公共衛生衝擊很小，台北方面因為對疫情反應有方頗獲好評。二〇〇三年三月底，它也設法讓北京出醜，因為中國未能向國際社會通報SARS在中國疫情爆發的嚴重訊息。甚且，行政院陸委會批評北京不回覆它請求提供疫情消息：「由於大陸不肯分享資訊，傳染源頭並不清楚，危險期也拉長。這不能有助我方保護我們免於此一疫病。」一天之後，陳水扁也怪罪中國隱瞞疫情，加速SARS擴散。[10]

台北方面除了佔了上風之外，的確佔了道理。要防堵此一疫病，最好的方法是兩岸衛生當局合作、並分享資訊。台灣有數十萬人民住在大陸，就使兩岸迫切需要合作。可是，北京若是這麼做，會構成它溫和承認台北的政府是具有主權的、平等的實體，而這是它絕對不願的事，尤其是陳水扁政府不願接受一中原則。起初，雙方曾企圖透過民間管道進行接觸。四月初，台灣有一個三人代表團訪問中國，與相關人士討論。代表團成員有中央研究院生物醫學研究所研究員和慈濟功德會高階人員。可是，即使民間部門的合作也有限。

SARS一擴散開來，對兩岸經濟和社會互動產生重大衝擊。旅行巨幅下降，各種文化、教育和宗教交流也推遲或取消。台灣政府規定大陸返台的台商要住進軍營接受十天的檢疫隔離，使得商務旅行變得很複雜。有些台灣民族主義團體要求停止兩岸交流，以便防堵疫情。台灣出現討論，鑒於疫情嚴重，加上中國在初期有欠透明，台商應該重新考慮投資決定。疫情嚴重性已十分清楚之下，新的投資計劃遲緩下來。陸委會呼籲台商把投資轉回國內，經濟部也擬定獎勵方案，鼓勵台商回台投資。有人表達希望出自中國的SARS危機或許可使泛藍、泛綠陣營之間大陸政策的差異縮小。也有人則樂觀地認為，共同的疫情結果或許能加速兩岸關係的改善。

但是，衝突勝過合作的主要原因是SARS的國際性質，分在兩個層面爆開。以作業層面而言，世界衛生組織有迫切理由把台灣納入其調查及對付措施的範圍。鑒於台灣人在大陸出入人數眾多，它在全球事務上又有廣泛的實務角色，台北政府如何處理疫情對世衛組織防制擴大的整體努力，會有重要的影響。可是，中國在初期階段想要限制世衛組織和台灣的接觸、堅持使用政治正確的名詞，對世衛組織執行醫學任務構成障礙。至少有一次，世衛組織某官員稱呼台灣是中國的一個省份。然而，疫情在台灣擴大後，世衛組織決定不顧中國的觀點，必須派人到台灣。北京堅持它仍是主權當局，但宣布它同意世衛組織派專家到台灣「抗煞」。即使如此，世衛專家選擇不和部級（含）以上官員碰面，也不和記者碰面。就作業層面而言，SARS對每一方都有最低程度的滿意結果。世衛組織可以執行其任務。台灣與世衛組織出現前所未有的密切接觸。中國也保持了它的原則。

在比較廣泛的政治層面，結果就不是那麼好。台灣很快覺得可利用SARS爭取它長久以來的目標——爭取世衛組織的討論機關「世界衛生大會」的觀察員地位。一向支持民進黨的台灣醫界，自一九九七年起就開始推動加入世衛組織。但是由於中國運用它對世衛組織及其會員國的影響力，全力封鎖台灣，全案毫無進展可言。SARS爆發，帶來新希望。早在三月中旬，台灣官員就開始聲稱由於台灣被排斥在世衛組織之外，對全球公共衛生構成嚴重危險。後來，政府官員、政客和媒體紛紛就此一主題發表各種意見。例如，有人說，如果疫病爆發初期，中國沒有阻擋世衛組織協助台灣，就不會有那麼多病例和死亡。SARS適時地對台灣應在五月中旬召開的世界衛生大會取得觀察員地位的論證，提供了支撐。

中國發動堅強防衛，運用一切政治力量阻止台灣，但是它的勝利代價昂貴，台灣民眾對大陸益加疏離。北京口頭強調它要協助台灣對付SARS危機，被認為是侮辱。（五月二十三日，海協會接觸海基會，表示願意援助抗煞——這是許多個月以來首次聯繫——海基會冰冷地答覆說，省省吧，你自己在國內好好抗煞，別來侮辱我們台灣人。）世界衛生大會決定不討論台灣申請觀察員的議題之後，中國派駐世衛組織大使沙祖康對台灣記者趾高氣昂地表示：「誰理你們啊？」這下子激起台灣人民公憤，電視台一再播放這段採訪畫面，只會使群情更加憤慨。在台灣，SARS成了中國公共關係的重大災難。

陳水扁立刻倡議就台灣加入世界衛生組織進行公民投票，希望收到一石二鳥功效。一方面，他可以抓住民怨（SARS起自中國、世衛問題等等），標榜自己捍衛台灣利益，利用它打二〇〇四年連任之選戰。另一方面，藉由推動公投，他可以完成民進黨的長期目標。國、親兩黨既不能反對世衛入會議題，又不能寬恕中國的行為（它們力促北京要展現「新思維」），不過它們倒指控陳水扁利用這個議題推動他的選戰。

美國是這場槓桿遊戲的另一個目標，這方面雙方打出平手。疫病爆發之初，華府派疾病防治中心人員赴台灣，彌補世衛組織不肯派人，這個動作受到台灣方面感謝，加深了台灣的印象，認為可以從美國取得替代世衛組織等國際組織的援助。美國衛生暨人道服務部長湯普生（Thomas Thompson）在世界衛生大會上表達前所未見的強力支持台灣應獲得觀察員地位。可是，小布希政府處理北朝鮮問題亟需中國合作，並不樂見陳水扁倡議公投，擔心它會使美、中關係複雜化。美國在台協會台北辦事處處長包道格（Douglas Paal）對台灣政府施壓，要求節制之說傳出後，使事態益發嚴重。

北京和台北毋庸置疑都宣稱自己對SARS的大部分或全部倡議，是基於最嚴正、最高尚的理由。但是它們也很難否認都想從危機中攫取政治利益、或阻止對方佔到便宜。對於雙方來講，這是又一回合很難、或甚至不可能抗拒的零和鬥爭。彼此節制以維持另一方的善意，局限問題的範圍，或甚至設法合作，全都不太可能。與政治角力結合在一起的是另一些構成兩岸死結繩索的議題。SARS所造成的風險與不便，迫使台商重新考慮其投資策略，以及未來兩岸經濟相互依存的程度。就台北政府是否具有主權的爭執，決定了北京一定要力阻檢疫組織和台灣有任何接觸，台灣也必然利用SARS危機爭取加入世衛組織，使得北京更加努力要防堵。選戰的需求導致陳水扁一定要利用疫情，加深對中國的反感，強化他的政治地位。兩岸都不肯尋找方法合作，再次證明安全兩難的困境，以及彼此欠缺互信。

結論

二〇〇三年一月，陳水扁從他的角度總結對兩岸角力的看法：

> 儘管不斷地經濟、貿易和文化交流，也有大批人民往來兩岸旅行，台灣和中國之間依然存在相當大的差異和偏見。中華人民共和國持續是台灣最大的政治壓迫者，也是對我們國家安全最大的威脅。中國首要目標就是把台灣「邊緣化」、「矮化」為地方政府，從政治上孤立我們，而

經濟上又拉攏我們。同時，北京峻拒和我們恢復對話，促使台、中關係正常化。[11]

中國的作為並不是永遠成功。報導揭露它的一些作為——例如允許泛藍陣營於二〇〇四年總統大選期間在大陸舉行募款餐會——使民進黨得到武器可以批判泛藍陣營不「愛台」。[12]陳水扁也玩槓桿遊戲，試圖擴大台灣的國際空間，我們在下一章也要談到，他要從對美關係中最大化台灣的利益。彼此都抗拒不了誘惑要破壞對方的地位。受到挑戰時，彼此都會奮力回應。彼此都從這些磨擦中得出結論：不能相信對方。北京把台北的行動解讀為：企圖使台灣和中國永久分裂的證據，並利用美國以追求此一目標。台北政府和一部分台灣民眾也從北京的行動中讀到一些令人不安的訊息：中國在國際上隔離台灣，等於又證明它不會承認台灣是個主權實體，它透過統戰策略，多方面操縱台灣的政治，證實它不尊重台灣的民主，掩飾不了它所謂一國兩制框架下「高度自主」的承諾只是謊言。

其實，這裡還存在根本上的不對稱關係。由於台灣的政治制度比起大陸大為開放，面對北京「干預內政」，它力量極為薄弱。台北缺乏和北京同等的實力。當然，北京玩的槓桿遊戲使台灣相當多數民眾對它產生疏離感，因而傷害到北京本身的目標。台北因為本身的民主，和大陸的威權成為鮮明對比，在國際間略佔上風。不過，兩岸依然是實力懸殊的競爭，因而在台灣產生一種不安全感。槓桿遊戲是第五章所描述的安全兩難的政治版。它有可能惡化目前兩岸之間的緊張，使得想要修正或解決爭端的努力變得更複雜。如果要改善目前不安穩的現狀，雙方必須放棄或中止這個遊戲。[13]

9 美國因素
The U.S. Factor

自從兩岸爭端開始以來，美國一直處於中心位置。中國發言人喜說，如非美國干預，兩岸早已統一；事實上卻是北朝鮮侵略南韓（得到毛澤東贊同）阻止了中國攻佔台灣。自此以後，北京和台北都設法爭取美國協助自己，阻撓對方得到美國之助。美國追求的政策即是：保護其全球與區域利益，避免被任何一方挾持。

雙重槓桿

我們在第二章已敘述過中華民國於一九五〇、六〇年代保持住美國的支持。它有外交關係、防禦條約，美國也支持它是代表中國的政府之主張。華府認定中國對東亞安定是威脅，因而支持中華民國。但是北京在一九七〇年代佔了上風，尼克森和卡特政府認為美國要圍堵蘇聯，中國將是重要助力。當美國承認北京為中國政府、終止和中華民國的共同防禦條約和外交關係時，中國期待這個打擊可使台北別無選擇，非得依其條件談判不可。可是事情並未立刻如此發展，「台灣關係法」的通過使台灣儼然獲得奧援。北京設法藉由限制美國軍售，對台灣建立新的槓桿，果然在一九八二年八月公報得到成果。可是，不久，雷根政府即與台北鞏固關係；台灣自一九八〇年代末展開的民主化，也使美國有新理由支持台灣。接下來，北京在蘇聯瓦解之後從俄羅斯取得先進武器系統，使得限制對台軍售的公報逐漸形同具文。

在這個鬥爭中，傳統上支持台灣的主要靠山是美國國會和共和黨。台灣依賴美國國會牽制行政部門，阻止有害台灣、或更準確地說，有害國民黨利益的倡議。共和黨人比民主黨人更傾向反共，他們使中國問題成為最有黨派意識的外交政策議題。一些保守派民主黨人也加入這一方。雖然證據很少或根本沒有，但幾乎可以肯定地說，台北不只是靠感情來維繫他們的支持，它也以一些物質鼓勵來補強。一九七〇年代末、八〇年代初，美國國會相當注重全球人權狀況，國民黨對內高壓的政策變成一大債務。但是，台灣在一九八〇年代末、九〇年代初的民主化，縮小了美國國會自由派和保守派之間對其政治制度的差距，因而創造出廣泛的同情台灣之聯盟。支持台灣的美國團體，左、右都有。台北經濟文化代表處——台灣派駐華府的實質大使館——聘了一大堆遊說及公關公司替它奔走，許多公司集中力量開發國會的關係。由於共和黨人可能仍是支持台灣最力的人，共和黨政府比較可以悄悄撮合對台政策的歧見。但是，所有的政府在制訂政策時，都會考量到國會可能有什麼樣的反應。台灣仍可依賴美國國會給予它根本上的支持。

縱使如此，國會通常在支持或回應行政部門行動時，會比它自己採取主動來得有效。一部分是因為憲政設計上對國會影響外交政策的能力有些限制，一部分也因為它欠缺與對台政策直接有關的工具。例如，國會不能決定美國支持台灣爭取世衛組織觀察員時要做到什麼程度。它所能做、也的確在做的，是要求行政部門就計劃及行動向國會報告。

有一個例外是一九九四年底、九五年上半年，國會取得行政部門核准李登輝訪美。李登輝爭取訪美有許多理由：要確保兩岸關係和台灣外交關係之間的發展平衡；使他本身在和北京談判時有籌碼；增進他在一九九六年三月贏取台灣有史以來第一次總統直選的勝算。它也符合他一向的信念：台灣應該在國際社會有完整的角色。他在一九九四年初即向美方表達訪問的意願，即使柯林頓政府在同年四月拒絕讓他延長過境時間，他變得愈發堅決要爭取訪美。他自己的外交部都反對，擔心此舉會和美國行政部門鬧得不愉快。因此，李登輝繞過外交官員，於一九九四年夏天透過台灣綜合研究院，聘請華府頗有影響力的卡西迪公關公司協助。卡西迪發動廣泛、細膩的活動，向柯林頓政府施壓要求准李來訪。媒體、州長、政治獻金金主，能使得上力的人全都動員起來；重點還是在國會。中心目標就是通過一項決議，發放簽證給李登輝。如果無拘束力的決議可以達成李登輝訪美的心願，就行；萬一不行，則要爭取通過有拘束力的決議。經過國會以幾乎無異議表決通過決議之後，再由民主黨參議員遊說，柯林頓屈服了。

李登輝的勝利不是沒有代價。北京中止非經濟性質的兩岸關係，並對台灣進行恫嚇外交。它造成美、中關係惡化，花了兩年的時間修補。當中國在一九九六年三月展開報復性質的飛彈演習時，華府為了展現決心、並防止意外爆發衝突，派出兩個航空母艦戰鬥群前往台灣地區，此一行動令台灣人民興奮。但是，柯林頓政府很不痛快李登輝如此操縱美國政治制度，率先製造危機。它對台北保持某種距離、力促恢復兩岸對話（台灣有些人認為這是施壓），並努力修補美、中關係。柯林頓跑到上海，重申美國政策過去的原則，使台灣相當不安。柯林頓重申的「三不」原則即是：美國不支持兩個中國或一中一台；美國不支持台灣獨立；美國不支持台灣加入以國家資格為前提條件的國際組織。

台灣當然不能只依賴美國國會。如果它要保護及促進其根本利益，台灣在許多議題上面，必須依賴當家的政府。美國是台灣先進武器的主要來源——台灣必須靠先進武器來遏阻中國、並維持島內民眾信心——況且做最後決定的是行政部門。國會壓力可以有影響，但它主要作用還是敲邊鼓。同樣的，確保台灣以合理的條件加入亞太經合會議和世貿組織的是行政部門。前文已提到，國會不能要求行政部門對台灣每年爭取加入世衛組織要確切採取什麼行動。行政部門決定台灣領導人過境美國的條件，方便他們前往拉丁美洲和加勒比海的邦交國訪問。最重要的是，決定如何在北京和台北之間保持平衡的是行政部門。如果它太偏向中國，會在島內製造極大的焦慮。

小布希總統二〇〇一年一月就任之後，台灣對美國能施的力道增加不少。小團隊成員都關切中國日益強大可能會挑戰美國在東亞的霸業，也擔心台灣可能成為中、美交鋒的戰場。因此，新政府迅速改善美、台雙邊關係，尤其是安全領域。挺諷刺的是，台灣方面反對陳水扁政府的人士原本強調維持對美友好關係的重要，現在卻批評它太倚賴美國，還提出警告說，走得太近可能衍生出不想要的衝突。

不久，方向轉了。小布希政府立刻醒悟到與中國太對峙的危險；九一一事件、以及朝鮮半島局勢緊張，使它覺得中國不是無可避免的對手，而是在對抗恐怖主義和流氓國家時的重要夥伴。國務卿鮑爾（Colin Powell）在二〇〇三年十一月說：「二十一世紀美中關係將以區域與全球重要議題的堅實合作為基礎，就議題、經驗、挑戰、倡議、方案，逐一檢討去建造……打造與維持健康的整體關係，有利於美國、也有利於中國，它也有利於區域、有利於國際社會。」[1]陳水扁政府也採取步驟，維持與小布希全球優先施政項目一致的立場，提供大量援助給阿富汗賑災和重建之用。但是，它不再擁有美、中關係吃緊下的方便。

台北的目標是全力加強它和美國的關係；北京的目標當然就是減弱美、台關係。它把此一關係放在戰略層次看待。二〇〇一年一月，錢其琛就中國如何看待美國的影響力提出如下強有力、但或許有點誇大的評論：

> 如果外國的勢力（指的就是美國）干涉台灣事務，當地的台獨勢力依照這種外來干涉搞分裂，使台灣問題無限期持續下去，那也不行，國家統一的問題總是要解決的。……美國如果是採取和平統一的立場，那就起了很重要的作用。如果是對台灣說，你不要怕，我要保護你，我給你出售武器，我給你撐腰，我可以給你當後台，那這個局勢就不一樣了。所以美國如果要起作用，首先是不要支持台灣搞獨立，不要支持台灣搞分裂，不要支持台灣在國際上進行各種各樣的分裂活動。我看台灣沒有什麼力量，也沒有什麼理由來拒絕統一。[2]

換句話說，北京認為美國支持台灣是中國對台灣施加壓力、恫嚇手段卻未能成功的唯一障礙。

當然，中國若要影響國會山莊和美國民眾，沒有台北那麼大的資源，因此它專注對行政部門下功夫。只要它認為美國政策太偏向台北，就發動壓力，甚至到了不惜限縮中、美關係的地步，李登輝訪美風波就是一個例子。另一個例子是二〇〇二年初小布希總統言詞親台灣，美國政府又允許台灣國防部長湯耀明出席美台企業協會（US-Taiwan Business Council）防務論壇時，北京升高它的壓力。外交部長李肇星召見美國駐北京大使雷德（Clark Randt），痛斥小布希政府近來的動作，以及對美、中一九七二、七八及八二年三個公報的「踐踏」。李肇星說：「縱容和支持『台獨』必將遭到全體中國人民的堅決反對，是注定要失敗的。」軍方的《解放軍報》做同樣的批評，警告說：「如果『台獨』勢力和外來勢力膽敢將台海形勢推向軍事衝突，中國人民解放軍有信心、決心和能力全力支持祖國所定下的解決祖國統一問題之劇本。」當小布希總統不經意地用了「台灣共和國」的字眼時，香港一家共產黨報紙警告說：這句話「也有可能反映了布希內心把台灣視為一個國家的想法，反映了美國政府試圖推行以台制華的戰略，以及重新打台灣牌的作法。」針對這些痛批，小布希政府利用四月份中國國家副主席胡錦濤訪美的時機，向中國領導人再次保證美國的政策沒有變。[3]

雖然北京偶爾會對華府施加政治壓力，其實它除非萬不得已，寧願不把美國扯進紛爭，一部分是因為它把台海問題當做國內事務，一部分也因為它明白動輒施壓，會有反效果。但是它的確設法利用美、中高階官員接觸——台灣得不到這種機會——來暗示美國對台灣之支持正在減弱。它也尋求改變華府的口頭說法，使它有利於北京的統一努力，然後再用這些說法來限制美國未來的行為。有一個重要例子是，它想要操弄美國對台獨的言詞立場。美國政府公開的立場過去是、現在也仍然是：它「不支持」（does not support）台灣獨立。中國希望華府能說它「反對」（opposes）台灣獨立。因此李登輝訪美之後，柯林頓總統致函江澤民重申美國的立場，北京立刻對外放話，指柯林頓用的字是「反對」（opposed）。然而，照蘇葆立的說法，「中方不是疏忽、就是刻意不理睬『不支持』和『反對』之間的差異……江澤民和其他人把美方立場和他們本身立場之間的相符，講得過了頭，或許是基於國內政治理由，也或許是為了向台灣增加壓力。」[4] 更晚近的一個例子，二〇〇二年十月江澤民到德州克勞福農場做客，小布希私底下講到他「反對」（against）台灣獨立，北京順勢利用，趕緊把它公開，在後來幾個月裡一直描述這是美國的重大承諾。❶

中國利用美國立場對付台灣的高潮是在二〇〇三年底。陳水扁競選連任的一些政見方案，令中國愈來愈緊張，深怕台灣隨時會爆出獨立，北京力促小布希要管束住陳水扁。它很欣慰小布希在十二月發表談話說「台灣領導人的言行顯示他可能願意片面做出決定要改變現狀，我們對此表示反對。」

可是，美國從來沒完全走進中國的陣營。由於台灣在美國的政治影響力，以及美國對中國的意圖沒把握，它設法限制北京能施加的力道。在二〇〇三年底，美國也關心陳水扁究竟葫蘆裡賣什麼藥，就清楚地這麼做。鮑爾國務卿發表演講，盛讚中國在外交政策方面的合作，但是同一篇演講中，鮑爾也提醒：「我們必須注意到在台灣對岸的大陸，軍事部署加強，因為它發出非常不一樣的訊號。中國究竟選擇和平或恫嚇以解決它和台灣之歧異，將會告訴我們，它在和鄰人、和我們來往時，會扮演什麼樣的角色。」[5] 二〇〇四年秋天，報導傳出，台灣政府偏向樂見共和黨籍的小布希總統可以擊敗民主黨對手凱瑞（John Kerry）、贏得連任；因為台灣方面預期小布希會比較傾向台灣。

北京和台北針對美國所玩的槓桿遊戲有一個重要的結果：每當那一方覺得它在華府佔了上風，經常把重要性渲染誇大。事實一旦亮出來，就出現失望的感受，甚至由於美國沒照預期演出，更覺得被出賣。更嚴重的是，錯誤地認為本身施力成功的一方，根據這個假設行動，不料美國卻來拆台。華人文化強調信賴和可靠，只會擴大隨著受騙感產生的失望。

台灣方面覺得遭美國出賣的感受有很長的歷史。一九五〇年初，杜魯門準備放棄台灣和中華民國政府、聽任共產黨勝利；但因為韓戰爆發才又打開保護傘。尼克森政府於一九七一和七二年對華政策大逆轉，對國民黨政府而言是個粗暴的大震撼。尼克森曾經堅決反共，又是台灣的友人，可是即令他滿口向蔣介石保證絕不會出賣台灣，照樣還是推動向北京開放。卡特以秘密外交完成關係正常化，國會通過

「台灣關係法」試圖彌補對台灣的傷害，卻是形式大過實質。雷根也是反共健將、台灣之友，卻同意降低對台軍售。一九七二、七八和八二年的三個公報在交涉時，根本沒問問台灣的意見。

比較晚近，美、中關係有任何增進，都在台灣產生憂懼感，深怕華府可能犧牲台灣的利益，以便爭取中國與美國的目標合作。陳水扁在二〇〇四年初曾經寫下：「北京與華府的關係……改善不少。另一方面，北京透過華府向台灣施壓的策略也愈來愈清楚。」[6] 美國只要對台灣批評，就被台北解讀為偽善地違背美國的根本原則。小布希總統二〇〇三年十二月公開反對陳水扁進行反中共飛彈部署的公投計劃，陳水扁那股被出賣的感受十分明顯。「幾乎全世界所有的人都可以享有免於恐懼的自由，只有台灣人民不得享有這個基本權利，這是不對的。根據美國的立國精神，台灣兩千三百萬人民決心、努力爭取和平與民主，不應該被視為是挑釁的行為。」幾天後，陳水扁說：「美國在伊拉克打戰，以便給予伊拉克人民民主。為什麼台灣人民不能藉由公民投票，要求中國拆除瞄準台灣的飛彈，並放棄對我們國家動用武力？……為什麼美國限制我們追求民主的權利？」[7]

北京覺得美國口是心非的心理也十分強烈。每當北京反對美國對台政策，經常就宣稱華府違背了一九七二、七八和八二年的三個公報之承諾。中國有些人了解，美國在這些文件中的承諾比起北京所宣稱的來得微妙，但對絕大多數中國人來講，所謂美國食言、傷害中國的說法的確不假。例如，前文已敘述，中國很高興小布希批評陳水扁，但小布希政府對陳水扁二〇〇四年五月連任總統的就職演說給予正

❶ 二〇〇〇年九月十三日，《明報》刊載，中國外交部長唐家璇抱怨，柯林頓私底下和江澤民談話時，曾經批評陳水扁，可是又公開否認他有講過批陳的話。

面評價，北京對此的反應就是一肚子火，絕無欣喜可言。它覺得華府誤讀了陳水扁的意圖，鼓勵他的分裂國土意識。它透過新華社發表一篇評論，表達它的不悅；這篇評論痛批國務院主管東亞事務助理國務卿凱利（James Kelly）四月份在國會聽證會上的證辭——那是陳水扁發表就職演說之前的事情。雖然凱利的證辭是美國公開發表的對台政策講話當中最負面的，中國刻意不提以中國角度乃是正面的部分，反而集中在暗示中國的意圖並非完全和平的部分，以及中國認為美國太過干預爭議的部分。甚且，中國的反對也不限於政策層面，它還嗆聲：「這些言論不僅嚴重違反了一個中國的原則和中美三個聯合公報，而且干涉了中國內政，不能不引起人們高度關注。」雖然字面上高唱道德，其實中國真正關切的，套用評論作者的話就是：小布希政府助長了「陳水扁當局搞『台獨』分裂活動（的）氣焰。」[8]

專注研究台灣事務的中國研究機構之分析家，力促華府要有具體行為支持其言詞，譬如，召回美國駐台北代表或停止軍售。中國的官員則比較務實，避口不要求小布希政府有進一步行動，反而懇請美國要審慎遵守十二月九日小布希總統定下的立場——即恪遵一中原則，反對任何片面改變現狀的行為。此外，中方希望在華府與北京已逐漸皆認識到陳水扁及其政策構成的危險之基礎上進一步合作，如建立雙邊的危機管理機制，防止兩岸歧見不必要地升高至公開衝突。

美國的槓桿

美國並不只是消極被動接受北京及台北企圖來影響其行動。由於華府希望和台海兩岸維持良好關係，防止兩岸衝突攸關其深重利益，它設法透過政策表述、更重要的是政策行動，打造兩岸互動以降低衝突的可能性。美國在防止兩岸衝突方面的重要角色，是否意謂它要扮演積極角色以解決爭端，則是另一個問題。

「一中政策」

美國的「一中政策」是美國外交政策最不受外界了解的一個環節。許多人認為它是一套僵硬的原則，從它衍生出更詳細的政策；而分析家埋首在美、中、台關係的「神聖不可侵犯的經文」（sacred texts）中試圖爬梳出這些政策是什麼，花了不少精神、時間和筆墨。北京和台北當然從他們偏好的文字當中主張美國的政策應是什麼。中國希望華府能照它的解釋，依據一九七二、七八和八二年三個公報為其政策基礎。台灣則以「台灣關係法」和美國其他承諾為其期望的基礎。北京和台北都強調吻合其利益的原則，試圖讓華府堅守不渝。同時，每一方也都試圖貶抑會傷害其利益的原則，希望把美國拉離開。[9]

認為美國的一中政策是一套僵硬的原則，這個觀點是正確的，但它只到某一程度。卡特政府與北京關係正常化時，承認中華人民共和國政府是中國唯一合法政府。這個承諾決定了美國對中國參與需具國家資格的國際組織的作法；也就是說，中華人民共和國是稱為中國的這個國家之唯一代表。卡特政府也承諾與台灣的關係是非正式關係，因而確定了雙邊關係的體制和作業的法律形式。譬如，多年來，美國官員若要到台北任職，必須先向原屬機關辦理離職，變成法律上屬於民間性質的「美國在台協會」雇員；而美國在台協會台北辦事處幾乎執行所有大使館的功能。服務期滿，他們有權利回到原屬機關，而他們擔任聯邦公職的年資又神奇地加回服務於在台協會的年資。美國國會二〇〇二年立法，允許人事管理的機制可以更有彈性，但非正式關係的原則仍未有改變。

簡單地說，「一中政策」的「一」指的是華府沒有兩個中國的政策，至少就國際組織與正式的雙邊關係而言是如此。它也不對「一」是否實質意謂台灣與中國可能統一採取立場。華府一般也對台灣政府是否具有主權這個關鍵問題，不表示意見。❷這也是美國政府為何從來不對一國兩制說法採取立場的一個原因。可是，法律上的承諾從來沒能停止美國與台北維持實質關係，而且美、台關係還比華府和許多邦交國的關係更加強烈。它也沒能阻礙小布希政府不去支持台灣爭取做為世界衛生組織的觀察員。如果北京放鬆它對這些議題的僵硬作法、寬容台北的立場，華府也很容易調整。

可是，就大部分而言，美國的一中政策並不是緊密的線性論證（linear argument），先從原則開始，再繼以演繹的邏輯。它也是一套口頭表述，必須擺在一起來讀，但是它們相對的強調又因時而異。這些包括：確認一中政策本身；美、中三個公報；「台灣關係法」；堅持兩岸問題和平解決；繼續對台軍售；不支持「兩個中國」或「一中一台」；不支持台灣獨立；不支持台灣加入以國家資格為要求的國際組織；所謂的「六項保證」；承認兩岸之間任何的解決方案需要台灣人民的同意；等等。❸

值得注意的是，這些元素不見得相容。一九八二年公報可以爭辯說並不吻合「台灣關係法」；北京也必定這麼認為。甚且，華府彈性地以各種不同的排列組合整合這些元素，以符合它對情勢變遷的評估。例如，我在一九九八年七月以美國在台協會理事主席的身分前往台北，就柯林頓總統剛結束的訪問中國經過做簡報，並強調美國政策並無改變。我堅稱，所有的元素都繼續是美國政策的指針。一九九九年七月李登輝發表兩國論談話之後，柯林頓政府發表「三個支柱」說：一中原則；和平解決；需要對話。二〇〇三年六月，報導傳出，小布希指出五項元素：三個公報；「台灣關係法」；不支持台灣獨立；全力協助台灣自衛；提供防衛武器。

可是，更重要的是，一中政策是一套未講出來的作業規範，管理美國數十年來的政策行為。它們全都源自於美國根本的政策目標：維持亞洲的和平與穩定，也都源自它長期以來扮演此一目標保證人的角色。為了防止戰爭和不穩定，並且維持台海和平，美國歷任政府都對北京、台北發揮影響力。這些沒有講出來的方針目標是：防止中國和台灣之間軍事失衡；不鼓勵任何一方的挑釁行為；不鼓勵過份自信及欠缺信心；維持美國國內民眾支持美國的政策；對於美國是否使用武力維持某種程度的模糊。

這些指針的最後一項，通常稱為「戰略模糊」，值得再加以說明。這個概念的精髓是：美國不明白講清楚，台灣若遭到中國攻擊，是否出兵防衛台灣。它認為，因此而來的不確定美國之意向，會影響到另兩造的意向。兩岸都不會認為它握有一張空白支票。它對中國的節制是，使它礙於美國有可能干預而不主動先攻打台灣；對台灣的節制是：別採取北京無法容忍、視為挑釁的動作，以免華府會祭出懲罰措施，或出事時不來干預。

許多人主張，美國事先公布在各種不同情況下它會如何反應是不智的，原因有好多個。第一，美國不可能預料到所有的狀況。第二，說清楚美國在什麼狀況下會有動作，不會消除北京或台北任何一方的

---

❷美國國務卿鮑爾二〇〇四年十月接受媒體訪問時說：「台灣並不獨立。它不具國家的主權，這仍是我們的政策、我們堅定的政策。」這可以解釋為，適用在台灣於國際體系中的地位，大於它在兩岸關係的地位。可是，台灣政府大為不滿。

❸所謂「六大保證」指的是雷根政府一九八二年八月簽署「八一七公報」時向台灣提出的保證。美國向台北保證：它沒有同意對停止軍售訂下確切日期；沒有同意對台軍售要事先向中國諮商；沒有同意修訂「台灣關係法」；沒有變更它對台灣主權的立場；不會在台北和北京之間扮演調人；不會向台灣施壓逼它和中國談判。

試探，反而可能增加他們的試探。第三，發生狀況時美國的反應相當受到國內政治的影響，也要看衝突是如何發生的。第四，戰略清晰會降低美國的彈性，增加美國的責任義務。第五，模糊對於那些可能援助台灣的國家（尤其是日本）相當有用，可是這些政府並不願面對民眾來討論這種可能性。因此，空白承諾要防衛台灣，很可能使台灣擺脫它所有必須協助維持和平的責任，使華府淪為台灣行動的人質——也就是「被牽連」的問題。

這一切都沒錯，它也有助於說明建議美國只因台灣是個民主國家，就應該保護它的說法有瑕疵。主張戰略模糊的人要問，台灣民主的那一方面值得美國的安全承諾？是以台灣民主的名義所提出的所有的倡議嗎？

可是，有關戰略模糊多數的討論都只抓到美國政策的表面。一方面，公開聲明不是精確量度模糊的實際程度之指標。假設，華府私底下告知北京，在任何情況下它都會防衛台灣，中國對美國的意向就沒有幻想；再假設，台北也被告知或獲悉此一聲明，那就根本不再模糊。甚且，美國外交的責任就是詮釋過去的公開聲明如何應用到新狀況。最後，美國有關動武的聲明，影響北京和台北的意圖到什麼程度，最重要的不是華府怎麼說，而是別人如何詮譯它的聲明。如果美國在公開場合對其意向保持模糊，可是北京已經定下結論，認為在任何情況下美國都會防衛台灣，因而變得相當謹慎，那麼穩定就得以加強。如果台北曉得北京已經對華府的聲明有這樣的詮釋，它可能變得比較不謹慎，因而傷害到穩定。

這種問題環環相扣的現象顯現出預計的戰略模糊之價值也是「債務」：對美國意向摸不清會導致兩岸之一或雙方甘冒風險、而不是謹慎小心。小布希外交政策團隊的確就是非常關切北京會誤判美國決心的危險，才在二〇〇一年春天採取清晰的策略。

在現實世界裡，美國決策者把自己定位在清晰與模糊之間。完全清晰或完全模糊皆不可能。究竟要強調模糊或清晰，要看它是否符合當下狀況的美國利益而定。直到一九九〇年代中期，模糊當道。後來在一九九六年三月和二〇〇一年四月，華府決定基於美國利益必須使美國意圖更清晰，一方面是為了展現美國的決心，一方面是為了降低誤判的可能性。而且，除了表面的聲明和行動之外，美國還補充私底下的溝通。北京和台北認為華府和對方會怎麼做，比起公開聲明來得重要。

因此，美國政策把重點擺在過程、而非實質。華府早已宣布它在台海爭端和平解決上有永久的利益（abiding interest），但是它避免談論爭端要如何解決。很自然的，美國必須維持彈性以便在面對變遷的環境能追求其根本利益。大體上它設法避免拘泥各種「神聖不可侵犯的經文」的原則，如果這些原則違背它的根本目標的話。

討論美國政策時還需注意另一個歷史因素。自從二次世界大戰以來，美國有幾次在未能徵詢台灣人民的意願之下、或是華府逕自認定自己最清楚前因後果，就做出影響到台灣人民未來的決定。這個作法始於小羅斯福總統，決定在日本戰敗後，把台灣交還給中國；最明顯的就是尼克森總統和卡特總統決定和中華人民共和國關係正常化。當然，這裡頭有戰略原因要做出這些抉擇，而且直到一九九〇年代初期，由於國民黨的高壓統治，也無從徵詢台灣人民的意願。[10] 在這些事例中，有爭論的是，華府忽視其道義責任、沒有替不能自由表達意志的台灣人民講話或動作。現在台灣是個民主國家（即使尚不完美），美國政策的傾向是避免走上會和台灣人民意志不和的方向。因此，在過去十年裡，華府採取很務實的立場：兩岸之間任何解決方案必須得到台灣人民的支持。

華府的政策作法

美國如何設法維持台海和平與繁榮，是隨著時間演進、視環境變化而調整。理論上有若干不同作法可被接納。依據活動漸增之序，分別是：退出、製造關聯、嚇阻和調停。

——退出，是美國決定置身事外，因為投入必要的時間和資源來打造解決方案並不符合美國的利益。

——製造關聯是打造一個環境讓中國和台灣能運作。此地的假設前提是：雙方可以透過更多的互動自己去緩和歧見，不需要美國直接介入。製造關聯可以是單邊，也可以是雙邊，視誰可以客觀得利而定。在某些個案上，它有利於一邊，但有時是雙邊都得利。

——嚇阻，涉及向一方警告別採取會製造不必要的不安定之行動，暗示（清晰或模糊）如果不理會警告，美國就會有所行動。柯慶生指出，嚇阻要有效，不能光靠威脅。警告，若能配上一些擔保，比較容易導致節制。如果受威脅的一方認為發出威脅者忽視其正當利益，就會變成更莽撞、自己從事威脅行為。[11]在華府試圖打造不和的雙方之行動（如台海局勢）時，嚇阻可能是雙重的、也可能是不對稱的。以雙重嚇阻而言，華府對北京和台北都是視情況而有不同程度的軟硬皆施，既有警告、也有保證。在不對稱的嚇阻下，華府對一方是嚴詞警告，對另一方則加以安撫保證。

——調停，則是為了降低衝突的可能性，或是增進和平及合作的機會，美國在中間當調人。

這些作法是分析性的概念，不是相互排斥的政策選項。當某個作法主導時，其他作法可以補其不足，但是美國介入的歷史可以被看到是作法的改變。美國使用的兩個主要作法是嚇阻和創造關聯。

華府曾經積極介入調處是在一九四〇年代末，國、共雙方為了抗日作戰（始於一九三七年）暫時中止內戰，此時又瀕臨恢復軍事衝突。杜魯門總統派馬歇爾將軍調處，希望能夠維持和平。調處失敗，基本上是因為國共雙方目標相互牴觸，彼此不信任、也不相信美國。這個經驗使得美國日後對於是否調停北京和台北之間的歧異十分敏感。一九八二年，華府和北京發表公報降低對台軍售之同時，又向台北保證它不會調停兩岸爭端。

一九五〇、六〇年代，華府看到中國有攻擊台灣的危險，它的主要作法是不對稱的嚇阻。基於圍堵共產主義的大戰略，華府採取重大作法警告北京莫輕舉妄動。美國與中華民國在一九五四至五五年間簽訂共同防禦條約，部署重大軍事資產到台灣來支持國軍、與國軍合作，也以各種方法維繫中華民國「民心士氣」。一九五八年，北京砲擊金門、馬祖，試探中華民國的弱點及美國的決心是否堅定，艾森豪政府積極協防台灣。這就是不對稱的嚇阻，大部分的威脅指向北京，大部分的保證朝向台灣。

可是這個作法也不盡然一面倒。華府擔心蔣介石在反攻大陸的政策下，可能會挑激起公開衝突，把美國牽扯進與中國不必要的戰爭。因此美國取得他的承諾：沒有先和美方諮商，他不會採取重大的攻勢行動。甚且，美國三不五時也向北京發出訊號，保證它的目標和蔣介石不同。一九五八年，艾森豪政府取得蔣介石公開承諾，強調解決兩岸爭端，政治手段重於軍事手段。一九六二年，大陸因大躍進而局勢動盪，甘迺迪政府不肯附和中華民國乘亂行動。然而，大體上美國的不對稱嚇阻政策方向朝向中國。

美國在一九七〇年代初期轉向創造關聯的作法。尼克森和卡特政府欲與中國關係正常化，清晰了台灣的地位及美國未來對台關係之承諾。這使得權力均勢向中國方向傾斜，以致於中華民國及它在美國國會的友人認為尼克森和卡特的行為是嚴重出賣友人。❹它或許可稱為負面的創造關聯。但是，即使在這裡，華府也沒有設法加速它所創造出來的趨勢。

一九八〇年代末、九〇年代初，海峽兩岸社會、經濟交流上升時，出現一種積極的變化。各界有一種期待，希望經濟關係頻繁或許可創造出政治修睦的基礎，但是華府仍未就勢加強活動。一九八七年二月，美國國務卿舒茲（George Shultz）說：「我們歡迎這些發展，包括間接貿易和增加人際交流，它們已有助於鬆緩台灣海峽的緊張情勢。我們固定的政策是促進一個環境，讓這類發展能繼續發生。」華府促進這個環境的方法是：前進部署美軍進入西太平洋地區；貿易自由化；與中國及台灣都維持良好關係；堅持和平；軍售台灣。

台灣的民主化使得美國維持穩定的努力益加複雜。公開的、有競爭的制度使得民眾可以表達原先被壓制的想法（台獨）、出現新的政治勢力（民進黨）、新的政策方案（促進台灣的國際參與），以及政客有需要向選民訴求。所有這些發展都加劇北京的疑慮，深怕台灣領導人會有分裂主義的野心，有時候更導致它進行恫嚇外交來迫使台灣節制。這一來，美國被牽累進來、扮演起和平保證人的角色。這種種狀況促成了一九九五和一九九六年的危機。

柯林頓政府遂在李登輝訪美之後移向雙重嚇阻之路。一方面，華府設法節制台北，不讓它採取可能被中國視為挑釁的政策；另一方面，它也設法約束北京不對台灣用武或威脅要用武。因此當一九九六年三月台灣總統大選前，中國對台灣鄰近海域發射飛彈時，美國兩支航空母艦戰鬥群駛入台灣周遭，以確保這種展現武力的動作不因意外或誤判而升高為戰事。此外，美方亦設法和台北增進高階溝通。

可是，光憑警告仍不足以成事。華府認為還得要緩和北京擔心美國實際上支持台灣分裂主義，讓台北不再焦慮美國會出賣台灣的利益以獲取北京的善意。對任何一方的保證都不太可能完全消除誤判美國的政策，可是為了本身著想、也為了增進美方警告的效力，這是重要的步驟。柯林頓政府在一九九〇年代末主要透過一系列聲明向北京擔保，更明白地重申正常化時期美方所做的承諾，最著名的例子即一九九八年六月發表的「三不」談話。在這個脈絡下，我身為美國在台協會理事主席，愈來愈得扮演起主要角色，要求台灣及其領導人放心。我比起美國其他官員更有彈性可以代表美國暢所欲言，有助於扮演這個角色。因此，柯林頓一說出「三不」，我銜命赴台北解釋時，就表明美國對台政策所有的元素仍繼續有效。同一時期，當美國力促兩岸恢復對話時，我被授權表示，恢復對話應以相互能接受為基礎——意即不能全按北京條件談判。

柯林頓政府不像北京，沒把台灣的民主化看做是局勢緊張的起因。它贊同台灣的政治新現實，想妥善運用它。身為美國在台協會理事主席，我從一九九八年秋天開始，得到國務院批准，談論這些發展的意義。我表示，美國政府有信心，台灣的民主對和平與安定有助益，島上人民「有足夠智慧和審慎去支持有關台灣前途的負責任之作法」。我更強調，「兩岸對話的結果必須得到台灣民眾的認可」，「受到廣泛支持的任何結果將因之更能持久」。

二〇〇〇年台灣總統大選日益逼近，民進黨勝選、取代國民黨執政的可能性不是沒有，民主構成了新挑戰。北京固然非常討厭李登輝，也忌憚民進黨及其主張台獨的歷史。一九九〇年代末，美國決策者預期陳水扁有可能代表民進黨參選總統，或許會成為台灣下一任總統，開始就此一可能性布下避險措

---

❹ 卡特政府末期、雷根政府初期，美國有些官員認為美中關係既已正常化，加上北京提議一國兩制，在這個脈絡下兩岸或可和解，華府角色可得以改變。

施。美國政府在台北增加和陳水扁的溝通，鼓勵他訪問華府，可以和決策者低調會談。從這些接觸，陳水扁更了解美國如何看待這場選舉——重要的是台灣領導人提出的倡議是什麼，並不是誰來出任領導人。這些澄清不僅增強陳水扁在選戰期間對兩岸議題已採取的溫和立場，也允許在他當選後有建設性的互動。北京的準備相較就不足，它一體會到陳水扁可能勝選，就發表威脅性的聲明。華府採取措施防止情勢失控，其中一項作法即是由柯林頓發表聲明，重申美國注重過程，但加了一些新說法。他說，美國期待兩岸問題不僅和平解決，還要得到「台灣人民的同意」。❺柯林頓因而在新脈絡下進行雙重嚇阻。

本書第五章說過，早期的小布希政府認為它的前任對中國不夠堅定。因此它採取措施予以矯正。它警告中國不要誤估美國防禦台灣的決心，並採取種種作法以加強台灣的防務。它以非常謹慎小心的手法轉向不對稱嚇阻——向北京警告，向台北保證。

後來，小布希政府又變回到雙重嚇阻。兩岸軍事力量差距日益擴大，使華府擔心北京或許會真的恫嚇台灣依其條件坐上談判桌。但是，大戰略脈絡已經出現重大變化。小布希政府不再把中國看成是美國在東亞必然的對手。雖然此一可能性並未完全消失，在近期或中期來看，北京成為反恐作戰、以及防堵流氓國家對安全與穩定的威脅之夥伴。中國在二〇〇三年在打造北朝鮮議題談判平台上扮演主角，其意義特別重大。

同時，華府愈來愈關心台北的政治倡議（如制憲公投），深怕中國可能覺得必須有所回應。華府對中國某一次過度反應十分關心，以致在二〇〇三年十二月公開表態，表示對陳水扁的不滿意。

美國在台海問題上還沒採取的一個作法是，跳出來擔任北京和台北之間的調人，不過已有類似的提議出現。例如沈大偉（David Shambaugh）在二〇〇一年初建議華府嘗試「充電啟動」（jump start）談判，運用其影響力把雙方拉上談判桌。❻但是，美國政府最最接近擔任兩岸調人是在一九九〇年代末，當時柯林頓講話力促兩岸恢復中斷了好幾年的海基、海協兩會半官方會談。不過，這只是雙重嚇阻大作法的一部分，目的在降低緊張和估計錯誤的可能性。華府很小心節制自己只在口頭上勸告，並強調任何對話必須以雙方共同接受為基礎。美國站在調人角色最最邊緣的位置。

美國沒有考慮為另一個選項的作法是退出局外。美國在台海地區和平與安定上面的攸關利害大得不得了，需要在本區域各國之間保持可信度，因此無法在兩岸之爭這個議題上放棄不管。台灣對美國的政策有充足的影響力道，使得歷屆政府不敢走這條路。

一九九五年以來美國對台海議題的作法就是雙重嚇阻，只有一次短短的例外。它努力打造北京及台北的意向，使任何一方都不致挑釁對方。前文已經說過，這些政策作法只是分析的概念，並非相互排斥的政策選項。雖然某一項在特定時期或許最強，但其他作法並不是完全不見。某種程度的嚇阻一向都存在。因此，在一九九〇年代初期積極的關聯創造中，老布希政府提供台灣諸如F十六等先進武器，以彌補中國軍事現代化後兩岸軍力的失衡，並因而加強了嚇阻。柯林頓第二任期以呼籲對話補充雙重嚇

❺ 中國認為華府為陳水扁出任總統的可能性預做準備，乃是美國想促其實現的證明。

❻ 二〇〇二年一月，郝爾布魯克投書《華盛頓郵報》，主張九一一事件之後美中關係自天安門事件以來的戰略糾葛都已結束，雙方應該為積極的夥伴關係打造新基礎。他提議簽署第四份公報，「更新以新現實為基礎的關係」。關於台灣，他建議師法上海公報的作法，表示希望新公報「或許有助台灣與大陸開啟更有建設性的對話」。這麼做，一定不會以台灣為重心，但又勢必影響到台灣，而且可能還是負面影響。

阻——等於是有節制地調停。

甚且，華府強調哪一種作法及其確切執行，乃是就日益動態的環境條件變遷所做出的反應。如果台灣廣大多數人覺得經濟依存遠比主權和安全議題來得重要，則關聯創造或許會再次適合做為美國的作法。在雙重嚇阻的作法中，華府必須決定對北京和台北的警告和保證的份量孰輕孰重。如果中國的軍事現代化日益引起關切，或是如果台北的政治倡議似乎太過挑釁，華府對於兩岸的警告都會大過保證。

從雙重嚇阻轉換到不對稱嚇阻（小布希政府二〇〇一年剛上台的作法），會有風險。有一方認為自己不再受到節制，可能覺得可以針對受節制的另一方為所欲為。台北對於小布希早期政策的回應就是如此，因為它自恃已從美國取得一張空白支票。柯勞福（Timothy Crawford）用了一個名詞「樞紐的嚇阻」（pivotal deterrence）形容有一方（樞紐者）對其他兩者進行兩面嚇阻。他寫說：「因此，以所有各類型的嚇阻來講，重點是使潛在的交戰者擔心代價太大而防阻了戰爭……樞紐的嚇阻其關鍵在於樞紐者避免堅定的承諾。堅定的承諾會使得受益者變得大膽；因此，樞紐者保持行動自由可對敵對雙方發揮最大影響力。」[12] 如果北京或台北有一方認為美國不再節制它，美國想要維持和平與安定的努力會受到傷害。

如果在台海地區有效嚇阻，需要威脅和保證雙管齊下，則雙重嚇阻即等同於對每一方都做出有條件的承諾。事實上，華府給予北京和台北的訊息是：在某種狀況下它將防衛台灣，在某種狀況下則不防衛台灣。這就是為什麼美國告訴中國它堅持和平解決爭端，不支持台灣獨立；為什麼它力促台北不要片面改變現狀、並且否認美國有任何意圖要出賣台灣。二〇〇四年四月，針對陳水扁倡議修憲，美國國務院東亞暨太平洋事務助理國務卿凱利宣布：美國會履行其協助台灣防衛自己的義務，但是「在台灣考慮可能修憲之際，美國會如何支持它，是有限度的。」[13]

戰略模糊和雙重嚇阻有什麼關聯？如果前者只是說美國不會說清楚衝突發生時它會如何做，那麼這個意思已被跨越。一九九五至九六年的危機告訴美國，在台灣民主化、以及中國軍事現代化的新時代，美國對自己可能會如何反應保持緘默，並不足以防阻衝突。美國必須清楚顯示在它認為會影響安定時，它會有何動作，才能確保不會爆發衝突——因此它必須以更積極作為鼓勵節制，來取代雙重嚇阻此一比較消極的作法。當然，什麼樣的行動會被認為影響安定，還是必須保持模糊。因此，北京、台北和華府都爭著要有權利界定任何特定的行動。在艱苦尋求警告和威脅之間的平衡時，模糊就十分明顯。因此，模糊有時候是確保雙重嚇阻的工具，有時候又是障礙。

結論

美國為了保護它在東亞和平與安全下的根本利益，在處理台海問題時已扮演十分重要的角色。雖然它是台北和北京想發揮槓桿影響力的對象，它也對兩者施加槓桿影響力，防止爭端失控。它強調過程（和平解決）大過實質。它的作法是雙重嚇阻，兼用警告和保證。它避免當中間調人，寧願讓情勢發展，使北京和台北自己去找方法解決爭端。然而，放手不管，不是它的選項。

10 紓緩壓力，調和歧異 Muting Pressures, Reconciling Differences

總結到目前為止的討論，我們可以說：中國與台灣間的關係潛在危險，可又相互受惠。兩岸之間有非常綿密的經濟與社會互動。台灣與大陸在許多產品和服務上彼此合作，以在全球經濟競爭。台灣的年輕人視中國為求職就業的地方。台灣的大學、博物館、體育組織和慈善機關都有大陸專案。所有這些互動都是兩岸更廣泛合作的基礎。同時，每一方都在增強軍事力量，尤其中國最積極。透過設計、意外或誤判，兩岸爭端可以爆發戰爭。這場戰爭美國可能不免會被牽連進去。

防止戰爭爆發是美國、台灣和中國三方一個重要政策目標，因為每一方都會有重大損失。相互嚇阻是達成目標的一個方法，而嚇阻在過去五十年也都有效。可是，嚇阻是複雜的事情，過去十年的環境變遷也使它益加複雜。這裡頭一向有種危險，就是每一方誤解別人的意向、針對客觀上並非威脅的動作做出過度反應，一九九五至九六年危機即是例子。在當時以及其他緊張上升時機，美國被迫至少在外交上介入，以防止因意外或誤判而使衝突進一步升高或是爆發戰爭。令事情更複雜的不僅是中國軍事力量日益上升，使它可做以前做不到的備案選擇，還有每一方都害怕的危險之根本不對稱。台灣一向擔心中國會動武攻擊。中國擔心台灣的不是它會動武、而是發動政治倡議（如宣布台灣獨立），把它和中國的關係永久切斷。

除了戰爭和嚇阻之外，另一條路就是談判解決衝突。一九九〇年代初一度出現或許可能談判和解的希望，但很快就消失了。此後兩岸的故事就在三不五時緊張一下和令人不安的僵持之間交替上演。

談判解決有兩大核心議題構成障礙。第一，對於台北政府的法律地位根本上就有歧見。它現在具有主權嗎？在任何的統一架構下也將擁有主權嗎？台灣對這些問題一再提出肯定的答覆，而且極力主張它應該就是、的確也是擁有絕對權利去統治其管轄地區、並以完全會員身分參與國際社會。它認為它不應隸屬於中華人民共和國政府。另一方面，北京一再推動一國兩制的統一方案，台灣將是從屬於中央政府的特別行政區，中央政府具有絕對主權。台灣要參加任何國際體系必須在北京之下、由北京裁量。台灣可以享有自治權、不能有主權。北京對香港政治制度重新設計，強烈顯示出來它只會讓它可以安心的勢力「自治」。

這一方面，北京不了解李登輝和陳水扁的意向。北京認為他們反對一國兩制方案就是反對統一。在中國眼裡，他們是分裂主義分子，推動兩個中國或台灣獨立。對台灣「如何」可能成為中國的一部分有不同看法，在北京的思維裡，被解讀為爭議台灣「是否」認為是中國的一部分。中國錯失了和李、陳在他們上任初期接觸的機會。它並沒有挫餒李、陳，反而使他們更沒有意願妥協。總之，在他們兩人任期內，兩岸互不信賴因而上升，政治衝突也隨之而來。

第二個核心問題是兩岸之間存在的安全兩難局面。每一方都不信任對方的意圖，因而爭相添置新武器系統，反又增添敵方的焦慮。中國拒絕放棄使用武力，因為它認為以動武做威脅是針對台灣政治上分裂出去的主要嚇阻利器。台灣認為北京拒絕，就是居心叵測的跡象。台灣依賴它和美國的盟友關係是對抗中國侵略的最終嚇阻，而北京視美台交好為華府和台北存心不良的證明。得到美國支持後，除非台灣有高度信心覺得不再需要，它會非常不願讓步；而迄今中國方面還不能讓它放心，覺得不需美國撐腰。的確，中國還未清楚顯示出來它覺得有必要讓台灣放心。

這兩個議題形成兩股概念死結的繩索，如果想透過談判解決，這個結必須解開。甚且，這兩股繩索已糾纏在一起，也就是說主權和安全聯結在一起。台灣擔心它若放棄主權的主張，它就沒有依據要求其他國家提供安全援助。

還有其他三個因素使事態加劇——結愈打愈緊。第一是雙方國內政治的影響。在台灣，歷經數十年高壓統治，造成人民非常忌憚外來人，出現強烈的台灣認同意識，某些人更有獨立建國的野心。民進黨成為台灣認同意識的主要載具，它以推動台獨做為目標。民進黨為了務實地爭取政治權力，由這個目標後退，因為島內經濟至少仍需依賴大陸，也因為它必須說服選民它不會輕舉妄動。可是，分離的認同意識、加上對外來人的忌憚，局限住許多台灣人不易接受中國。在中華人民共和國方面，台灣可以成為菁英鬥爭的題目，有些領導人偶爾會抨擊其他人的對台政策、攫取政治利益。當公共意見（不論資訊充足與否）發現有理由和機會可批評領導階層時，這些批評也構成局限。因此，看來胡錦濤短期內將會推遲對台政策出現任何重大倡議。

政治也有另一個影響。如果會有談判解決，它必須在台灣的政治程序當中獲得批准。鑒於議題攸關國本，它可能需要修訂憲法，而修憲又需要得到島內多數政黨的支持。否則，要得到必須的絕對多數就不可能。若沒有這種廣泛的共識，就很難確保協議可持久，又不激生長期的黨派鬥爭、不穩定和兩極化。即使北京提出了從台灣觀點來看最適當（optimal）的安排，取得支持也不會自動自發。第二個影響因素是雙方各自的決策制度。不論在北京或在台北，這個議題的政策形成是集中的、由個人主導的。每一方都傾向於認知錯誤、盤算錯誤。

第三個影響因素是每一方都針對對方玩零和的槓桿遊戲。台北爭取打破北京對國際社會的壟斷，北京則努力維持獨佔國際舞台。中國針對台灣企業界和泛藍政黨發動統戰，以破壞陳水扁政府和確保陳水扁無法連任。（由於中華人民共和國是相對封閉的體制，台灣在中國政治上起不了太大作用。）槓桿遊戲加劇兩岸相互不信任。

美國在這場遊戲中免不了也有角色。台灣設法鞏固和加強它和美國的關係，甚至到了操縱美國政治制度的地步；北京則試圖減弱美國對台的物質和心理支持。儘管有這些相互衝突的壓力，美國又不能選擇置身事外；它在本區域的和平、安全利益太大，不容它脫身。它對台灣提供安全支持，北京視之為依其條件解決兩岸爭端的關鍵阻礙。美國的作法就是雙重嚇阻：約束北京對台動武，但也拒絕支持台灣有任何分裂的目標，並且一方面節制台灣不讓它採取挑釁的政治倡議、另一方面對台灣不時怕被遺棄，要提出能讓台灣冷靜的保證。

這個糾纏緊密的死結究竟能否解開？雙方如果肯在根本面上做出讓步，顯然就有可能。北京可以放棄統一的目標，允許出現一個完全獨立的台灣。台北可以放棄它對主權的主張，接受一國兩制方案，充分信賴中國到放棄美國的安全援助。我們不能排除一個可能性，即中國利用經濟吸引力和統戰戰術以弱化台灣地位的戰略，有一天會成功，造成上述後面的一個情況。但是，原則的差異以及台灣內部政治的動態，表示這種結果高度不可能。同時，恐怕這個死結永遠不得解，所有相關各造都必須調適、接受這個衝突永遠得不到解決。（詳見本書第十一章）縱使如此，還是值得探討以談判解決兩岸僵局的可能性。有沒有辦法弭填雙方在主權和安全議題上觀念的鴻溝呢？有沒有辦法降低國內政治、槓桿遊戲和決策體系三大惡化因素的影響呢？如果對這兩個問題的答案都是「有」，兩岸如何才可能回到談判桌上？

有沒有實質的共同立足點？

由於有實質的議題分隔北京和台北，若要解決爭端必須找出方法來弭平兩岸鴻溝。也就是說，即使惡化的因素得以緩解，對主權和安全的歧見仍將存在。本節將探討已經浮現的一些點子，以及兩岸對它們有什麼回應。

主權的爭議

主權的爭議帶出是否有什麼政治結合的方式可以包含主權實體這個問題。如果有的話，假設上北京可以得到它要的（統一）、而台北又不用放棄它希望保存的（主權）。當然，有些安排即試圖在一個較大的結合之脈絡中，保持其政治單元的若干權力和獨立。底下即是其中一些安排：

——傳統的單一民族國家，它底下的政治單元享有若干被委授的權力。

——「特別自治」體制，授與底下單元的權力特別廣泛和得到保障。

——聯邦制。理論上組成的實體手中仍保有若干主權，雖然不一定具有任何實用的結果。

——宗主國、保護國地位，或是託管地。底下的實體原則上可保有主權的全部屬性，但至少暫時把主權的許多成分讓渡給另一個外國實體。

——國協架構。主權絕大多數的屬性在原則、實務和世界的眼光中都歸於一個較大的國家或超國家集合體之內的政治實體上，而這個集合體只保留很薄的剩餘主權（如大英國協）。

——邦聯。個別的主權國家把有限的主權權力授與一個集合體，由超國家機構運作（如歐盟）。

——分裂的國家。一個民族（如德國人或韓國人）至少暫時分裂為兩個或兩個以上的國家。

美國開國之初是個邦聯，後來演進為聯邦制。即使有此轉變，在一七八七年最常用來稱呼這個國家的詞語是 these United States，反映出個別的邦仍相信他們具有主權。一直要到南北戰爭後，現在的名字 the United States 才通行起來，強烈表達美國是個單一的體制。

誠如戴傑指出，各種不同模式的複雜或中期的主權，更因主權原本位於拿哪裡的相關原則而益發複雜。「在一些模式中，主權原本位於個別的成員，他們把主權權利移交給另一個實體，或把部分主權權力併入另一個較大的實體。在其他的模式中，單一國家把國家獨有的主權權力——做為內部、經過裁量、可撤銷的事物——委授給下屬實體。」[1] 台灣對其主權原本位置的主張，特別是陳水扁的眼裡，符合前者、而非後者。中華民國或台灣的主權地位是一個事實，不是北京所給的。

另一個相關議題是，台灣持續堅持它的政府從本質上就和北京政府平等。這個原則帶出了李登輝含糊的提法「政治實體」，以及後來更明確主張中華民國是個國家，和中華人民共和國地位無殊。陳水扁重申兩岸之間平等的主張。台灣反對一國兩制，源自它（正確地）認為，如此安排將造成它隸屬於北京。北京在處理台灣此一顧慮時，最貼近的說法是，承諾可「站在平等的立足點上協商」。可是，這句話很清楚指的是談判的形式，不是談判兩造的法律地位。它指的是如何修好的程序，不是最後的結果。

至少在理論上雙方可以獲致折衷立場的模式是邦聯，中華民國和中華人民共和國是更大的大中國底下平等的組成成員。在台灣，這個概念愈來愈有吸引力，可用以處理它和中國的關係，因為邦聯的成員仍保留主權。甚且，有一些邦聯也有個別成員仍保有能力進行外交關係的實例。

「國際危機集團」（International Crisis Group, ICG）有系統地檢討台海議題後，得出雖不全然相同、卻類似的結論。它認為有四種可能方案，其中兩種對台灣而言，吸引力太小或毫無吸引力；另一種則北京很難接受。第一案是一國兩制。國際危機集團認為這是一種聯邦模式（federal model），但又說：「向中央順服的程度依然反映出它對台灣毫無吸引力」。國際危機集團稱第二案為「不對稱的『聯邦』（asymmetric "federacy"），把自治實體和比較大的國家連結起來，讓台灣有較強大的個別身分、更真實的自治，還要解除軍事化、賦與國際安全保證。」台灣很難接受它；取得非軍事化和安全保證也很困難。第三案即邦聯，國際危機集團認為「它在台灣得到的支持雖在、卻很薄弱，但北京絕不支持它。北京繼續反對任何主權平等的概念。」[2]

國際危機集團的第四案是「大中華聯盟」（Greater Chinese Union），在概念上介於邦聯和「最低度」可能的聯邦之間。在這個模式下，雙方接受一個更大的共同身分，台灣可保持現有的政治制度、並於許多國際組織取得會籍。

民進黨接受中國經濟磁吸力量的事實，承認全面獨立是幻想，開始向邦聯方向移動。民進黨年輕世代的理論家開始考量，可能會減損台灣主權的和平共處和國家統一的方法。（見本書第六章）前面已提過，陳水扁在二〇〇〇年十二月三十一日發表談話指出，「我們要呼籲對岸的政府與領導人……從兩岸的經貿與文化的統合開始著手，逐步建立兩岸之間的信任，進而共同尋求兩岸永久和平、政治統合的新架構。為二十一世紀兩岸人民最大的福祉，攜手開拓無限可能的空間。」[3]

陳水扁自己的黨內有些同志，特別是基本教義派，反對他的新說法，因為它畫出了與中國政治結合的路徑圖。但是，同情陳水扁的學者支持它，認為這是維護台灣利益的務實作法，指出歐盟就是可以借鏡的例子。暨南大學教授翁松燃評論說：「政治邦聯……不難建立，但難以維持……歐盟成績斐然，卻未威脅到會員國的政治主權。會員國對於他們不接受的任何政策，仍有否決權（此說未必完全正確）。或許因為有了政治主權不會被拿掉的前提，經濟整合才那麼成功。」中研院的黃偉峰認為，依據歐洲整合的路線之統合，將是一個長期過程，因此對兩岸將是雙贏的選擇。對中國好，是因為雖然最後的結果還不確定，可是不能接受的結果（台灣獨立）的機會已大幅下降。黃偉峰認為，如果北京提出這種統合方式，台灣應該接受，因為它會帶來經濟利益，也構成中方承認台灣具有主權。「一旦統合過程展開，中國事實上已承認台灣有某種形式的主權或自治。」黃偉峰預測，北京的反應會決定統合論的命運。「現在陳水扁已拋出走向兩岸統合的『確定』方向，北京願不願意接受如此統合的不確定結果呢？」[4]

國民黨也不甘落人之後，很快在幾天內也提出主張。連戰主席明白表示邦聯就是他的「政治統合」的方法。他的助理表示，連戰的說法比陳水扁的提議更清晰，「統一的時機仍未成熟……（邦聯是）最值得海內外中國人重視的構想。」他們後來又進一步闡釋，邦聯就好比兩岸蓋了一個「屋頂」，但保持了平等、各有政府、和平和漸進發展的原則。邦聯是介於國協和聯邦之間合適的中道。前者是「更為鬆散的組合，並不以統一作為最終目標。而聯邦之下的各邦則不具備完整的自主權。」有意思的是，國民黨舉的都是歷史上的例子（如瑞士從一二九一至一七九六年；美國從一七七八至一七八七年；及德國從一八一五至一八六六年的情況）。或許是刻意區隔國民黨和陳水扁／民進黨，他們閉口不提歐盟。[5]

北京拒絕了統合／邦聯的方案。第一個跡象來自二〇〇一年三月四日，全國人大發言人表示，中華人民共和國「不贊成『邦聯制』的模式」。同一個月稍後，江澤民接受《華盛頓郵報》專訪時表示：「聯邦或邦聯都是一種國家的組織形式，不能到處套用，他們的存在和適用要根據特殊的歷史背景和不同的國情。邦聯牽涉到兩個或兩個以上主權國家的組合，本質上，不是一個單一主權國家；聯邦則不符合中國的歷史傳統和國情。」他說，一國兩制方案中的某些特質，如台灣得以保持其軍隊，「已超過聯邦的成員能享有的。美國是個聯邦。它的州就沒有台灣在『一國兩制』下所享有的權利。」中國官員接下來一片忙亂，要解決江澤民脫口而出承諾「什麼問題都可以討論」，和現在明白拒絕邦聯制，兩者之間的矛盾。中國一位不具名的官員說，「台灣可以提出它的方案，如邦聯或聯邦都行，雙方在政治協商下最後總會達成某種妥協。」當然北京堅持，談判必須在一個中國的原則下進行，而根據它自己的定義，它可能就和邦聯方案牴觸了。[6]

對陳水扁統合論方案的答覆出現在《瞭望》的一篇文章。作者提出冗長分析，貶斥這個想法的嚴肅性，質疑陳水扁的用意，得到以下的結論：

> 可嘆，律師出身的台灣當局領導人匠心費盡、巧舌如簧，其「統合論」大談「統合」，但對究竟「統一」與否，不僅未說清楚，而且說不清楚，更是不說清楚，故意讓人各自解讀，以利自己四面逢源，進而「和平地走向分裂」。利令智昏，自欺欺人。「統合論」概念含混的模糊說辭，掩蓋不了蓄意分裂的明顯圖謀。[7]

中國國際問題研究所研究員郭震遠從邦聯模式抽出若干重要的務實意義，它形容邦聯「不是真正統一的國家，而是主權國家的集合」。他指出：「鑒於兩岸之間存在許多歧見和矛盾，即使建立了邦聯制，在利益衝突持續激化之下，肯定也很難穩固下來。」他認為一國兩制可使雙方各取對方之長。至於為什麼邦聯制就不行、一國兩制下為什麼就不會有衝突，他就沒有說明。❶

北京清華大學戰略研究所後來的分析專注在實務面的困難。它承認美國式的邦聯，不應從概念上就予以排斥；作業上的問題在於中央政府的權力，以及是否能夠達成其目標。做為「統一的國家」，聯邦也是在概念上可接受的東西，雖然最高層政府和附屬的州（邦）之間權力如何劃分「可能會是這個模式的致命罩門」。8

這些話都不無道理。各種形式的邦聯都是政治結合，極易出現衝突。翁松燃不就說「政治邦聯……不難建立，卻很難維持」。換句話說，如果邦聯打造的不好，可能就無法永續。談判成立邦聯的過程必須涵蓋廣泛。由於奴隸議題事先沒有妥當處理好，我們見到美國邦聯經歷的苦難，它也對一七八七年以來的聯邦造成無可挽回的傷害。以台灣和中國的個案來講，要解決國防和外交政策的議題特別棘手。

但是，實務面的困難是一回事，盲目而錯失機會又是另一回事。如果北京拒絕對台灣所持的主張——台北政府具有主權——展現彈性，就絕不會有機會洽妥可符合每一方最低需求的邦聯制方案。民進黨政府已願意思考國家統一的構想，只要能接納它的法定身分的話。某些中國學者沒有堅持原則，排

❶〈邦聯制構想遭大陸學者抵制〉，中央社，二〇〇一年六月二十九日。〈中共專家拒絕與台灣共組聯邦與邦聯〉，新華社，二〇〇二年三月二十七日。（編按：篇名為意譯）對北京來講，邦聯制毫無疑問太接近李登輝提的「特殊的國與國論」；也可能因為中文「國」這個字的詞義含糊，區分不清楚 nation、country、state 的意義因而不易被接受。

除一國兩制之外的其他的結合模式，是個正面跡象。可是，北京政府明顯拒絕這些方式，已成為進展的主要障礙。

中國領導人或許有其他理由覺得邦聯制太乏吸引力，因此基於原則、而非基於實用的考量逕自拒絕了它。其中一個理由在連戰公布其方案後不久就出現了，那就是滑坡問題。中國一個不具名的官員告訴台灣一份報紙說：「如果台灣要搞『邦聯制』，那麼中國許多少數民族自治區如新疆、西藏、內蒙古將紛紛效法，在『邦聯制』還沒搞成之前，中國反而沒有朝統一方向走就先分裂了。」[9]

這個說法可能提供線索，讓我們理解北京為何從根本就排斥台北的統一方案。中國領導人可能認為，追求一種台灣具有主權的政治結合——或許就是邦聯——會傷害到他們對其管轄領土之根本權威。對他們而言，接受政治結合之內有另一個平等的主權單元，尤其這個單元還是以民主方式組成，會傷害到中國政府獨具主權的地位，以及中國共產黨的先鋒角色。因此北京可能覺得別無選擇，只能提議台灣依一國兩制原則自治，因為北京已經把它和國內的統治牽扯在一起思索了。

安全

在安全議題方面創造一個有交集的區域，糾集政治意志向它推進，並不像處理主權議題那麼簡單；在主權議題方面，雙方還有概念上的共同點，起碼有一方表示有興趣。關於安全議題，出現若干構想，但全都有缺陷。

兩岸之間的構想　我們在第五章已經提過，自從一九七九年以來，雙方已採取步驟或拋出構想，探討如何處理軍事議題，但是它們產生的問題和它們解決的問題，一樣多。以下重述並擴大討論之。

——北京曾經答應台灣在統一後可以保有武裝部隊，但也規定必須有規模限制、其任務是維持國防和安全，不得威脅中國。

——中國偶爾也表示它將繼續允許台灣「向第三國購買必要的武器，只要它們不傷害國家利益的話」。但是我們可以合理推斷，中國對這類軍購會保持最終同意權，因為這攸關主權。

——台北已放棄動用武力，不過這只是象徵性姿態，因為它本來就不構成對大陸的威脅。它呼籲北京同樣宣示放棄動武，但中國拒絕，認為這麼做只會鼓勵「分裂主義」。

——雙方已討論如何達成某種終止敵對狀態的協議，但因為主權議題談不攏，也就沒有下文。

——江澤民一度試探建立武器控制機制，如果美國不再對台軍售，中國可減少其飛彈。但是，台北反而覺得更不安全。

這些步驟合起來或個別，似乎都未能建立共同立場以緩和互不信任。意向的聲明並不是無關緊要，但是在互不信任的氣氛下，它們不夠令人放心。中國的軍事力量將會繼續成長。結束敵對狀態或許是朝更廣泛解決台北安全問題發展，有用的一步，但是憑它解決不了問題。中國還沒有一項提議足夠吸引台北方面會肯放棄美國的支持——北京一定會這麼要求的。

信心建立措施　兩岸或許可以取得共同立場的另一個地方，就是在歐洲已經發展了數十年的信心建立措施（confidence-building measures, CBMs）。其目的即是降低武裝對峙的敵手之間的不確定感，限制在意外或誤判下發生軍事衝突的可能性，尤其是在雙方部隊彼此距離很近之下。以下是幾種不同形式：

——宣告，譬如向世人昭告放棄動用武力。

——溝通措施，如建立熱線、船艦互訪，以及功能面進行交流。

——海事安全措施，限制在同一地區巡邏的船隻之間發生意外。
——節制措施，如逐步降低邊境兵力。
——透明措施，如通知對方將舉行演習和調動部隊、資料交換、互派武官、出版國防白皮書等。
——驗證措施，以確保遵守協議和諒解。

主要是西方分析家已經有若干討論，如何把信心建立措施套用到台海局勢。主要的焦點是它們如何可能防止類似一九九五至九六年、以及二〇〇〇年初的危機因意外或誤判而升高，但是我們沒有理由認為信心建立措施不能做為工具，協助解決爭端。軍事上的信心建立措施或許很有用，可改善和減輕台灣的不安全感，即使已有了某種程度的緩和，台灣仍可能繼續覺得不夠安全。

台灣已表示有興趣尋求信心建立措施。陳水扁在競選期間支持這個構想，它們也是台灣國防政策的一個元素，目前的國防白皮書就說：「透過台海兩岸就安全議題的對話和交流，希望能推動雙方軍事事務的透明化，增進相互了解，以維持本區域穩定與安全。」[10]

傳統上，北京不願意討論信心建立措施，理由如下。第一，由於台北未接受一中原則，它根本就拒絕和台灣方面討論。第二，由於它對台灣的界定，中國反對把信心建立措施套用到台海局勢。中國已和俄羅斯、中亞國家合作發展出各種跨國信心建立措施；可是中國聲稱，信心建立措施只應存在於國與國之間，根據它的定義，台灣不是國家。其實，國家和非國家角色之間也有建立此一機制的例子，如英國和愛爾蘭共和軍、以色列和巴勒斯坦解放組織之間都有。北京可能還有一個沒說出口的原因，那就是中國認為摧毀台灣的信心才最吻合其利益，怎麼會去幫台灣建立信心？

北京的立場在二〇〇二年十月開始轉變。江澤民和小布希總統會談時提議，如果美國肯處理中國對華府軍售台灣的關切，中國可以考慮重新部署目標對準台灣的飛彈。前文提過，這個提議其實問題滿多，最顯著的就是，江澤民建議華府和北京應該就台灣安全議題進行談判。但是，它也有好處，因為它承認了中國部署飛彈，和台灣認為受到威脅、需要軍購兩者之間有關聯，也承認培養信心或許有價值。接下來在二〇〇四年五月，中國表示信心建立措施可以放上兩岸交流的議程表——但是台北要先接受一中原則，以及放棄獨立的主張。

武器控制　信心建立措施尋求管理和節制使用武力；它們不談軍事資產的存在和程度範圍，因此只對不安全這個問題提供部分解答。武器控制將限制武力本身，但是兩岸間很少討論及此或根本沒有討論過。不過，江澤民提議飛彈重新部署，或許可當做是往此方向發展的開端。由於中國增強軍力減低台灣接受和解的意願（尤其是它會導致結束台美軍事關係的話），武器控制機制對增強軍力設限，理論上可以改進台灣接受的誘因。可是，武器控制要奏效，有可信度的驗證最為根本。然而，過去中國從未有任何行為顯示它預備接受外來的驗證。

到目前為止浮現出來的構想，很少去碰兩岸之間存在的特殊、不對稱的安全兩難，以及懸而未決、重要的互不信任的問題。但是，台海爭端要能解決，勢必非要處理兩岸彼此的憂懼不可。譬如，台灣對中國的兵力及意向的焦慮極深刻，即使協定終止敵對狀對態，或中國正式放棄使用武力，都不能紓緩它的不信任。台北也會關切和解之後，中國會怎樣操縱台灣的政治體系。

為了降低兩岸的安全兩難，有些西方專家提議以雙方承諾不做對方最擔心的事為基礎，達成協定。也就是說，北京放棄對台灣使用武力，台北承諾不宣布獨立。這個方法和北京提議兩岸簽署協定終止敵對狀態的方法類似，因為按照北京的方法，它至少會有限度的承諾不動用武力（既然敵對狀態不再存在），台北也接受一中原則（暗示承諾不宣布獨立）。

這個提議起先滿有吸引力，因為它嚴肅看待彼此的互不信任和受威脅的意識，可是如何在作業面實現交換，它就觸礁了。「使用武力」和「宣布獨立」這些詞語的定義為何？每一方都會想方設法，盡可能縮小界定己方的義務、擴大對方的承諾。中國現在不只關切台灣宣布獨立（台灣領導人曉得它一定會激發中國強烈的反應），還關心有相同實質效應的其他作法。甚且，即使解決了定義問題，兩岸彼此也不信任對方不會廢棄承諾。如果一方或雙方都宣稱對方毀諾——例如，假設北京指控台灣之內、或台灣所做的行為牴觸不搞獨立的承諾——誰來斷定有沒有道理、並決定下一步是什麼？

這個例子告訴我們，要緩和或解決安全兩難的複雜程度。找出方法調和雙方的實質歧見還不夠。任何解決方案還必須處理雙方都擔心對方會欺騙耍詐，使自己陷入更不利境地這一點。北京和台北在一九九〇年代初曾願意緩和彼此疑慮，但後來又不再退讓，採取的行動引起對方更質疑其基本假設。如果每一方都被假設會遵守承諾的話，結合政治宣告、軍事信心建立措施和武器控制，顯然就足以緩和兩岸安全兩難。除非泯除互不信任的禍害效應，即使共同立場客觀上存在，雙方也不可能踏進去。台灣當然比較不願意，因為它認為美國的支持可比中國的承諾更能保障其安全。

有幾個方法可以走出這個難題。第一個方法是矯正認知。由於每一方在某個程度上都錯誤認知對方的意向，彼此都不會認真看待不符合其錯誤認知的擔保之言行姿態。第二個方法和前者有關，就是要談、要對話。從一九九五年以來，兩岸就很少有雙方政府授權的代表直接接觸。所謂的「溝通」只出現在傳媒上，通常為的是宣傳的目的。缺乏直接接觸，也就缺乏機會矯正認知錯誤，只會加劇互不信任。可是北京卻壓制下對話，除非台北事先釋放訊號它沒有分裂主義的議程。

第三個方法是添點蜜，增加和解的誘因。譬如，北京在主權問題上讓步，台北便可能較輕鬆看待自己的弱點。類似的讓步不僅能創造出對中國意向大不相同的評估，也可帶來具體防護。北京當然不情願做出如此的讓步，因為其他的附屬單元或許會爭取相同待遇，提出可能被解讀為威脅中國安全的要求。

緩和兩岸安全兩難的第四個方法是，運用過程來便利實質進展。這裡出現一個問題：設法一步到位解決好呢？還是分階段達成和解比較好？從理論上來講，「大交易」很有吸引力，但在政治上往往太不實際，因為它沒有考量到互不信任的因素。任何想要一步到位解決所有或大部分問題的努力，的確都會擴大當事人的疑慮，因為到頭來只剩下失信的危險實在太大。另一個替代辦法就是把過程分階段，就一個議題洽訂和執行協議，替處理次一個問題建立信心。先解決比較單純的問題，可使得未來比較容易處理較困難的問題。有條件的、互惠的行動，會增加雙方合作、不毀約的機率。（以賽局理論名詞來講，這是從單局轉為多局。）

在互不信任的環境下如何漸進談判呢？有一個方法是中程協議（譯按：或譯為臨時協議）。它的假設前提是：每一方的政治意志都不足以解決所有的問題，可是維持現狀又有危險。它認為，把歧見圈限在某一特定協商好的期間內，並製造某些政治信心的措施，可以降低衝突的機會、增進全面和解的希望。這個方法在一九九〇年代末期由李侃如（Kenneth Lieberthal）首先提出，建議先達成一個為期數十年的安排。這個安排的關鍵就是上述的交換：台灣明白承諾不追求法理上的獨立，中國明白承諾不動用武力。

大體上，台灣傾向於偏好漸進過程，先處理技術問題、以便建立信心，然後再朝政治議題前進。中國則傾向加快過程，儘早處理政治議題。中程協議的構想承認試圖太快解決太多問題的困難。談判「不獨、不武」說不定會破壞了全部的努力。在這段「中期」，台灣無疑會設法保護它的主權主張、防止北京採取僅次於動武的恫嚇行動。中國則可能試圖讓台北節制、不搞落在它廣泛定義的台獨之行動，並且爭取一些承諾，冀望中程協議屆滿後實現統一。這樣的努力彰顯出一個重點：在漸進的過程中，每一方都需要有某種程度的信心，認為過程的大方向是可以接受的——也就是說，談判必須發生在某種共同目標的意識下。

惡化的因素

即使雙方政府可以擴大對主權和安全的共同立場，過去他們彼此都想向對方玩槓桿施壓，現在可得設法減輕其不利影響，也必須減輕國內政治構成的局限。這些因素可以管理，但無法消滅。

槓桿遊戲

如果想要有進展，非常重要的是，不論在和解的之前或之後，中國必須放棄試圖透過統戰活動介入台灣政治的意向。北京有備案可從內部影響台灣政策，這會製造不公平的優勢，因為中國本身是個封閉的政治系統。它也會在北京應該努力爭取的一群台灣民眾心目中製造深刻的焦慮；這些人原本就最懷疑北京的動機。放棄此一優勢將是建立信賴的善意行為。就某個意義來講，它也是主權議題務實的延伸。如果北京預備承認台北政府是個主權實體，有權統治在它管轄之下地區——在台灣看來，接受它就是任何和解方案的必要條件——北京就不應該採取行動操縱島內政治。統戰活動意味它假設台北不具有主權。當然要認定北京是否搞統戰並不容易，它縱使做了、也絕不會承認。台灣有些人也絕不會相信中國不來干預。但是在當前局勢下願意做出重大改進，一定會受到眾人矚目，並可建立信心。

在國際方面，兩岸必須外交休兵。或許在這樣安排下，台北和北京不再尋求偷走對方的外交夥伴。每一方也不會藉由爭取美國不當支持而強化自己的地位。台灣爭取在聯合國和世界衛生組織有某種地位的努力，會再繼續下去，但會比較節制，因此北京用不著全力反彈、予以封殺。北京將不再尋求限制台灣參與台灣已是會員的國際組織（如世貿組織組）的活動。有些組織規定入會資格必須是國家，北京甚至也可能不再反對台灣成為觀察員。在國際領域相互節制，將為兩岸對話營造更好的氣氛。二〇〇〇年六月，台灣的外交部長拋出外交休兵的構想。雖然當時遭到一些立法委員的反對，雖然後來兩岸競爭依然激烈，休兵依然是增進兩岸談判前景的最佳方法。

國內政治

政治學家經常用「雙層賽局」（two-level game）來理解國內政治對跨政府談判的衝擊。也就是說，政府的談判代表必須同時上兩張牌桌打牌。第一桌是其他政府的談判代表；第二桌則是與談判利害攸關的國內人士。成功的談判必須滿足兩桌人士。若國內利益受漠視，協議送回國內可能無法通過，國內反對聲浪加劇。另一方面，若國內各方要求太多，或寧可不要它們認為的壞協議，則談判也會陷入僵局。

回到兩岸談判這個課題上，雙方政治制度的差異製造出重大、交叉的不對稱。一方面，雖然每一方談判代表都受到國內各方的若干節制，台灣方面的限制非常大。台灣的媒體和立法院會要求代表台灣的談判官員交代得清清楚楚。任何洽妥的和解方案至少一定要經由立法院通過，甚至可能還要修憲。根據目前的規定，修憲必須由立法院全體立法委員四分之三的出席、經出席委員四分之三支持才成案，然後交國民代表大會複決。若涉及領土變更的修憲案，需由全體國大代表三分之二的出席、經出席國大代表四分之三的支持；非關領土變更的修憲案，只要過半數支持即算通過。二〇〇五年夏天已通過的修憲案，第二階段改為由全民公投複決修憲案、領土變更案，有效票必須達合格選民總額過半數同意，由於投票是自願行為，這可以說是超級多數決。

另一方面，中國的談判代表只向中國共產黨領導人負責；黨領導人決定是否批准通過任何協定。公共意見在大陸已不是微不足道的因素，但是政府仍有很大力量可塑造民意。可是，很諷刺的是，台灣談判代表反而可以宣稱，他們的自由裁量權很小，協議必須符合全民廣大多數的根本期望才可望獲得通過。中國的談判結果若會被否決，唯一的情況是主要決策者未能讓領導層的同僚和民眾心理上先有準備。這並不是絕不會發生，只是機率沒有台灣爆發群眾抗議風潮那麼大。

另一方面，同樣的不對稱可能也讓中方佔了優勢。台灣人民之內有一些人基於經濟及其他理由，贊成和中國修好，它對國內政治體系有相當大的影響。實質上，他們就是北京沈默的盟友。台灣方面在中國體系內就缺乏這類資產。中國是有些地方單元因兩岸經濟關係密切而獲利，因而反對兩岸關係太緊張。但是，他們沒有理由支持台灣政府在政治議題上的觀點，他們對中國的任何決定也不會有影響力。

政治的影響如何可以鬆緩呢？當然，有一個方法就是北京等候——甚至推動——台灣內部權力均勢發生變化。中國的策略也的確如此：加速兩岸經濟關係，精心鼓勵政治觀點與大陸相符的島內勢力。這個策略長期下來可能有效，但機率不大。因為這個作法忽略了人民當中最怕中國的那一群，他們以民進黨和台聯黨為代表；事實上，中國本身的動作也經常讓這群人益加疏遠。由於有關台灣前途的根本決定需要得到民進黨的支持，忽視它、疏遠它，只會有反效果。甚且，由於這群人的政治反抗，即使國民黨、親民黨的領導人當選，也不一定會做出北京所希望的那種讓步。

另一個方法是北京接受台灣的政治重心不會朝一國兩制模式的方向移動，並因而調整其期待。接下來就是在主權、國際空間和安全議題上做出重大讓步，延伸下來即是承諾不再操弄島內政治團體相互對抗。類似的寬容會打動島內廣大多數民眾的心，減輕台灣政治文化對外來者的疑懼，解除掉民進黨和台聯黨基本教義派的剩餘力量。

中國在核心議題上退讓，也應在某個程度上有利於處理台灣現行政治體制很難就有爭議的議題做出決定這個棘手問題。由於立法院允許少數派有權阻礙提案，即使在不需修憲的議題上也必須動員廣泛多數民意的支持。甚且，雖然民進黨內部往往在大陸政策上意見不一，但換上國民黨主導的政府可以說只會更難動員此一多數，因為做為反對派的民進黨易因黨同伐異理由反對任何倡議。（這使得北京拒絕與陳水扁打交道，顯得更加短視。）在這方面，實質內容可用來克服過程的問題。

可是，我們不清楚中國領導人因此要付出什麼樣的國內代價。大陸的民族主義民意——黨政當局花費極大心力打造出來的民意——當然反對台灣脫離中國而獨立。資訊充足的中國人是否認為一國兩制模式是解決爭端唯一可以接受的方案，又是另一個問題。至少，北京或許可以培養更公開討論對台政策和統一新概念的氣氛——或許也可以對一國兩制論述做新的詮釋——讓大眾心理上先有準備。如果對台新政策會碰到挑戰，來自領導人內部的機率比來自外部要大。政敵或許會設法利用此一政策變動做為武器，攻擊負責人。整體領導人或許會認為，對台灣的創意作法會傷害到中國共產黨的統治權利。

我們很清楚的是，除非台灣對大陸有更廣泛的共識，情勢不會有進展。一個比較務實的領導人（如陳水扁），如果同時受到泛藍陣營的攻擊和北京的漠視，是不可能得到民進黨內基本教義派支持其溫和政策。（本書第三章提過，陳水扁二〇〇〇年試圖透過跨黨派小組促進對大陸政策的共識，但是因為太公開、也因為國民黨和親民黨拒絕參與而失敗。）同理，泛藍政黨領導的政府，如果作法得不到民進黨和台聯黨的寬容，也不能在對大陸關係上有進展。

最後，國內政治和倡議的時機也息息相關。即使一個策略處理了每一方的實質關切、緩和了不利因素的影響，若在國內政治時機不利之下推出，也很可能失敗。兩岸都換上新領導人，且又距下一次競爭權力（在台灣是選舉、在大陸是每五年一度的領導人換屆）還有一大段時間，就是機會之窗打開的時候。陳水扁二〇〇〇年五月就職之後，機會之窗開了：距下一屆立法院選舉還有十九個月，距二〇〇二年秋天和二〇〇三年春天中國黨政領導人異動還有將近三年時間。但是北京選擇不回應陳水扁的提議。到了中國領導人更易完成時，台灣的總統大選選戰已經開跑。讓事態更複雜的是，胡錦濤接了黨總書記和國家主席，並不代表他已成為對台政策的領導人物。江澤民在二〇〇四年九月和二〇〇五年三月相繼交卸黨和國家中央軍委主席，胡錦濤才算真正當家做主。台灣二〇〇四年的立委選舉也過了，新的談判之窗又打開。雙方是否有政治意志抓住機會，又另當別論。

決策制度

台灣和中國會誤解對方的意向，並做出使事態加劇的回應，其實並不特殊。但是，他們缺乏直接且或許能起矯正作用權威性接觸，則又太不尋常。因此之故，每一方的評估大都以對方在公開領域的言行為基礎。減輕這個問題最好的方法是，透過溝通至少緩和雙方若干互不信賴的心理。

回到談判桌上

在主權和安全議題上、在制限政治、槓桿遊戲和決策系統的影響，找出共同交集的這個可能，只是假設。若沒有一個過程，雙方透過它對話，以上都不可能達成。如果每一方要讓對方對其意向放心，必須要有一個場域。如果他們要採取初步行動！如外交休兵，需要事先溝通好細節，以確保清楚了解相互的義務和適當的遵守。可是雙方自一九九九年以來由於種種原因就沒有對話，如果北京和台北要回到談判桌上，必須先處理這個問題。

做為前提條件的原則

雙方要對話的第一個障礙，即是北京對恢復談判訂下的前提條件。它明白地堅持陳水扁政府接受一中原則或九二共識、或兩者皆是。一般而言，為談判訂下先決條件，等於否定了被要求接受的對方有足夠的資訊，可以了解過程的結局會是什麼，才好思索是否值得開啟談判。北京明白規定台灣接受一中原則，我們已經在第四章說明台北因為擔心先讓步會犧牲其基本利益而不願接受它。

至於「九二共識」，雙方從來沒有對「一中」的具體意義和台灣與它的關係取得協議，而它正是爭端的核心。理論上，正因為這個模糊，雙方可以恢復對話。如果基於實務上的理由，北京需要有個象徵性的門面話遮羞才能替復談找到理由——如果台北願意冒險給個說法——則九二共識是最好的東西。每一方都可以各說各話，自行選擇用詞、形成說法，並擱置不理對方說法中不利的元素。但是，類似的保存顏面作法，在國民黨執政下的可能性比在民進黨執政下來得大。國民黨籍的台北市長馬英九已說，他願意重申九二共識。但是，由於馬英九的每一種提法的定義都和中國的定義牴觸，我們很難看到如何能緩和北京。❷陳水扁政府就更加小心，深怕接受九二共識做為談判的先決條件，到頭來會變成開後門接受北京所界定的一中原則。英文《台北時報》一篇社論曾經鋪陳它的邏輯。它區分中國在國際、兩岸和國內對一中原則各有不同的定義，然後提出警告說：「毫無疑問，一旦台灣接受了『國內版』定義，中國就會拿來向國際宣稱它（台灣）同意是中國的一部分。對台灣任何政府來講，考量在九二共識上讓步或達成協議，都將是外交上的自殺。」[11]

陳水扁不願接受中國復談的先決條件有其道理。台灣方面事先無從知道北京在實質上或過程上，會提議以什麼來換此一讓步。而且，也擔心台灣的核心利益——主權——若一開始沒保護好，事後就再也無法保護。

值得注意的是，這不是北京第一次對對話定下先決條件，而它這麼做的最後結果也讓我們頗受啟發。李登輝一九九五年訪問美國之後，北京要求他「回到一個中國的原則」，放棄它認為的有違一中原則的行動，如重返聯合國或總統出訪。台北反駁它，因為接受了此一原則等於是接受「口頭兼併」。接下來在一九九七年秋天，北京換了路線。江澤民呼籲兩岸會談以結束敵對狀態，並進行政治談判，兩者的前提都是一中原則。後來在闡釋時，北京把這個原則變得稍微溫和，指出「中國」可以未必指的是中華人民共和國。一九九八年二月，台北有了回應，首次表示願意往政治談判移動。雙方旋即開始互相發訊號的過程，每一方都接受對方訊號的正面元素，忽略負面元素。中國不再替恢復接觸訂先決條件。這個過程的最高點是辜振甫於十月前往上海和北京訪問。至少對這些會談，一中原則不是障礙。

可以肯定的是，北京很關切台灣的意向；因此才會設定先決條件。它希望有些擔保，讓它自認為的善意不會被利用。可是，希望得到擔保的念頭卻因它錯誤認知台灣所要而不必要的擴大，而它爭取擔保的方法造成台北覺得益發沒有安全感。北京定下的門檻太高，給人的印象是它並不想讓台灣跨過。換句話說，中國希望等它覺得地位更強大後才來談判。

中國要降低緊張和弄清楚台灣的目標，最好的方法是恢復對話。最合情理的作法是北京採納一九九八年的先例：放開先決條件。它對一中原則的定義太嚇人，負面意義太大，台灣的政治又對此一議題太敏感，以致於不能期待島內任何政府事先不了解其意義就接受它。一九九二年以來已經發生許多變化，北京不能再期待台北以重申當時達成的「共識」做為今天復談的基礎。

私底下的管道

雙方如此難以回到談判桌上、坐下來好好談的一個原因是，他們完全公開處理其爭端，以致受到國內政治的影響綁住了手腳。台灣是個民主政體，任何談判的結果必須透過民主機制取得民眾的通過。可是，若無私下管道輔助公開討論，幾乎不可能會有任何結果。

太多人（包含商人、學者等等）自命為私下溝通的載具，而兩岸的任何一方也經常給外界一種印象，這些中間人有他們的默許。然而，這種機制大多失敗，因為中間人不是真正替自己號稱代表的領導人講話。因此，對這種溝通管道的信心也就日益下降。

但是，起碼在一九九〇年代初期曾經有過北京和台北高階領導人派出授權代表定期會談的實例，而

---

❷ 馬英九界定的「九二共識」是「各自表述」，而一中原則是中華民國憲法的根本前提。

且前後長達四年半的時間。李登輝在一九九〇年當選連任總統之前，接到秘密溝通的提議、但予以峻拒。後來，他覺得若要創造台灣民主化的氣候，他需要在兩岸關係上有所進展，而秘密管道有助於此一進展。因此，住在香港、和大陸方面關係良好的南懷瑾傳話過來後，李登輝授權親信蘇志誠去探索。結果是蘇志誠於一九九一年一月一日左右到香港，密會楊斯德。楊斯德是當時參與中共中央對台政策的主要人物、國家主席楊尚昆的代表。蘇志誠利用這個機會力促北京別理會抨擊李登輝傾向台獨的指控，說明台灣為兩岸關係建構的新體制，也透露李登輝即將宣布不把中華人民共和國視為有敵意的對手。當蘇志誠抱怨台灣有些「落選、而不滿的」外省人向中國傳遞這些警告時，楊斯德向蘇志誠保證，北京認為李登輝是可以對話的對象，不會幫助他的國內反對者。（這是否反映北京已改變對李氏早先的負面評價，則不清楚。詳見本書第七章。）

接下來在一九九一年至少還有四次密會，降低了兩岸敵意、增進善意，但在實質議題，如終止敵對狀態，仍無進展。可是，一九九二年六月，至少在程序上又有突破，因為江澤民的外交政策導師汪道涵，以新成立的海協會會長身分參與密會。當年十二月的會議，蘇志誠向汪道涵說明台灣的政治實況。汪道涵對台灣即將直接選舉總統表示關切；蘇志誠答說李推動改革是回應民意。汪道涵提議黨對黨談判；蘇志誠答說，這樣做不妥當，「因為台灣已有個政府」。蘇志誠建議，事先小心安排後，讓高階領導人面對面談話是突破兩岸僵局的唯一辦法。蘇志誠建議由汪道涵和台灣的海基會董事長辜振甫會談。汪道涵同意；經過一段往還磋商，有了一九九三年四月在新加坡舉行的辜汪會談。

接下來的一次重要密談發生在一九九四年十一月。中方代表是江澤民的左右手曾慶紅。會中就開放三通和雙方總統（國家主席）會談的構想交換意見。雖然一九九四年底兩岸的緊張已經上升，但這次會談的氣氛良好，雙方都認為繼續溝通可以降低誤會。接下來的接觸想要促使台灣方面對江澤民一九九五年一月底春節前夕談話有正面回應，以及中國方面對李登輝的四月回應表示善意。可是，一九九五年三月，新黨一名政客揭露這個管道，北京決定終止它。

就我們對這個管道的運作所了解來看，類似的私下溝通可有助於為今天的兩岸談判創造有利的環境。因為關鍵的對話人很清楚都是主事者的代言人，雙方都可信賴彼此發言的份量。每一方都可以說明本身內部政治環境的動態，以及它們會如何影響談判。每一方都可以測試其消除實質與程序障礙的構想。每一方都可以預知即將發生的行動和聲明，放在客觀脈絡裡，並試圖影響對方的反應。

民進黨政府特別需要有這樣一個平台，讓它可以對其大陸政策目標提出清晰、權威的說法，以及回應中國的認知（或認知錯誤）。中方也可以說明一國兩制模式對台灣真正的意義是什麼。譬如，政治制度是否會像香港的狀況，排斥某種結果？這個模式可能修正以接納如邦聯制的方案嗎？雙方或許可以利用這樣的私下討論來確認是否有基礎至少對一中原則、九二共識取得象徵性的共同了解，或許可替恢復對話找到保存顏面的下台階。他們可以討論外交休兵、以及中國承諾不干預台灣政治。他們或許也可以討論軍事信心建立措施和武器控制措施，以便改變台灣覺得遭威脅的感受。野心更大的話，他們或許也可以開始規劃實質共同立場的範圍，以及能朝它進展的程序。如同前文所述，台灣政府若清楚它加入談判後會是什麼狀況，它就較有可能加入談判。但是，這一切最好都是在眾目睽睽之外進行。私底下的管道不會否定任何協議一定要得到政治批准的需要，但是若無私下管道的溝通，可能永遠不會得出協議。

做為限制性框架的原則

北京和台北之間存在的互不信賴，可能使得想要一次到位就解決所有問題的「大交易」不切實際。它會影響到立即採取「中程協議」，設法把爭議定個範圍的方案。同時，即使恢復了某種溝通，互不信任也使雙方需要有某種正式諒解，提供初期的相互擔保、並打造往前進展的過程。

一九九三年開始的中東和平進程即是一個很好的實例，讓我們看到雙方當事人如何能夠打造分階段的活動過程，協商走出安全兩難困局，走向相互能接受的和解。這個過程由以色列和巴勒斯坦解放組織派出授權代表，在挪威進行秘密談判做為開始。透過這些會談，每一方都理解到對方是如何看待衝突，以及己方為了保護本身安全所採取的行動刺激了對方的行動，反而使自己更不安全。目標就是後來一九九三年九月在白宮簽字、公布的巴勒斯坦自治原則。依照友希・貝林（Yossi Bellin）的說法，這個方法即是「找出逾此一線對方就不能去的界限，了解我們本身的限制何在，努力建構一個更廣泛的方案讓雙方都有周旋的空間。」當進程在一九九三年公開後，它就受到以色列和巴勒斯坦地區政治動態，以及事件（如恐怖分子活動）的影響，考驗雙方對和平進程的承諾。

下一階段涉及到議題很明確的協議，例如規範如何通過艾倫比橋（Allenby Bridge）的交通規則，它碰觸到很具體的以色列及巴勒斯坦的主權問題。它的高潮是一九九五年八月雙方簽署臨時協議，對以下事項約定：以色列部隊退出加薩走廊和約旦河西岸地區、以色列撤軍後由巴勒斯坦人接管其維安責任、巴勒斯坦人放棄摧毀以色列的目標、授權就永久和解進行談判。最後的階段是就永久和解進行談判，可惜在最後一分鐘功虧一簣。[12]

推荐一個啟動最終卻失敗的進程之機制——公告原則——乍看之下似乎很奇怪。沒錯，宣言創造一個範圍把爭議圈起來，並且至少以泛泛之詞界定進程的最終目標。它的談判培養相互諒解，減低互不信任。宣示陸續要達成一系列目標，在往後談判特定議題時可培養信心。然而，在最終目標達成前，這個進程卻喊卡、終止了。

仔細檢視以奧斯陸宣示原則為開端的中東和平進程，卻可以發現至少造成它失敗的若干因素，並不存在於兩岸之間；因此這個機制在兩岸交涉方面或許有更大機會可以成功。首先，佔領區的以色列當局並不認同和平進程，因此拖拖拉拉執行奧斯陸路徑圖。他們不願放棄對付巴勒斯坦人暴力行徑的避險作法，只會令巴勒斯坦人恢復猜疑，認為以色列人絕不會終止佔領。但是，中國或台灣的避險技巧都沒有以色列佔領的衝擊那麼大。其次，暴力是以色列和一些巴勒斯坦團體政治抗爭常用的工具，對和平進程有相當大的破壞效果。台灣海峽固然軍事化、也創造出不安全感，但長久以來並未動武、也沒犧牲人命。第三，經濟合作和人與人之間的互動，在以、巴之間仍有待陸續談判來催生，才能降低緊張和不信任，它們卻在中國與台灣早已存在。第四，北京和台北領導人必須在其中運作的政治環境，並不鼓勵創意和讓步，但它確實沒有以、巴社群之間那麼惡劣；此外，排斥任何形式中程協議的人士，也少得多。最後，中國、台灣的決策固然困難重重，但是和善變的阿拉法特（Yassir Arafat）所構成的問題相比，卻又算不了什麼，而在巴解組織裡他具有一言九鼎地位，只有他講的話才算數。甚且，阿拉法特不願在概念上稍做校正（要和以色列和好，這是必要的），以致以、巴和解功敗垂成，可是兩岸和平進程的前提是中國一定做出必須的概念調整，以吻合台灣的需要。

可是，奧斯陸進程的失敗仍是一個很重要的教訓，提醒我們：互惠行動必須有意義、有可信度，才能支撐每一方的信心，紓緩深怕對方毀約的顧慮。兩岸領導人需要緩和對對方的負面態度，讓他們的民眾對新作法、艱鉅的讓步心理上先有準備，即使必須放下民族主義的迷思和受迫害的意識，也非做到不可。某種程度的對話永遠都有幫助，因為它會拉近談判代表的距離，即使出現挫折，這仍是永久的資產。針對不履行協議或搞破壞動作的後果訂定「行為準則」，可以使雙方忌憚而不競玩槓桿遊戲，也使中國不妄想干預台灣的政治。成功的談判必須有概念基礎，讓每一方承認和接納另一方的需要。

北京和台北之間宣示原則，會有三大目的。第一，它宣布了雙方已經講好了什麼。譬如，他們可以同意探討政治結合的形式，讓組成單元具有主權，北京因而可以實現它的歷史目標（統一），台灣也可以保有它的政治地位。每一方或許也可以保證會在採購及部署先進軍事武器時知所節制。第二，宣示原則可以讓每一方表明它不會做什麼，以便讓對方放心。譬如，台北可以做出類似陳水扁初次就職總統時所宣告的承諾，表明不會採取激烈行動。第三，宣示原則也可定下後續在各個議題上面的片面步驟和雙邊談判之行動計劃，規定好這些步驟是有條件的、互惠的，才可逐步建立彼此信心。

原則宣示之後

當然，原則宣示之後它本身解決不了兩岸衝突或消除安全兩難，即使它提供了解決的框架。它只會打造一個進程。這個進程要成功，它應該最大化鼓勵合作、並且最小化必會持續不退的互不信任。它也應該培養充足的動力給予雙方信心，它不會躲閃，最後必能達成共同滿意的結果。它必須考量到需要不時取得台灣極有競爭的政治體系之支持。

有一個領域可以建立信心，那就是愈來愈複雜的兩岸經濟關係。台灣海基會和大陸海協會之間欠缺有意義的互動，只會使得更有必要去處理它。有幾個例子可以說明潛在的機會。第一，在中國事業有成的台商多少得依賴台灣的銀行提供資金，這些銀行也在設法擴大其角色以服務客戶。可是，台灣的金融監理當局需要能夠監控銀行在大陸分行的活動，才能確保整個機構的財務健全。要這麼做，需要有中國當局的同意和合作，可是兩岸之間的政治爭議阻絕了此一合作。第二，二〇〇三年春天爆發的SARS疫情，令人清楚看到兩岸人民經常往來後，傳染病極易散布。不同管轄區的衛生當局互相合作，有助於抑制疾病跨國界散布，未能合作則會加速疾病流行，造成恐慌意識，進而惡化政治問題。第三，加入世貿組織後，中國和台灣都需要開放其農產品市場。可是，除非雙方政府檢疫機關合作，搞定衛生和植物檢疫議題，兩岸農產品貿易無法真正展開。

以上三個案例，阻止相關官員透過海基會和海協會接觸以解開政治死結，也阻止了在這些領域的合作。透過建立更廣泛的互動框架，一旦解開死結，就會有很多議題有待處理。這些議題並不是全都容易解決。由於台灣農業部門很難經受得了大陸進口的衝擊，一定有壓力要維持貿易壁壘。但在大多數情況下，雙方都有足夠的利益要打造新的合作機制。每一個成功都會增強他們共同的信心。

當然，最微妙的領域涉及到安全。如果想要紓緩安全兩難，它必須發生在雙方的軍事組織之間；如果它無法紓緩，就很難替政治和經濟合作維持動力。

有一個領域涉及安全兩難的政治層面。它可以透過雙方在宣示原則時所達成的共識來處理——如果北京願意在主權議題上讓步（因此改變了它本身對台灣立場將威脅它的認知），承諾不干預台灣內部政治（它可以緩解台灣對第五縱隊的疑懼）的話。

第二個領域涉及軍事意向和力量。第一步將是簽訂協定、終止敵對狀態。這個構想當然是在二十多年前首次提出，但是由於中國把它和一中原則連結在一起而沒有進展。不過，宣示原則應該就會切斷此一連結，打開正式結束從一九四〇年代末迄今的衝突之路。

第二步就是前文所述的一些信心建立措施。這裡必須有個先決條件，那就是中國必須認為運用這類措施降低台灣不安全感，符合北京更大的利益。一旦它發生，兩軍就可開始討論具體措施以降低緊張、培養對彼此意向更大的可預測感。

第三步或許是討論新的軍事採購。這裡還是需要一個概念上的突破，那就是人民解放軍必須清楚理解到，它有系統的建軍驅使台灣尋求防衛武器——以及美國提供武器給台灣。很明顯，任何武器控制的安排都會和美國未來對台軍事關係連結在一起。

公平地講，就各種功能事項和敏感的安全議題談判，台灣得到的好處大過中國的好處。前者便利台灣的經濟發展，後者可降低台灣的不安全感。北京在主權議題上面讓步，將是台北的勝利。從北京的角度看，危險在於台灣會不會利用它的善意、不往它的最高優先邁進（又是安全兩難）。要緩和這種顧慮、讓北京放心漸進過程一定會有滿意的結果，雙方可能應該與功能議題談判平行，也進行政治討論，研究如何實現新的政治結合。我們在第八章已經說過，設計邦聯及類似架構俾能持續一段長久時間，是非常困難的事。雙方必須處理下列棘手問題：台北政府可保留什麼主權權力；什麼樣的權力它和北京要讓渡給新的中央政府；什麼樣的政治權利台灣人民要放棄或受限、以交換在大結合下的好處，也讓北京放心；在新的政治結合下，台灣在國際體系的角色是什麼；新結合又和美、台安全關係有什麼樣的關聯。這些議題愈是得到充分討論，因此出現的體制就愈可能讓雙方互蒙其利。

在任何類似的安排中，永遠難免有一方、或雙方皆耍詐欺騙的可能性。擬定路徑圖並不會使利用敵手善意的誘惑就消失。如果義務要以互惠、有條件的基礎去遵守，不能履行義務就會使進程停止、甚至逆轉。若是對遵守協定訂下時限，不論什麼原因誤了時限，都會對一方的誠信產生懷疑。動力一失，分階段的安排可能就完蛋了，中東和平進程就是一個例子。

要處理這個無法避免的問題，需要有聯合監理、協調的機制，得到雙方政治領導人的授權，監督各種談判、注意出現的問題、討論若陷低潮要灌輸活力、若出現欺騙行為要確定責任歸屬、若原先安排顯然已無法奏效要立刻修正。不僅雙方首都之間必須有協調機制，雙方內部也需要有協調機制。即使雙方的高階領導人已做出定論，談判完成的協定吻合利益，某些國內行為者可能還會有負面的評估。心存懷疑的官僚機關和政治勢力可能試圖運用他們的影響力阻滯執行、破壞已達成的協議。

這個問題在台灣方面、比在中國方面更加嚴重。如前文所述，北京或許是達成協議較大的障礙，可是台灣的政治制度卻是執行協議時最大的障礙。如果兩岸要想達成協議，台灣的領導人必須建立更好的機制——在談判開始之前、在談判進行當中，以及在執行期間——就什麼才最符合台灣基本利益凝聚共識。過程中每一階段的共識愈強，它持續的機會就愈大。政黨之內和政黨之間、行政部門內部、行政部門和立法部門之間、政府和政黨之間、政府和企業界之間，都需要有效的溝通。台灣目前沒有這種機制，中國的統戰戰術也阻撓台灣建立共識。在建立共識之前就和中國開始談判，幾乎就是保證談判進程一定失敗。

還有一個方法可以防止欺騙，就是替協定找國際保證人。如果出現問題，他們可以介入找出障礙所在、恢復動力。保證人的議題衍生出一個更大的問題：美國的角色。

美國會不會扮演調人？

迄今為止，美國選擇在各種不同的政策方法——建立脈絡、雙重嚇阻、單一嚇阻——中彈性運用，以維持台灣海峽的和平與穩定。但是，我們也提到，它從來沒有認為要推動美國基本利益最好的方法是，在台北和北京之間擔任調人。數十年來，華府的立場是：兩岸爭端應由雙方當事人自己解決。甚且，雷根政府一九八二年向台北保證，它不會壓迫台灣和北京談判！但也不會尋求擔任調停人角色。美國政府從來沒有就可能的解決方案之內容表示過意見——公開場合是一定沒有，私底下可能也沒有。

由於解決台海爭端的障礙極大，或許可以說：要想排除障礙唯一的方法是美國出手協助移除——而且這麼做事實上有助美國利益，因為聽任情勢惡化的危險太大了。台海永久和平不僅可以消泯美國被牽扯進台灣和中國之間交戰的可能性，即使兩岸不發生軍事衝突，以不同方式困擾美國外交逾五十年的這個棘手問題若能解決，也是一樁好事。因此，理論上，美國擴大它的角色不無道理。問題是要怎麼做？萬一不成功，風險在哪裡？

調停有許多方式。第一是單純只做傳話人。美國官員只在北京和台北之間傳話。第二個方式或許可稱之為在知識上提供便捷。美國把一方的觀點傳遞給另一方，再加上它對這些觀點的分析，以便產生比較完整的回應。可是，美國絕不表明自己的觀點。第三種方式是在過程上提供便捷。華府提供場所方便雙方交談，有如挪威一九九三年替以色列和巴勒斯坦人談判所做。第四個方法是在雙方之間就爭端的內容做調停；柯林頓總統第二任期內美國在中東和平進程中即扮演如此角色。以上四種方式基本上相互排斥，因為它們衍生出來不同的方法去便利雙方溝通。第五個方式則對上述四種方式的任何一種都有輔助作用，那就是不論雙方達成什麼解決方案，美國出任保證人。

上述每一種調停的方式都有利、也有弊。擔任傳話人要有用，唯有口訊有助於雙方了解才行；把公開宣傳重新傳述，只是浪費時間。同理，在知識上提供便捷——對某一方的說法補充上美國的分析——要有效用，必須另一方預備認真聽、認真回應。這樣的角色無可避免會使美國與其中一方陷入辯論，爭辯另一方的具體觀點是什麼，因而被認為美國偏袒某一方，而出現無法解決的歧見。中間傳話和提供知識上的便捷，其實都沒有雙方當事人自己對話來得好。澄清立場和意向的最好方法，是讓兩岸自己進行類似一九九〇年代初的私下雙邊討論。如果初期需要有中間人，別人可以擔任這些角色，不必像美國揹負那麼多政治包袱。

過程和內涵的便捷也會帶來更大的問題。華府將會無法脫身，陷入議題的細節，並成為北京或台北或兩者操縱的對象。它會成為談判過程中出現的爭議之裁判——譬如，是否每一方都遵守外交休兵。它也會變成要對談判結果負責任，若是談判破裂會被責怪。

除了對方式如何有這些正反意見之外，美國在發動某種調停努力之前也必須思考若干基本議題。第一，它能否得到雙方支持他擔任調人角色。除非每一方都相信中間人從頭到尾會誠實公正，否則是不可能有所謂的誠實的中間人。華府就忘不了一個歷史教訓。一九四六年，馬歇爾將軍在蔣介石領導的國民政府和毛澤東率領的中國共產黨之間進行調處，試圖避免雙方兵戎相見。由於雙方寧願試圖殲滅對方、而非分享權力，調處失敗。到頭來，國共雙方都不信任美國，美國本身也對調停國共之爭敬謝不敏。後來在不同的時間、不同的方式下，北京和台北都認為美國偏袒對方。因此，每一方都不願接受美國在解決爭端中扮演任何角色。

當然，如果美國單純終止它和台北的安全關係，北京會很高興；北京有時候也會尋求華府協助，節制它認為的台北之挑釁行動。但是它一向堅持兩岸爭端是中國內政事務，因此不可能接受美國的外交介入而把爭端國際化。數十年來，台北也怕美國調停，因為它認為華府曾經多次出賣其利益，不願意、也不能夠擔任誠實的中間人。有鑒於這些顧慮，雷根政府在一九八二年八一七公報中保證，美國不會尋求擔任調人，也不會壓迫台灣談判。

近年來，台灣對美國的角色有了改變。二〇〇〇年七月，也就是陳水扁就任後兩個月，他呼籲美國扮演「更積極、建設性的角色，在兩岸關係中做為維持和平的穩定者和平衡者」（即使不是調停者）。二〇〇三年一月，陳水扁又說：「我們希望美國將在台灣海峽繼續扮演穩定者、平衡者和便捷者的角色。」雖然美國在一九八二年、當台灣對美國的承諾信心已降到低潮時，曾經保證不做兩岸調人，今天台北可能認為華府擺脫此一承諾更符合其利益。[13]

美國趦趄並不是礙於一九八二年的承諾，而是因為它曉得台北可能變卦。即使台灣或許一開始真心相信華府可以扮演調人角色，談判進行到一半，說不定因為不喜歡可能的進展方向，它會抽腿。它或許會認為美國在這個最根本的議題上又出賣它。華府曉得台灣有這種怕被出賣的感覺，因此不太願意承擔角色以免來日被責怪。雙邊密切的溝通可以把危險降低到某個程度，但絕不會消除它們。如果台北真正急了，它也可能動員它在美國國會的友人來保護其利益。

同樣的邏輯也可以適用到國會支持美國從中擔任調人上面。一開始可能有共識，覺得美國調停符合美國利益，也不會傷害台灣利益。可是，談判進行下去，需要台北做讓步時，可就不敢保證這個共識守得住。美國沒有任何一個政府敢肯定，在整個談判期間，國會一直都會支持到底。如果台灣對華府的角色改變心意，它也可能會利用國會來牽制行政部門。

第二點則很有關聯，必須絕對肯定任何的調停要符合美國在東亞和平與安全的根本利益。過去美國對台海問題的作法有用，原因之一是它並不牴觸美國和中國在其他事務合作的利益。舉近年一個例子來說，二〇〇三年和〇四年，中國扮演重要角色，打造一個多邊過程處理朝鮮半島危機。這個過程有利於美國，因為它提供一個場所，可以確認北朝鮮的意圖；因為它包含了美國的盟友日本與南韓；因為它打造外交解決的動力、也使國際對北朝鮮增加壓力師出有名。處理中國是其核心主角這個過程，已經夠複雜。在處理它的同時，還要試圖推動台海問題的解決，只會使複雜性增加無數倍。實質上，會變成中國在調停美國和北朝鮮的爭端，而同時華府又在調停中國和台灣的爭端。北京有時候會以台灣做為它和美國合作的障礙，彷彿只有它才能和美國交好。可是美國若是深刻介入和台灣有關的事務，會危及其他利益——若是北京把台灣和這些議題扯在一起的話；譬如，它拿對北朝鮮的外交斡旋有功，要求美國在對台關係上有所讓步。

第三，華府若是扮演調人的話恐怕問題會滿大的，因為美國也是兩岸爭端的當事人之一。美國是台灣向外爭取軍購的主要來源，因而減輕台灣部分不安全感。一旦兩岸任何談判碰觸到安全兩難問題，美國的角色很快就會放到檯面上。降低台灣對美國的依賴，同時又建立信心讓它相信中國不會利用它的讓步，將是突破僵局最棘手的一環。坦白講，如果雙方要在這個議題上有所進展，台北一定會和華府進行雙邊討論。北京可能會、也可能不會理解這種討論是如何攸關和解成敗。

美國和中華人民共和國關係正常化時所做的承諾，在國際層面上出現一個問題：台灣政府是否具有主權？如果北京反對美國牴觸這些承諾定義的立場時，這就可能影響美國在其他層面（如，台灣政府在新的中國政治結合中的地位）平等對待兩岸的能力。

第四，美國將其角色限制到它認為合適的範圍時，也有困難。不論華府把界限畫在那裡，北京或台北或兩者都會尋求把它拉過去，以便改變美國的角色。也就是舊槓桿遊戲換個新模樣再度上場。美國介入中東和平進程之深，頗有警惕作用。當美國在一九九六年由便捷者角色轉為調停者角色時，陸若彬曾經撰文就這一點提出看法：「我們不再是協助當事人、方便他們、在關鍵時刻讓他們放心、有時候要拉近他們、必要時加點壓力讓他們跨過分水嶺、做出決定。我即將成為仲介人，與每一方交涉，找出他們能做些什麼、替他們擬草案、磋商出妥協方案。」可是，我們要注意，即使所謂便捷的元素——協助、方便、放心、調和、施壓——也很繁複，會使華府幾乎全職捲入非常細微的細節。陸若彬的結論是，更恰當的角色是打造策略性的脈絡，讓最大的利害關係人在其中運作。「最後，美國或許能對和平有最大貢獻，是反對強制出現解決，支持該區域的領袖必須承擔責任面對歷史和神話的原則。唯有他們有心，和平協定才能持久。」台灣和中國之間若能成立協議，如果是它們自己打造的才能持久，執行協議也是他們的責任。[14]

最後，美國進入調停角色之前非常重要，還要評估談判問題的性質。達成協議的障礙——實質的和程序的——有哪些？需要哪種調停角色——或甚至是否適合介入調停——都與此相關。我們不妨這麼說，由於北京和台北之間互不信任是解決其爭端的關鍵障礙，我們不清楚華府能有多大貢獻去排除障礙。如果兩岸相互信任、也有政治意志去解決，他們就不需要華府幫助。再換個說法，如果北京和台北都得對當前僵局負起多少同等的責任，那麼或許美國就適合出來扮演中立的角色。也就是說，如果一方的責任較大，那麼或許調停——或至少是中立——就不合適。

上述分析的論證是說，雖然台北不是完全沒有責任，北京卻應對當前僵局負較大的責任。它錯誤認知台灣領導人的基本觀點，特別是有關主權議題的觀點，台北則相當清楚了解一國兩制模式的意思。雙方的戰術使得互不信任日益上升。中國已經逐漸、有系統地增強軍事力量，使得台灣益發不安全。雙方都玩槓桿遊戲，但只有北京有辦法在台灣比較開放的政治體系內玩它。北京對兩岸恢復對話定下不合理的先決條件。另一方面，台灣的政治動態製造麻煩。台灣非常分歧、開放的民主，限制其政府訂定談判立場的能力。即使假設談判成功，北京的方案也更加回應台灣的憂慮，島內一小群少數派也可能運用他們不尋常的否決力量去阻止協議獲得通過。

雙重的現實就是，中國是達成有實質意義協定的主要障礙；可是，如果達成協定，台灣的政治體系又成了它通過與否的主要障礙。美國若是扮演重要的調停角色，情勢就更加錯綜複雜。它可能必須先和台北站在一起，促成談判開始，取得實質上可滿意的結果；這個立場北京頗有可能會抗拒。然後，它又必須和台灣贊同通過協定的人士站在一起；這一來可能被認為是在施壓、又不符美國的民主價值。

美國在東亞和平和穩定上面的利益是否要求它承擔起在台海議題上某種調停任務，協助解決爭議以大幅降低衝突的可能性？或者說得更精確一點，衝突的危險是否夠高、成功的機會是否夠大，值得冒失敗、會傷害到美國目標的風險？（這還先不談任何政府若要承擔這個任務，有什麼樣政治立場的考量。）

本章的分析強烈建議，在目前的環境下，有太多因素限制美國有理由擔負主要的調停角色，在程序或實質上提供便捷。即使華府本身不是當事人，北京和台北都沒有對美國的意向有充分信心，可以接受它扮演主角。即使台灣一開頭可以接受美國的調停，如果它變卦，會動員美國民眾來反對政府。中國對於美國其他方面的外交政策目標貢獻極大，調停若是失敗，影響非同小可。知識上提供便捷和傳遞訊息，風險較小，可以紓緩兩岸互不信任和有瑕疵的決策系統之衝擊。但是，它們應該設計為促成兩岸之間更好的溝通方式——直接對話——讓他們自己去排除分隔他們的障礙。關於美國角色的這些結論，可能關係到台海爭端的根本結構。美國一向就對台灣政府是否是個主權實體，諱莫如深，不做表態。如果華府在這個問題上採取立場，或甚至被捲進去深入討論它，北京或台北都會覺得華府在選邊。這個非此即彼的問題，是雙方自己要去回答的問題。以安全問題來講，美國已成為台灣安全以及區域穩定的保證人，無法脫身。因此它無法再承擔另一個——也是有牴觸的——誠實的中間人之角色。再者，台北或北京——或甚至兩者都會——到頭來可能會覺得美國偏袒對方。對於讓爭端更麻煩的因素，華府只能扮演溫和的角色，設法減輕每一方誤解對方意圖的傾向。由於台灣依賴美國，華府或許有空間可增加它對台灣行政部門內部其他決策的影響，但是要解決更廣大的政治體系功能失調這個問題，它也無能為力。在中國和台灣的內部政治裡頭，美國依然會是個問題。在實質因素及惡化因素上面，美國只能有溫和的貢獻去解開兩岸死結。

過渡

到目前為止的討論是要說明為什麼台海爭端那麼難以解決，如果要找出根本解決方案必須具備什麼。我們的結論是，雙方需要發揮多方面的創意，處理實質議題、政治競爭（內政部和外部）以及談判過程等等問題。最理想的話，台灣和中國政府可以發揮這些創意，加上相當的技巧和節制，讓過程與實質相互補強，俾能在符合各自目標、保護其利益下解決了爭端。雙方都不可能得到想要的一切，但是兩岸修睦的好處一定大過活在現狀、或面臨可能爆發衝突的代價。政治敵對和軍事威脅會成為過去，兩岸人民可以從經濟、社會和文化的交流上共蒙其利。❸在這個幸福快樂的脈絡裡，自從五十多前衝突開始就捲入其中的美國，也可卸下身為國際領導人的一個重擔。

但是，死結也可能解不開。或許攸關主權和安全議題的鴻溝太寬，無法弭平。或許因政治、槓桿遊戲和決策體系所引起的震撼，破壞了建橋溝通的努力。本研究的分析到目前為止揭露解決方案的許多障礙，一部分就是要排除對問題本質的幻覺。如果北京不願在台北政府的法律地位上有所讓步，並減輕島內人民的不安全感；如果台灣政治體系太四分五裂，極化到只容一言堂存在；那麼未來會是什麼樣的景象？中華人民共和國領導人將繼續盼望經濟力量會消耗掉他們所認為的台獨勢力的抗拒。但是，台灣認同意識的堅韌，加上兩岸一百五十公里的海域相隔、美國的支持，很可能使北京的消耗戰戰略未能奏效。當然，危險在於現狀無法永遠存續下去，中國民族主義、台灣民族主義、兩岸愈加軍事化、認知錯誤和估算錯誤的傾向、加上美國角色隱晦不明，這些因素加起來，恐怕會有爆炸性的反應。因此，我將把主題變動一下：從台海兩岸如何可能打破僵局，改成如何維持和管理「冷和」（cold peace），使它不致於瓦解而爆發衝突和戰爭。

❸另一種可能性是，長此以往，北京的基本戰略得逞：大陸經濟壓倒台灣的政治原則和軍事不安全感。

11 如果不可能和解的話？

If a Settlement Is Not Possible?

如果台海問題僵持的可能性大過和解的話，當事人就必須技巧地管理它，防止失控。一旦爆發衝突，代價將非常可怕，台灣人民固然難逃一劫，中國沿海人民也要遭殃。由於台灣和中國與許多相同的國際供應鏈已聯結在一起，不用說是戰爭，光是緊張上升就可能影響到全球經濟。一九九九年九月台灣九二一大地震，很短的一段時間內半導體價格大漲，對資訊科技業產生的震盪，讓我們可以想像軍事衝突對全球市場的衝擊會有多大。了解爭議的原因性質，攸關管理此一僵局以及取得和解。本章將從近年來中國軍事力量大幅增長，以及台灣民族主義亦告上揚的角度，再來檢視把爭議圈限起來、力求穩定這個老問題。

最壞的狀況

兩岸在什麼樣的狀況下會爆發衝突？有兩個很明顯的導火線。第一是中華人民共和國對台灣的冥頑不靈失去耐心，決定已別無選擇，只好動用武力達成統一。中國二〇〇五年三月頒訂的「反分裂國家法」的確定出下列三種情況，北京可能會採取「非和平方式」：「『台獨』分裂勢力以任何名義、任何方式造成台灣從中國分裂出去的事實、或者發生將會導致台灣從中國分裂出去的重大事變，或者和平統一的可能性完全喪失」。[1]

甚且，當中國取得攻擊性軍事力量快過台灣取得防衛性武力時，它將有信心以武力贏得衝突，因此更沒有理由忍耐。史文估計在二〇〇七年至二〇一〇年這段期間內，中國可以做到：用彈道飛彈、中程轟炸機和巡弋飛彈攻擊相當廣泛範圍的台灣之民間及軍事目標；以海上、空中方式運送一至兩個師兵力；進行有限度的海上封鎖行動，最大範圍可距大陸海岸線四百五十公里。到了二〇二〇年，解放軍可能取得足夠的軍事力量，做到下列行動：

——以一支非航空母艦的水面及水下戰鬥群，在中國大陸海岸線一千海里範圍內巡邏。

——在大陸海岸線五百海里範圍內進行海上及空中封鎖行動。

——對大陸海岸線兩百海里範圍內的島嶼執行大規模的海上封鎖行動。

——以海、陸、空運輸方式在大陸邊界兩百海里範圍內，部署三至四個師的兵力（大約四萬五千至六萬名全副武裝的士兵）。

可是，中國領導人過去多年一再找到理由保持耐心，這些理由包括：馬克思主義的信念（或幻想）——經濟力量最終將勝過台灣認同意識；中國極不願和美國交戰。在北京眼裡，耐心的前提是：兩岸依然有可能統一。因此，雖然「紅軍出擊」（共產中國發動攻擊）的機率不能排除，只要北京認為統一之門沒關、或沒快關上，它還能等。

第二個可能的導火線是台灣採取的行動，被中國認為是關上統一之門。最關鍵的是，北京對台灣行動的衝擊究竟如何「認知」（perceptions），它的認知是否客觀正確。本書前幾章已提到，北京在這方面的紀錄不佳。中國曾經誤判李登輝和陳水扁的觀點和行動，認為他們反對一國兩制、希望擴大台灣的國際空間，就是排斥統一。

令事態更複雜的是，台灣也可能估算錯誤。如果台北認定，中國若以軍事行動回應它的政治倡議，損失會極大（經濟成長、國際聲望等），而且美國在任何情況下都會協防台灣，它甘冒風險的可能性就高。台灣若對中國威脅要動武認真看待，也懷疑美國會介入，它就會更加小心。另一方面，假如台北認為北京是紙老虎，華府又開給台灣空白支票，它有可能兩頭皆輸：中國會攻打它，美國又嚴守中立。台北如何評估其潛在風險，對北京想掌握台灣領導人的盤算製造一個兩難困局。如果中國對它會容忍什麼含糊其詞，台灣會覺得它採取挑釁行動的話，危險也不大，或許真的就幹。另一方面，如果北京講明白會有什麼回應，台北如果懷疑北京的決心，那麼台灣或許會切切實實就採取這些行動，好凸顯中國是紙老虎。

鑒於衝突所造成的經濟代價不菲，加上假設美國可能在任何情況下都會協防台灣，北京若是評估認為台北已造成動武理由，它會如何動作？最可能的策略是恫嚇：摧毀台灣軍事抵抗的神經系統以及島內作戰意志，誘導台灣同意按照中國的條件談判。台灣最大的弱點的確是在心理層面。中國可運用許多方式執行「速戰速決」：

——攻擊台灣的指管系統，以便癱瘓全國指揮體系以及軍方組織防衛的能力。

——以飛彈攻擊台灣的機場、飛彈基地和雷達，破壞空軍取得制空權的能力。[1]

——以飛彈攻擊人口稠密中心，製造驚慌。

——發動資訊戰，攻擊網路架構。

——航運為台灣經濟命脈所繫，封鎖基隆港和高雄港（包括佈雷），逼迫航運保險費上升。

——發動特戰行動，瓦解關鍵基礎建設設施。

快速取勝的原因之一即是降低對台灣工業設施的破壞。另一個原因是限制美國介入。如果台灣民間士氣在一兩個星期內崩潰，領導人求和，美國就不太會介入。北京也會靠它的外交官說服華府，它是因為台灣進行無法接受的挑釁才出兵，同時會靠它的飛彈和海、空軍力量讓美國躊躇不願進入作戰地區。

當然，對北京而言，這是風險極高的策略。它依賴的是兩個假設：第一，北京認為台灣的挑釁太過份，不論代價多高非予以恫嚇不可；第二，台灣士氣很脆弱，只要少許早期震撼就會崩潰。美軍會不會被嚇阻或抵擋掉並不確定。但這項閃電戰戰略中絕大部分措施都不會事先警告就逕自發動。

如此作戰會使中國實力最大化、並利用台灣的弱點，因此將對美國構成嚴重挑戰。除非絕對清楚是台灣單獨以完全莽撞的方式行動（這是不太可能的），中國訴諸武力會挑戰美國安全承諾的可信度，而東亞和平與穩定的基礎就是大家相信美國的承諾。接受中國快速取勝會改變亞洲的戰略局勢，確立北京

---

❶ 波拉克（Jonathan Pollack）列出中國可能運用彈道飛彈攻打台灣的三種方式。第一種是製造示威效果，如一九九五至九六年的演習，一則是威脅台北停止採取特定的行動，一則是僅次於戰爭的恫嚇，引誘台灣政治行為的改變。第二種是做為某一公然恫嚇攻擊的一部分，鎖定特定目標，但還未到達全面戰爭的地步。第三種是做為全面軍事作戰的一部分，要制服台灣；在開戰階段，飛彈將扮演關鍵角色。見波拉克 "Short-Range Ballistic Missile Capabilities"，收在史帝夫・詹（Steve Tsang）主編的 *If China Attacks Taiwan: The Military Balance and Decision-Making across the Taiwan Strait* (London: Routledge, 2005)。

是東亞主要強權，使得各方在政治和安全議題上傾向於順服中國的意旨。中國的經濟實力會降低各國——甚至美國——對它侵略行徑加以懲罰或孤立的誘因。但是，即使台灣咎由自取，它在美國國會的支持者以及美國民眾依然可能力促當家的政府出動協防。

假設不是台灣清楚地挑激起衝突，它在心理上和軍事上也能撐得住，直到美國大軍馳援到位，結果必是一場大戰。自從第二次世界大戰以來，美國將首次和一個工業大國、一個聯合國安全理事會常任理事國作戰。而且這也是破天荒第一遭，美國和一個核子大國作戰。要防止戰事升高，非常困難。台灣有些人——主要是文人國防專家和立法委員——會想要取得攻擊性飛彈，反擊大陸的目標。美國為了保護本身部隊不被中國飛彈和潛艇所制止，也為了化解對台灣的壓力，很有可能攻擊中國的目標（所謂水平升高）。由於美國的傳統兵力遠勝過人民解放軍，北京的領導人在接受戰敗、投降的羞辱之前，至少會考量是否啟動中國的戰略核子部隊（所謂垂直升高）。

這是一個劇本，而且是最壞的狀況。發生的可能性相當低，但是中國投射軍事力量的能力，以及新方法用兵，只會上升。任何重大衝突的後果都很嚴重。對台灣、對大陸的心理傷害會很嚴重，但是更重要的將是政治、經濟代價無從估算。中國或許贏得戰役限制住台灣輕舉妄動，但必將輸掉爭取台灣民心自願接受與中國統一的這場「戰爭」。北京和它在島內的盟友最好的情況下，將面對慍怒的台灣民眾。此外，中國想讓鄰國放心：它雖然國勢日盛、絕不會威脅東亞，這個努力也將付諸流水。一旦美國長久以來期待的和平解決落空，北京和華府的關係將劇烈惡化，美國可能對中國實施經濟制裁。中國因參與全球經濟所獲致的成長好處和社會安定，都會出現危機。所有上述這些可能的後果，都使得各方面務必要努力確保衝突的機率極低。

近來的事件顯示未雨綢繆，「思考不敢想像的事」，已不只是學術界的事。陳水扁在二〇〇四年三月總統大選的選戰期間，倡議制訂新憲引起北京和華府的關切，深怕情勢即將失控；這個提議在陳水扁的第二個四年任期中仍將是兩岸爆發衝突最可能的原因。

管理好修憲

前面幾章已經敘述陳水扁在二〇〇四年大選選戰期間提出的倡議，以及中、美兩國的反應。簡單地重述如下：二〇〇三年秋天陳水扁為了鞏固基本盤，提議以公投表決通過台灣制訂新憲法。他也批准在大選同一天舉行兩項諮商性公投。中國解讀任何新憲法，尤其是公投表決通過的新憲法，功能上等於是宣布獨立。雖然在此之前它一直設法避免成為台灣大選中的話題，現在它認為它必須展現決心遏阻陳水扁對其利益的挑戰。它拋開節制，發出警告說：中國可以犧牲二〇〇八年北京奧運和經濟發展，也要強力制止台灣永久從中國分裂出去。北京也向美國施壓，要它約束陳水扁；小布希總統於二〇〇三年十二月公開表示他的政府關切「片面改變現狀」。陳水扁把大選日公投的文字修改得比較溫和，但是二〇〇四年三月二十日他險勝贏得連任，使得中國和美國都擔心他還會有什麼招數，以及陳的制憲提議和中國認為紅線即將被跨越兩者之間隨時會迎頭撞車。

新憲法：實際就是獨立？

為什麼中國認為台灣制訂一部新憲法，並交付公民投票通過制憲，實際上就是台灣從中國永久分裂出去？或者如一個中國官員所警告的，這是「法理宣布獨立」？譬如，為什麼國台辦在二〇〇四年四月說，陳水扁提議的修憲程序是「走向台獨的時間表，必將造成台海地區的緊張和危險」？[2]

首先，毫無疑問，民進黨有一份一九九一年黨綱，言詞上也把新憲和新國家（台灣共和國）連結在一起。戴傑曾經指出：「新國家通常都會做的一件事就是制訂新憲法。」[3]上海東亞研究所所長章念馳也有類似的觀察，他說：「（中國）只說『反對公投』，『反對修憲』都是不正確的，應是反對『公投制憲』……台灣有『公投權』並且由『憲法』明文規定，就意味著『兩岸關係』變成了『兩國關係』。如果『公投入憲』，那麼公民用不用這個權力都已經是『台獨』。」章念馳另外也發表文章說：「不論台灣是否實際舉行統獨公投，只要台灣有統獨公投的法律權利，台灣事實上已達到脫離主權涵蓋整個大陸地區的『中華民國』憲法架構，屆時『中華民國』已不再是那個一九四五年代表中國接受台灣的中央政權，也不是一九四九在內戰中敗退來台的原中央政權的殘餘部分，而是一個與中華人民共和國互不隸屬的獨立的國家了，這個國家就叫台灣，兩岸關係就將變成兩國關係了。」[4]中國軍方研究人員羅援也主張，中華民國憲法「除第四款尚存有一個中國的遺迹外，已空有其名。」（「中華民國領土，依其『固有之疆域』，非經國民大會之決議，不得變更之。」）

史文分析中國為何認為公投制憲會是如此具有挑釁性質。第一，「此舉將切斷與台灣現有政治體系的任何法律或程序連續關係」。第二，史文指出，更重要的是，中國觀察家主張公投制憲將「否定過去台灣主權的源頭，而根據現行憲法，主權在於『中國』人民……重新界定國家法統源頭只屬於台灣公民，幾乎必將說服很大部分的台灣人『一個中國』不再存在，台灣是個個別的主權國家。」隱含在這個主張的意思是，一九四七年憲法由當時的國民大會通過，它在名義上代表中國人民。[5]

可是，中方的主張太過形式主義，且把領土、政府和憲法等議題混為一談。❷沒有錯，陳水扁提議制訂新憲的方式與過去的程序不同，且會打破連續性。❸這是個嚴重的問題，因為它也能在某些台灣人民心目中剝除掉新憲法的正當性。可是，既然中華人民共和國建政以來就排斥中華民國憲法的存在，實在不明白它為什麼又關心起連續性的問題。第二，一九四七年憲法其實比中國大陸觀察家所認為的更加模糊。它說：「中華民國之主權歸屬於國民全體。」這句話可以務實地理解為，指的是與中華民國政府最有關的國民、在它管轄下的國民。李登輝和其他人曾主張，台灣人民透過自由選舉，已經建立其政府主權在民的基礎。另一方面，要說通過一九四七年中華民國憲法的程序是中國人民的主權行為，其實是很可笑的，因為它的制訂和通過都是透過完全不民主的程序。[6]（甚且，以中華人民共和國這樣一個威權政府來強調全民主權，豈不是很諷刺？）章念馳反對憲法中有公投權（譯按：一九四七年憲法中稱之為複決權），也很奇怪，因為複決權和創制權本來就載明在憲法中；毫無疑問，他反對的是民進黨可能運用這個權利的目的。甚且，台灣人民不需要以通過一部新憲法來相信中華民國是個主權國家。他們已經認為中華民國是個主權國家。而且，這個動作也不會影響到他們「一個中國」是否存在的觀點。❹

---

❷ 這些觀點的權威性如何，也不清楚。它們是由中國學者傳達給美方。除了上述章念馳的文章之外，很少見到中方對台灣修憲的法律影響做有系統的、公開的分析。

❸ 陳水扁在選戰期間明白表示，他贊成制訂新憲的原因是，現有的修憲程序要求的共識門檻太高，因此它的結果不能反映人民的意志。見《金融時報》二〇〇三年十二月十六日訪問陳水扁的文稿謄本。美國政府此時也發出訊號表示，透過憲法以外程序修憲，「必將引起關切，影響到外在世界對台灣的觀感。」

問題的關鍵一直都是，做為統一的基礎，北京是否承認台灣政府具有主權。透過公投制訂新憲並不會排斥台灣或許會接受的統一方案，但北京卻堅持一國兩制方案而實質上排斥了可能性。前文已提過，陳水扁二〇〇三年二月中旬接受《時代週刊》專訪時試圖發出訊號：某種形式統一的門並沒關上。他說：「目前，台海兩岸有兩個各自獨立的國家……誰曉得這兩個國家哪一天說不定就合成一國了呢？」[7]

上述中國觀點可能就是北京認為台灣搞公投制憲代表根本挑戰的原因。如果真的是如此，北京的看法就構成一個必須正視的事實。可是，這些解釋也可能是高層領導人簡單評估後、低層專家去找出來的合理化說法：陳水扁一向支持台獨；他講的終極統一的話不能相信；這個時間表揭明了他朝向台獨目標的方向；走向法理獨立的勢頭已經起來。果真如此的話，誰來制止這個勢頭（美國或中國）？什麼時候應該制止這個勢頭（盡早或稍晚）？如何去制止這個勢頭（政治壓力或動用武力）？

中國對陳水扁的目標此一評估也可能是正確。泛綠陣營裡的確有一股勢力希望建立台灣共和國，若說他們或許會劫持制憲過程以達成其目標，也有一定程度的道理。但是，北京過去也曾經有過類似的可怕的評估，一經檢視後卻是對台灣領導人的意向認知錯誤。一九九〇年代初期，北京判斷李登輝主張中華民國是個主權實體、並爭取國際空間，乃是推動台獨活動的一部分——我認為，這個判斷錯誤。它運用恫嚇外交、對美國施壓要求華府扭轉趨勢——我認為，這是過度反應。雖然北京了解當時發射飛彈只會有反效果——幫助李登輝取得更多選民的支持，也促使美國支持台灣——雖然美國一定不願意被捲進衝突，中國的決策體系卻因認知錯誤、估算錯誤，反而使衝突更可能爆發。

新憲法：內容

判斷新憲法的衝擊還有一個方法，就是評估它的內容。它只集中在內部體制的結構和運作，還是包含了主權議題？它是否一方面保持住台灣和中華民國的關聯、另一方面也保持台灣和一個稱為中國的國家的關聯？在這方面，有兩個議題北京會覺得十分重要。一是中華民國這個國號會不會變？即使迄今為止，中華人民共和國堅稱，中華民國政府在一九四九年已不復存在，它還是重視維持住這個國號做為與它互爭中國代表地位的一個象徵。二是領土疆域有沒有變動？中華民國憲法並沒有明白界定其領土疆域，但是台北政府傳統上聲稱它對中華人民共和國所控制的領土、台灣及其周邊島嶼，以及外蒙古具有主權。一九九一年以後的修憲確認中華民國「自由地區」為總統、副總統及立法委員選舉得以舉行的地區，其餘則是「大陸地區」。後來，通過一條憲法增修條文，規定「中華民國領土，依其固有疆域」，非經相同於修憲之程序，「不得變更之」。如果新憲法在領土議題上保留現有、含混的文字，北京可以視之為台灣和中國之間仍有聯結而放心。另一方面，如果它界定中華民國的主權領土僅限於台灣、澎湖、金門和馬祖，北京可能覺得被迫要有所行動。

二〇〇四年初總統大選之前出自台北的預測是，新憲法不會更改中華民國國號。然而在領土疆域這個議題上，陳水扁的立場就不是那麼清晰，令人不敢大意。二〇〇四年二月六日接受《洛杉磯時報》專訪時，陳水扁說，如果台灣堅持中華民國傳統的主張，聲稱「我國」包含外蒙古和中華人民共和國，在

❹ 徐永明二〇〇四年十一月二十二日在《台北時報》發表的文章，引用一項民調數字指出，七〇%台灣民眾認為台灣「是個主權獨立的國家」，只有一五%不同意這個說法。

國際上會鬧大笑話。選後他接受《華盛頓郵報》專訪，立場稍有軟化。他說：「我已經說過，未來憲政的改造工程，我們一定會在維持現狀、不改變現狀的基礎來進行。我相信有關憲法領土的條文，絕對不是未來憲改的重點，憲法第四條的規範，條文本身不是問題，那是認定的問題、是解釋的問題。」❺（作者強調）陳水扁也發出訊號，修憲將專注台灣內部政治體系的改革，不涉及主權議題。❻

台灣新憲法的內容關係到第四章有關主權的討論。主權大體可分為四種類型：一是國內主權（國家內部的公共權威如何組織）；二是西發利亞式主權（獨立或不隸屬於外來當事人）；三是國際法主權（具有正式的管轄獨立、有權參與國際組織）；四是相互依存的主權（公共權威有能力規範資訊、貨品、人員等等跨國界之流動）。台灣的新憲法將處理其中一個以上的領域，而有些領域會比其他領域更複雜。比較沒有問題、或者根本不成問題的是，內部主權和相互依存主權。依據陳水扁的說法，他的焦點顯然是在國內主權：改造政治權威如何組織與分配（政府體制、選舉制度等等）。相互依存的主權性質上並不到憲政層級。比較有爭議的是國際主權和西發利亞主權。台灣已在這些領域提出政治主張：它是「主權獨立的國家」，不像香港隸屬於中華人民共和國；因此它有權參加國際體系。我曾說過，這些主張並不否定某種國家統一的可能性。

北京因而在二〇〇四年春天很關切台灣制訂新憲或修訂憲法的內容和程序。主權議題（領土）可能被碰觸到，而且公投制憲（或修憲）本身也引起北京對主權的關切。危險在於北京會視之為對其根本利益的挑戰、對任何種的統一關上大門。這些顧慮、加上陳水扁當選連任，強化了中國大陸一派人士的聲音，他們主張應以恫嚇行動封殺它所認為的分裂主義趨勢。美國別無選擇，只好介入。

華府因素

如前文所述，台灣總統大選期間，小布希政府愈來愈關切陳水扁的意向，以及他未能和台灣唯一盟友諮商其方案。陳水扁當選連任，美國政府透過和陳水扁的顧問群之討論，想藉由他的就職演說設法影響其未來路線。

美方許多人認為這是很易變化、很危險的情勢，但如何管理它卻是頗有歧異。有人主張，台灣在搗亂穩定，必須壓迫它停止。大約在陳水扁當選連任之際，有些人已下了定論：即使新憲沒有宣布獨立，它已把台灣「個別的主權地位」正式化；北京會視之為動武的理由；陳水扁已經錯誤地估計：「不論台灣怎麼做，布希政府對台灣有承諾，將會嚇阻中國」；中國「不願付出衝突的代價」。這一派人士認為，因此，華府應該說服台北，它的假設錯了，清楚、有信度的界定美國承諾的地步，促陳退讓。中國

❺ 見《華盛頓郵報》二〇〇四年三月二十九日訪問陳水扁的文稿謄本（編按，可見《陳總統水扁先生九十三年言論選集》，頁二〇三—四。）。這裡頭的重點或許是陳水扁希望吻合國際法對國家的種種標準，尤其是有關領土要界定清楚這一項。（見本書第四章）堅稱中華民國具有主權即因為它統治台灣及其相關島嶼。這一點也可能就是李登輝一九九九年發表「特殊的國與國關係」論述的動機。的確，戴傑也預測新憲法將以各種方式確立台灣符合國家的所有標準（領土、人民、有效的政府、有能力進行國際關係，以及國家的主張）；可參見戴傑 "Taiwan's Referenda, Constitutional Reform, and the Question of Taiwan's International Status"。

❻ 見《華盛頓郵報》二〇〇四年三月二十九日訪問陳水扁的文稿謄本。陳水扁提出一項涉及到台灣原住民權利的很有意思的主張，它對兩岸關係潛伏著影響。他說：「政府與原住民的新夥伴關係，是一準國與國的關係，是一國內有國的關係。」

當然希望美國約束陳水扁。中國外交部長在選舉後次日即向美國國務卿鮑爾表示：「美方應遵守『一個中國』承諾，多做有利台海和平穩定與兩岸關係發展的事。」[8]

還有些人則認為緊張的源頭是中國、不是陳水扁，解決之道是北京放寬它對對話的前提條件。有位觀察家說，中華人民共和國應該「接受雙方之間高層的認真討論，以降低緊張、設計路徑圖，俾便增進兩岸經濟、社會，或許甚至政治的關係。」小布希政府本身沒接受北京的觀點，呼籲雙方拋棄先決條件，好好對話。至少從推論來講，主張這個觀點的人士不會認為台灣新憲法是挑釁，當然還不到足以讓中國動武有理的挑釁。同樣推論下去，他們會力促美國集中力量嚇阻對台灣的任何威脅。[9]

小布希政府繼續推動美國的雙重嚇阻作法：一方面警告台北不要採取挑釁的政治倡議、北京也不要動武；另一方面也向每一方擔保，華府沒有做出違背其根本利益的事。雖然華府沒有忽視中國的兵力部署和其擾及穩定的效應，它的注意力比較擺在陳水扁的政治倡議上面。主管東亞太平洋事務的助理國務卿凱利以不太隱晦的詞語於四月底警告台灣，要避免有任何行動讓北京認為必須動武。他特別強調，北京有可能反應過度，台灣不應該把中國當成紙老虎。而且台灣有義務把美國的安全利益列入考量：

如果北京相信台灣走上獨立、永久與中國分裂之路，認定必須制止台灣這些作為的話，我們很關切，我們要嚇阻中方恫嚇的努力可能會失敗……片面走向獨立……有引起中華人民共和國反應——危險、令人反對、愚蠢的反應——之可能，它可能毀了台灣過去的一切成就，也粉碎了它的未來希望。它也會傷害到中國。我們在美國很清楚地看到這些風險，也相信陳水扁總統和台灣其他人士也很明白……我們固然強烈不同意中華人民共和國的作法，認為軍事恫嚇對中國宣示尋求和平解決的意向是反效果的，但是，我們和台灣的領導人若是把（北京的）聲明當做空話威脅，則是不負責任的……台灣推動深化民主之際，如果我們覺得它的作為有可能對美國的安全利益產生負面衝擊，或有可能傷害台灣本身安全，我們將清楚、坦率地講出來。[10]

凱利也表達持續關切陳水扁的制憲／修憲計劃，尤其注意程序問題。他說：「台灣考量可能更動其憲法時，美國的支持會有其限度。我們不確定在討論中的變更憲法的方式（意即採用公民投票）。如果我們不清楚我們的預期，我們不會偏袒任何一方。」[11]

除了關切程序之外，美國政府反對任何會觸及台灣主權的變動。但是，即使它很認真看待中國的焦慮，華府並沒全盤反對陳水扁的修憲願望。如果修憲限於改革台灣內部的政治體制，並且如果它遵循已有的程序，華府準備接受台灣的修憲。因此它力促台北守住這些實質和程序的限制，不去更動碰觸到台灣對大陸關係的條文。它就會向北京施壓，要求它也要節制。除了修憲，華府也希望陳水扁會對兩岸關係有能令人放心的建設性作法。它在五二〇就職之前頻頻與台灣官員會商，提出美國的建言。

陳水扁的第二次就職演說：撤退

小布希政府成功地影響陳水扁的就職演說，至少在美國眼裡，北京就沒有理由動武。這篇演說有三大相互關聯的主題：兩岸關係、修憲和全島團結。[12]

在兩岸關係方面，陳水扁有三個目標。第一，他試圖在口頭上向中國及美國擔保他的用心。他重申第一次就職演說揭櫫的「四不一沒有」原則：「不會宣布獨立，不會更改國號，不會推動兩國論入憲，不會推動改變現狀的統獨公投，也沒有廢除國統綱領與國統會的問題。」

他又做了一些口頭上的保證。他說：兩岸人民有共同的傳統。台灣和中國之間在經濟和其他方面的互動十分重要。任何片面改變台海現狀的行為都應該避免。未來兩岸之間「將發展任何形式的關係，只要兩千三百萬台灣人民同意，我們都不排除。」他又特別提起歐盟的區域整合。他更表示，「可以體會海峽對岸……無法放棄對於一個中國原則的堅持」。

提出這些保證之後，陳水扁又重申長久以來台灣政策的若干元素。中華民國的存在是個事實，他有責任保衛它的主權。台灣在國際社會存在是個事實，他將繼續尋求國際空間。沒有威脅的和平進程是根本關鍵。兩岸的任何結果都必須被台灣人民接受。陳水扁對他的正面說詞也加了一些條件。在他腦子裡，他重申「四不一沒有」毫無疑問包含了他第一次就職演說中的條件：「只要中共無意對台動武」。陳水扁沒有提「一邊一國」，但他把台灣與中國、中華民國與中華人民共和國相提並論。他強調如果不想要片面改變現狀，雙方需要合作保證它。

陳水扁接下來提出改善兩岸關係的方案。首先，他「將進一步邀集朝野政黨及社會各界共同參與，成立『兩岸和平發展委員會』，凝聚朝野的智慧與全民的共識，擬定『兩岸和平發展綱領』，共同策進兩岸和平穩定。」他呼籲北京建立一個「動態的和平穩定互動架構」，恢復兩岸對話和溝通。他提議擴大、開放非政府的互動，讓台灣與中國一起迎接全球化的挑戰。他建議開放三通。這些構想都吻合陳水扁在選前所提的和平穩定架構的方案，包括軍事信心建立措施等。

在修憲這個議題上，陳水扁重申他的「憲政改造工程」目標是「一部合時、合身、合用的新憲法」，「為了政府的良好管理及效能的提升，為了確立民主法治的根基」。他重申民進黨修憲方案的明確議題：「三權分立或五權憲法、總統制或內閣制、總統選制為相對多數或絕對多數、國會改革及相關的配套條文、國民大會的定位與存廢」等等。就最後這一項，他表示強烈偏向廢除具有通過修憲條文權力的國民大會，主張以後以「人民公投複決國會憲改提案」。另一方面，他也表示「深切瞭解，涉及國家主權、領土及統獨的議題，目前在台灣社會尚未形成絕大多數的共識，所以個人明確建議這些議題不宜在此次憲改的範圍之內」。

在程序方面，陳水扁表示，「我們將邀請朝野政黨、法界、學界及各領域階層的代表，共同籌組憲政改造委員會，針對憲政改造的範圍及程序尋求社會最大的共識。」「至於首次憲改的程序，我們仍將依循現行憲法及增修條文規定。」也就是說：「憲法之修改，須經立法委員四分之一之提議，四分之三之出席，及出席委員四分之三之決議，提出憲法修正案。」然後選出國民大會複決之。他希望「在二〇〇八年卸任總統之前」，完成此一程序。

很顯然，這個方案代表陳水扁已經從大選期間的構想有了轉變。當時他提議修訂公民投票法，可用來通過這一回合的修憲。他當時也沒有賦與立法院或國民大會任何角色，因為他指責現行程序不公平地挫折了全民意志。現在，他預備依循現有的程序，這個方案的重點在於未來修憲將交由公投複決。當時陳建議制訂新憲，處理中華民國領土疆域的問題，會明確地把中國大陸排除在外。現在，他說不去處理這個問題——不過，這並不是說以後的修憲案不碰這個問題。

陳水扁就職演說的第三個主題是，台灣團結和強化。他說：「透過公民社會的建立，經由偕同參與、集體創造的土地認同與共同記憶，才能超越族群、血緣、語言、文化的侷限，邁向一個新的國家共同體的重建。」他又說，台灣是一個多元族群的社會，「所有的族群都是相同的受害者」。現在，所有的住民「不論先來後到」，「都是台灣新家庭不可或缺的一部分」。他聲稱，大家都有「相同的歸屬」，都「命運相同」。7

在修憲和兩岸關係方面，陳水扁技巧地把球丟回給北京，使它很難強硬回應。中國把陳水扁競選期間的「公投制憲」主張視為功能上等於宣布獨立。現在他主張遵循現有程序，也不碰觸主權議題。即使如此，他承諾要把中華民國一九二八年以來的結構做最大幅度的改造，指出未來修憲要由公投複決，這裡頭隱含主權議題也可交付公投表決的意思。在兩岸關係上面，陳水扁暗示重申不廢國統會和國統綱領，但也提議籌組兩岸和平發展委員會、擬定兩岸和平發展綱領。這對北京又構成挑戰。如果它認為這些提議是新冒出來的負面趨勢，它要在何時、如何回應？陳因此有效移轉了辯論，也得到美方的認可。前一年，他承擔負荷必須證明不是他要片面改變現狀。現在，他把這個擔子丟到中國身上。

對於陳水扁的演說，各方面的反應不一。泛綠陣營裡有人認為陳水扁沒有丟掉任何東西。民進黨大老姚嘉文特別著重一個事實：總統並沒明白承諾不改國號國徽；他只是大體上重申第一次就職演說中的說法。有些人則覺得被出賣了。李登輝台聯黨的一名立法委員評論說：「他從中國得到了什麼樣的善意？他玩弄了台灣的選民。」陳水扁本人必須安撫回來參加就職慶典的海外支持者。他對一個團體說：「阿扁必須在追求理想、兼顧現實的困難中拿出創意及智慧，展現負責及理性，最後獲得美國的肯定，我們深感安慰。」陳水扁也的確得到美國的認可。二〇〇四年六月三日，副助理國務卿薛瑞福（Randall Schriver）評論說：美國政府「歡迎陳水扁總統五二〇就職演說的負責任、有建設性的調子」，也表示希望北京有正面反應、改善兩岸關係。13

中國的反應一點兒也不正面。五月十七日，北京搶在五二〇就職演說之前，由國台辦發表一份聲明。重點就是陳水扁的話信不得。國台辦的聲明說，過去四年陳水扁的行為根本違反了他自己在第一次就職演說所承諾的「四不一沒有」，因此北京沒有理由認真看待他對這些承諾的重申。他對現狀發動「竭力挑釁」；照國台辦的定義，現狀就是「大陸和台灣同屬一個中國」。由於陳水扁提出「通過制憲走向台獨的時間表，將兩岸關係推到了危險的邊緣」。

這份聲明也有些有趣的、正面的元素。它沒有提到「一國兩制」。它訂出一系列範圍可以有所進展（恢復對話、終止敵對狀態、軍事信心建立措施、三通等等）。但是進行這些議程的前提是，不論台灣由誰當家領導，都必須「承認世界上只有一個中國，大陸和台灣同屬一個中國，摒棄『台獨』主張，停止『台獨』活動」。鑒於中國擴大界定獨立和分裂主義，實際上陳水扁根本不可能接受這些條件。❽

緊接著五二〇就職演說之後，中國傳媒的評論反映了國台辦五一七聲明的調性和內容。有位觀察家說：「不論陳水扁（的演說）包裝再精美，文字遊戲玩弄得再老到，也掩蓋不了其『台獨』分裂本質。」另一人寫說：「陳水扁顯然還在玩弄花招，他所要的『和平』，是『和平台獨』、『和平分裂』。然而，這是走不通的死胡同。」[14] 中國也發動其他的言論攻擊。學者們（有些任職於政府的智庫）主張在政

---

❼ 陳水扁在此等於呼應李登輝的主張。李在許多場合提到台灣人民是生命共同體。一九九八年台北市長選舉時，他還說祖籍湖南、出生香港的國民黨籍候選人馬英九是「新台灣人」。

❽〈中臺辦、國臺辦受權就當前兩岸關係發表聲明〉，新華社，二〇〇四年五月十七日。中國提到的軍事信心建立措施仍維持本書第九章所訂的立場，即它們只適合於主權國家之間。但是，在陳水扁就職時台灣出現一股樂觀氣氛，認為兩岸關係真的可能進展，因為陳水扁所提議的——他所使用的語言——都和中國國台辦所提的進展範圍有重疊的地方。可是，鑒於中國訂下先決條件，這種樂觀並無根據。

治、軍事和經濟陣線上都要做準備。官員提出警告說，「支持台獨」的台商，大陸不歡迎。重建中國的可信度和對台灣的嚇阻，又被視為高度優先的需要。北京對於華府竟然對陳水扁的就職演說，有如此正面的反應，非常不痛快。在北京看來，陳水扁沒有改變他的分裂主義目標，美國的讚美只會鼓勵陳水扁走向更危險的方向。

另一方面，也有跡象顯示中國正在重新思考它的政策。主要推動人物是章念馳。他在三月大選之後就主張，「要老天爺保祐中華民族，我們不如徹底檢討、調整我們的思維和政策」，因為它們「已不再適合台灣的劇烈變化，這些變化已大大影響到這些政策的執行」。「我們當務之急是制訂新的對台政策、新的對台路線，符合時代、抓緊需要，代表（新一代領導人的）務實主義；以我們的政策優勢導引兩岸關係。」上海另一個學者、環太平洋戰略暨國際研究中心莊建中也對台北和北京都提出建議。如果陳水扁可以聲明他會遵守一中原則（莊建中認為這是中華民國憲法的基礎），北京可以把這個聲明認為是回到一個中國的立場。此外，如果陳水扁不再提兩國論或一邊一國論，北京應該恢復對話和談判。它也應該降低台灣的不安全感，「考慮如何解決台灣的國際空間問題」，並且應以行動「破解分裂主義分子詆毀指責大陸一再擠壓台灣的讕言」。後來，社會科學院底下一個智庫的學者王子舟在新加坡一項研討會中預測，中國在未來二十年內「必定將有一個新觀念以解決台灣問題」。一國兩制模式「可能不足以解決台灣問題」，需要以「更有智慧的論述」去補充它、重新解釋它。[9]

由於互不信任及內部政治的羈絆，有些提議包含的條件，台灣或許很難做到。我們也根本不能確定這只是北京領導人允許學者思考更有創意的作法，或是它已決定採納它們。但是，若是要在一國兩制之外另闢概念上的蹊徑，這或許是個可行的開端。

內部與外部的牽制

經歷選戰期間非常不同的路線之後，陳水扁的大逆轉非常顯著。但是，問題仍然存在，其答案會影響到他第二個任期中和平與穩定的前景。

第一個問題是，他對其就職誓言的承諾究竟堅定到什麼程度。若是泛綠陣營中有人不滿意他的五二〇就職演說，他會不會又屈服壓力、改變路線？這些「深綠」勢力顯然認為他們可以讓陳放棄他對內容和程序的承諾。李登輝繼續主張制訂新憲法、不是修訂舊憲法，以及變更國號為台灣。他呼籲民眾支持制憲，堅持「民眾比政府大」——意即陳的想法可以被改變。陳水扁大學時代的老師、憲法學者李鴻禧主張廢止現行憲法，他認為「國號、國體、國名、領土等部分，應留給各政黨政治協商」——也就是說，這些話題並沒有出界。李鴻禧又說，陳水扁應該聆聽民意；如果李登輝未來能爭取到許多人支持制訂新憲，屆時陳水扁的立場可能就會變。支持民進黨的英文《台北時報》有篇社論形容中華民國是「台灣人民被迫要向它禱告的……一塊神主牌」，又批評在地理教科書中把中華民國界定為包括中國大陸和外蒙古，「這是一部什麼樣的超級帝國主義憲法，竟把其他國家的土地納為它的領土？」[15]

陳水扁本身也在向支持台獨的「台灣人公共事務會」發表談話時，暗示承受到壓力。他拿他養的狗做比喻。他說：「跟我跑步，它不是跑直線的，但是我抵達目的地前，它已經跑到我前面等我。只要大

---

❾ 中國社會科學院台灣研究所前任所長李家泉，承認中國「沒法子透過宣傳改變台灣人民的思維，也沒法子透過恐嚇來扼阻台獨分子的意志」，因此他主張「我們應該在這方面重新檢討，採取果決的政策，有勇氣面對現實，審度局勢運用戰略。」（見二〇〇四年四月三日《大公報》）。

家對我有信心，我們的夢一定會實現。」[16] 接下來陳水扁在二〇〇四年雙十國慶演講時，顯然又在測試極限。他固然重申就職演說中對兩岸關係的許多示好的論調，但是他也比以前更明顯把中華民國和台灣等同而論，聲稱中華民國主權屬於台灣兩千三百萬人民，又說台灣是個面積三萬六千平方公里的國家——這正是中華民國管轄的地區。因此，在言詞上，他去除掉中華民國與中國大陸傳統關聯上的一些含糊之處，暗示台灣本身就是一個國家。

這究竟是怎麼一回事？他只是為了向民進黨內基本教義派訴求，以免他們在立法委員選舉中投票給更激進的台聯黨候選人嗎？或者他又在言詞上替重提更改國號、領土的修憲案鋪路？陳水扁原本說過「共識尚未達成」而擱置主權議題的。他是不是要在五二〇迄無共識之後，試圖建立共識呢？陳水扁原本談過要界定和詮釋中華民國領土的議題的。他是贊成在憲法裡「講清楚」國號和領土嗎？譬如，以國號來講，他可能保持住「中華民國」，但又以括號加註「台灣」嗎？陳水扁在就職演說中的確發出訊號說，未來修憲可能會包含主權問題。

第二個問題涉及程序和政治情況，陳水扁可能依之得到激進的修憲、但也惹怒中國。我們在第六章曾經提到，修憲並不容易。第一步是取得立法院通過修憲提案，全體立委兩百二十五席必須有四分之三，即一百六十九人出席，並經出席委員四分之三以上的決議，才算成案。

在此之前，接下來是送請國民大會複決；國大代表由特別舉行的選舉產生，（譯按：所謂任務型國民大會）各黨依得票比例分配席次，只要簡單多數即可通過憲法增修條文。但是，這個程序在二〇〇四年八月有了變化，立法院通過長久以來的一個提案，立委席次減半，選區亦由一區多席改為一區一席。在這項更動中，立法院也同意變更通過修憲案的程序。它保持立法院本身在第一階段的主角角色，但把第二階段做了更動。如果國民大會在二〇〇五年夏天集會，複決通過二〇〇四年八月的修憲案，未來通過修憲案的第二階段——包括陳水扁保證在他任期屆滿前要推動的重大憲改工程——將需要透過公民投票，經全體合格選民百分之五十以上之通過。（事實上，國民大會將被要求投票自我了結，廢止存在。）

儘管有這個變動，我們可以很篤定地說，台灣的政治制度阻斷未能得到各政黨及民眾廣泛支持的修憲案獲得通過的機會，因為島上意見分歧，壁壘分明、勢均力敵，北京所害怕會從根本上挑釁的情況，不會發生。立法院的法定人數就是個大問題：如果泛藍陣營控制了四分之一以上的席次，立法院根本就湊不足法定人數開會，不就封殺了修憲案了嗎？同理，要求過半數合格選民以公投複決通過修憲，也相當不容易。二〇〇四年總統大選的合格選民總數約一千六百五十萬人；一半就是八百二十五萬人。行使投票權的選民有一千三百萬人。陳水扁得到六百五十萬票。如果一千三百萬人在公投中投下一票，通過修憲需要八百二十五萬票，等於是所有投票數要有六三％贊成。事實上，台灣島內對於如何與日益強大的中國來往這個根本問題，以及許多不是那麼根本的問題，正反意見仍不分上下。陳水扁在就職演說中所講的「共同命運意識」根本還不存在。因此，可以推論說，沒有得到泛藍支持的提案，無法在立法院獲得通過，即使送交公投複決，也會失敗。

第三個問題是立法院內的勢力分配狀況（二〇〇四年十二月將改選）。二〇〇四年秋天一般的看法是，泛綠政黨會維持在總統大選期間建立的動能，取得小幅領先的多數席，但不夠大到可以任意修憲。果然，泛藍陣營在兩百二十五席中得到一百一十三席（比二〇〇一年少了一席），泛綠則較上屆多了一席。席次大變動發生在泛藍陣營內部：國民黨較上屆多了十一席，親民黨卻少了十二席。以得票比例而言，泛藍陣營得票四六・七％，泛綠陣營為四三・三％，與二〇〇一年的得票率相比，泛藍陣營增加零點五個百分點，泛綠陣營則增加二點三個百分點（無黨籍得票率也相對下跌）。對於這個結果，有一些不同的解釋。有人著重在泛綠陣營在一區多席選制下配票不當。也有人說選民——尤其是中間選民——愈來愈關切陳水扁的整體政策，特別是他又朝政治光譜的深綠人士靠攏。因此，這些選民憂心陳水扁要把台灣帶向哪裡，所以放棄了民進黨。兩個因素都有影響，但後者可能更重要。由於民眾的焦慮，泛綠政黨在立法院的活動自由比起它們若能贏得少許多數，就小得多了。

第四個問題涉及泛藍陣營的團結和堅定。輸掉二〇〇四年三月總統大選是個嚴重的打擊，促使黨內一片檢討之聲，要求連戰和宋楚瑜交出領導地位，以及國、親兩黨合併。一連失利使得國親聯盟的反對意志消沉，特別是陳水扁又成功地使它們落居守勢。他兩度操作成功，使泛藍陣營落到政治上難以抵抗他的地步。第一次是二〇〇三年十一月，泛藍陣營對是否進行修憲，變了立場。第二次是二〇〇四年八月，在立委減半及公投複決修憲這兩個議題的角力。在這兩項角力中，泛藍陣營決定必須避免讓民眾有國、親反對改革的觀感。時任中央研究院社會學研究所助理研究員徐永明在第二項角力之後評論說：「是否通過修憲案，對各黨來說是一場誰先『落跑』的遊戲。先退縮的黨就輸了。」[17]因此，在這個脈絡下，陳水扁和泛綠陣營有兩個方法取得泛藍在修憲上面的合作。第一是讓它內容可口，沒有理由反對它。第二是使反對在政治上非常不得民心，以致泛藍決定不發動抵抗。但是，立委選舉的一個結果是，泛藍陣營中的國民黨，士氣大振，骨頭又硬了起來。

情勢在二〇〇五年二月又變了。陳水扁和親民黨主席宋楚瑜達成協議，承諾民進黨和親民黨之間要有某種程度的合作。陳水扁在兩人的共同聲明中重申他第二次就職演說的承諾。陳、宋強調中華民國憲法的至高地位、中華民國的主權性質、現狀的任何改變需得到台灣人民的同意，以及改善兩岸關係和增強台灣國防的重要性。陳、宋共同聲明使國民黨和泛綠陣營激進派都大為震動。國民黨再也不能認定在每個議題上都會得到親民黨支持而掌握立法院的多數優勢。深綠激進派則視宋楚瑜為敵人，怎能「與虎謀皮」！

民進黨和親民黨合作的政治衝擊就是強化走向溫和的趨勢。陳和宋結盟的代價是放棄對中國有挑釁意味的倡議。理論上，如果陳背棄承諾，就會失去宋的支持。以修憲來講，親民黨籍的立法委員解決不了陳水扁的困難。國民黨七十九席的實力，即使所有的政黨組成同盟，它也足以阻擋住。陳水扁決定拉攏宋，可能是他務實地決定要以親民黨能支持其法案來建立政治遺產，猶勝過野心勃勃的憲改之考量。

第五個問題是，中國認為什麼是它動武的理由。北京的立場在二〇〇四年秋天稍為更清晰。當年夏天，一些中國人士抱怨台灣的政策，在北京眼裡，持續「去中國化」；台北的外交活動愈來愈增加使用「台灣」的名義，即是一個例證。甚且，北京的公開聲明也沒顯示它感謝陳水扁在修憲上已修正其立場，反而還認為他的目標仍舊是公投制憲。譬如，國台辦副主任王在希二〇〇四年八月指出，陳水扁提議「二〇〇六年推出新『憲法』、二〇〇八年實施新『憲法』，這個走向『台獨』的時間表」，正是「以『台獨』為目標的分裂主義已成為真實危機」的證據，「兩岸關係已到了危險邊緣」——他忽視了陳水扁現在已不再這麼主張。很顯然中國仍聚焦在修憲這件事、而不是修憲的內容。[18]

可是，八月底台北通過憲法增修條文，規定未來以公投複決修憲，北京並沒公開做出反應，或許是因為由立法院通過仍是主要階段。九月底，中共召開十六大三中全會之後，中國一位「權威人士」透露，北京對台灣已不覺得那麼急迫。這位人士特別針對修憲提出警告說：

台灣當局必須不再從事「法理台獨」。如果藉由「修憲」或「制憲」的方法，台灣當局宣布「中華民國」的「領土」只包括台澎金馬，那麼台灣事實上就是宣布「法理獨立」。在這種情況下，大陸別無選擇，只好動用武力解決這個問題。⑩

至少根據這項聲明，中國判斷陳水扁意向的標準，乃是修憲的內容，不只是台灣通過了修憲案這件事。

中國全國人民代表大會二〇〇五年三月十四日通過的「反分裂國家法」，又引起一個新問題：什麼樣的修憲是北京可以容忍的？中國國家主席胡錦濤呼籲陳水扁不要以「憲政改革」尋求「台獨合法化」，採取的是溫和、懷抱希望的立場。但是，其他人就不是如此客氣。全國人大常務委員會副委員長王兆國在「反分裂國家法」通過之前的說明會上表示，在台灣涉及的分裂活動中，「我們應當特別注意台灣當局試圖利用所謂的『憲法』或『法律』方法，透過『公民投票』或『憲政改造工程』來支撐其分裂主義的企圖。」中國社會科學院台灣研究所所長余克禮把「憲改」和台灣從中國分裂出去聯結在一起，因此認為符合「反分裂國家法」所訂下的「採取非和平方式」三條件之一。所有這些說法都表示，中國可能把憲法重大改變視同分裂國土。甚且，「反分裂國家法」本身對這三條件的定義含糊，也對北京預備容忍什麼產生不確定感。譬如，若二〇〇五年夏天台灣國民大會通過修憲，規定以全民公投複決未來的修憲案，北京會不會把它視為「發生將會導致台灣從中國分裂出去的重大事變」（第二個條件）呢？

簡單地講，陳水扁的修憲計劃有些齣碼是良性的。由於泛藍的反對，以及修憲程序的門檻極高，它非常可能後繼無力。陳或者可能選擇滿足只做比較溫和的變動，可以爭取到泛藍的支持，因此不碰主權議題就透過已定的修憲程序去做。即使泛藍在立法院佔了多數，這種結果並非不可能。美國也不會反對這類改革，將會鼓勵中國接受它們。

可是，我們也不能排除其他可能惹起不穩定的劇目。北京是否會容忍溫和的修憲這個議題，因為「反分裂國家法」的通過而蒙上陰影。中國的利益似乎在於依循二〇〇四年初秋出現的溫和路線。它可以下結論說，台灣改進其內部體制並不超過它所畫下的紅線。雖然中國領導人仍將相信陳水扁的用心就是完全脫離中國，也認為有限度的修憲只是稍微慢下腳步，但台獨趨勢仍會繼續，他們仍可以得出結論：中國的根本利益沒受到威脅，而且台灣民眾或許在二〇〇八年會捨棄泛綠陣營。北京可以因此避免嚴重挑戰（它必然不想要有此一挑戰）；台灣則或許得到較好的政治制度（它迫切有需要）。⓫

另一方面，中國繼續擔心陳水扁會想方設法突破，即使立委選舉結果可說已經綁住他的手腳。這股焦慮，加上中國的制度是某個方案一旦得到動力就沒辦法停下來，導致可能雖已不需要、仍會通過「反分裂國家法」。這些因素加上「反分裂國家法」的含糊，產生北京未來評估錯誤的可能性。最後，我們也可以想像有些情況——例如陳宋和解破裂、泛綠激進派壓力增大等等——會使陳水扁又回到他在大選期間所規劃的路線，因而促成中方激烈回應。但是，持續走中間路線的可能性似乎比較大。

北京和台北之間某種溝通會有助情勢穩定，必要時亦方便危機的管理。透過海基、海協兩會機制，

⓾〈北京權威人士分析對台政策之微調〉，《大公報》，二〇〇四年九月二十五日（編按：篇名為意譯）。值得注意的是，這道新的「紅線」是在江澤民交卸中央軍委主席之後所訂下。

⓫按照這個劇目，修憲是強化台灣已經具有的主權之手段，不是要建立新國家。（依克拉斯納的說法，它將增進內部主權。）

或是透過秘密管道恢復對話，可以有助於在這方面及其他許多議題的合作。但是，因為北京替兩岸接觸已定下嚴格的先決條件，因此看來至少不太可能有公開接觸。表現出來向陳水扁讓步──尤其是他在大選期間已預言，中國沒有選擇、必須讓步──將對北京的可信度造成打擊。秘密管道應該是比較好的另一選擇，可是中方的不信任或許太大。可是，也正是因為不信任感是如此深刻，雙方才更需要溝通。中國希望能從陳水扁身上得到政治讓步，比起它想要防止衝突的務實需求，來得更強烈。它使得原本已多變多端的情勢，更加不穩定。

在這種情況下，美國為了保障它在和平、穩定方面的利益，無法抽身。作法將一樣：雙重嚇阻──對台北和北京是警告和擔保兼而有之。在這個脈絡之內，美國的挑戰是在北京和台北之間就修憲找出互相可接受的地帶。它必須讓陳水扁信守就職演說的承諾，也讓台北適切理解北京對其倡議可能會怎麼反應──或過度反應。它需要協助北京界定不能接受什麼，以及對其他事情要採取理性態度。它也應鼓勵雙方交往，對台海安全承擔更多責任。小布希政府在二〇〇三年底、二〇〇四年上半年的作法即是如此：說服陳水扁採用既有的修憲程序，專注政府改革；並且建議北京要注重修憲內容、不是修憲這件事。如果有一方不願進入相互接受地帶，美國就必須十分堅定。台灣的民主政治基本上是依靠美國安全傘保護，因此在民主和安全起衝突時，華府有權利、也有義務講出它的看法。中國若動用武力對付台灣，將對美國的可信度構成威脅，也會傷害到中國繼續經濟成長、社會安定所需要的和平的外在環境。

超越修憲：穩定

即使陳水扁的修憲方案得到控制、避開衝突——即使解決台海問題的障礙依然存在——局勢穩定應該仍是高度優先項目。不確定、以及估算錯誤的可能性，若是置之不理，其後果非常可怕。兩岸領導人互不信任，極易做出錯誤的估算。鮮明的台灣認同意識一定會繼續發展，特別是北京如果一再以行動疏離台灣民眾的話。中國兵力日盛，固然可能遏阻台灣獨立，但也可能助長台灣民族主義上升；長期下來它或許會逼得台灣低頭，與大陸洽商政治解決方案。兩岸的政治在二〇〇七年底、二〇〇八年初又會抬頭，北京也將在二〇〇八年主辦夏季奧運。

正式協定

促成兩岸穩定的一個方法是雙方訂定正式協定。李侃如自從一九九〇年代末期即致力發展此種協定的方案。最新版本的構想於二〇〇五年春天在《外交事務》雜誌上發表。

由於兩岸可能爆發衝突，要解決爭端可能數十年都做不到，李侃如目前提議的解決方案是：消除雙方擔心的事。他認為，中國擔心的是台灣會跨越「獨立」這道紅線。台灣則擔心中國會武力犯台。穩定協定的核心「包含有可信度的承諾，把獨立和動武的議題拿下桌面」。這個長期的交涉還需要以下列種種措施予以補強：考量賦與台灣更大的國際空間；軍事信心建立措施；兩岸政治及經濟擴大交流，包括政治領導人互訪，以降低互不信任。

李侃如承認，他的建議方案有許多元素仍有待在作業面驗證。雖然方案已經部分處理了雙方所擔心的事，但它能夠確定掌握到雙方在二〇一五年或二〇二五年可能會擔心的問題嗎？由於洽商協定時，一定不可能設想到所有可能違背協定的事項，誰來決定那一方違背協定呢？如果中國同意不用武力改變台灣的地位，它是不是還有其他方法動用武力或威脅要用武力（恐嚇）呢？

李侃如所建議的架構有它的缺陷。有些是概念層面的缺陷。即使協定的目的在於先擱置主權議題，當辯論談判的形式時，雙方要界定對方不要做什麼——台灣不宣布獨立、中國不動用武力——以及協定要執行時，它勢必會浮現。雙方試圖協商台灣參與國際組織的條件、政治領導人互訪的地位時，它也會浮現。台灣會希望最大化它的主權意識，北京會設法將它最小化。更廣泛地說，台灣要怎樣被擔保（它一定會要求），在中方力量愈來愈強大之後，在以後的政治談判，它的主權主張會被認真看待？在安全方面，台灣所擔心的不只是中國動用武力的威脅，還有中國購置先進軍事設備的問題——中國一定會繼續擴充軍備，殆無疑問。

其他的問題則與程序有關。誰代表各造談判？中國會在討論談判架構開始之前要求台灣確認接受一個中國的原則嗎？兩岸之間的安排一定要經過台灣立法院認可通過，期待它會通過是合理的嗎？美國在推動此一協定時，扮演的是什麼樣的角色？美國需要在台北和北京之間調停、或是壓迫台灣談判嗎？當年雷根政府可是保證不會採取這兩種行動的。如果台灣的政治體系採取的行動，被北京視為違反諒解，美國的責任是什麼？

這些問題在在顯示，儘管已努力處理雙方所擔心的議題，這樣的架構並不能和緩每一方害怕對方會毀約的顧慮。甚且，台北也不可能接受任何助長美國將會拋棄它的疑懼心理之協定。

功能相等

李侃如方案的問題不在它企圖穩定台海局勢，把它框限在一定範圍內，因為他想處理的危險原本就是真實存在的危險。困難或許在於他想把互惠的義務納入正式協定中；在協定之中，不可能關照到每一個顧慮、在文字上也不可能填塞每個漏洞。解決之道可能是打造功能相等的臨時協定。目標是一樣的：緩和共同的憂懼、降低不可預測性和互不信任、加強相互信心、為合作提供誘因。但是，作法是循過程漸進，不是以談判得出協定為基礎。

要穩定脆弱的兩岸局勢，可採取的步驟其實相當明顯。有些已在李侃如的方案中（與全面解決爭端也有關聯），例如恢復對話；建立秘密、有權威的溝通管道；發表令人安心的政策宣言；軍事信心建立措施；消除發展經濟關係的障礙（如開放三通）；節制武器採購；擴大台灣的國際空間。問題在於如何打造一個過程，促成上述步驟得以推進。

前面幾章討論解決台海爭端的障礙時，把大部分責任放在北京身上。中國追求一國兩制的概念，它並不適合台灣脈絡；北京對李登輝和陳水扁抗拒一國兩制，解讀錯誤，又過度反應；它在外交、政治和軍事方面對台灣施加壓力。甚且，它沒有好好利用雙方經濟相互依賴、以及台灣的民主，向台灣民眾做正面的訴求。

同樣的作法也傷害到在爭端猶未解決之下先把局勢穩定下來的努力。因此，如果中國想要降低它對台北意向的不確定感，同時又增強統一的希望，它需要採取重大措施以改善兩岸關係的大環境。這些措施並不就是北京明白接受台灣是個主權實體的主張，但是它們代表往哪個方向走。它們對於北京給台灣人的印象，也會有正面影響，這可是符合北京的利益的。

譬如，在安全領域，中國根據錯誤的基礎不肯同意兩岸推動信心建立措施。北京認為，信心建立措施只存在於國與國之間，也認為摧毀台灣信心比讓台灣建立信心，更符合中國的利益。中國在陳水扁就任總統之前發表的聲明，納入信心建立措施，是個值得歡迎的動作，只是它仍堅持台灣必須做出無法接受的讓步，它才肯開始討論這件事。中國在軍火採購方面決定了步調，這是台灣方面很難跟得上的步調。因此，北京有空間可以宣布片面中止生產與部署飛彈、採購其他可用以對付台灣的先進武器。由於類似的動作會降低島上受威脅的感受，它會直接衝擊到台北政府（包括國會）對未來軍購的抉擇。它也會影響到華府對台灣防務需求的定義。

經濟方面，中國堅持以民間公（協）會談判的機制，對三通所起的阻礙作用，其實大過台灣方面的趦趄不前。陳水扁政府不肯接受這種機制，因為擔心它會影響到未來兩岸政治談判。台北方面願意讓政府官員掛著民間機構顧問的名義談判三通，但是直到二〇〇五年初以前北京因為不願讓陳水扁在二〇〇四年總統大選及立委選舉之前得到政治成果，一直排斥此一可能性。一旦雙方坐上談判桌，北京接納陳水扁對程序的建議，很快就為二〇〇五年春節直航班機做好安排。三通應該透過同樣的談判機制再擴大，此一機制保障了雙方政治的對等。

國際方面，中國封殺台灣，使得島內民眾對它的印象極為惡劣。爭議不在台灣是否是個個別的國家，有權加入以國家資格才能入會的國際組織；而是台灣是否能以國家會員以外的身分參與這些組織的活動。北京准許台灣參與——或許以觀察員身分——並不會傷害到它的原則。

政治方面，中國需要從根本上再重新評估一國兩制，因為它對待主權議題的方法已證明不可能打動台灣。即使只是表示願意重新評估一國兩制，也會啟動台灣的信心。

當然，北京會認為這些建議都沒有太大價值。它會擔心陳水扁會利用它的善意，收下讓步、繼續搞分裂把戲。然而，中國或許會希望利用它們向台灣民眾訴求。它可以爭取的回報是，台北方面提出堅實、有可信度的保證：台北不會做出它最擔心的事——往獨立邁進。

鑒於過去十五年兩岸有那麼大的誤解、也錯過多次機會，這樣的諒解或許並不可能。但是，台北和北京之間若無某種溝通，那就更不可能了。唯有透過對話，北京才能向台北攤明什麼樣的行動它會認為是分裂活動、以及為什麼它這樣認為；也唯有透過對話，台北才能敘述它的意向，以及為什麼有些行動根本不是分裂活動。如果在這些議題上能找到交集，雙方或許就能對後續階段性步驟建立路徑圖，以穩定兩岸局勢、降低相互的不安全感及戰爭的危險、降低互不信任，並加強相互有利的互動之可能性。結果可能就是一份「中程協議」。然而，重要的是實質上累積了穩定和保證，也建構了交涉的過程。

第五章以囚犯的兩難賽局為比喻，陳述台海問題達成相互有利的解決之困難。以賽局理論的語言來講，每一方都會因合作（和解）而客觀獲利，但因深怕另一方會出賣（選擇不合作、增加了己方的弱勢），遂選擇次佳的維持現狀。囚犯的兩難之動態也可放到經濟互動和政治對立、加上軍事對抗上面。第九章介紹互惠和有條件讓步的技巧，做為雙方即使在互不信任的氣候下也能走上最佳解決的方法。同樣的互惠互動可使薄弱的現狀轉成穩定的共存。要能共存，北京必須願意和台北對話，擴大它對此一議題的觀點。對話最好是由雙方直接接觸，而且不預設條件。如果暫時不可能對話，美國或許可提供知識上的便捷。可是，目標應該是讓華府脫身。

機會之窗打開了嗎？

如果說雙方內部的政治使得兩岸自一九九〇年代末期以來尋求和解，困擾備至，那麼二〇〇五年即呈現不尋常的機會。中華人民共和國的領導人傳承過渡於二〇〇四年秋天完成，江澤民交出最後一個重要職位——中央軍委主席。胡錦濤從此掌握黨、政、軍三大體系最高職位。雖然他和其他的第四代領導人並未因此可以充分放手辦事，他們卻比以前有較大的迂迴空間。同時，台灣在二〇〇四年十二月的立法委員選舉之後，要到二〇〇七年底和二〇〇八年初才會再有中央層級的全島大選。泛綠和泛藍陣營的勢均力敵益發清楚，當下也暫無選戰壓力佔掉領導人的注意力，或扭曲了他們的中國政策。甚且，立委選制改成一區一席，長期下來應該會讓政治朝中間路線發展。

當然，政治壓力紓緩並不代表雙方就會抓住它所創造出來的機會。它也不保證每一方會展現維持動力所需的實質創意。但是這不是細微瑣事。由於政治可以打壞了北京和台北在其中運作的氣氛，雙方應該好好把握這個難得的機會。

美國的角色是什麼？

美國應該怎麼做以促進穩定？美國在其中有利益，這一點毋庸置疑；它在本區域和平與穩定的利害已大到不容兩岸爆發衝突。北京和台北所認為的——或是誤認的——美國在危機中之角色，將是每一方計算中的一環。

就促進和解來講，美國的角色可能有個限度。當然，這裡面有個問題是，北京和台北是否都能信賴華府當調人？譬如，如果台灣的共識是美國多多少少強迫它接受某種安排，結果必將是不穩定。如果雙方要得到有穩定效用的諒解，由他們自己去達成，會比較能持久。

可是，在進程開始時美國或許能扮演一個角色，打破雙方之間某種不信任，替他們鋪路走上他們自己的談判桌。提供知識上的便捷——私底下把一方的觀點描述給另一方了解，別在公開場合爭辯——可能是最可行的作法。

台灣要自立自強

管理台海議題還有另外一系列優先事項。即使台灣走的路線不把北京逼到牆角，在中國力量日益強盛之下，它也應該在許多領域自立自強。的確，即使兩岸和解有望，它也應該力求自強。

台灣迴避不了就中國問題做出抉擇。距離潛在的大國只有一百五十公里，它可以說是地理的受害人。台灣也是經濟基本面的受害人：島內工資無可避免地下降，大陸充分供應廉價勞力；加入世貿組織後要做調整；全球化體系要求有價廉物美的商品。個人與公司都有一系列的選擇擺在面前等他抉擇。以台灣整體來講，基本的、但又過分簡化的抉擇就是，對中國的力量是「迎」還是「拒」？稍為變通一下，就是經濟上迎中、政治上拒中。令事情更加複雜的是，台灣常見的對於各項抉擇的用詞含意不夠清晰。譬如，最常見諸民意調查中的選項（如：現在統一；現在維持現狀；以後統一；永遠維持現狀；現在維持現狀、以後統一；現在獨立），就一點兒也沒幫助。它們既沒有清楚界定統一、獨立和維持現狀的意義，也沒有就軍事危險和經濟得失的角度陳述每個抉擇的可能後果。何況，不做選擇，也是一種抉擇。

有一個更明確、又有關聯的問題是，究竟要從強勢地位做抉擇，還是要從弱勢地位做抉擇？不歡迎從弱勢地位做抉擇，以及台灣若要有好的抉擇、應該先強化自己，這個主張大概不會有太多辯論。可是，從那個領域自強或許會有共識，如何自強恐怕就有得辯論了。

頭一個問題就是務實、還是務虛？要著重象徵議題、還是實質內涵？中國文化有一種太明顯的傾向是重名、而不務實。第六章討論過台灣的文字政治。坦白講，象徵也可以有實質價值。我們不妨看看，中華人民共和國因為得到世界絕大多數國家的承認，可從號稱大使館的建築物進行其外交關係，它得到了多大的力量。另外，我們也不妨看看，台灣若能從北京挖走一個外交夥伴，又是多麼心滿意足。可是，象徵畢竟有其局限。認為掙得虛名就有力量，對於處於台灣這樣地位的國家來講，乃是不幸的假相。認為搞「正名運動」，把國號從「中國」或「中華民國」改成「台灣」，就能解決台灣的問題，恐怕只能說說就好（或許還是危險的說法），只能創造某種程度的安全感。但是，它不能替代讓台灣真正強大起來的辛勤努力。

經濟上，沒有疑問，普遍都同意，台灣需要強化自己，以便維持全球競爭的利基，保障老百姓有美好的就業機會。企業界即使把比較高技術的職位留在總部，它們已把生產線外移，台灣無可避免已減少了就業機會。先進的製造業可以承受得起一些打擊，但是最大的機會在於打造知識經濟或服務業經濟。這就需要在體制上大作改革。如果要轉向知識經濟，政府就必須有效地保護知識——智慧財產權。台灣過去根據別人的技術生產商品而興旺起來。它現在的競爭優勢在於生產技術本身深入到所產製的商品，不論是在台灣製造、在中國製造，或在別的國家製造。要保護知識，需要有強大的法律體系，以強化智慧財產權、掃蕩盜版行為。強大的司法也可節制政府採購方面的貪瀆。服務業經濟第二個關鍵元素是堅強、活潑的金融業，先進的製造業也需要它來支撐。另一個是與大陸三通直航，政治因素——有些是可以理解——對它構成障礙。台灣有許多有才華的創業家和傑出的公司。要維持卓越，他們需要合適的政策環境。台灣經濟疲弱、失去競爭力，就等於在與中國談判時居於弱勢地位。

就安全領域而言，主流的理解是中國軍事力量日益強盛，台灣需要追趕上；少數人則認為兩岸經濟交流密切，雙方同蒙其利，而不認為北京對台有威脅。台灣的防衛實力究竟如何，外界了解不多。事實是，台灣若受到攻擊——即使美國決定介入——在美國能動員兵力、來台併肩作戰之前，台灣的武裝部隊也需要能夠頂擋幾個星期。因此台灣需要精密的軍事設備，一方面能嚇阻中國的進攻，一方面要在嚇阻不成時，提供戰略持續力。美國已同意提供台灣需要的大部分軍購，但是台灣的政治體系卻遲遲不能動員和分配資源添置必需的武器系統。甚且，體制改革（指管系統、軍事理論、人員、訓練和後勤等方面）都必須伴隨軍購同步改進。軟、硬體方面皆須改進。進展迄今仍很慢，主要是因為挑戰太大。

可是，台灣方面仍需持續努力，以確保在台灣資源所及，以及民主政治的範圍之內，其兵力仍舊強大。因為，軍力弱必然增加被恫嚇的風險。

強化台灣安全最不得體的方法，就是改變其軍事戰略重點，從守勢、與美國結盟為重心的戰略，大幅度改為攻勢思維。主張改守為攻思維的邏輯是：取得可以威脅大陸軍事、人口和基礎建設目標的能力，可以嚇阻北京不致對台發動軍事行動。不論它有多大的誘惑力，或是象徵性的滿足感，這個辦法絕對行不通。要從外國取得攻擊性武器，政治上的阻力極大（北京對第三國會施壓）；要在本土研發製造的話，預算和技術的困難也非常的大。而且，這個邏輯的基本假設——光是擁有若干攻擊能力，就會使北京嚴肅思考，收到嚇阻了中國之效——也有瑕疵。魯賓斯坦（Gregg Rubinstein）指出：「鑒於雙方領土、資源的差距懸殊，台灣根本不可能和中國在以力制力的對抗中競爭——更不用說要求勝了。沒有適當的防禦準備去支持，台灣就要部署反制力量，只是弄個空虛的表相，不是真實的防衛。」[12]光是台灣決定去取得攻擊性武器，就使得安全兩難更加複雜化——從中國的角度來看，台灣更容易採取挑釁的政治倡議及防衛中方的軍事反應——中方也有更大的誘因發動先發制人的攻擊。最後，由於美國是台灣安全的最終保障者，台灣一定不能在戰略上和它背道而馳，使華府覺得這個實質上的盟國想把它捲進它並不想打的衝突去。

因此，外交上，台灣的優先目標是改善二〇〇四年總統大選期間和美國傷了和氣的關係。陳水扁當時採取的倡議至少增強了與中國緊張上升、甚至衝突的可能性，扯上美國的對台安全承諾。他事先並未和華府諮商，就端出這些倡議。華府私底下勸他節制，他也不理會，以致於小布希總統在二〇〇三年十二月公開說了重話。華府當時非常關心，深怕台灣可能把美國捲入不必要的衝突。現在台灣應該採取一些動作來修補台美關係。第一，雙方必須一起了解造成二〇〇三至〇四年歧見的原因。第二，台灣應該在涉及國家安全和外交政策的決策過程方面，更前後一貫，高級官員要審慎評估政治倡議。第三，美台雙方應選擇有溫和、理性口碑的個人處理雙方關係，以增強相互之信心。第四，雙方總統授權的高階對話應該更加強。簡單地講，與美國關係鬧僵，不利台北和北京打交道。台灣在外交上自強之道還包括，改進它在已經成為會員的國際組織（如世界貿易組織）中的表現。獲得會員身分是個重大成就，但更應該透過對這些組織的運作有具體貢獻去增強它。

其次，台灣的民眾需要更清楚理解其統治當局的法律身分。主權問題灌注在兩岸爭端當中，也影響到國內政策的爭執。可是，民眾並不太了解主權議題之爭利害何在，也不清楚為什麼走加速相互依存的務實路線，可能比堅持主權的僵硬定義，會更有好處。因此之故，政府裡頭負責保衛中華民國主權的官員永遠站在守勢。以中期來講，假設兩岸終究會進行政治談判，就應該公開辯論那一方面的主權很重要、應該保存，以及為什麼應該保存。如果台灣不經過深思熟慮就在政府的性質以及如何成為中國的一部分上面向北京讓步，那就只能怪自己。相形之下，它若僵硬地堅持經不起公開辯論檢驗的一些立場——那些不符合台灣的情勢和全球化經濟的部分——它的損失將更大。二〇〇〇年陳水扁試圖就兩岸政策（台灣的法律身分是核心元素）打造共識，可惜泛藍陣營選擇不參加。可是，他們在這個議題上的立場與泛綠陣營並沒有太大的根本上之差異。如果具備政治意志，兩大陣營應可找到共同立場。⓭

最重要的自強範圍是台灣的民主制度。第六章敘述台灣政治體制的一些弱點，以及即使如果北京提出可被接受的安排，它也可能很難說「是」。台灣需要在許多方面進行改革，俾能讓政治體系比起今天更能反映民眾的意志。立法委員選制改為一區一席制，長期下來更能凸顯中間觀點。可是，還有許多方面有待改進：譬如總統和行政院長的權責地位區分清楚，俾能在行政部門打造更一致的政策論述；改革立法院的決策程序，不讓少數委員扼殺得到極大共識的提案；限制利益衝突的機會，尤其是立法委員利用職位得取私人或政治利益；加強司法體系；鼓勵傳媒更專業，俾能服務公共利益而非商業利益。

政治改革一定很困難，因為它影響到必須有所改變的人之權力。可是，為了台灣本身前途，政治上

⓬ 台灣也沒有情報資源使它的攻擊性武器可以有效發揮作用。

⓭ 泛藍陣營在大選期間的政策文件堅持：「主權、立足點平等與和平互動」，強調中華民國自一九一二年以來就是主權獨立的國家；台海兩岸分治是個事實，彼此互不隸屬；中華民國的國際空間應受到保護；中華人民共和國應放棄使用武力，撤除瞄準台灣的飛彈。

必須要改革；它更攸關到台灣在兩岸關係上能有更好的抉擇。在上述五大領域都能自立自強的話，將打造心理上的力量。當台灣要捍衛其核心利益時，自信心更是最重要的基礎。缺乏信心將使台灣聽任北京施捨，也使台灣過度依賴美國。

12 往後的抉擇
Choices Ahead

決定政策，就是做出抉擇——而且經常是在不確定的環境，從一系列不見得喜歡的選項中挑選，有時候還會有可怕的結果。台海爭端也不例外。每個相關當事人——中國、台灣和美國——在推動其目標、或至少防止災禍時，都面臨一堆錯綜複雜的抉擇。過去二十年，好幾次烏雲罩頂、災禍行將爆發，又被避開。但它又可能悄然回來。悲觀論者擔心，恐怕愈來愈難控制台灣民族主義和中國反分裂主義的軌道，衝突勢所難免。樂觀論者則認為，緊張雖上升、嚴重，仍可以防堵，在合適的環境下，雙方可以達成臨時協議，或許也可解決彼此的歧異。

不論是危機管理、穩定化或解決，了解爭端的性質是最基本的一步。一開始就誤解為什麼出現歧見，一定會產生不當的政策選擇，後果往往不堪設想。本書的分析旨在設法深度敘述和解釋台海爭端，以及為什麼它是如此難以解決。這是一個十分矛盾的爭執，兩岸關係既是相互有利，卻又潛在十分危險。雙方已經從商業、教育、體育、文化、慈善等等多方面的交流互動得到許多收穫。為什麼不能以它為基礎，進一步在政治上修好呢？為什麼每一方都擔心對方會採取威脅其根本利益的行動，因此要藉由加速採購先進武器系統來預防事變呢？經由精心設計、意外事故或錯誤估算，兩岸爭端可以引爆戰爭這場戰爭很可能把美國捲進去。

阻礙以談判化解爭端的是兩大實質議題：主權與安全。北京和台北雙方對於台灣政府在兩岸政治結合體當中是否具有主權，意見南轅北轍，根本上就談不攏。台北說它應該有主權。北京則一貫地否定台灣的主權地位，堅持它是附屬的實體。令爭端更加複雜的是，中國傾向於把反對一國兩制解讀為反對統一。在北京的思維裡，已把台灣如何可能成為中國的一部分之見解不同，看成台灣否認自己是中國的一部分之爭。

在安全議題上，北京擔心台灣會採取威脅到其根本利益和國家使命的政治倡議；因此它強化中國軍事力量以嚇阻這類行動，一旦嚇阻不成功，也可以做出反應。台灣則認為中國擴軍正是北京來意不善的證明。雙方互不信任，使得每一方都不願鬆懈戒備、展現善意，因為擔心對方會收下善意，得寸進尺。因此，即使要啟動修好的進程也困難重重。另外還有一個複雜的元素：台灣倚賴它和美國的實質盟友關係來遏阻中國的侵略，中國視之為台北、華府都不懷好心眼的證明。如果要以談判解決兩岸爭端，台灣將非常不願意放棄美國的支持，除非它有高度信心覺得不再需要美國支持。

這兩個議題構成兩股概念的死結，兩岸若要談判和解，一定要解開它們。台灣特別尋求把這兩個議題連結起來。它或許認為，它若不被當做一個主權實體看待，豈不就沒有道理爭取其他國家的安全援助。

令事態加劇——結愈打愈緊——的還有其他三個因素。第一是每一方內部政治的衝擊。台灣方面已出現強烈的台灣認同意識，而且非常疑懼外來者。有些台灣人主張推動台灣成為另一個國家，高舉台灣認同意識大旗的民進黨搖擺掙扎，究竟要多麼強調推動台獨的目標。為了有利陳水扁在二〇〇〇年當選總統，也因為台灣經濟依賴大陸的緣故，民進黨刻意淡化此一目標。在獨立的認同意識和憂懼中國的心理之下，台灣人普遍反對一國兩制模式。在中華人民共和國這一方面，台灣是高層領導人衝突不合的一個議題，有些領導人藉由攻擊同僚的台灣政策，試圖取得政治優勢。北京領導人有時候也感受到來自民眾民族主義的壓力。

政治因素也影響到若是達成和解了，是否真的能在台灣獲得通過。某些和解的元素可能必須透過修憲才能實現，而修憲需要有島內絕大多數政黨的支持才能跨越超級多數的門檻。不論有多麼困難，能得到如此廣大的支持才有助於協定的永續存在。

第二個不利的因素是每一方的決策系統。在北京和台北都一樣，兩岸議題的政策形成都集中在少數人手中，具有濃厚的個人色彩。每一方都易於認知錯誤、估算錯誤。

第三個不利因素是零和的槓桿遊戲。每一方都爭取國際支持，特別是美國的支持。此外，中國還試圖影響台灣內部政治，但是台灣則無力去影響中國的政治。

如果這些問題統統存在，台灣、中國和美國要如何架構他們的選擇，才能做到短期防止緊張和衝突、中期穩定局勢，並於長期探索解決爭端的可能性？

短期方面，台灣需要決定它真正需要的是什麼樣的憲法，中國必須評估它能接受什麼樣的台灣憲法。雙方對於台灣的新憲法要有一個相互容忍的地帶——換句話說，新憲法要把範圍限制在國內政治體制改革，也就是專注在內部主權、擱置涉及西發利亞主權和國際主權的事項。這對台灣有好處，因為它可以得到比較好的政府制度，而這也應該是北京可以容忍的，因為它不會在實質上影響其核心利益。

要達到這個結果，需要先做到幾件事。第一，陳水扁總統必須抗拒住黨內基本教義派要求超越內部政治改革的衝動，特別是不能讓北京認定永久分裂即將發生、統一的希望業已喪失。他需要持續向中國擔保，他言行一致，他的目標就是他說的：打造一個更能反映台灣人民意志的政府。中國必須分清楚，台灣要有一部新憲法，和新憲法的內容是什麼，乃是兩碼子事——也要確實讓它的決策體系不以負面意義過度解讀情勢。美國必須和台灣領導人攜手打造這份新文件，讓它清楚地保持以國內玫治改革為重心；也必須向中國解說清楚，它的核心利益並沒受到傷害。它需要和每一方都有良好的溝通管道。國內也必須取得政策共識，讓各方理解這是保護美國利益最好的路線。

以中期求取穩定的目標來講，既要降低台北和北京都對對方覺得不放心、不確定的感覺，又要促成更強的信心，認為雙方可能和平共存。台北必須讓北京放心，它並沒有走向永久分裂，有些統一模式它可以接受，不妨攤到桌面上討論。北京應該化解它的擴軍、外交孤立戰略和統戰技倆所給予台灣人民極其惡劣的印象，因而強化台灣人民認同中國的層面。中華人民共和國必須逆轉若干長久以來的政策優先項目，如不再封殺台灣以觀察員身分參與世界衛生組織和其他國際組織的活動；不再拒絕軍事信心建立措施；不再堅持三通談判要以台灣認為會威脅其主權實體地位的方式去進行。總而言之，中國必須不再對兩岸對話預設政治條件。高階層、有權威的互動可以澄清雙方的意向、並加強彼此的信心。鑒於雙方都不易接受對方心存善意，對話可以提供一個場合，讓雙方擬定有條件、互惠的作法之路徑圖。由於雙方互不信任，美國或許可以扮演角色，使每一方清楚理解對方的目標。正式的兩岸穩定協定或許可以達成，但是類似協定的內容——功能相等的東西——卻比協定本身更重要。我們要重述十一章的一個論點：兩岸環境愈穩定，台灣就更有機會在經濟、外交、概念、軍事、政治和心理等方面加強自己。

如果中國和台灣可以在短期內把緊張控制在最低度、在中期內穩定兩岸關係，而且台灣能因自強而添加信心，那麼雙方就可以思索替他們的爭端打造一個寬廣、持久的和解方案的可能性。他們共同、平行的利益並不是微不足道。衝突的代價會很嚴重，即使局勢已經穩定，也不能完全排除衝突的可能性。然而，誠如本書反覆再三陳述，我們不應有和解唾手可得的幻想。處理主權和安全兩大議題，需要雙方各讓一步，但中國尤其需要讓步。（基於種種原因，北京比起台灣更需要對中華國家內部權力如何組織，有彈性和創意──也就是對其內部主權更有彈性和創意。）雙方都必須抗拒誘惑去攫取輕易──其實是自我傷害的──的外交或政治利益。為了緩和不利因素、就實質議題達成共識，並制限住互不信任的侵蝕效應，雙方必須打造一個談判方式，讓實質和程序相互強化，進而增加進展的希望。在這個複雜、艱鉅的過程當中，美國只能扮演有限的角色，因為不可能期待北京或台北會讓它扮演調人，也因為它在安全方面協助台灣，已使它成為爭端的一個當事人──甚至，搞不好還會加劇台灣害怕被遺棄的心理。美國最有用、最可被接受的貢獻，或許是提供一些知識上的便捷。而且，即使談判代表可以擬定和解方案，以台灣今天政治制度的兩極化和癱瘓狀態來看，恐怕也不會通過任何安排──這正是台灣政治制度更需要改革的原因。不論是要管控好緊張、穩定化，或是和解，中國和台灣非得對話不可。為對話樹立政治障礙，使得兩岸更難達成和平、維持和平。

兩岸關係就像墳場，埋了不知多少的錯失之良機。中國不能理解李登輝為什麼反對一國兩制、拒絕在二〇〇〇年對話，只是最鮮明的例子。其實，雙方都有許多偏執、失誤的地方。

機會錯失的原因之一是北京和台北都相信──或至少是希望──時間站在他們那一邊。中國認為，只要它能避免台灣宣告獨立，它的經濟力和軍事力都日益強盛，遲早會迫使台灣依照它的條件談判。台灣有些人相信，只要能在美國支持下保持住實質獨立，只要大陸出現民主化，台灣的談判地位就大為有利。可是，每一方的希望都建立在有瑕疵的假設基礎上。兩岸經濟日益整合將在台灣某些人心目當中產生更大的焦慮感，深怕政治上會投降過去；而且某種程度的台灣認同意識也是島內政治生活永遠的特性。中國的民主化可能會慢慢地、漸進地出現，但是它可能促成意識型態上更傾向於統一、不是更退離統一。每一方都認為時間站在他們那一邊，可能使得雙方更僵持不下；如果這是穩定的僵持，其實也未必是壞事。更危險的是，中國或台灣有一方、甚至是雙方，都認定時間站在對方那一邊。倘若台灣有些勢力覺得台灣要確保未來的前途，唯一的辦法是趁中國相對較弱、被北京奧運綁住手腳之際，宣布台灣獨立——或者是中國斷定必須採取先發制人的軍事行動，才能保住統一之門不會關上——都會招致不必要的衝突。兩岸可以不必魯莽或天真，他們可以選擇打造局勢以最大化共同利益、最小化愚蠢的衝突之風險。如何選擇，其實掌握在他們自己手裡。

個人的感言

我並沒有打算把我的專業注意力聚焦在台灣及它和中國的關係上面。雖然家父母於一九六〇年代末在台灣傳教，雖然內人和我一九七五年定居台北，也在台灣領養了我們女兒，我故意不去注意當時很明顯的政治限制，以及國民黨遲疑不決的政治改革之實驗——當時它還不明顯，但終於導致一九八〇年代末的民主化。我當時著重的是中國大陸的政治，不是台灣的政治。我的博士論文的確談到國民黨的統治，不過那是它一九二〇年代、三〇年代在大陸的統治。台灣當時不是我興趣的重點。

我第一次真正浸淫到台灣政治，始於一九八三年夏天，投到眾議院亞太小組委員會主席索拉茲麾下工作。索拉茲的職志之一是推動台灣人權和民主，他一向活力十足、全神貫注在這上面。身為小組委員會幕僚，當他大力揭發國民黨的高壓統治、拯救異議人士出獄、主張台灣已經成熟，應該有民主、召開聽證會、通過決議文，和扮演「黨外」反對運動希望的明燈時，我提供幕僚支援。我擔任他和留美台灣友人的接觸窗口；這些人自我在美流亡，但藉由參與美國政治體系，希望促成台灣改革。他們也成了我的朋友，即使有時候我們對國民黨是否能夠領導民主化的進程、法理獨立是否符合台灣和美國的利益，有不同的見解，我非常佩服他們對故鄉的熱愛。我也是來美國訪問、尋求支援的黨外異議人士接觸的窗口。索拉茲眾議員是他們拜訪的對象之一，我一定設法幫助他們。我在這段期間收集的名片當中，有一張來自一名異議律師，他曾經因一樁頗有問題的誹謗官司入獄服刑，他就是陳水扁。

從國會這個職位，我清晰地觀察到一九八〇年代一些重要的改革，本身也參與其中一些小角色。我曾經組織小組委員會為劉宜良遭台灣情報機關派人暗殺案召開聽證會，這起暴行使得蔣經國加速推動政治自由化；由於他的健康已經大壞，改革總算及時推動。黨外人士一九八六年九月二十八日違法宣布民主進步黨建黨時，我迅速起草一份新聞稿，由索拉茲和李奇眾議員、裴爾參議員、愛德華・甘迺迪參議員聯名發表，呼籲國民黨不要取締；我後來獲悉蔣經國無意鎮壓這個新政黨。一九八八年一月，在蔣經國逝世後幾天，我陪同索拉茲到台灣，見到他的繼承人李登輝。等等等等。後來，中國經歷天安門廣場悲劇及事後種種鎮壓，但台灣卻證明了華人社會可以過渡到民主，且依然保持穩定。

索拉茲於一九九二年底離開國會，我轉任剛接任眾議院外交事務委員會主席的眾議員李・漢彌爾頓（Lee Hamilton）的助理。他比較重視美國和中國的關係，以及如何在天安門事件之後讓美中關係再回到軌道上，我的工作也因之有了改變。雖然台美人已成功地激發美國國會支持台灣民主化，但是在另一個目標；獨立，他們就不太能激發熱情。許多積極分子已回故鄉直接投身政治，成了立法委員和縣市長。

台灣的重要性在一九九五年又告抬頭。台灣民眾對於中國阻止它參與國際社會活動的挫折感沸騰起來，李登輝決定申述這份挫折——藉以替他一九九六年參選總統爭取支持。他決心赴美國訪問。他發動令人贊佩的攻勢，爭取國會支持他訪問，對柯林頓施壓。我贊成政府不同意李登輝到訪的主張，但是我也早就看到國會會勝過行政部門。台灣的民主將壓倒北京的阻力，美國夾在中間，裡外不是人。

當年夏天，李登輝訪問過母校康乃爾大學之後，我也離開國會，轉到情報機關服務，擔任東亞事務國家情報官。從這個位置，我觀察一九九六年三月的台海飛彈危機。當時若是稍有意外或估算錯誤，就不無可能擦槍走火爆發衝突。我當時體會到，美國不能認為和平是天經地義的事，如果華府想保護它在和平與安全上的利益，就必須更加努力。我逐漸得到結論：我若能出任外交官，可比擔任情報分析官，更能對此目標有所貢獻。一九九七年九月，我很榮幸被提名出任華府的美國在台協會理事主席。

在這個職位上，我是制訂對台政策團隊的一員，也協助日常的關係互動，美台關係雖然形式上是非官方的關係，實質上卻十分活躍。我參與美、台官員（文、武均有）會議，台灣高級領導人過境時代表美國政府接待，也是代表美國發言的成員之一。由於我的職位名義上並非正式官職，我可以更充分地談論美國政策的細節。我經常在敏感時刻訪問台灣。一九九七年江澤民訪問美國、一九九八年柯林頓報聘回訪中國之後，我銜命向台灣領導人做簡報。一九九九年七月李登輝發表特殊的國與國關係談話，我前往台北表達美方的關切；一九九九年十二月又去通告美國對二〇〇〇年總統大選保持中立立場；二〇〇〇年大選之後又陪同李•漢彌爾頓拜訪陳水扁，了解他的政治方向。在這些訪問中，讓台灣民眾看到我來傳遞美方的訊息，經常和訊息本身一樣重要。小布希政府上台後頭十八個月，美台關係日益密彌，我還繼續擔任美國在台協會理事主席，然後時機很幸運，在關係開始變壞前離職了。

由於我在台、美關係中只是小角色，我刻意選擇把這本書寫為政策分析，而不寫成回憶錄。可是，我在美國政府擔任公職近二十年的所見所聞都見諸本書各章節。貫穿全書的是，對台灣人民的感同身受之情：不論他們是閩南、客家或外省人；是老是少；是男是女；泛藍或泛綠；政客、官員、商人、農人、軍人、學者或學生。這些人直到一九九〇年代之前，都還不能參與攸關其命運的根本決定，只能接受大清官僚、日本殖民政府、國民黨官員或美國政府的決定。數十年來，大多數人默默承受著日本人和國民黨嚴厲的壓制和文化的正統。少數人起而抗議，有人坐牢、有人殉身。有些人出國。許多人默默忍受，把精力投入到為下一代子女創造財富和美好生活。同時，針對高壓統治的回應，大多數人悄悄地培養出他們並非中國人的意識。當政治民主化時，長期壓抑的渴望全都迸發出來：要表達他們的台灣認同意識；要得到國際尊重；不再把做抉擇的權力交給別人。此外，對中國則是愛恨兼具，有些人的感受甚至深刻到希望讓台灣成為完全獨立的國家。

由於種種原因，台灣人民很久以來在某個意義上變成美國的前哨。他們複雜的歷史和願望，他們的安全，他們政府深入美國政治體系，都構成美國外交政策的一環。雖然台灣人民的意願透過政客和官員的政策優先折射出來，但是美國最終負有責任的對象是台灣的人民。

美國在履行責任時固然能做一些事，但也有事非得由台灣人民自己做不可。我們必須在台灣依賴美國的這個動態脈絡內去了解它一方面過份有信心，以為美國一定會無條件支持他們，另一方面又深怕華府會再次出賣他們的這種矛盾心理。因此我們在向他們擔保的同時，也要勸阻他們。我們必須仔細聆聽，做到中國人說的聽懂「弦外之音」。然而，最終而言，台灣人民最應依靠的是他們的民主制度之品質。若是制度是以扭曲反映出來的全民意志做為決策根據，由少數人定調而得不到主流支持，卻又硬做決定，則一定不利。過度依賴美國，以及有瑕疵的政府制度，都不符合台灣民眾的利益。經過變化多端的歷史之後，讓我們期望台灣人民能得到他們真正應得的政治制度及未來前途。

謝詞

我非常感謝許多人協助我完成本書的寫作，他們的貢獻使本書更臻完善。

首先我要感謝布魯金斯研究院的同事；經歷十九年公職生涯之後，布魯金斯提供我一個安身立命之處。院長陶伯特、副院長兼外交政策研究部主任史丹柏格（James Steinberg），鼓勵我進行本書的研究和寫作，也協助我確保研究結果符合高水準。我在布魯金斯東北亞政策研究中心的同事柳莎儂（Sharon Yanagi）、史考特（Kevin Scott）、巴默（Nina Palmer），承擔更大量的行政工作，讓我有更多時間思考和寫作。史考特以及過去兩年在本中心的實習生切斯納（Sheena Chestnut）、范冬寧（Daphne Dung-Ning Fan，音譯）、傅洛曼（Alisa Frohman）、葛羅士曼（Derek Grossman）、歐凱瑞（Caleb O'Kray）、吳嘉汀（Justin Wu，音譯）、詹妮娜（Nina Zhan，音譯），提供各種研究協助。中心的訪問學人提供許多知識上的啟發，香港中文大學黃偉豪教授、香港理工大學朱文暉教授，特別有貢獻。外交政策研究部的同事幫了我很大的忙，尤其是高登（Philip Gordon）。布魯金斯圖書館同仁替我勤查參考文獻。布魯金斯出版部主任法赫提（Bob Faherty）和華克（Janet Walker）主持、監督本書的印製過程。休斯（Eileen Hughes）是傑出的編輯。

在布魯金斯研究院之外，我有幸結識在美國政府任職或不具公職的許多研究中國、台灣問題之學者與分析家，他們不斷提供我知識上的啟發。我十分感謝有三位專家預覽我的原稿，使我不致犯下各種大小錯誤。傳統基金會（Heritage Foundation）研究員譚慎格（John Tkacik）好意提供給我他整理出來的兩岸大事記。我更要重申對索拉茲（Steve Solarz）的謝忱，他在一九八〇年代中期把我的事業帶向台灣與兩岸關係事務。他認為國際爭端若欲解決，必先深入瞭解，此一真知灼見已在本書中充分反映出來。

我也要感謝下列人士及組織提供的經費支助：台積電文教基金會及其公司董事長張忠謀；已故的辜振甫博士；台灣明治公司董事長方仁惠；基泰營造公司董事長洪清森。最後，我也要感謝家人給我的愛與鼓勵。內人瑪蒂在將近四十年前就支持我以中國事務為事業前程。我今天仍以中國事務為專業，她功不可沒。我謹以此書呈獻給她。

譯後記

兩岸關係不容幻想餘地，分析精闢問題無可迴避

林添貴

卜睿哲先生長期參與美台關係，對台海兩岸的和平（或戰爭）進展，自有第一手深刻的觀察與瞭解。這本書英文版雖出版於二〇〇五年春天，對於陳水扁總統第二個任期內的「突圍、衝撞」以及馬英九總統就任以來的兩岸「和融、化冰」，未能著墨，它卻結合了作者實務心得與學院研究的完整、客觀，堪稱是針對兩岸關係非常中肯的一本專書。

這本書英文版的特色之一是作者在每一章的註釋裡，不僅點出資料出處，更詳載其他專家學者對相關議題的討論與分析之文章或書籍，可供有心人冷靜循線索驥，做出最佳研判。另外，作者還訪談了台灣許多主事官員，覆按事件歷程經過的決策思維，彰顯出台灣在國際大氣候限制、兩岸陷入困局中，雖有侷促、卻必須掌穩舵盤的辛苦。

兩岸在文化、血緣關係上固然密彌，但基於歷史的錯綜複雜因素，今天我們不能否認雙方經濟步向整合是大勢所趨，但政治關係恐怕仍難以在可預見的將來得到終極解決。卜睿哲一針見血點出，台灣的主權和安全這兩項核心議題若是無解，台灣認同意識的上升，對北京懷抱的「一個中國」大方向恐怕長久仍是個跨越不了的障礙。

可是，卜睿哲在書中固然分析中國在香港推行的一國兩制，為何對台灣人沒有吸引力，但令台灣人最怵目驚心的卻是，我們自以為豪的民主、文化等軟實力，卻因政治內鬥消耗掉可以正面發揮的作用，藍綠分歧、族群差異鬧到甚至可謂到了「自掘墳墓」的慘烈狀況。

卜睿哲建議的「穩定的、中程協議」，兩岸政治領導人有無大智慧去探索、去爭取內部相當程度的共識，在在受到美、中、台，乃至全世界的注目。身為台灣人，我們更是最重要的利害關係人，豈能不嚴肅以對？

中文版的譯寫，得到遠流出版社發行人王榮文、副總編輯吳家恆的鼓勵，謹此致謝。在此更要感謝國際關係學者：政治大學副校長林碧炤（曾任李登輝時期總統府副秘書長、國安會副秘書長）、淡江大學戰略研究所教授林中斌（曾任陳水扁時期行政院陸委會首席副主委、國防部副部長）以及甫卸下馬英九總統國家安全會議秘書長的蘇起教授的推薦序文，為本書增色不少。當然，中文版如有任何瑕疵，均應由譯者獨負責任。

二〇一〇年四月一日

資料來源

第三章

1 Terry Cooke, "Cross-Strait Economic Ties and the Dynamics of Globalization", in *Cross-Strait Economic Ties: Agent of Change, or a Trojan Horse?* Asia Program Special Report 118(Washington: Woodrow Wilson International Center for Scholars, February 2004), p.9.
2 這是童振源二〇〇二年五月在霍浦金斯大學提出的博士論文的結論。Chen-yuan Tung, "China's Economic Leverage and Taiwan's Security Concerns with Respect to Cross-Strait Economic Relations, John Hopskins University, May, 2002.
3 鄧小平，〈中國大陸和臺灣和平統一的設想〉，《鄧小平文選》卷三（台北市：地球出版社，民八十三）。
4 李登輝，《開創未來：邁向中華民族的新時代》（台北市：行政院新聞局，民八十四），頁六五，六七，七〇。
5《李總統登輝先生八十三年言論選集》（台北市：行政院新聞局，民八十四），頁三四〇。
6 作者於二〇〇三年二月二十四日與林碧炤先生的訪談紀錄。
7 由國台辦和國務院新聞辦在一九九三年八月發表。
8《李總統登輝先生八十三年言論選集》（台北市：行政院新聞局，民八十四），頁三三七。
9 作者於二〇〇三年七月三十一日與李登輝本人的訪談紀錄。
10 同註9。
11《李總統登輝先生八十七年言論選集》（台北市：行政院新聞局，民八十八）。
12 Shelley Rigger, *From Opposition to Power: Taiwan's Democratic Progressive Party* (Boulder, Colo.: Lynne Rienner Publishers, 2001), p.131.
13〈中共中央台灣工作辦公室、國務院台灣事務辦公室授權就當前兩岸關係問題發表聲明〉，新華社，二〇〇〇年五月二十日。
14 同註13。
15 同註13。

16 "Chen Has Gone Too Far This Time", *Taipei Times*, June 29, 2002.
17《陳總統水扁先生八十九年言論選集》(台北市:行政院新聞局,民九十)。
18《世界雜誌》(二〇〇一年二月,日本),頁四五—四六。作者感謝谷口智彥先生協助翻譯。
19〈危險的挑釁——評陳水扁的分裂言論〉,新華社及人民日報,二〇〇二年八月七日。
20 "Strait Talk: The Full Interview", *Time*, February 16,2003.

第四章

1 Stephen D. Krasner, *Sovereignty: Organized Hypocrisy* (Princeton University Press, 1999), p.11.
2 同註1,pp.4, 11-25。
3 Jacques deLisle, "The Chinese Puzzle of Taiwan's Status", *Orbis* 44 (Winter 2000) :51-52.
4 見《鄧小平文選》卷三,頁二四一。
5 Shiu-hing Lo, *Governing Hong Kong: Legitimacy, Communication, and Political Decay* (Huntington, N.Y.: Nova Science Publishers, 2001), p.166.
6〈錢其琛會晤新黨訪團時提出一國兩制在台實行七設想〉,《文匯報》,二〇〇一年七月十三日。
7〈陸委會:可委託民間談判兩岸通航〉,《中國時報》,二〇〇二年五月二十三日。
8 Jacques deLisle, "Varieties of Sovereignty and China: Challenges and Opportunities in the Cross-strait Relationship: A conference Report", E-Notes, Foreign Policy Research Institute, July 1, 2002.

第五章

1 Robert Jervis, *Perception and Misperception in International Politics* (Princeton University Press, 1976), p.62.
2 John H. Herz, "Idealist Internationalism and the Security Dilemma", *World Politics* 36 (June 1984): 461-95.
3〈在一個中國原則下,什麼問題都可以討論:錢其琛副總理接受華盛頓郵報記者潘文採訪〉,《世界知識》卷三(二〇〇一年二月一日,北京),頁十四。
4 錢其琛,〈當前國際關係研究中的若干重點問題〉,《世界經濟與政治》(二〇〇〇年第九期,北京),頁八。

5 *2004 Pentagon Report*, p.7.

6 同註5，pp. 7, 11, 48.

7 數據資料由中華民國陸委會提供。共有一千六百名民眾受訪。

8 Michael D. Swaine, "Deterring Conflict in the Taiwan Strait: The Successes and Failures of Taiwan's Defense Reform and Military Modernization Program" , Carnegie Papers 46 (July 2004), p.22.

9 "Servey on Taiwanese Public Perception of Cross-Strait Security"（台灣民眾對台海安全認知調查），由商業周刊委託國立政治大學選舉研究中心進行，朱雲漢、楊永明為此計劃之顧問，並於二〇〇四年七月二十二日公布結果。見 http://taiwansecurity.org/IS/2004/BW-Poll-220704.ppt。選舉研究中心共向一千八百一十一人進行訪談，受訪者年齡層為二十多歲或更年長者。

10 Robert S. Ross, "The 1995-96 Taiwan Strait Confrontation" , p.123; Chas. W. Freeman Jr., "Preventing War in the Taiwan Strait" , *Foreign Affairs* 77 (July-August 1998): 7.

11 Project for the New American Century, "Statement on the Defense of Taiwan" , August 20,1999.

12 "U.S. Hits Obstacles in Helping Taiwan Guard against China" , *Washington Post*, October 30, 2003, p. A1.

13 同註3，頁十三。

14 王衛星，〈美台啟動準軍事同盟〉，《世界知識》（二〇〇二年七月一日，北京）。

15 余克禮，〈「兩國論」是臺灣當局現行兩岸政策的核心〉，《台灣研究》（二〇〇二年三月二十日，北京）。

16 徐博東，〈否定一個中國原則，等於選擇「戰爭」〉，《大公報》，二〇〇二年一月四日。（編按：篇名為意譯）

17〈解放軍軍官談反台獨戰爭：六條代價，戰犯必懲〉，人民網，二〇〇三十二月三日。

18 "Chinese President Is Optimistic about Relations with the U.S." , *New York Times*, August 10, 2001, p.A1.

19 同註3，頁十四。

20 Alastair Iain Johnston, "Is China a Status Quo Power?" , *International Security* 17 (Spring 2003): 55.

第六章

1 Steve Tsang, "A Sustainable Basis for Peace between China and Taiwan", *American Asian Review* 20 (Winter 2002): 66.

2 賴澤寒，馬若孟，魏萼，《悲劇性的開端：台灣二二八事變》（台北：時報，一九九三）。

3 Steven Phillips, "Between Assimilation and Independence", p.277.

4 Robert Edmondson, "The February 28th Incident and National Identity", in *Memories of the Future: National Identity Issues and the Search for a New Taiwan* (Armonk, N.Y.: M.E. Sharpe, 2002), p.30.

5 Alan M. Wachman, *Taiwan: National Identity and Democratization* (Armonk, N.Y.: M.E. Sharpe, 1994), p.108.

6 Hill Gates, "Ethnicity and Social Class", in *The Anthropology of Taiwan Society* (Stanford University Press, 1981), pp.241-81.

7 Myron L.Cohen, "Being Chinese: The Peripheralization of Traditional Identity", in *The Living Tree: The Changing Meaning of Being Chinese Today* (Stanford University Press, 1995), p.132.

8 Stéphan Corcuff, "Taiwan's 'Mainlanders,' New Taiwanese?" in *Memories of the Future*, p.169.

9 同註5，pp.119-24.

10 Alan M Wachman, "Competing Identities in Taiwan", in *Taiwan: A New History*, pp. 17-80.

11 Denny Roy, "Taiwan's Threat Perceptions: The Enemy Within", Asia-Pacific Center for Security Studies Occasional Papers Series, March 2003, 3.

12 Steve Chen, "In Media, Ethnic Manipulation", *Taipei Times*, November 21, 2003.

13 Robert Marsh, "National Identity and Ethnicity in Taiwan: Some Trends in the 1990s,", p.158; Rwei-Ren Wu（吳叡人）, "Toward a Pragmatic Nationalism: Democratization and Taiwan's Passive Revolution", p.211; and Chia-lung Lin（林佳龍）, "The Political Formation of Taiwanese Nationalism", p.227。以上皆收錄在 *Memories of the Future*。Gunter Schubert, "Taiwan's Political Parties and National Identity", p.537; Yun-han Chu（朱雲漢）, "Taiwan's national identity politics and the prospect of cross-strait relations", p.506;and Shelly Rigger, "Disaggregating the Concept of National Identity", *Asia Program Special Report* 114 (Washington: Woodrow Wilson International Center for Scholars, August 2003), pp. 17-21.

14 Wilson Tien（田欣）, "The DPP's Position on Cross-Strait Relations", in *Breaking the China-Taiwan Impasse* (Westport, Conn.: Praeger Publishers, 2003), pp.120-38.

15 Yu-Shan Wu（吳玉山）, "Does Chen's Election Make Any Difference? Domestic and International Constraints on Taipei, Washing-

ton, and Beijing", in *Taiwan's Presidential Politics: Democratization and Cross-Strait Relations in the 21st Century* (Armonk, N.Y.: M.E.Sharpe, 2001), pp. 167-79.

16 Larry Diamond, Developing Democracy: Toward Consolidation (John Hopkins University Press, 1999), pp. 109-110.

17 Robert L. Suettinger, *Beyond Tiananmen: The Politics of U.S.-China Relations, 1989-2000* (Brookings, 2003), pp.224-25, 245-46, 262-63; John W. Garver, *Face Off: China, the United States, and Taiwan's Democratization* (University of Washington Press, 1997); You Ji, "Changing Leadership Consensus: The Domestic Context of War Games", in *Across the Taiwan Strait: Mainland China, Taiwan, and the 1995-1996 Crisis* (New York: Routledge, 1999), pp. 77-98; Michael Swaine, "Decision-Making Regarding Taiwan", in *The Making of Chinese Foreign and Security Policy in the Era of Reform* (Stanford University Press, 2001), pp. 319-27; Tai Ming Cheung（張大銘）, "Chinese Military Preparations against Taiwan over the Next Ten Years", in *Crisis in the Taiwan Strait* (National Defense University Press, 1997); Andrew Scobell, "Show of Force: Chinese Soldiers, Statesmen, and the 1995-1996 Taiwan Strait Crisis", *Political Sciences Quarterly* 115 (Summer 2000): 227-46.

18 Cheng Li, *China's Leader's: The New Generation* (Lanham, Md.: Rowman & Littlefield, 2001).

19〈錢其琛：早日完成祖國統一大業，實現中華民族偉大復興〉，新華社，二〇〇一年一月二十二日。（編按：此乃錢其琛在各界紀念江澤民對台重要講話發表六周年座談會上講話全文，見行政院陸委會網站：http://www.mac.gov.tw/fp.asp?fpage=cp&xItem=62202&ctNode=6230&mp=1。）

20 Charles Tilly, *Coercion, Capital, and European States* (Cambridge, Mass.: Blackwell Publishers, 1992), p.116.

21 John Fitzgerald, "The Nationless State: the Search for a Nation in Modern Chinese Nationalism", *Australian Journal of Chinese Affairs* 33 (January 1995):76.

22 雷頤，〈現代的「華夏中心觀」與「民族主義」〉，《中國如何面對西方》（香港：明鏡，一九九七），頁四九—五十。

23〈錢其琛參加台灣代表團審議時強調，堅持一個中國原則是兩岸對話基礎〉，新華社，二〇〇一年三月八日。

24 朱承修，〈評李登輝的某些言論〉，新華社，一九九四年六月十八日。（編按：收錄在《海峽評論》四十三期〔一九九四年七月號〕。）

25 Edward Friedman, "Chinese Nationalism: Challenge to U.S. Interests", in *The People's Liberation Army and China in Transition (Washington: National Defense University Press, 2003), p.97.*

26〈警惕李登輝的「台獨」言行〉，《文匯報》，一九九四年六月十六日。（編按：收錄在《海峽評論》四十三期〔一九九四年七月號」。）〈美國兩面政策的玩偶〉，《人民日報》，一九九五年六月十一日。

27 Geremie Barmé, "To Screw Foreigners Is Patriotic: China's Avant-Garde Nationalists", *China Journal* 34 (July 1995): 233.

28〈一篇鼓吹分裂的自白——評李登輝在康乃爾大學的演講〉，《人民日報》、新華社，一九九五年七月二十三日。

29 Joseph Fewsmith and Stanley Rosen, " The Domestic Context of Chinese Foreign Policy: Does Public Opinion Matter?" in *Making of Chinese Foreign and Security Policy in the Era Reform*(Stanford: Stanford University ,2001), pp. 158-169;

30 David M. Finkelstein, "China Reconsiders Its National Security: The Great Peace and Development Debate of 1999" (Alexandria, Va.: Project Asia, CAN Corporation, December 2000), pp. 16-18.

31 同註29，pp.176-77.

32 Suettinger, *Beyond Tiananmen*, pp. 384-85.

33 Suisheng Zhao（趙穗生）, "Chinese Nationalism and Its International Orientations", *Political Science Quarterly* 115(Spring 2000).

34 Yongnian Zheng（鄭永年）, Discovering Chinese Nationalism in China: Modernization, Identity, and International Relations (Cambridge University Press, 1999), pp.145-47.

第七章

1 Alastair Iain Johnston, "China's Militarized Interstate Dispute Behaviour 1949-1992: A First Cut at the Data", *China Quarterly* 153 (London, March 1998): 7; Robert S. Ross, "The 1995-96 Taiwan Strait Confrontation: Coercion, Credibility, and the Use of Force", *International Security* 25 (Fall 2000): 118.

2 Michael D. Swaine, "Chinese Decision-Making Regarding Taiwan, 1979-2000", in The Making of Chinese Foreign and Security Policy in the Era of Reform (Stanford University Press, 2001), pp.307-09.

3 宗海仁，《第四代》（紐約：明鏡出版社，二〇〇二），頁三二〇。

4〈一個中國原則與台灣問題白皮書〉，新華社，二〇〇〇年二月二十一日。

5《許家屯香港回憶錄》（台北：聯經，一九九三），頁二三八、三二四—二五。

6 江澤民在中國共產黨第十五次全國代表大會上的報告，一九九七年九月十二日。

7〈陳水扁和李登輝是同一族類〉，《大公報》，一九九九年十二月一日。〈專家相信台灣將面臨持續動盪的政治環境〉，

中國通訊社，二〇〇〇年三月二十三日。〈觀察選後台灣海峽局勢〉，《文匯報》，二〇〇〇年三月二十五日。（編按：篇名為意譯）

8 同註3，頁三一九。

9 胡淩煒，〈台灣社會亂象叢生的原因分析〉，《靜心面壁》（上海：上海東亞研究所，二〇〇四），頁九二—九五。

10 Edward Friedman, "The Prospects of a Larger War: Chinese Nationalism and the Taiwan Strait Conflict", in Suisheng Zhao（趙穗生）, ed., *Across the Taiwan Strait: Mainland China, Taiwan, and the 1995-1996 Crisis* (New York: Routledge, 1999), p.261.

11〈強烈譴責美國為首的血腥罪行〉，《人民日報》，一九九九年五月九日。〈國際社會嚴厲譴責北約襲擊我駐使館〉，新華社，一九九九年五月十日。〈評北約對攻擊事件的解釋〉，新華社，一九九九年五月十日（編按：篇名為意譯）。〈我導彈專家分析指出，北約襲擊我使館完全是預謀的〉，新華社，一九九九年五月十日。

12 作者二〇〇三年二月二十四日對林碧炤的訪談紀錄。

13 Bonnie S. Glaser and Phillip C. Saunders, "Chinese Civilian Foreign Policy Research Institutes: Evolving Roles and Increasing Influence," *China Quarterly* 171 (September 2002): 615; Robert L. Suettinger, "China's Foreign Policymaking Process", paper prepared for "PRC Policymaking in the Wake of Leadership Change", Center for Strategic and International Studies, Washington, October 31, 2003.

14 這一節有一部分取材自 Michael D. Swaine and James C. Mulvenon, *Taiwan's Foreign and Defense Policies* (Santa Monica, Calif.: RAND Center for Asia-Pacific Policy, 2001), pp. 77-90.

15 同註12、13。

16 鄒景雯，《李登輝執政告白實錄》（台北：印刻出版社，二〇〇一），頁二六三—三一一。

17〈美國家安全委員會官員評李登輝國與國論〉，《中國時報》，一九九九年七月十四日。

18 同註16，頁二二七—二二九。

19 "Consensus", *Taipei Times*, August 7, 2002; "Misunderstanding", *Taipei Times*, August 7, 2002.

20 "Plan B", *Taipei Times*, November 30, 2003; "Taiwan: 'Hard-Core DPP' Forced Chen into Defensive Referenda", *Taipei Times*, December 4, 2003; "Taiwan President's Office Quiet on Reported Visit by U.S. Official", *Taipei Times*, December 3, 2003.

第八章

1〈中國促邦交國勿惹麻煩，警告與台簽自由貿易協定〉，大公報，二〇〇二年六月二十一日。

2〈錢其琛針對海峽兩岸議題對國台辦講話〉，新華社，二〇〇〇年三月二十四日。錢其琛，〈當前國際關係研究中的若干重點問題〉，頁八。

3 這一段是根據 Shiu-hing Lo（盧兆興）, *Governing Hong Kong: Legitimacy, Communication, and Political Decay* (Huntington, N.Y.: Nova Science Publishers, 2001), pp.222-25。引用的段落位於 pp.223, 225。

4 Lyman P. Van Slyke, Enemies and Friends: *The United Front in Chinese Communist History* (Stanford University Press, 1967), p.3.；《鄧小平文選》卷三。

5 Lau Siu-Kai（劉兆佳）、Kuan Hsin-chi（關信基）, "Hong Kong's Stunted Political Party System" , *China Quarterly* 172 (December 2002): 1016.

6〈陳雲林：擴大兩岸往來和交流，早日實現兩岸三通〉，人民網，二〇〇一年一月二十二日。

7 錢其琛會見台灣「新黨大陸事務委員會代表團」時的談話，新華社，二〇〇一年七月十二日。

8 錢其琛在江八點發表七週年座談會上的講話，新華社，二〇〇二年一月二十八日。

9〈錢其琛：推動三通，無關下屆總統選舉〉，《聯合報》，二〇〇二年十月十七日。

10 "Taiwan Seeks Greater China Cooperation on SARS" , *Taiwan News*, March 27, 2003; "Three Taiwan Experts Visiting China after Spat over SARS" , Agence France-Presse, April 8, 2003.

11 "A Conversation with Chen Shui-bian, the President of the Republic of China on Taiwan" , E-Notes, Foreign Policy Research Institute, January 22, 2003.

12 有關中國如何介入台灣二〇〇四年總統大選的情況，可參見羅致政〈台灣總統大選的中國因素〉，二〇〇四年二月二十六日，國家政策研究院「台灣觀點」E-Paper 6。

13 有關北京從法律、心理和媒體上如何玩槓桿遊戲，它的統戰策略和擴軍如何造成台灣的不安全感，可參見顏建發〈唯有和平與民主可以粉碎中國「三種戰爭」的威脅〉，二〇〇四年九月一日，國家政策研究院「台灣觀點」E-Letter 37。

第九章

1 Colin L. Powell, "Remarks at Conference on China-U.S. Relations", Texas A&M University, College Station, Texas, November 5, 2003.

2〈什麼問題都可以討論：錢其琛副總理接受華盛頓郵報記者潘文專訪〉，《世界知識》卷三（二〇〇一年二月一日，北京），頁十四。

3〈李肇星召見美國駐華大使雷德，就湯耀明訪美等問題提出嚴正交涉〉，新華社，二〇〇二年三月十六日。〈司馬昭之心路人皆知——評美國執意邀請湯耀明訪美〉，《解放軍報》，二〇〇二年三月二十一日（編按：篇名為意譯）。〈布希口誤，北京感意外；港媒：華府重打台灣牌〉，《中央日報》，二〇〇二年四月七日。

4 Robert L. Suettinger, *Beyond Tiananmen: The Politics of U.S.-China Relations, 1989-2000* (Brookings, 2003), p.232

5 同註1。

6 陳水扁，《相信台灣：阿扁總統向人民報告》（台北：圓神出版社，二〇〇四），頁十八。

7 "Basic Human Rights", *Taipei Times*, December 12, 2003; "On the Road", *Taipei Times*, December 15, 2003.

8〈制止「台獨」分裂活動是維護台海和平穩定的關鍵〉，新華社，二〇〇四年五月三十日。

9 有興趣的讀者可參見我的著作："The Sacred Texts of United States-China-Taiwan Relations", *Cross Purposes: U.S.- Taiwan Relations Since 1942*, pp.124-178.

10 我的另一本著作即以此為主題：*At Cross Purposes: U.S.-Taiwan Relations Since 1942* (M.E. Sharpe, Inc., 2004).

11 柯慶生的專文對這個主題有極好的剖析。Thomas J. Christensen, "The Contemporary Security Dilemma: Deterring a Taiwan Conflict", *Washington Quarterly* 25 (Autumn 2002): 7-21.

12 Timothy Crawford, "Pivotal Deterrence and the Kosovo War: Why the Holbrooke Agreement Failed", Political Science Quarterly 16 (Winter 2001-02): 502.

13 "Overview of U.S. Policy toward Taiwan", testimony of James A. Kelly, House Committee on International Relations, The Taiwan Relations Act: The Next Twenty-Five Years, 108th Cong., 2d sess., April 21, 2004.

第十章

1 Jacques deLisle, “Varieties of Sovereignty and China: Challenges and Opportunities in the Cross-Strait Relationship: A Conference Report”, E-Notes, Foreign Policy Research Institute, July 1, 2002.

2 International Crisis Group, “Taiwan Strait IV: How an ultimate Political Settlement Might Look”, Asia Report 75 (February 26, 2004).

3 陳總統發表跨世紀談話，二〇〇〇十二月三十一日。

4 Byron S. J. Weng（翁松燃），“Modes of National Integration”, Lung-chu Chen New Century Foundation（新世紀文教基金會）,Taipei, February 24, 2001; David Huang（黃偉峰），“Integration's the Key to Strait Woes”, *Taipei Times*, February 13, 2001.

5〈國民黨：邦聯勝統合，台海和平指針〉，中央社，二〇〇一年一月五日。〈邦聯：台海正常穩定的關係架構〉，《中央日報》，二〇〇一年七月七日。連戰後來放棄將邦聯制列入國民黨第十六屆黨代表大會之議程，見“Lien Chan Shelves Proposal for Cross-Strait Confederation”, *Taipei Times*, July 26, 2001.

6〈人大會議發言人曾建徽：中國不贊成邦聯統一模式〉，《聯合報》，二〇〇一年三月五日。〈涉台人士：邦聯、聯邦，一中之下可協商〉，《中國時報》，二〇〇一年三月三十一日。John Pomfret, “Jiang Has Caution for U.S.; China's Leader Says Taiwan Arms Deal Would Spur Buildup”, *Washington Post*, March 24, 2001, p.1.

7 華青，〈「統合論」暗藏分裂圖謀〉，《瞭望新聞週刊》，二〇〇一年三月二十六日。

8 北京清華大學戰略研究所，“The Cross-Taiwan Strait Relations: Past Present, and Future”, December 2003, p.29.

9〈邦聯制，大陸官方冷學界熱〉，《中國時報》，二〇〇一年一月五日。

10《中華民國九十四年國防報告書》。

11 “Truth That Dare Not Speak Its Name”, *Taipei Times*, June 21, 2004.

12 以上兩段是根據陸伯彬對一九九〇年代中東和平進程的看法所寫就。見 Dennis Ross, *The Missing Piece: The Inside Story of the Fight for Middle East Peace* (New York: Farrar, Straus, and Giroux, 2004), pp.759-800.

13 總統記者會，二〇〇〇年七月三十一日。“A Conversation with Chen Shui-bian, the President of the Republic of China on Taiwan”, E-Notes, Foreign Policy Research Institute, January 22, 2003.

14 同註12，pp.268, 772.

第十一章

1「反分裂國家法」全文，二〇〇五年三月十四日。

2 國台辦新聞發布會實錄，二〇〇四年四月十四日。

3 U.S.-China Economic and Security Review Commission, *Hearing on Military Modernization and Cross-Strait Balance*, 108th Cong., 2d sess., February 6, 2004, p.59; Jacques deLisle, "Taiwan's Referenda, Constitutional Reform, and the Question of Taiwan's International Status", E-Notes, Foreign Policy Research Institute, February 6, 2004.

4〈章念馳：對扁連任要有準備〉，《文匯報》，二〇〇三年十二月五日。章念馳與鍾焰，〈再論公投與兩岸關係〉，收錄在章念馳，《兩岸關係與中國崛起》（香港：中國評論學術出版社，二〇〇五）。宣布「台獨」之日，就是宣布戰爭之時，中國新聞社，二〇〇三年十一月十八日。

5 Michael Swaine, "Trouble in Taiwan", *Foreign Affairs* 83 (March-April 2004): 39-49.

6 關於程序問題，見 Ch'ien Tuan-sheng（錢端升）, *The Government and Politics of China: 1912-1949* (Stanford University Press, 1950), pp. 316-24.

7 "Strait Talk: The Full Interview", *Time*, February 16, 2003.

8 "Announcement of Election Results on Taiwan", Office of White House Press Secretary, March 26, 2004。〈北京首度開腔　孔泉：鮑卿重申「一中政策」〉，香港星島日報，二〇〇四年三月二十四日。

9 Derek Mitchell, "Taiwan's Election: A Wake-up Call to China", *PacNet Newsletter*, March 24, 2004; Harvey Feldman, "Taiwan Vote Demands a Softer Stance by Beijing", *Los Angeles Times*, March 24, 2004, p. B13; Ralph A. Cossa, "Taiwan's Elections: Time for Diplomatic Gestures from Beijing?", *PacNet Newsletter*, March 16, 2004; "Overview of U.S. Policy toward Taiwan", testimony of James A. Kelly, House Committee on International Relations, *The Taiwan Relations Act: The Next Twenty-Five Years*, 108th Cong., 2d sess., April 21, 2004.

10 "Overview of U.S. Policy toward Taiwan".

11 同註10。

12 中華民國第十一任總統就職演說〈為永續台灣奠基〉，二〇〇四年五月二十日。

13〈姚嘉文為扁解套，建議保留更改國號空間，獨派即可接受〉，《聯合晚報》，二〇〇四年五月二十一日。"Constitutional Reform Plan Generates Heat", *Taipei Times*, May 22, 2004. "Chen Tells FAPA He Hasn't Backtracked", *Taipei Times*, May 26,

2004. Randall G, Schriver, "U.S.-China Relations: 15th Anniversary of the Tiananmen Crackdown" , June 3, 2004，此為他在美國國會及行政當局中國委員會（Congressional-Executive Commission on China）會前發表的言論。姚嘉文對「憲政再造」的看法並沒有考慮到陳水扁在第二任就職演說中間接肯定了第一次就職演說中「不變更國號」的保證。（編按：陳水扁引言可見《陳總統水扁先生九十三年言論選集》，頁二一六。）

14〈揭穿「台獨」包裝〉，新華社，二〇〇四年五月二十五日。〈暗藏玄機的「台獨」說辭——評陳水扁的「五・二〇」演說〉，新華社，二〇〇四年六月十一日。

15〈李鴻禧：四年內制憲，有機會達成〉，《自由時報》，二〇〇四年七月二日。Lee Teng-Hui's Vision for Reform Compatible: Aide", *Taipei Times*, July 30, 2004。「李登輝說應改稱台灣及加入聯合國」，TVBS，二〇〇四年十月八日（編按：篇名為意譯）。"Why Not Annex the U.S.?" *Taipei Times*, October 14, 2004.

16 章念馳，〈背後的民意比選舉結果重要〉，《大公報》，二〇〇四年三月二十二日。章念馳，〈台灣需要被規範的新界線〉，《明報》，二〇〇四年三月二十五日。章念馳，〈章念馳：陳水扁就職若承諾「四不一沒有」應鼓勵〉，《明報》，二〇〇四年五月十五日。〈中國學者表示，胡錦濤絕對會創造新概念來解決台灣問題〉，《聯合早報》，二〇〇四年十一月二十三日。（編按：篇名為意譯）

17〈暗藏玄機的「台獨」說辭——評陳水扁的「五・二〇」演說〉，新華社，二〇〇四年六月十一日。

18 "Amendment Raises Hopes for a New Constitution" , *Taipei Times*, August 24, 2004.

19〈孫亞夫：台灣不該再三挑釁大陸〉，《大公報》，二〇〇四年九月七日。〈國臺辦回答記者就陳水扁近期的「台獨」分裂言行之提問〉，新華社，二〇〇四年九月二十一日。〈王在希：嚴加管控「台獨」分裂分子活動，維護海峽和平與穩定〉，新華社，二〇〇四年八月六日。（編按：篇名為意譯）

綠蠹魚叢書 YLC47

台灣的未來

Untying the Knot:
Making Peace in the Taiwan Strait

作　　者／卜睿哲（Richard C. Bush）
譯　　者／林添貴
出版三部總監／吳家恆
編輯協力／戴芫品
封面設計／鄭宇斌
企　　劃／黃少璋

國家圖書館出版品預行編目資料
臺灣的未來 / 卜睿哲（Richard C. Bush）著；林添貴譯. -- 初版. -- 臺北市：遠流，2010.05
面；　公分. --（綠蠹魚；YLC47）
譯自：Untying the knot : making peace in the Taiwan Strait
ISBN 978-957-32-6639-6（平裝）
1. 兩岸關係 2. 臺灣政治
573.09　　99006560

發 行 人／王榮文
出版發行／遠流出版事業股份有限公司
地址：臺北市 100 南昌路二段 81 號 6 樓
郵撥：0189456-1　　傳真：2392-6658
電話：2392-6899
著作權顧問／蕭雄淋律師
法律顧問／董安丹律師
排　　版／中原造像股份有限公司
2010 年 5 月 1 日　初版 1 刷
2013 年 4 月 1 日　二版 5 刷
行政院新聞局局版臺業字第 1295 號
定　　價／新台幣 390 元

ISBN　978-957-32-6639-6（平裝）

YLib 遠流博識網
http：//www.ylib.com　E-mail：ylib@ylib.com
http://www.ylib.com /ymba　E-mail: ymba@ylib.com